Stefan Luft, Peter Schimany (Hg.)
20 Jahre Asylkompromiss

Edition Politik | Band 16

Stefan Luft, Peter Schimany (Hg.)
20 Jahre Asylkompromiss
Bilanz und Perspektiven

[transcript]

Bibliografische Information der Deutschen Nationalbibliothek

Die Deutsche Nationalbibliothek verzeichnet diese Publikation in der Deutschen Nationalbibliografie; detaillierte bibliografische Daten sind im Internet über http://dnb.d-nb.de abrufbar.

© 2014 transcript Verlag, Bielefeld

Die Verwertung der Texte und Bilder ist ohne Zustimmung des Verlages urheberrechtswidrig und strafbar. Das gilt auch für Vervielfältigungen, Übersetzungen, Mikroverfilmungen und für die Verarbeitung mit elektronischen Systemen.

Umschlagkonzept: Kordula Röckenhaus, Bielefeld
Satz: Justine Haida, Bielefeld
Druck: Majuskel Medienproduktion GmbH, Wetzlar
Print-ISBN 978-3-8376-2487-8
PDF-ISBN 978-3-8394-2487-2

Gedruckt auf alterungsbeständigem Papier mit chlorfrei gebleichtem Zellstoff.
Besuchen Sie uns im Internet: http://www.transcript-verlag.de
Bitte fordern Sie unser Gesamtverzeichnis und andere Broschüren an unter: info@transcript-verlag.de

Inhalt

Vorwort | 9

Asylpolitik im Wandel
Einführung in die Thematik des Bandes
Stefan Luft und Peter Schimany | 11

I. Entwicklung der Asylmigration — Ein Überblick

Asylmigration nach Deutschland
Peter Schimany | 33

II. Asylpolitik — Ein Rückblick

Asylpolitik in Deutschland — Akteure, Interessen, Strategien
Ursula Münch | 69

**»Asylpolitik im Rauch der Brandsätze« —
der zeitgeschichtliche Kontext**
Ulrich Herbert | 87

Kein fairer Tausch
Zur Bedeutung der Reform der Aussiedlerpolitik im Kontext
des Asylkompromisses
Jannis Panagiotidis | 105

III. DEBATTEN UM ASYL UND ZUWANDERUNG

A) Der Asylkompromiss in der politisch-parlamentarischen Debatte
Günther Beckstein: Diskussionsbeitrag | 129
Cornelia Schmalz-Jacobson: Diskussionsbeitrag | 132
Dieter Wiefelspütz: Ein Gespräch mit Stefan Luft | 134
Konrad Weiß: Diskussionsbeitrag
»Zwanzig Jahre nach der Asylrechtsänderung« | 138

B) Die Zuwanderung in der öffentlich-medialen Debatte
Jasper von Altenbockum: Diskussionsbeitrag
»Die offene Wunde« | 157
Roland Preuß: Diskussionsbeitrag
»Die Debatte um Zuwanderung in Deutschland« | 161

IV. WEITERENTWICKLUNG DES ASYLRECHTS

Recht auf Auswanderung – Recht auf Einwanderung?
Migrationsgerechtigkeit heute
Winfried Kluth | 169

Das Bundesamt für Migration und Flüchtlinge und der Wandel des Asylrechts
Manfred Schmidt | 187

Anforderungen an ein humanes Asylrecht
Inga Morgenstern | 201

Asyl und Arbeitsmarkt – zur sozialen Lage von Asylbewerbern
Rudolf Bünte | 219

V. MIGRATION UND ASYL — INTERNATIONALE PERSPEKTIVEN

Die Europäisierung der Asyl- und Flüchtlingspolitik
Stefan Luft | 241

**Grenzsicherung der Europäischen Union —
ein neuer »Eiserner Vorhang« im 21. Jahrhundert?**
Stefan Luft | 275

Asylrecht und Flüchtlingsschutz aus internationaler Perspektive
Internationale Zusammenarbeit und Solidarität als Voraussetzungen
für effektiven Flüchtlingsschutz
Henrike Janetzek | 307

Autoreninformation | 327

Vorwort

Die Beiträge in diesem Band gehen zurück auf die öffentliche Ringvorlesung »20 Jahre Asyl- und Zuwanderungskompromiss – Bilanz und Perspektiven« im Wintersemester 2012/2013 am Institut für Politikwissenschaft der Universität Bremen.
Im Rahmen der Veranstaltung wurden zehn Vorträge und zwei Diskussionsrunden gehalten. Die Vorträge und die Diskussionsrunde mit den Journalisten stießen in Wissenschaft und Öffentlichkeit auf positive Resonanz. Dies dürfte nicht zuletzt auch dem Umstand zu verdanken gewesen sein, dass für die Veranstaltung Vertreter unterschiedlicher Institutionen gewonnen wurden. Die sich an die Vorträge anschließenden Diskussionen waren vielfach kritisch, aber immer kollegial und konstruktiv. Allein die Diskussionsrunde »Der Asylkompromiss in der politisch-parlamentarischen Debatte« musste aufgrund von massiven Störungen abgebrochen werden. Eine öffentliche Fortsetzung der Veranstaltung mit vier damals in den Asylkompromiss involvierten Politikerinnen und Politikern war aufgrund der anhaltenden Proteste nicht möglich. Damit wurde eine Diskussion und Reflexion der politischen Kontroversen, die der Asyl- und Zuwanderungskomprom bis heute auslöst, verhindert.
Mit den Beiträgen wird ein weiter Bogen gespannt: von den Anfängen der Asylmigration zu Beginn der 1950er Jahre über den Asylkompromiss im Jahr 1992 bis zur heutigen Situation. Hierbei werden rechtliche und sozialwissenschaftliche Dimensionen der Asyldiskussion berücksichtigt. Theoretische Überlegungen, politische Standpunkte und statistische Befunde finden gleichermaßen Eingang in den Band. Er verdeutlicht, dass der Umgang mit Flucht und Asyl grundlegender Bestandteil der politischen und gesellschaftlichen Auseinandersetzung in einem demokratischen Wohlfahrtsstaat ist. Der Band ist unter Beteiligung von Angehörigen verschiedener Institutionen entstanden. Die Veröffentlichung

unterstreicht somit die Rolle von Wissenschaft, Nicht-Regierungsorganisationen und des Bundesamtes für Migration und Flüchtlinge bei der analytischen Auseinandersetzung mit Asylfragen.

Die Herausgeber danken den Autorinnen und Autoren für die Bereitstellung ihrer Manuskripte. Unser Dank gilt auch dem transcript Verlag für die Aufnahme der Schrift in sein Programm.

Bremen/Nürnberg im Frühjahr 2014
Stefan Luft und Peter Schimany

Asylpolitik im Wandel
Einführung in die Thematik des Bandes

Stefan Luft und Peter Schimany

Der »Asylkompromiss«, der ein »Migrationskompromiss« war (Bade 2000: 391), gehört zu den umstrittensten politischen Entscheidungen in der Geschichte der Bundesrepublik Deutschland. Er erschwerte den Zugang zum deutschen Asylverfahren, so dass die Zahl der Asylbewerber im Laufe der Jahre nach 1993 stark zurückging. Gleiches gilt für die Zuwanderung von Spätaussiedlern.

Die Zahl der Asylbewerber war seit 1986 kontinuierlich angestiegen und erreichte 1992 den historischen Höchststand von 440.000. Der Anteil Deutschlands am Asylbewerberzugang aller Staaten der Europäischen Gemeinschaften betrug damals 79 Prozent (Giesler/Wasser 1993: 307). Legt man die Asylbewerberzahlen in Relation zur einheimischen Bevölkerung zugrunde, ergeben sich allerdings Verschiebungen, bei denen Deutschland im europäischen Vergleich erst an dritter Stelle lag (Bade 1994: 28). Die Anerkennungsquote des damaligen »Bundesamtes für die Anerkennung ausländischer Flüchtlinge« (BAFl) lag im Jahr 1992 bei 4,3 Prozent (Giesler/Wasser 1993: 13ff.). Hinzugerechnet werden müssen allerdings noch die Zahl der Anerkennungen infolge von Verpflichtungsurteilen der Verwaltungsgerichte sowie die Anerkennungen als Flüchtling im Sinne der Genfer Flüchtlingskonvention (GFK), außerdem Fälle, in denen Abschiebeschutz gewährt wurde. Gleichwohl ist festzustellen: Vor den Entscheidungen des Jahres 1993 ging der relativ offene Zugang zum Asylverfahren mit einer restriktiven Anerkennungspraxis einher.

Das Wanderungsgeschehen war zum damaligen Zeitpunkt stark beeinflusst von dem sich abzeichnenden Zerfall der kommunistischen Staaten:

- Seit Mitte der 1980er Jahre kam die Mehrzahl der Asylbewerber nicht mehr aus den Krisengebieten Afrikas und Asiens sowie aus der Türkei, sondern aus Ost- und Südosteuropa (Rumänien, Jugoslawien, Bulgarien). Zwischen 1987 und 1992 lag ihr Anteil durchschnittlich bei etwas über 50 Prozent, 1992 bei 64 Prozent (Herbert 2001: 273ff.).
- Etwa im gleichen Zeitraum – zwischen 1987 und 1990 – stieg auch die jährliche Zahl der Aussiedler exorbitant an: von rund 80.000 auf rund 400.000 (Worbs et al. 2013: 31).
- Nach dem Fall der Mauer verließen im Jahr 1989 rund 390.000 Personen die DDR, 1990 weitere 395.000, die in die Bundesrepublik übersiedelten (Münz et al. 1999: 37).

Die Bundesrepublik befand sich am Übergang vom »innereuropäischen Arbeitskräfteaustausch zu den internationalen Migrationsbewegungen im Zuge der sich anbahnenden Globalisierung« (Herbert 2001: 284). Sie sah sich – wie auch andere europäische Staaten – starken Migrationsprozessen ausgesetzt, für deren Regulierung keine angemessenen Instrumente zur Verfügung standen. Nach Auffassung der den Asylkompromiss tragenden Parteien war »die Berufung auf das Asylrecht in erheblichem Umfang zum Mittel für eine unkontrollierte Zuwanderung aus wirtschaftlichen und anderen nicht durchgreifenden Gründen geworden« (BT-Drs. 12/4152, Begründung: 3).

Die politische und mediale Debatte wurde außerordentlich polemisch, scharf und emotional geführt (Münch 1993: 142ff.; Bade 1994: 31ff.; Herbert 2001: 299ff.). Etliche Medien sowie in erster Linie die Unionsparteien trugen aktiv zur Polarisierung in der politischen Auseinandersetzung bei. Die Erfolge rechtsradikaler und rechtsextremer Parteien bei Landtagswahlen (Republikaner in Berlin im Jahr 1989, DVU in Bremen im Jahr 1991) drohten die Integrationsfähigkeit der etablierten Parteien in Frage zu stellen. Besonders die »CSU vermochte mit scharfen Tönen gegen die Zuwanderung gegenüber der neuen Konkurrenz im rechten Lager, den Republikanern, Boden gutzumachen« (Herbert 2001: 271; Bade 1994: 34ff.). Im Rahmen des Bundestagswahlkampfes 1990 machten die Unionsparteien das Thema Asyl zu einem zentralen Konfliktfeld der Innenpolitik der kommenden Jahre. Vor diesem Hintergrund einigten sich nach langen und zähen Verhandlungen die Unterhändler der Bundestagsfraktionen von CDU/CSU, SPD und FDP am 6. Dezember 1992 auf die wesentlichen Inhalte des Zuwanderungskompromisses (»Nikolauskompromiss«) (Zimmermann 1994: 30ff.). Diese sind:

1. Die Änderung des Asylrechts durch den eigentlichen »Asylkompromiss« – nämlich der Ersatz des Art. 16 Abs. 2 Satz 2 GG »Politisch Verfolgte genießen Asylrecht« durch den neuen Art. 16a GG mit der »Drittstaatenregelung« und der Möglichkeit, »sichere Herkunftsstaaten« zu benennen, sowie restriktivere Regelungen beim Asylverfahren.
2. Kriegs- und Bürgerkriegsflüchtlinge erhielten einen zeitlich befristeten Aufenthaltsstatus analog zur Genfer Flüchtlingskonvention außerhalb des Asylverfahrens (im neuen Paragraphen 32a des Ausländergesetzes).
3. Die Aussiedlerzuwanderung sollte durch das »Kriegsfolgenbereinigungsgesetz« gesteuert werden, indem die Aufnahmevoraussetzungen grundlegend neu geregelt wurden. Die gesetzliche Vermutung eines Kriegsfolgenschicksals galt nur noch für die Nachfolgestaaten der UdSSR und die Aussiedlerzuwanderung wurde auf zunächst maximal 225.000 Personen jährlich begrenzt.
4. Die Zahl der Werkvertragsarbeitnehmer wurde auf maximal 100.000 Personen jährlich begrenzt.
5. Die Einbürgerung langjährig in Deutschland lebender Ausländer sollte erleichtert werden.
6. Möglichkeiten einer Regelung zur Begrenzung und Steuerung der Zuwanderung sollten geprüft werden.

Diese Punkte bildeten die Grundlage für den gemeinsamen Gesetzentwurf von CDU/CSU, FDP und SPD zur Änderung des Grundgesetzes vom 19. Januar 1993 (BT-Drs. 12/4152) sowie für das Gesetz zur Änderung asylverfahrens-, ausländer- und staatsangehörigkeitsrechtlicher Vorschriften vom 30. Juni 1993. Die Grundgesetzänderung enthielt zusätzlich noch die europabezogene Öffnungsklausel des künftigen Art. 16a Abs. 5 GG. Das Änderungsgesetz enthielt auch die Grundlage für das »Flughafenverfahren« (Paragraph 18a Asylverfahrensgesetz). Die letzte Lesung der Gesetze fand am 26. Mai 1993 im von Demonstranten belagerten Bundestag in Bonn statt.

Der Art. 16a Abs. 1 bis 3 und 5 GG lautet:

(1) Politisch Verfolgte genießen Asylrecht.

(2) Auf Absatz 1 kann sich nicht berufen, wer aus einem Mitgliedstaat der Europäischen Gemeinschaften oder aus einem anderen Drittstaat einreist, in dem die Anwendung des Abkommens über die Rechtsstellung der Flüchtlinge und der Konvention zum Schutze der Menschenrechte und Grundfreiheiten sichergestellt ist. Die Staaten außerhalb der Europäischen Gemeinschaften, auf die die Voraussetzungen des Satzes 1 zutreffen, werden durch Gesetz, das der Zustimmung des Bundesrates bedarf, bestimmt. (...).

(3) Durch Gesetz, das der Zustimmung des Bundesrates bedarf, können Staaten bestimmt werden, bei denen auf Grund der Rechtslage, der Rechtsanwendung und der allgemeinen politischen Verhältnisse gewährleistet erscheint, dass dort weder politische Verfolgung noch unmenschliche oder erniedrigende Bestrafung oder Behandlung stattfindet. (...).

(5) Die Absätze 1 bis 4 stehen völkerrechtlichen Verträgen von Mitgliedstaaten der Europäischen Gemeinschaften untereinander und mit dritten Staaten nicht entgegen, die unter Beachtung der Verpflichtungen aus dem Abkommen über die Rechtsstellung der Flüchtlinge und der Konvention zum Schutze der Menschenrechte und Grundfreiheiten, deren Anwendung in den Vertragsstaaten sichergestellt sein muss, Zuständigkeitsregelungen für die Prüfung von Asylbegehren einschließlich der gegenseitigen Anerkennung von Asylentscheidungen treffen.

Die beiden Gesetze traten am 1. Juli 1993 in Kraft. Im Jahr 1996 wurden Verfassungsbeschwerden gegen das Konzept der »Sicheren Herkunftsstaaten«, der »Sicheren Drittstaaten« und gegen das »Flughafenverfahren« vom Bundesverfassungsgericht zurückgewiesen.

Die gegenseitige Anerkennung der Asylentscheidungen der Vertragsstaaten der Schengen-Übereinkommen wurde in Deutschland durch den »Asylkompromiss« ermöglicht. Mit Art. 16a Abs. 5 GG schuf der Gesetzgeber »die nationale Grundlage für eine Asylrechtsharmonisierung in Europa« (Zimmermann/Römer 2013: 264; Giesler/Wasser 1993: 67ff.). Sie sollte als »völkerrechtliche Öffnungsklausel« (Randelzhofer 2009: 151;

Fröhlich 2011: 8off.) die Ratifikation des »Dubliner Übereinkommens« und des »Schengener Durchführungsübereinkommens« ermöglichen (BT-Drs. 12/4152, Begründung: 4). Insofern wird der Asylkompromiss als »Öffnung des vormals binnenorientierten Asylkonzepts des Grundgesetzes für eine internationale Zusammenarbeit« angesehen (Fröhlich 2011: 85).

Die Verhandlungen zum Dubliner Übereinkommen und zum Schengener Durchführungsübereinkommen sahen die

»ausschließliche Prüfungszuständigkeit lediglich eines Vertragsstaates für innerhalb des Vertragsgebiets gestellte Asylanträge vor. Mangels Gleichlaufs der asylrechtlichen Maßstäbe blieb trotz Prüfung eines Asylantrags in einem anderen Vertragsstaat aber stets eine Prüfung am Maßstab des deutschen Asylgrundrechts erforderlich. Eine Teilnahme an beiden völkerrechtlichen Verträgen war daher qua Verfassungsrecht erst nach Aufnahme entsprechender Öffnungsklauseln in den Vertragstext möglich gewesen« (Fröhlich 2011: 81).

Das Bundesverfassungsgericht stellte in seiner Entscheidung zur Verfassungsmäßigkeit der Drittstaatenregelung fest:

»Mit der Reform des Asylrechts hat der verfassungsändernde Gesetzgeber eine Grundlage geschaffen, um durch völkerrechtliche Vereinbarung der Zuständigkeit für die Prüfung von Asylbegehren und die gegenseitige Anerkennung von Asylentscheidungen eine europäische Gesamtregelung der Schutzgewährung für Flüchtlinge mit dem Ziel der Lastenverteilung zwischen den an einem solchen System beteiligten Staaten zu erreichen (Art. 16a Abs. 5 GG). Unbeschadet derartiger Regelungen auf der Ebene des Völkerrechts berücksichtigt er in Art. 16a Abs. 2 GG die aus den weltweiten Flucht- und Wanderungsbewegungen entstehende Lage und wendet sich deshalb von dem bisherigen Konzept ab, die Probleme, die mit der Aufnahme von politischen Flüchtlingen verbunden sind, allein durch Regelungen des innerstaatlichen Rechts zu lösen« (BVerfGE 94, 49 (85).

Die Ausrichtung auf eine europäische Kooperation reduzierte »die asylrechtliche Schutzverantwortung der Bundesrepublik Deutschland auf eine Teilverantwortung« (Fröhlich 2011: 88). Mit der staatenübergreifenden Regelung der »sicheren Drittstaaten« und der »sicheren Herkunftsstaaten« (und den sich daraus ergebenden Konsequenzen) wurde die Inanspruchnahme des deutschen Asylverfahrens erschwert. Grund dafür war in erster Linie das »Bedürfnis, das deutsche Asylverfahren zu entlasten« (Randelzhofer 2009: 396).

Die perspektivische Öffnung hin zu einem europäischen Asyl setzte voraus, dass die Asylsysteme der Mitgliedstaaten der Europäischen Gemeinschaft als prinzipiell gleichwertig anerkannt wurden. »Die Möglichkeit, Entscheidungen anderer Vertragsstaaten anzuerkennen, beruht auf dem gegenseitigen Vertrauen darauf, dass die nationalen Asylrechtsstandards trotz der im einzelnen bestehenden Unterschiede in ihrem Kerngehalt rechtsstaatlichen Mindestanforderungen genügen und insofern gleichwertig sind« (Hailbronner/Thiery 1997: 56; Hailbronner/Thym 2012:406ff.). Konkreter Grund dieses Vertrauens ist zuerst die Tatsache, dass alle Vertragsstaaten der Genfer Flüchtlingskonvention (GFK) und der Europäischen Konvention zum Schutze der Menschenrechte und der Grundfreiheiten (EMRK) angehören. In der Konsequenz kann sich laut Art. 16a Abs. 2 GG nicht auf das Asylrecht in Deutschland berufen,

»wer aus einem Mitgliedstaat der Europäischen Gemeinschaften oder aus einem anderen Drittstaat einreist, in dem die Anwendung des Abkommens über die Rechtsstellung der Flüchtlinge und der Konvention zum Schutze der Menschenrechte und Grundfreiheiten sichergestellt ist. (...) In den Fällen des Satzes 1 können aufenthaltsbeendende Maßnahmen unabhängig von einem hiergegen eingelegten Rechtsbehelf vollzogen werden« (Art. 16a Abs. 2 GG).

Das Bundesverfassungsgericht hat hier das Prinzip der »normativen Vergewisserung« für hinreichend gehalten (Hoppe 2013: 215ff.). Danach reicht es aus, »wenn der Gesetzgeber mittels einer vorherigen allgemeinen Überprüfung sich über die Sicherheit des Drittstaates, aus dem der Asylbewerber eingereist ist, vergewissert« (Hailbronner 2013:689; Zimmermann/Römer 2013: 265ff.). Entscheidend ist, »dass der Ausländer sich während seiner Reise irgendwann in einem sicheren Drittstaat befunden hat und dort Schutz nach den Bestimmungen der Genfer Konvention hätte finden können« (Hailbronner 2013: 780). Entsprechend Art. 16a Abs. 2 GG gehören alle Mitgliedstaaten der EU qua Mitgliedschaft zum Kreis der »sicheren Drittstaaten« (Hailbronner 2013: 776ff.). Zudem haben sich die Mitgliedstaaten der EU 2003 zusätzlich gegenseitig zu »sicheren Drittstaaten« erklärt (Verordnung (EG) Nr. 343/2003 des Rates vom 18. Februar 2003).

Die skizzierten rechtlichen Änderungen haben weit reichende Folgen gehabt, die nach wie vor wirksam sind. Auch heute noch wird der »Asylkompromiss« höchst kontrovers beurteilt. Die Beiträge des Bandes greifen die Asylthematik und ihre Entwicklung unter verschiedenen Aspekten auf.

ZUM AUFBAU DES BANDES

Die einzelnen Beiträge lassen sich folgenden Bereichen zuordnen:

1. Entwicklung der Asylmigration – Ein Überblick
2. Asylpolitik – Ein Rückblick
3. Debatten um Asyl und Zuwanderung
4. Weiterentwicklung des Asylrechts und
5. Migration und Asyl – Internationale Perspektiven.

Damit wird ein weiter Bogen der Asylthematik gespannt. Nicht nur der Asylkompromiss, seine Ursachen, Ausformungen und Bewertungen, sondern auch die Entwicklung der Asylmigration sowie die neuere Diskussion um Asyl und Flüchtlingsschutz werden behandelt. Rechtliche Sachverhalte, theoretische Überlegungen und statistische Daten finden gleichermaßen Eingang in die Analysen. Dabei werden Geschichte und Gegenwart des politischen Asyls in Deutschland und Europa gleichermaßen erörtert.

ZU DEN EINZELNEN BEITRÄGEN

Dem Band vorangestellt wird ein Beitrag von **Peter Schimany**. In einem Überblick zeigt er die »**Entwicklung der Asylmigration nach Deutschland**« von den 1950er Jahren bis heute auf, wobei die Zeit zu Beginn der 1990er Jahre und der damit einhergehende Asylkompromiss besondere Aufmerksamkeit erfahren. Zuerst erfolgen eine Einordnung der Asylmigration in das gesamte Migrationsgeschehen sowie begriffliche und methodische Erläuterungen. Anschließend wird die Entwicklung der Asylantragszahlen von 1953 bis 2012 aufgezeigt. Hierbei werden mehrere Phasen der Asylzuwanderung unterschieden und Ursachen für den wechselhaften Verlauf genannt. Eingegangen wird auch auf den Zuzug von (Spät-)Aussiedlern und jüdischen Zuwanderern aus der ehemaligen Sowjetunion einschließlich ihrer Familienangehörigen. Danach werden die derzeitigen Asylbewerber anhand von soziodemographischen und soziokulturellen Merkmalen beschrieben. Der Artikel zeigt, dass die Asylmigration einen konstitutiven Teil der Gesamtwanderung darstellt, der in Zukunft aus verschiedenen Gründen weiter zunehmen dürfte.

Nicht thematisiert werden Entscheidungen über Asylanträge, die Dauer der Asylverfahren und andere damit zusammenhängende Aspekte. Nicht behandelt werden zudem das Asylbewerberleistungsgesetz und der Komplex der Rückführung von Asylbewerbern. Hierauf wird in anderen Beiträgen näher eingegangen.

Nach diesem Überblick zur Entwicklung der Asylmigration versammelt der Bereich »**Asylpolitik – Ein Rückblick**« zunächst zwei Beiträge, die sich zentral mit dem Asylkompromiss beschäftigen. Ein dritter Beitrag geht zudem auf die Reform der Aussiedlerpolitik ein.

In ihrem Beitrag »**Asylpolitik in Deutschland – Akteure, Interessen, Strategien**« zeigt **Ursula Münch** die damalige politische Diskussion um die bundesdeutsche Asylpolitik auf. Die öffentliche Debatte war nicht nur geprägt von der Auseinandersetzung, wie die verstärkte Zuwanderung vor Ort bewältigt werden sollte, sondern stand insbesondere unter dem Vorzeichen, die Einwanderung von Asylbewerbern und Aussiedlern zu regulieren und möglichst drastisch zu begrenzen. Die gesellschaftliche Situation im Kontext des Asyl- bzw. Migrationskompromisses stellte sich ab Herbst 1992 höchst brisant dar. Nach Meinung der Autorin wäre es aber falsch, die damalige politische Diskussion um die Asylpolitik als Besonderheit einzustufen. Vielmehr wies die Auseinandersetzung im Vorfeld des Asylkompromisses Grundmuster auf, welche die bundesdeutsche Asylpolitik bereits seit Jahrzehnten prägten – und bis heute beeinflussen. Die bundesdeutsche Asyl- und Zuwanderungspolitik stellt sich vor allem als das Ergebnis föderaler und kommunaler Interessenkonflikte und Interessenwahrnehmung dar.

Wie die Autorin weiter ausführt, zeigte sich schon in den Anfängen der Asylgewährung die Schwierigkeit, die juristische Auslegung des Begriffs der politischen Verfolgung mit den »modernen« Flüchtlingsbewegungen in Übereinstimmung zu bringen. Im Gegensatz zu den Erfahrungen der Mitglieder des Parlamentarischen Rates werden »moderne« Flüchtlinge nicht wegen ihrer Taten, sondern ganz überwiegend wegen ihrer Eigenschaften verfolgt. Nicht mehr allein der Fluchtgrund, sondern vor allem der Fluchtweg stand nunmehr im Mittelpunkt der gesetzlichen Regelung des Asylverfahrens. Schließlich verweist die Autorin darauf, dass die Zustimmung der Opposition zur Grundrechtsänderung im Zusammenhang mit der »Aussiedler-Vereinbarung« zu sehen ist. Die damalige Bundesregierung nutzte jedoch die Gelegenheit für eine umfassende Reform der Einwanderungspolitik nicht. Dies blieb der späteren Bundesregierung im Jahr 2004 vorbehalten.

Ulrich Herbert zeichnet in seinem Beitrag »**Asylpolitik im Rauch der Brandsätze« – der zeitgeschichtliche Kontext**« die der Ausländerbeschäftigung inhärente Problematik und den Strukturwandel der Migration nach – was in der Folge zur Asylkampagne und zu Ausschreitungen führte. Unter dem Druck der Ereignisse kam es dann zum Asylkompromiss. Wie der Autor darlegt, hatte sich aus der vorübergehenden Arbeitsaufnahme ein Einwanderungsprozess entwickelt, der zunehmend Ängste und Ablehnung hervorrief. Denn aus der innereuropäischen Arbeitsmigration wurde zunehmend eine globale Armutswanderung. Einer der Erfolg versprechenden Wege, in das ansonsten abgeriegelte Westeuropa zu gelangen, war der Weg des Asylantrags. Nach der Öffnung der Grenzen im Jahr 1989 stieg daher nicht nur die Zahl der Asylbewerber erheblich an, auch deren ethnische Zusammensetzung wandelte sich deutlich.

Fremdenfeindlichkeit und Gewaltbereitschaft nahmen zu, Ausschreitungen und Pogrome folgten. Die Ereignisse von Hoyerswerda im September 1991 zogen zahlreiche weitere ausländerfeindliche Anschläge und Übergriffe nach sich. Infolge der Asylkampagne der frühen 1990er Jahre bildete sich eine neue Form des organisierten Rechtsradikalismus heraus. Wie der Autor abschließend betont, wurde die Verhinderung der Zuwanderung über das Asylrecht erst mit dem Schengener Abkommen von 1995 und 2005 in der Europäischen Union vereinheitlicht. Aber auch heute erinnern die Bootsflüchtlinge an den Wanderungsdruck, der durch die extremen wirtschaftlichen und sozialen Unterschiede in den verschiedenen Weltregionen entsteht und der stetig zunimmt.

Abgerundet wird dieser Bereich mit dem Aufsatz »**Kein fairer Tausch: Zur Bedeutung der Reform der Aussiedlerpolitik im Kontext des Asylkompromisses**« von **Jannis Panagiotidis**. Im Zentrum stehen hier nicht die Asylbewerber, sondern die (Spät-)Aussiedler, die im Rahmen der Diskussion um den Asylkompromiss zumeist keine Berücksichtigung erfahren.

Wie der Autor erörtert, war die Bundesrepublik Deutschland in den späten 1980er und frühen 1990er Jahren das Ziel verschiedener Migrationsströme und Migrationsgruppen, zunehmend auch aus dem sich öffnenden (post-)sozialistischen Osteuropa. Aufgrund des Fehlens einer umfassenden Migrationsgesetzgebung wurden die neuen Zuwanderer im Wesentlichen in zwei rechtliche Kategorien eingeteilt, die aus der Nachkriegszeit überliefert waren: »politisch Verfolgte« und »Aussiedler« aus Osteuropa, die als deutsche Staatsangehörige oder »deutsche Volkszugehörige« mit fremder Staatsangehörigkeit in der Bundesrepublik Aufnahme fanden und dann im Falle der »deutschen Volkszugehörigkeit« deutschen Staatsangehörigen gleichgestellt wurden.

Während die Botschaft der Politik bei Asylbewerbern hieß, »das Boot ist voll«, lautete sie bei Aussiedlern, »das Tor bleibt offen«. In der öffentlichen Debatte stieß die privilegierte Behandlung großer Zahlen von überwiegend als fremd wahrgenommener »Deutscher« im Gegensatz zur Regierungslinie jedoch auf zunehmend weniger Verständnis. Erst der »Asylkompromiss« verknüpfte die getrennten Themenkomplexe miteinander. Vor diesem Hintergrund ist das Ziel des Beitrages eine Bewertung des Asylkompromisses unter dem Gesichtspunkt der dort »verrechneten« Güter, nämlich des Grundrechts auf Asyl einerseits und des unbeschränkten Aussiedlerzuzugs andererseits.

Der dritte Bereich »**Debatten um Asyl und Zuwanderung**« versammelt zum einen die Beiträge der mit einer Politikerin und drei Politikern vorgesehenen Diskussionsrunde »**Der Asylkompromiss in der politisch-parlamentarischen Debatte**«. Zum anderen sind hier die Beiträge der beiden Journalisten der Diskussionsrunde »**Die Zuwanderung in der öffentlich-medialen Debatte**« enthalten.

Am 5. Dezember 2012 – exakt 20 Jahre nach dem »Nikolauskompromiss« des Jahres 1992 – versammelten sich an der Universität Bremen vier Zeitzeugen, die damals direkt oder indirekt am politischen Geschehen beteiligt waren, zu einer Podiumsdiskussion: Günther Beckstein (CSU), der als damaliger Staatssekretär im Bayerischen Staatsministerium des Inneren an den Verhandlungen unmittelbar beteiligt war; Cornelia Schmalz-Jacobsen (FDP), die als damalige »Beauftragte der Bundesregierung für die Belange der Ausländer« und Mitglied des Deutschen Bundestages zu den Gegnerinnen des »Asylkompromisses« gehörte; Konrad Weiß, der für Bündnis 90/Die Grünen dem Deutschen Bundestag angehörte und am 26. Mai 1993 eine vielbeachtete Rede hielt, in der er sich entschieden gegen die Änderung des Grundgesetzes wandte; und Dieter Wiefelspütz (SPD), der im Deutschen Bundestag mit der Mehrheit seiner Fraktion für den Asylkompromiss stimmte.

Wie bereits im Vorwort angesprochen, musste die Diskussionsrunde »Der Asylkompromiss in der politisch-parlamentarischen Debatte« aufgrund gewalttätiger Störungen linksautonomer Gruppen abgebrochen werden. Eine öffentliche Fortsetzung der Diskussionsrunde mit den vier im Jahr 1993 in den Asylkompromiss involvierten politischen Persönlichkeiten war aufgrund der anhaltenden Proteste und Bedrohungen der Podiumsteilnehmer nicht möglich. Dies stellte einen massiven Eingriff in das Grundrecht auf Freiheit von Forschung und Lehre (GG Art. 5 Abs. 3) dar. Nachfolgend werden die nicht gehaltenen Statements von Günther Beckstein und Cornelia Schmalz-Jacobsen, ein nachträglich geführtes Interview mit Dieter Wiefelspütz und ein Artikel von Konrad Weiß wiedergegeben.

In seinem Statement geht **Günther Beckstein** zuerst auf die gestiegenen Asylbewerberzahlen, auf die damit verbundenen langen Verfahrensdauern und die dadurch verursachten Kosten für Unterbringung und Versorgung bei den Kommunen ein. Aus Sicht des damaligen bayerischen Innenministers war »das geordnete Miteinander in Gefahr« und »an Integration war nicht zu denken.« Hinsichtlich der Neuregelung des Asylrechts werden die Erwartungen an das neue Gesetz – auch heute noch – uneingeschränkt positiv bewertet: »Unsere Erwartungen, die Zahl der Asylanträge sowie die überproportionale Zuwanderung zu senken und die Einzelverfahren zu beschleunigen, sind erfüllt worden.«

Cornelia Schmalz-Jacobsen stellt in ihrem Statement fest, dass der Vorschlag, das Grundrecht auf Asyl zu verändern, von einer parteiübergreifenden Mehrheit im Deutschen Bundestag als Allheilmittel zur Lösung einer fraglos schwierigen Situation betrachtet wurde. Aufgrund der prekären Lage, einer Ausländerpolitik voller Widersprüche, einer verunsicherten Bevölkerung und der Gefahr einer weiteren militanten Radikalisierung musste aus Sicht der damaligen FDP-Bundestagsabgeordneten »etwas geschehen!«. Der Vorschlag, das Grundrecht auf Asyl zu verändern, kam in ihren Augen jedoch einer Abschaffung des Grundgesetzartikels gleich.

Auch **Dieter Wiefelspütz** betont in seinem Interview mit **Stefan Luft**, dass mit dem Asylkompromiss eine Regelung vorlag, die in ihren praktischen Auswirkungen von der breiten Öffentlichkeit mitgetragen wurde.

Hätte die Politik diese Kraft nicht besessen, dann wären möglicherweise bestimmte demokratiefeindliche Prozesse eher begünstigt worden. Aus Sicht des damaligen SPD-Bundestagsabgeordneten sind die Erwartungen an den Asylkompromiss sogar eher übererfüllt worden, da man mit dieser Wirksamkeit der Grundgesetzänderung nicht gerechnet hatte. Der Interviewte betont aber auch, dass der jahrhundertealte Grundgedanke »Schutz für politisch Verfolgte«, der auch menschenrechtlich verankert ist, angesichts der heutigen Flüchtlingssituation zu kurz greift. Allerdings liege seiner Erfahrung nach die kritische Grenze bei etwa 100.000 Flüchtlingen pro Jahr, da die Gesellschaft nicht unbegrenzt integrationsfähig sei.

In seinem Artikel »Zwanzig Jahre nach der Asylrechtsänderung« vermittelt **Konrad Weiß** tiefere zeitgeschichtliche Einblicke in das Ringen um den Asylkompromiss aus der Perspektive von Bündnis 90 und der ostdeutschen Grünen (die im Gegensatz zu den westdeutschen Grünen im 12. Deutschen Bundestag, dem ersten nach der Wiedervereinigung, vertreten waren). Der Autor war damals Mitglied des Innenausschusses und zuständig für die Asyl- und Migrationspolitik. Gegenüber den Parteien des Asylkompromisses sah die Fraktionsgemeinschaft keine Lösung in »der Aufgabe des Asylrechts, sondern in seiner Ergänzung und Ausgestaltung.«

Der Autor vertritt nach wie vor die Meinung, dass eine Lösung der Probleme auch ohne die Aufgabe des klaren Verfassungsgrundsatzes »Politisch Verfolgte genießen Asylrecht« möglich gewesen wäre. Dieser Auffassung waren offensichtlich auch jene 101 Abgeordneten aus der SPD und die sieben Abgeordneten aus der FDP, darunter Cornelia Schmalz-Jacobsen, die im Bundestag gegen den Asylkompromiss stimmten. Wie der Autor einräumt, wurden die Ziele der Kompromiss-Koalition von 1992 fraglos erreicht. Die Grundgesetzänderung und das damit verbundene Instrumentarium machen es politisch Verfolgten jedoch nahezu unmöglich, in Deutschland um Asyl nachzusuchen. Angesichts der Hunderttausenden Deutschen, denen in der Zeit des Nationalsozialismus im Ausland Asyl gewährt wurde, sei dies beschämend.

In der Diskussionsrunde »**Die Zuwanderung in der öffentlich-medialen Debatte**«, deren Gesprächsführung **Stefan Luft** innehatte, betont **Jasper von Altenbockum** in seinem Beitrag »**Die offene Wunde**«, dass die Mordanschläge in Hoyerswerda und anderen Städten sowie die fast täglichen Übergriffe gegen Asylbewerber Deutschland in eine Stimmung versetzt hatten, die in Bonn dazu führte, von einer Gefährdung der Demokratie zu sprechen. Die Konfrontation um das Asylrecht ging über das normale Maß politischer Auseinandersetzungen hinaus, weil sich unversöhnliche Gesellschaftsentwürfe gegenüberstanden.

Die Konzepte vom »Einwanderungsland« und von »Multikulti« verloren jedoch ihre normative Kraft in dem Maße, wie sie an deskriptiver Kraft gewannen. Beide Konzepte lebten später in der Auseinandersetzung um eine »Leitkultur« wieder auf. Der Interessenausgleich von 1993 hat eine Verständigung über die Ausländerpolitik ermöglicht, die rund zehn Jahre später zum Zuwanderungsgesetz führte. Aber erst ein Konsens über die Gräben von damals hinweg würde, so der Autor abschließend, eine deutsche »Willkommenskultur« schaffen.

Roland Preuß erinnert in seinem Beitrag »**Die Debatte um Zuwanderung in Deutschland**« daran, dass laut damaligen Umfragen die Thematik »Asyl und Ausländer« jahrelang als das wichtigste politische Problem der Republik galt. Gleichzeitig war die Debatte um Zuwanderung auf Jahre verhärtet, zumal die Union nach dem Asylkompromiss betonte, Deutschland sei »kein Einwanderungsland«. Hinter diese Aussage konnte man jahrelang nicht zurück, obwohl die Bundesrepublik längst zum Einwanderungsland geworden war.

Wie der Autor weiter ausführt, sank bis 2005 die Zahl der Asylbewerber aus verschiedenen Gründen. Erstmals lagen die großen Herausforderungen der Ausländerpolitik nicht in der Begrenzung von Zuwanderung. Das wichtigste Thema wurde die Integration von bereits in Deutschland lebenden Ausländern. Zudem zeigte sich, dass das Zuwanderungsgesetz von 2005 nicht ausreiche, um die zweite große Aufgabe zu bewältigen: die Anwerbung von Fachkräften aus dem Ausland. Letztlich kam durch den Asylkompromiss aber zunehmend Bewegung in die Migrationsdebatte. Ab Beginn der Jahrtausendwende geschah in zehn Jahren mehr als in den 30 Jahren zuvor.

Der vierte Block »**Weiterentwicklung des Asylrechts**« versammelt vier Beiträge, die sich aus rechtsphilosophischer, rechtspolitischer und sozialpolitischer Perspektive mit dem Asylrecht auseinandersetzen.

In seinem Beitrag »**Recht auf Auswanderung – Recht auf Einwanderung? – Migrationsgerechtigkeit heute**« weist **Winfried Kluth** darauf hin, dass sich seit der Allgemeinen Erklärung der Menschenrechte im Jahr 1949 in internationalen Menschenrechtspakten Gewährleistungen der Ausreisefreiheit finden. Sie werden jedoch nicht durch die Garantie einer

Einreise- oder Zuwanderungsfreiheit ergänzt. Die traditionelle Sichtweise, die auch vom Mainstream der modernen politischen Philosophie geteilt wird, rechtfertigt diese »Systemlücke« mit dem aus der Souveränität von Staaten resultierenden Anspruch, selbst darüber zu entscheiden, wer Zugang zu ihrem Territorium hat. Die weiteren Überlegungen gehen der Frage nach, ob diese Sichtweise mit Grundsätzen der Migrationsgerechtigkeit in Einklang steht, Staaten somit ihrer solidarischen Erfüllungspflicht gerecht werden, und welche Änderungen in diesem Bereich einzufordern sind. Forderungen nach einer weiter reichenden distributiven Gerechtigkeit, die auch das Einreiserecht umfassen, lassen sich aber weder aus den Menschenrechten noch aus den vorherrschenden Konzeptionen der politischen Philosophie ableiten.

Mit dem Migrationsrecht der Europäischen Union (EU) ist allerdings eine Rechtsordnung in die Überlegungen einzubeziehen, die den Weg zu einer regionalen Migrationsordnung beschritten hat. Die Unionsbürger werden zwar nicht den Staatsangehörigen völlig gleichgestellt. Sie werden aber in die solidarischen Sicherungssysteme der Mitgliedstaaten einbezogen. Mit der Entwicklung des Freizügigkeitsrechts ist auch die Einbeziehung von Drittstaatsangehörigen hervorzuheben, die zur Familie von Unionsbürgern gehören. Abschließend betont der Autor, dass es noch nicht an der Zeit ist, auf Unionsebene die gleiche Solidarität einzufordern, wie dies auf staatlicher Ebene möglich ist. Um die Entwicklung der EU als politische Union nicht zu gefährden, sollte eine Erweiterung der Vereinheitlichung des Migrationsrechts nur mit großer Vorsicht vorgenommen werden.

Wie **Manfred Schmidt** in seinem Artikel »**Das Bundesamt für Migration und Flüchtlinge und der Wandel des Asylrechts**« darlegt, wurde das Bundesamt 1953 als Bundesdienststelle für die Anerkennung ausländischer Flüchtlinge gegründet. Im Jahr 2013 feiert es sein 60-jähriges Bestehen. Mit dem Inkrafttreten des Zuwanderungsgesetzes im Jahr 2005 ist als neue Aufgabe die Integration hinzugekommen, die heute den zweiten zentralen Arbeitsbereich bildet. Seitdem hat sich »das Amt zu einem Kompetenzzentrum für die Themen Migration, Asyl, Integration und Resettlement entwickelt.« Wie der Autor weiter ausführt, ist das deutsche Asylrecht nicht statisch. Seit seiner Verabschiedung am 27. Juli 1993 wurde das Asylverfahrensgesetz häufig aktualisiert und veränderten Rahmenbedingungen angepasst. Von zunehmender Relevanz sind rechtliche Entwicklungen auf internationaler bzw. europäischer Ebene.

Einige zentrale Bausteine dieses Prozesses werden in dem Aufsatz skizziert. Die Vergemeinschaftung des Asylrechts hat dazu geführt, dass in der EU erstmals gemeinsame Regelungen zum materiellen Asylrecht, zum Verfahrensrecht und zu den sonstigen Rechten von Asylbewerbern und Schutzberechtigten geschaffen wurden. In der Praxis zeigen sich trotz einheitlicher Standards jedoch deutliche Unterschiede in der Handhabung des Asylrechts und der Gewährung von Schutz in den einzelnen Mitgliedstaaten. Wie der Autor abschließend ausführt, besteht ein Spannungsfeld zwischen Asyl- und Sozialsystem. Weder die Genfer Flüchtlingskonvention noch die Europäische Menschenrechtskonvention garantieren nach einhelliger Auffassung der Vertragsstaaten Schutz vor wirtschaftlicher Not. Aus verschiedenen Gründen macht es aber Sinn, darüber nachdenken, »inwiefern wir für diese Menschen Möglichkeiten schaffen können, auf anderen Kanälen als denen der Asylzuwanderung legal nach Deutschland zuzuwandern.«

Inga Morgenstern stellt in ihrem Beitrag »**Anforderungen an ein humanes Asylrecht**« einleitend fest, dass für Amnesty International die Allgemeine Erklärung der Menschenrechte Maßstab des Handelns ist. Veränderungen von Gesetzen sind allerdings auch dann, wenn es zu einer Verschärfung der Situation für die Betroffenen kommt, nicht eo ipso eine Menschenrechtsverletzung. Insofern stellt der Asylkompromiss nicht bereits deshalb eine Verletzung menschenrechtlicher Vorschriften dar, weil gewährte Rechte eingeschränkt werden. Man muss daher die einzelnen Inhalte des Asylkompromisses im Detail betrachten und an den menschenrechtlichen Vorgaben messen, um eine differenzierte Stellungnahme aus menschenrechtlicher Perspektive zu begründen.

Vor diesem Hintergrund nimmt die Autorin eine Bewertung einiger Bestandteile des Asylkompromisses aus heutiger menschenrechtlicher Sicht vor. Problematisiert werden die Drittstaatenregelung, die Dublin-II-Verordnung, der Schutz an den EU-Außengrenzen und das Flughafenverfahren. Zudem führt die Autorin aus, dass das Asylbewerberleistungsgesetz zumindest teilweise verfassungswidrig ist. Richtet man den Blick auf die vielen Einschränkungen, denen Asylbewerber unterliegen, dann stellt sich – so die Verfasserin abschließend – das Zusammentreffen der verschiedenen Maßnahmen als »nicht mehr hinnehmbare Beschränkung dar.«.

Rudolf Bünte geht in seinem Aufsatz »**Asyl und Arbeitsmarkt – zur sozialen Lage von Asylbewerbern**« der Frage nach, in welcher allgemeinen sozialen Lage sich Asylsuchende während und nach Abschluss des Asylverfahrens befinden. Die Lebenslage der Menschen wird besonders davon beeinflusst, ob die Möglichkeit besteht, eine Beschäftigung aufzunehmen, und welche Sozialleistungen gewährt werden. In dem Beitrag wird dargestellt, welche Regelungen hierzu seit dem Asylkompromiss gelten und wie sich die Diskussion zu diesen Fragen bis heute entwickelt hat. Zudem wird auf Initiativen eingegangen, die sich für intensivere Integrationsbemühungen für Flüchtlinge mit ungesichertem Aufenthaltsstatus einsetzen.

Auf der Grundlage des Asylkompromisses wird bei Aufenthaltsrecht, Arbeitsmarktzugang und Sozialleistungen deutlich zwischen dem jeweiligen rechtlichen Status der Flüchtlinge unterschieden. Der Autor kommt aber zu dem Fazit, dass sich in den letzten zehn Jahren die soziale Lage der Flüchtlinge punktuell verbessert hat. Die aktuelle Zuwanderungspolitik in Deutschland ist – angetrieben von der Fachkräftedebatte und Rechtsentwicklungen auf europäischer Ebene – perspektivisch auf eine gewisse Öffnung ausgerichtet. Gleichwohl bleibt »die Entwicklung einer kohärenten Flüchtlingspolitik auf allen politischen Ebenen die maßgebliche Herausforderung für die Zukunft.«

Den Abschluss des Bandes bildet der fünfte Bereich »**Migration und Asyl – Internationale Perspektiven**« mit drei Beiträgen. Zuerst zeigt **Stefan Luft** in seinem Artikel »**Die Europäisierung der Asyl- und Flüchtlingspolitik**« die Entwicklung vom Schengener Abkommen bis zu Dublin III auf. Wie der Autor darlegt, war der Asyl- und Zuwanderungskompromiss der Jahre 1992/1993 Höhepunkt einer mehrere Jahre andauernden innenpolitischen Konfrontation. Der Fall der Mauer und das Ende der Teilung Europas sowie die darauf folgenden Verwerfungen der Transformationsprozesse führten, wie der Autor weiter ausführt, zu Migrationsprozessen in einem Ausmaß, wie es die Bundesrepublik seit ihrer Gründung nicht erlebt hatte. Die damaligen Entscheidungen schufen wesentliche Voraussetzungen dafür, Deutschland für einen Europäisierungsprozess zu öffnen. Dieser gewann seit Ende der 1990er Jahre zunehmend an Geschwindigkeit und entfaltete eine bemerkenswerte Eigendynamik, die 2013 zur zweiten Stufe des »Gemeinsamen Europäischen Asylsystems« führte. Nationale Asyl- und Flüchtlingspolitik wird immer mehr durch ein EU-einheitliches Asylrecht beeinflusst.

Danach beschäftigt sich **Stefan Luft** in seinem Aufsatz »**Grenzsicherung der Europäischen Union – ein neuer »Eiserner Vorhang« im 21.**

Jahrhundert?« mit dem Thema Grenzmanagement. Die EU und deren Mitgliedstaaten halten am Postulat der Steuerung von Migration fest. Um darüber zu entscheiden, wer einreisen darf und wer nicht, bedient sich die Politik des Grenzmanagements. Zentrale Maßnahmen zur Sicherung der Außengrenzen sind Grenzüberwachung und Ausreiseverhinderung in Form von Technologisierung, Übertragung hoheitlicher Aufgaben an Dritte und Exterritorialisierung.

Die EU bindet Drittstaaten über Rücknahmeabkommen, Mobilitätspartnerschaften und Nachbarschaftspolitik in ihre Migrationspolitik ein. Den Staatsangehörigen dieser Drittstaaten werden Wege legaler Zuwanderung eröffnet. Im Gegenzug werden von diesen Ländern Beiträge zur Verhinderung unerwünschter Zuwanderung in die EU erwartet. Dabei entsteht das Problem des Umgangs mit Staaten, welche die Menschenrechte von Flüchtlingen verletzen. Wie der Autor betont, besteht eine Glaubwürdigkeitslücke zwischen den normativen Ansprüchen einer Wertegemeinschaft und dem realen politischen Handeln. Bei einem steigenden Wanderungsdruck ist es daher entscheidend, nicht nur Menschenhandel und Schleuserkriminalität zu bekämpfen, sondern sich ernsthaft und nachhaltig auch mit den Migrationsursachen auseinanderzusetzen.

Wie **Henrike Janetzek** in ihrem Beitrag **»Asylrecht und Flüchtlingsschutz aus internationaler Perspektive – Internationale Zusammenarbeit und Solidarität als Voraussetzungen für effektiven Flüchtlingsschutz«** ausführt, hat »Asyl« eine lange Tradition, die bis in die Antike zurück reicht. Maßgeblich für das heutige Verständnis von Asyl und Flüchtlingsschutz ist der Schutz aus der Genfer Flüchtlingskonvention, der »magna charta« des Flüchtlingsschutzes.

Anhand von Statistiken zeigt die Autorin, dass eine weltweit ungleiche Verteilung von Flüchtlingen und Schutzsuchenden vorliegt – mit einer starken Belastung der Nachbarstaaten von Herkunftsländern, die häufig selbst Entwicklungsländer sind. Zudem verweist die Autorin darauf, dass sich die Flüchtlingskrisen wandeln und in den letzten Jahren vor allem den Charakter von Dauerkrisen hatten. Für eine große Zahl von Flüchtlingen ist eine freiwillige Rückkehr in ihre Heimat auf absehbare Zeit nicht möglich. Die internationale Staatengemeinschaft und insbesondere auch Europa sind daher gefordert, mehr Plätze für Resettlement zur Verfügung zu stellen. Weder global noch in Europa existiert eine angemessene Verteilung der Verantwortung zwischen den Staaten für den Schutz von Flüchtlingen. Die weltweiten aktuellen Herausforderungen im Flüchtlingsschutz zeigen aber, dass ein effektiver Flüchtlingsschutz ohne internationale Zusammenarbeit und Solidarität nicht gelingen kann.

Die Beiträge belegen, dass auch nach rund 20 Jahren der Asyl- und Zuwanderungskompromiss von großer politischer Relevanz ist. Sie informieren über »Asyl als Menschenrecht« und zeigen auf, dass Flucht und Vertreibung zu den globalen Herausforderungen unserer Zeit gehören.

Literatur

Bade, Klaus J. (2000): Europa in Bewegung. Migration vom späten 18. Jahrhundert bis zur Gegenwart, München.

Bade, Klaus J. (^{3}1994): Ausländer, Aussiedler, Asyl in der Bundesrepublik Deutschland, Hannover.

Fröhlich, Daniel (2011): Das Asylrecht im Rahmen des Unionsrechts. Entstehung eines föderalen Asylregimes in der Europäischen Union, Tübingen.

Giesler, Volkmar/Wasser, Detlef (1993): Das neue Asylrecht. Die neuen Gesetzestexte und internationalen Abkommen mit Erläuterungen, Köln.

Hailbronner, Kay (2013): Asylrecht, in: Merten, Detlef/Papier, Hans-Jürgen (Hg.): Handbuch der Grundrechte in Deutschland und Europa, Heidelberg, 674-805.

Hailbronner, Kay/Thiery, Claus (1997): Schengen II und Dublin – Der zuständige Asylstaat in Europa, in: Zeitschrift für Ausländerrecht und Ausländerpolitik, 17, H. 2, 55-66.

Hailbronner, Kay/Thym, Daniel (2012): Vertrauen im europäischen Asylsystem, in: Neue Zeitschrift für Verwaltungsrecht 31 (2012), 7: 406-409.

Herbert, Ulrich (2001): Geschichte der Ausländerpolitik in Deutschland. Saisonarbeiter, Zwangsarbeiter, Gastarbeiter, Flüchtlinge, München.

Hoppe, Michael (2013): Eilrechtschutz gegen Dublin II-Überstellungen. Zugleich eine Neujustierung des Konzepts der normativen Vergewisserung gemäß Art. 16 a GG, Baden-Baden.

Münch, Ursula (^{2}1993): Asylpolitik in der Bundesrepublik Deutschland. Entwicklung und Alternativen, Opladen.

Münz, Rainer/Seifert, Wolfgang/Ulrich, Ralf (²1999): Zuwanderung nach Deutschland. Strukturen, Wirkungen, Perspektiven, Frankfurt a.M.

Randelzhofer, Albrecht (³2009): Asylrecht, in: Handbuch des Staatsrechts der Bundesrepublik Deutschland, § 153.

Worbs, Susanne/Bund, Eva/Kohls, Martin/Babka von Gostomski, Christian (2013): (Spät-)Aussiedler in Deutschland. Eine Analyse aktueller Daten und Forschungsergebnisse, Forschungsbericht 20 des Bundesamtes für Migration und Flüchtlinge, Nürnberg.

Zimmermann, Andreas (1994): Das neue Grundrecht auf Asyl. Verfassungs- und völkerrechtliche Grenzen und Voraussetzungen, Berlin/Heidelberg/New York.

Zimmermann, Andreas/Römer, Lutz (2013): Artikel 27 Dublin III-Verordnung: das Ende des Konzepts ›normativer Vergewisserung‹, in: Jochum, Georg/Fritzemeyer, Wolfgang/Kau, Marcel (Hg.) (2013): Grenzüberschreitendes Recht – Crossing Frontiers. Festschrift für Kay Hailbronner, Heidelberg, München: 263-279.

I. Entwicklung der Asylmigration – Ein Überblick

Asylmigration nach Deutschland

Peter Schimany

1. Einleitung

In Deutschland wurde aufgrund der leidvollen Erfahrungen in der Zeit des Nationalsozialismus im Jahr 1949 der Flüchtlingsschutz in Artikel 16 des Grundgesetzes (GG) verankert. Dort hieß es: »Politisch Verfolgte genießen Asylrecht.« Im Jahr 1951 wurde die Genfer Flüchtlingskonvention (GFK) verabschiedet, die auch von Deutschland unterzeichnet wurde und 1953 in Kraft trat. In Art. 1, Abs. 2 steht: Die Flüchtlingseigenschaft wird einer Person zuerkannt, »die (...) aus der begründeten Furcht vor Verfolgung wegen ihrer Rasse, Religion, Nationalität, Zugehörigkeit zu einer bestimmten sozialen Gruppe oder wegen ihrer politischen Überzeugung sich außerhalb des Landes befindet, dessen Staatsangehörigkeit sie besitzt, und den Schutz dieses Landes nicht in Anspruch nehmen kann oder wegen dieser Befürchtung nicht in Anspruch nehmen will (...).«

Im Januar 1953 wurde die Asylverordnung zur Anerkennung und Verteilung ausländischer Flüchtlinge erlassen. Dieses Jahr markiert auch den Beginn der Tätigkeit des heutigen Bundesamtes für Migration und Flüchtlinge (Schneider 2009:32). Und es markiert den Beginn von Statistiken zur Asylmigration. Von 1953 bis 2012 haben rund 3,3 Mio. Menschen in Deutschland einen Asylantrag gestellt, davon über 2,4 Mio. seit 1990 nach dem Ende des Ost-West-Konflikts.

Humanitäre Zuwanderung hat in der Bundesrepublik stets eine wichtige Rolle gespielt und die öffentliche Migrationsdiskussion bis heute immer wieder geprägt. Vor dem Hintergrund des Auseinanderbrechens der kommunistischen Staatenwelt und des Aufkommens von Nationalitätenkonflikten in den ethnisch gemischten Regionen Südosteuropas und des Nahen Ostens stiegen in den Jahren von 1987 bis 1992 die Asylbewerberzahlen stark an: von rund 57.000 auf 440.000 Asylanträge. Nach der

Änderung der Asylgesetzgebung im Jahr 1993 aufgrund des »Asylkompromisses« kam es zu einer nahezu kontinuierlichen Abnahme der Zahlen von Asylantragstellern, die nach einem Tiefststand im Jahr 2007 mit gut 19.000 Personen erst seit 2008 wieder stärker gestiegen sind. Im Jahr 2012 wurden rund 65.000 Asylerstanträge verzeichnet. Dies entspricht etwa einem Siebtel (14 %) der gesamten Asylbewerberzahlen im Jahr 1992.

Im Fokus der Ausführungen steht die Entwicklung der Asylmigration vor dem Hintergrund des Asylkompromisses. Nicht eingegangen wird auf Entscheidungen über Asylanträge, die Dauer der Asylverfahren und andere damit zusammenhängende Aspekte. Zuerst erfolgen eine Einordnung der Asylmigration in das gesamte Migrationsgeschehen (Kapitel 2) sowie begriffliche und methodische Erläuterungen (Kapitel 3). Anschließend wird die Entwicklung der Asylantragszahlen von 1953 bis 2012 aufgezeigt (Kapitel 4). Hierbei werden mehrere Phasen der Asylzuwanderung unterschieden und Ursachen für den wechselhaften Verlauf genannt. Danach werden die derzeitigen Asylbewerber anhand von sozialen Merkmalen beschrieben (Kapitel 5). Abschließend werden die aktuellen Asylantragszahlen international verglichen (Kapitel 6).

2. Internationale Migration und Zuwanderungsformen

Von Migration spricht man, wenn eine Person ihren Lebensmittelpunkt räumlich verlegt. Um internationale Migration handelt es sich, wenn dies über Staatsgrenzen hinweg geschieht. Die internationale Migration von und nach Deutschland beinhaltet die Zu- und Fortzüge über die Grenzen des Landes, die sogenannten Außenwanderungen. Grundlage der Wanderungszahlen ist die seit 1950 bestehende amtliche Zu- und Fortzugsstatistik. Zusätzlich zur Wanderungsstatistik kann das seit 1953 bestehende Ausländerzentralregister (AZR) als weitere Datenquelle zur Betrachtung des Migrationsgeschehens herangezogen werden (BAMF MB 2011, 2013a:12ff.).

Das Migrationsgeschehen kann danach unterschieden werden, ob es sich bei den zu- und fortziehenden Personen um Deutsche oder Ausländer handelt. Die Ausländer wiederum können danach unterschieden werden, ob es sich um Angehörige der Europäischen Union (EU) handelt oder um »Drittstaatsangehörige«, Personen, die nicht Bürger der Union sind. Weiterhin kann das Migrationsgeschehen nach einzelnen Formen der Zuwanderung differenziert werden. Im Wesentlichen lassen sich fol-

Asylmigration nach Deutschland 35

gende Formen der Zuwanderung – und damit auch verschiedene Zuwanderergruppen – unterscheiden:

- EU-Binnenmigration von Unionsbürgern
- (Spät-)Aussiedlerzuwanderung
- Zuwanderung zum Zweck des Studiums und der Ausbildung (Bildungsmigration)
- Arbeitsmigration (Fachkräfte sowie Saison- und Werkvertragsarbeitnehmer)
- Familien- und Ehegattennachzug von Drittstaatsangehörigen (Familienmigration)
- Zuzug von Asylbewerbern und jüdischen Zuwanderern aus dem Gebiet der ehemaligen Sowjetunion (humanitäre Migration) und
- Rückkehr deutscher Staatsangehöriger.

Die Abbildung gibt einen Überblick über die einzelnen Zuwanderungsformen und ihre gegenwärtige ungefähre Größenordnung. Hierbei beträgt die humanitäre Migration etwa 8 % der Gesamtzuwanderung.

Abbildung 1: Formen der Zuwanderung nach Deutschland

Anmerkung: Die Gesamtzuzugszahl aus der Wanderungsstatistik und die aufsummierte Zahl der verschiedenen Zuwanderungsgruppen auf Basis der jeweiligen Einzelstatistiken differieren. Dies ist vor allem auf die unterschiedlichen Erhebungs-

grundlagen der einzelnen Statistiken zurückzuführen. Von konkreten Angaben wird daher hier abgesehen.
Quelle: BAMF MB 2011 (2013a:39).

Unter den nach Deutschland im Jahr 2011 zugezogenen 623.000 ausländischen Staatsangehörigen befanden sich 266.000 Drittstaatsangehörige – also Personen, die nicht die Staatsangehörigkeit eines EU-Staates besaßen. Betrachtet man nur die Drittstaatsangehörigen, dann zog rund ein Fünftel (20 %) aus familiären Gründen nach Deutschland. Etwa ein Sechstel (18 %) kam zum Zweck des Studiums und zu sonstigen Ausbildungszwecken. Und 14 % erhielten eine Aufenthaltserlaubnis zum Zweck der Beschäftigung. 10 % der Zuzüge entfielen auf Personen mit einer »Aufenthaltsgestattung«. Eine Aufenthaltserlaubnis aus humanitären Gründen besaßen etwa 3 %. Hinzu kommt in der Kategorie »Sonstige« eine nicht genau bestimmbare Zahl an Personen mit einer »Duldung«. Rund ein Sechstel aller Zuzüge von Drittstaatsangehörigen dürfte auf Asylbewerber, anerkannte Flüchtlinge und Geduldete entfallen sein (siehe Abbildung 2).

Sowohl in der Wanderungsstatistik als auch im Ausländerzentralregister kommt der Asylmigration im Rahmen des Wanderungsgeschehens somit durchaus größere Bedeutung zu. Auch in globaler Perspektive sind »Fluchtwanderungen« ein konstitutiver Teil des Migrationsgeschehens. Der International Organization of Migration (IOM) zufolge beträgt der Anteil an den internationalen Wanderungen etwa acht Prozent (SVR 2011:144).

3. Begriffliche und methodische Erläuterungen

3.1 Migration, Flucht und Asyl

Beim Begriff Flüchtling ist zwischen einer politisch-rechtlichen und einer allgemein-wissenschaftlichen Verwendung zu unterscheiden. Rechtlich wird der Begriff durch die Genfer Flüchtlingskonvention (GFK) bestimmt. Ein Flüchtling wird definiert als eine Person, die sich außerhalb ihres Heimatlandes befindet, das sie aufgrund von Verfolgung wegen ihrer Rasse, Religion, Nationalität, Zugehörigkeit zu einer bestimmten sozialen Gruppe oder wegen ihrer politischen Überzeugung verlassen hat. Wird auf die im Rahmen der GFK festgelegten Verfolgungsgründe abgestellt, wird der Begriff des »Konventionsflüchtlings« verwendet.

Abbildung 2: Zuzüge von Drittstaatsangehörigen im Jahr 2012 nach ausgewählten Aufenthaltszwecken

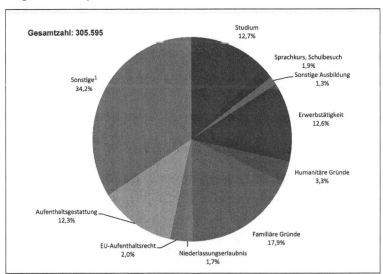

Datenquelle: Ausländerzentralregister. 1) Darunter fallen u.a. Personen mit einem EU-Aufenthaltstitel oder Personen, die einen Aufenthaltstitel beantragt haben.
Quelle: BAMF MB 2011 (2013a:36).

Dem steht ein Flüchtlingsbegriff gegenüber, der auf humanitären Kriterien beruht. Die Verfolgungsgründe sind nicht ausdrücklich politisch begründet, sondern es sind alle Arten von Fluchtursachen, wie Kriegshandlungen, Hungersnöte, Naturkatastrophen, Klimaveränderungen sowie wirtschaftliche Not und Armut mitgedacht. Der Flüchtlingsbegriff stellt in dieser Allgemeinheit eine Kategorie dar, die verschiedene Gründe und vielfältige Konstellationen von Flucht bzw. »mixed migration flows« einschließt (Nuscheler 2004:107ff.; SVR 2011:145). Im Einzelfall ist es vielfach nicht eindeutig, ob Freiwilligkeit oder Zwang überwiegt, wenn Menschen auf ungünstige politische, wirtschaftliche, soziale, demographische und ökologische Bedingungen mit Migration reagieren. Castles (2003) zufolge ist eine Trennung zwischen Wirtschaftsmigranten und Flüchtlingen deshalb schwierig, weil in der Regel »schwache Volkswirtschaften« und »schwache Staaten« zusammen auftreten. Menschen versuchen daher durch Migration sowohl Verarmung als auch Menschenrechtsverletzungen zu entgehen.

Im Kontext des Flüchtlingsbegriffs sind weitere Begriffe zu unterscheiden. Aus rechtlicher bzw. verfahrenstechnischer Perspektive wird ein Asylsuchender per Antragstellung zu einem Asylantragsteller bzw. Asylbewerber. Zum Flüchtling wird ein Migrant aber erst dann, wenn sein Flüchtlingsstatus im Rahmen des Asylverfahrens anerkannt wurde. Unter Asylmigration wird die Zuwanderung zum Zweck der Asylgewährung verstanden. Der Begriff der Asylmigration zielt somit auf die Zuwanderergruppe der Asylantragsteller ab. Bei der Fluchtmigration steht dagegen nicht die Asylantragstellung, sondern die Flucht aus dem Herkunftsland im Vordergrund. Die Begriffe Asylbewerber und Asylmigration sind somit enger gefasst als die Begriffe Flüchtling und Fluchtmigration. Dementsprechend weist die Asylstatistik ausschließlich Asylbewerber aus, während Flüchtlingszahlen auch Personen enthalten, die keinen Asylantrag gestellt haben.

3.2 Änderungen im Asylrecht

3.2.1 Der Asylkompromiss

In den Jahren von 1988 bis 1992 ist es zu einem starken Anstieg der Asylbewerberzahlen gekommen, der seinen Höhepunkt 1992 mit rund 440.000 Anträgen erreichte. Aufgrund dieser Entwicklung einigten sich die Parteien CDU, CSU, SPD und FDP Ende 1992 auf eine umfassende Neuregelung des Asylrechts, den sogenannten Asylkompromiss.

Wie Herbert (2001:264f.) ausführt, war die Asylpolitik um 1990 durch drei strukturelle Probleme gekennzeichnet: Erstens traf die klassische Definition der politischen Verfolgung spätestens seit den 1980er Jahren auf die Wirklichkeit der Verfolgung in vielen Ländern nicht mehr zu. Viele Flüchtlinge fielen daher nicht unter die Bestimmungen für die Gewährung von Asyl, die sich auf politische Verfolgung im engsten Sinne beschränkte. Die Betroffenen wurden zwar als Asylbewerber abgelehnt, ihr Aufenthalt in der Bundesrepublik als »De-facto-Flüchtlinge« (bzw. subsidiär Geschützte nach § 60, Abs. 7, S. 1 AufenthG) aber häufig geduldet.

Die zweite Herausforderung bestand in der sich wandelnden ethnischen Zusammensetzung von Asylbewerbern. Die Mehrzahl der Asylsuchenden kam aus Osteuropa und aus dem von Bürgerkrieg heimgesuchten Jugoslawien. Damit ergaben sich Überschneidungen zur Zuwanderung von deutschstämmigen Aussiedlern, die ebenfalls aus Osteuropa kamen. Überlagert wurde die Situation zudem durch jüdische Zuwanderer aus der ehemaligen Sowjetunion. Drittens gewann das Asylgeschehen eine gesellschaftspolitische Eigendynamik, die durch die Asylpolitik mit verursacht wurde. Denn um eine Zuwanderung über das Asylrecht zu verhindern, wurden im Verlauf der 1980er Jahre Bedingungen geschaffen, die eine Integration der Asylbewerber in die deutsche Gesellschaft bis zum Abschluss ihres Verfahrens erschweren und dadurch abweisend wirken sollten.

Vor diesem Hintergrund verfestigte sich in Politik und Öffentlichkeit die Auffassung, wonach der Zustrom von Asylbewerbern nur noch durch eine Änderung des Grundgesetzes einzudämmen sei. Eine Wiederherstellung der Kontrolle über die Asylzuwanderung setze eine Einschränkung der verfahrens- und aufenthaltsrechtlichen Vorwirkungen des Asylrechts für Asylsuchende voraus (Hailbronner 2010).

Die Verfassungsänderung in Form der Aufnahme des Art. 16a in das Grundgesetz und die Novellierung des Asylverfahrensgesetzes betrafen im Wesentlichen drei Punkte:

a) die Regelung sicherer Drittstaaten (§ 26a AsylVfG),
b) die Regelung sicherer Herkunftsstaaten (§ 29a AsylVfG) und
c) die Flughafenregelung (§ 18a AsylVfG).

Zu a) Eine Berufung auf das Asylgrundrecht ist für Personen ausgeschlossen, die aus sicheren Drittstaaten einreisen (Art. 16a Abs. 2 GG). Sichere Drittstaaten sind alle EU-Staaten und per Gesetz festgelegte Staaten, in denen die Anwendung der Genfer Flüchtlingskonvention und der Europäischen Menschenrechtskonvention sichergestellt ist. Damit gelangen Personen, die über die deutschen Landesgrenzen einreisen, nicht in das deutsche Asylverfahren, wenn sie in den sicheren Drittstaat zurückgeführt werden können.

Zu b) Sichere Herkunftsstaaten sind Staaten, »bei denen auf Grund der Rechtslage, der Rechtsanwendung und der allgemeinen politischen Verhältnisse gewährleistet erscheint, dass dort weder politische Verfolgung noch unmenschliche oder erniedrigende Bestrafung oder Behandlung stattfindet« (Art. 16a Abs. 3 GG).

Zu c) Das Flughafenverfahren (§ 18a AsylVfG) gilt für Asylbewerber aus sicheren Herkunftsstaaten und für Asylbewerber ohne Pass oder ohne gültigen Pass, die über einen Flughafen einreisen wollen und bei der Grenzbehörde um Asyl nachsuchen. Das Ziel war, ein Asylverfahren vor der Einreise zu installieren. Ohne ein solches Verfahren hätte die Bundespolizei – wegen des »Non-refoulement-Gebotes« der Genfer Flüchtlingskonvention – jeder Person, die ihren Pass vernichtet hat und um Asyl nachsucht, die Einreise gestatten müssen (BAMF 2012:10).

3.2.2 Weitere Änderungen des Asylrechts

In den darauf folgenden Jahren gab es weitere Novellierungen des deutschen Asylrechts:

a) durch das Zuwanderungsgesetz 2004 und
b) das Richtlinienumsetzungsgesetz 2007.

Zu a) Mit dem Zuwanderungsgesetz, das zum 1. Januar 2005 in Kraft trat, ergaben sich für Asylsuchende einige zentrale Neuerungen. Erstens wurde der Abschiebungsschutz erweitert. Politische Verfolgung kann auch von nichtstaatlichen Akteuren ausgehen. Zweitens wurde das Geschlecht als Verfolgungsgrund anerkannt. Und drittens wurde eine Angleichung des Aufenthaltsstatus von Asylberechtigten und GFK-Flüchtlingen vorgenommen.

Zu b) Als Mitglied der Europäischen Union sind für die Bundesrepublik auch deren Richtlinien für das Asylrecht relevant. Mit dem Richtlinienumsetzungsgesetz, das zum 28. August 2007 in Kraft trat, wurden elf EU-Richtlinien im deutschen Recht verankert. Kernelemente waren teilweise aber bereits mit dem Zuwanderungsgesetz ins deutsche Recht übernommen worden: Etwa dass als Flüchtling auch anerkannt werden kann, wer von nichtstaatlichen Akteuren oder aufgrund seines Geschlechts verfolgt wird.

3.3 Asyl- und Flüchtlingsschutz

Im deutschen Asylrecht gibt es drei Möglichkeiten, individuell Schutz zu erhalten:

a) die Anerkennung als Asylberechtigter nach Art. 16a Grundgesetz,

b) die Anerkennung als Flüchtling nach der Genfer Flüchtlingskonvention (GFK) und
c) die Gewährung subsidiären Schutzes.

Zu a) In Art. 16a GG Absatz 1 heißt es: »Politisch Verfolgte genießen Asylrecht.« Und in Absatz 2 heißt es weiter: »Auf Absatz 1 kann sich nicht berufen, wer aus einem Mitgliedstaat der Europäischen Gemeinschaften oder aus einem anderen Drittstaat einreist, in dem die Anwendung des Abkommens über die Rechtsstellung der Flüchtlinge und der Konvention zum Schutze der Menschenrechte und Grundfreiheiten sichergestellt ist.« Zur Begriffsbestimmung der politischen Verfolgung wird auf die Merkmale der GFK zurückgegriffen.

Zu b) Flüchtlinge nach der GFK dürfen nicht in einen Staat abgeschoben werden, in dem ihr Leben oder ihre Freiheit wegen ihrer Rasse, Religion, Staatsangehörigkeit oder Zugehörigkeit zu einer bestimmten sozialen Gruppe oder wegen ihrer politischen Überzeugung bedroht ist (§ 60 Abs. 1 AufenthG). Zudem wird das Geschlecht als Verfolgungsmerkmal anerkannt und die Verfolgung muss nicht zwangsläufig von einem Staat, sondern kann auch von nichtstaatlichen Akteuren ausgehen (§ 60 Abs. 1 S. 3 und S. 4 AufenthG).

Der Anwendungsbereich für die Zuerkennung der Flüchtlingseigenschaft ist weiter gefasst als für die Anerkennung als politisch Verfolgter, die Rechtsfolgen beider Entscheidungen sind jedoch gleich. Sowohl Asylberechtigte nach Art. 16a Abs. 1 GG als auch Personen, denen die Flüchtlingseigenschaft nach § 3 AsylVfG i. V. m. § 60 Abs. 1 AufenthG zuerkannt wurde, erhalten zunächst eine befristete Aufenthaltserlaubnis. Nach drei Jahren wird eine unbefristete Niederlassungserlaubnis erteilt.

Zu c) In Reaktion auf die veränderte Struktur bewaffneter Konflikte, die sogenannten »Neuen Kriege« (Münkler 2004), und weil der Flüchtlingsschutz nach der GFK nicht alle Situationen der Gefahr für Leib und Leben erfasst, wurde der Schutz vor Verfolgung weiterentwickelt. Personen muss ein subsidiärer Schutz gewährt werden, die zwar nicht die Kriterien des Flüchtlingsbegriffs nach der GFK erfüllen, die aber der Gefahr der Folter und der Todesstrafe ausgesetzt sind und deren Leib, Leben oder Freiheit erheblich bedroht ist (§ 60 Abs. 2, 3 und 7 AufenthG).

Zudem kann eine Duldung ausgesprochen werden. In § 60a Abs. 2 AufenthG heißt es, dass »die Abschiebung eines Ausländers auszusetzen ist, solange die Abschiebung aus tatsächlichen oder rechtlichen Gründen unmöglich ist und keine Aufenthaltserlaubnis erteilt wird.« Folge anhaltender Abschiebungshindernisse sind Kettenduldungen.

Damit können vier Gruppen von Geflüchteten unterschieden werden: Asylberechtigte nach dem GG und anerkannte Flüchtlinge nach der GFK, subsidiär Schutzberechtigte nach § 60 AufenthG und Geduldete nach § 60a AufenthG. Deren Status unterscheidet sich rechtlich, was sich auf die sozioökonomische Lebenslage und die gesellschaftliche Partizipation auswirkt (siehe Übersicht 1).

Übersicht 1: Gruppen von Geflüchteten

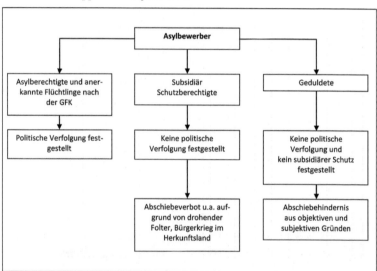

3.4 Datenquellen

Unter Asylsuchenden werden »Antragsteller« bzw. »Asylbewerber« aus Drittstaaten verstanden, die einen Asylantrag eingereicht haben, über den noch nicht endgültig entschieden worden ist. Hauptdatenquelle für Asylsuchende ist die personenbezogene Asylbewerberzugangsstatistik, die als Geschäftsstatistik vom Bundesamt für Migration und Flüchtlinge (BAMF) geführt wird. Vor dem Jahr 1993 fanden nicht alle Asylsuchenden Eingang in die Zuzugsstatistik. Seit 1993 ist aber sichergestellt, dass Asylsuchende in allen Bundesländern melderechtlich registriert werden. Bis 1994 wurden die Asylantragstellerzahlen insgesamt ausgewiesen. Im Jahr 1995 wurde eine Differenzierung zwischen Erst- und Folgeanträgen eingeführt. Seitdem werden in den Statistiken generell die Zahlen der Erstanträge verwendet. Im Gegensatz dazu handelt es sich bei den Zahlen von Eurostat um die Gesamtzahl der gestellten Asylanträge (Erst- und Folgeanträge), da nicht alle EU-Mitgliedstaaten diese Zahlen getrennt ausweisen (BAMF 2013b:26).

Seit dem Jahr 1995 werden zudem nicht nur die Herkunftsländer der Asylantragsteller ausgewiesen, sondern für einige Hauptherkunftsländer auch deren ethnische Zugehörigkeit. Hintergrund ist, dass diese Länder durch einen hohen Anteil von Asylsuchenden einer bestimmten ethnischen Gruppe gekennzeichnet sind und die ethnische Zugehörigkeit eines Antragstellers für die Asylentscheidung relevant sein kann. Seit dem Jahr 2000 können die Asylbewerber auch nach Geschlecht und Alter differenziert werden. Zudem wird auf freiwilliger Basis die Religionszugehörigkeit von Asylbewerbern erfasst, da einige Herkunftsländer durch den hohen Anteil von Asylbewerbern einer bestimmten Glaubensrichtung auffallen.

Die Asylbewerberzahlen werden im Zeit- oder Ländervergleich allgemein in absoluten Zahlen ausgewiesen. Dadurch lässt sich eine Rangreihe erstellen, wonach die Asylbewerber abgestuft nach ihrem Aufkommen dargestellt werden. Ein anderes Bild ergibt sich in der Regel, wenn die Asylbewerberzugänge in Beziehung zur jeweiligen Bevölkerungszahl der Zielländer betrachtet werden. Hierbei ist es üblich, die Asylbewerberzugänge pro 1.000 Einwohner – analog zur rohen Zuwanderungsrate (Zuzüge bezogen auf die Bevölkerung in 1.000) – zu betrachten. Bevölkerungsschwächere Länder weisen dann häufig einen relativ höheren Asylzugang auf als bevölkerungsstärkere Länder.

Die Asylverfahrensstatistik gibt an, wie viele Asylfälle jährlich mit welchem Resultat bearbeitet wurden. Diese Statistik ist nicht unmittelbar vergleichbar mit der Asylbewerberzugangsstatistik, da die Zugänge nicht zwangsläufig im gleichen Zeitraum bearbeitet werden (BAMF MB 2011, 2013a:88).

Zahlen zu aktuell in Deutschland lebenden Gruppen von Geflüchteten wie Asylbewerber, Asylberechtigte und GFK-Flüchtlinge, subsidiär

Schutzberechtigte, Geduldete und Ausreisepflichtige (sowie weitere Personengruppen) liefert die sogenannte Bestandsstatistik. Zum Stichtag 31.12.2012 hielten sich neben den Asylbewerbern folgende Personengruppen in Deutschland auf:

- 40.690 Asylberechtigte
- 74.570 GFK-Flüchtlinge
- 36.005 subsidiär Schutzberechtigte
- 85.344 Personen mit Duldung
- 48.153 vollziehbar Ausreisepflichtige (§ 25 Abs. 5 AufenthG).

Rechnet man alle Kategorien von Personengruppen mit einem Fluchthintergrund zusammen, dann dürften in Deutschland Ende 2012 rund 450.000 Personen mit dieser Eigenschaft gelebt haben (Bundestagsdrucksache 17/12457).

4. ENTWICKLUNG DER ASYLANTRAGSZAHLEN

4.1 Überblick über die Asylmigration

Von 1953 bis 2012 stellten rund 3,3 Mio. Menschen in Deutschland einen Asylantrag, davon mehr als 2,4 Mio. seit 1990, was drei Viertel aller Asylanträge entspricht. Die meisten Anträge wurden im Jahr 1992 mit rund 440.000 registriert. Seitdem war die Zahl der Asylanträge stark rückläufig. Nach einem Tiefststand von 19.000 Erstantragstellern im Jahr 2007 zeigte sich aber wieder ein Anstieg der Zugangszahlen. Im Jahr 2012 wurden 65.000 Erstanträge erfasst. Im Vergleich zum Jahr 1992 beträgt die Zahl der Zugänge im Jahr 2012 etwa 14 % des historischen Höchststandes (Erst- und Folgeanträge) (siehe Abbildung 3).

Aufgrund des unterschiedlich starken Aufkommens der Asylmigration im Zeitablauf als Folge politischer Ereignisse und rechtlicher Regelungen können vier Phasen der Asylzuwanderung unterschieden werden: eine erste Phase von 1953 bis Ende der 1980er Jahre, eine zweite, relativ kurze Phase, die mit Öffnung der Grenzen und der Wiedervereinigung einsetzt und den Asylkompromiss beinhaltet, eine dritte Phase, die bis Ende der 1990er Jahre reicht, sowie eine vierte Phase ab 2000. Die verschiedenen Phasen lassen sich aber nicht immer eindeutig abgrenzen.

Zum einen wird die Asylmigration durch andere Migrationsformen bzw. Zuwanderergruppen überlagert, zum anderen reichen zeitgeschichtliche Entwicklungen über einzelne Phasen hinaus.

Abbildung 3: Entwicklung der Asylantragszahlen 1953-2012

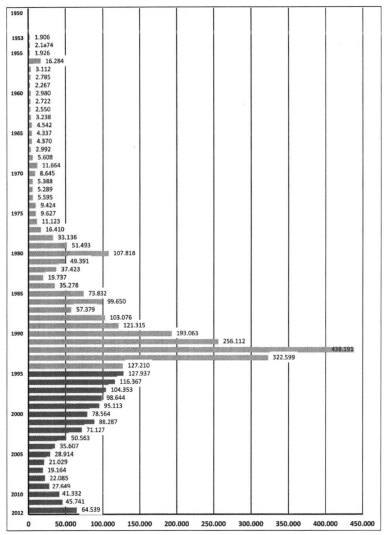

Anmerkung: Bis 1994 Erst- und Folgeanträge, ab 1995 nur Erstanträge.
Quelle: BAMF (2013b:11).

Neben der Entwicklung der Asylmigration wird daher auch auf die Zuwanderung von (Spät-)Aussiedlern und jüdischen Migranten aus der ehemaligen Sowjetunion kurz eingegangen. Als weitere relevante Gruppe sind die Bürgerkriegsflüchtlinge aus dem zerfallenden Jugoslawien zu nennen, die mit im Fokus der Zuwanderungsdebatte zu Beginn der 1990er Jahre stand.

4.2 Phase des niedrigen Asylbewerberaufkommens (1. Phase 1953-1987)

Seit den 1950er Jahren fand neben der Zuwanderung von angeworbenen Arbeitskräften und deren Familienangehörigen auch ein Zuzug von Asylbewerbern statt. Dieser war bis Mitte der 1970er Jahre mit jährlichen Zugangszahlen von zumeist deutlich unter 10.000 Personen relativ niedrig. Die Zunahme in diesen Jahren beruhte auf politischen Krisen wie dem »Volksaufstand in Ungarn« im Jahr 1956, dem »Prager Frühling« 1968 und dem arabisch-israelischen Jom-Kippur-Krieg im Nahen Osten 1973.

In den Jahren von 1979 bis 1981 stiegen die Asylbewerberzahlen erneut an. Von den rund 108.000 Antragstellern im Jahr 1980 waren etwa 25 % türkische Staatsangehörige. Ursache hierfür war der Militärputsch in der Türkei. Im Jahr 1983 ging die Zahl der Asylbewerber wieder auf unter 20.000 Personen zurück. Ab 1984 stieg die Zahl aber erneut an und betrug in den Jahren 1988 und 1989 bereits über 100.000 Personen.

Die Herkunftsgebiete der Asylbewerber veränderten sich in den Jahren von 1981 bis 1991 deutlich. Wie die Tabelle zeigt, setzte sich die Mehrheit der Asylbewerber zunehmend nicht mehr aus Flüchtlingen aus den Staaten der »Dritten Welt« mit einem hohen Anteil an diktatorischen und menschenrechtsverletzenden Regimes zusammen. Verstärkt handelte es sich um »Zuwanderer aus den sich von den kommunistischen Diktaturen befreienden, aber wirtschaftlich am Boden liegenden Ländern Osteuropas« (Herbert 2001:273). Erst im Anschluss an den Asylkompromiss nahm der Anteil an Asylsuchenden aus Europa wieder ab und der aus Asien wieder zu – wie die Zahlen für die Jahre 1993 und 1995 zeigen (siehe Tabelle 1).

Tabelle 1: Herkunftsgebiete der Asylbewerber 1981-1995

Region	1981	1983	1985	1987	1989	1991	1993	1995
Europa	21.169	6.589	18.1742	36.629	73.387	166.662	232.678	67.411
In %	42,9	33,4	24,6	63,8	60,5	65,1	72,1	52,7
Afrika	5.910	3.484	8.093	3.568	12.4791	36.094	37.570	14.374
In %	12,0	17,7	11,0	6,2	10,3	14,1	11,6	11,2
Asien	19.215	8.152	44.298	15.961	32.718	50.612	50.209	45.815
In %	38,9	41,3	60,0	27,8	27,0	19,8	15,6	35,8

Quelle: Beauftragte der Bundesregierung für Ausländerfragen (Hg.) (1997): Migration und Integration in Zahlen. Ein Handbuch. Bonn, S. 274ff. Zitiert in: Herbert (2001: 270).

4.3 Phase des hohen Asylbewerberaufkommens (2. Phase 1988-1993)

Mit dem einsetzenden Zerfall des kommunistischen Ostblocks nahm ab Ende der 1970er Jahre die Zahl der Flüchtlinge insbesondere aus Polen zu. 1980 wurde in Polen der Kriegszustand ausgerufen. Als sich mit dem Machtantritt Gorbatschows in der UdSSR 1985 die Verhältnisse in den von der Sowjetunion abhängigen Staaten nachhaltig zu liberalisieren begannen, stieg die Zahl der nach Westdeutschland strömenden Bürger aus diesen Ländern weiter an. Im Jahr 1988 stammte rund die Hälfte aller Asylbewerber aus Osteuropa, im Jahr 1992, dem Höhepunkt der Asylzuwanderung, sogar fast zwei Drittel (siehe Tabelle 2).

Tabelle 2: Asylbewerber aus Osteuropa 1970-1992

Jahr	Asylbewerber insgesamt	Davon aus Osteuropa	In Prozent aller Asylbewerber	Jahr	Asylbewerber insgesamt	Davon aus Osteuropa	In Prozent aller Asylbewerber
1970	8.645	7.393	85	1987	57.379	25.197	44
1975	9.627	2.595	26	1988	103.076	56.530	55
1979	51.493	42.880	83	1989	121.318	53.353	44
1980	107.818	77.360	71	1990	193.063	79.554	41
1985	73.832	10.644	14	1991	256.112	142.777	56
1986	99.650	16.458	16	1992	438.191	282.183	64

Quelle: Herbert (2001:274).

Die politische Liberalisierung in den Ostblockstaaten führte nicht nur zu steigenden Asylbewerberzahlen. Seit 1987 stieg auch die Zahl der aus den Ostblockländern in die Bundesrepublik einreisenden deutschstämmigen »Aussiedler« stark an. Der Zuzug von (Spät-)Aussiedlern und ihren Familienangehörigen erreichte im Jahr 1990 mit fast 400.000 Personen seinen Höhepunkt und sank erst im Jahr 2000 auf unter 100.000 Personen. Seitdem nahm der Zuzug kontinuierlich ab und betrug im Jahr 2011 nur noch 2.148 Personen (siehe Abbildung 4). Von 1990 bis 2011 wanderten rund 2,5 Mio. Menschen im Rahmen des (Spät-)Aussiedlerzuzuges nach Deutschland ein (2.507.950 Mio.). Es ist davon auszugehen, dass die ganz überwiegende Mehrheit von ihnen dauerhaft in Deutschland verblieben ist bzw. verbleibt (BAMF MB 2011, 2013a:49).

Nach 1990 war die Einreise nach Deutschland nur noch möglich, wenn bereits vor dem Verlassen der Aussiedlungsgebiete vorläufig geprüft wurde, ob der Antragsteller alle Voraussetzungen als Aussiedler erfüllt. Im Jahr 1993 wurde dann das »Kriegsfolgenbereinigungsgesetz« verabschiedet, nach dem Antragsteller in den osteuropäischen Staaten (mit Ausnahme der Nachfolgestaaten der ehemaligen Sowjetunion) einen Vertreibungsdruck glaubhaft machen müssen, der aufgrund ihrer deutschen Volkszugehörigkeit auf ihnen lastet. Die Maßnahme führte wesentlich dazu, dass in den Folgejahren der Zuzug von (Spät-)Aussiedlern immer weiter zurückging.

Betrachtet man Asylbewerber und Aussiedler gemeinsam, so wanderten innerhalb von fünf Jahren, zwischen 1988 und 1992, mehr als 2,2 Mio. Menschen aus den ehemals kommunistisch regierten Ländern Osteuropas in die Bundesrepublik ein. Gleichzeitig kam es in den Jahren 1991 und 1992 zu einer starken Zunahme von Kriegs- und Bürgerkriegsflüchtlingen aus dem ehemaligen Jugoslawien. Zudem setzte ab 1990 eine Zuwanderung von jüdischen Personen ein.

Abbildung 4: Zuzug von (Spät-)Aussiedlern und ihren Familienangehörigen nach Herkunftsländern 1985-2012

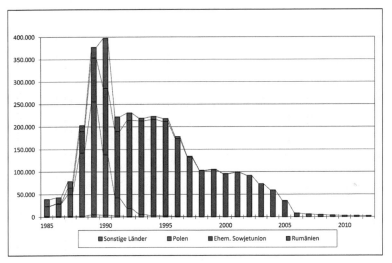

Quelle: BAMF MB 2011 (2013a:50).

Seit dem Jahr 1990 nimmt Deutschland jüdische Zuwanderer und ihre Familienangehörigen aus den Nachfolgestaaten der ehemaligen Sowjetunion auf. Mit der Aufnahme von Juden aus der ehemaligen Sowjetunion will Deutschland seine historische Verantwortung für das an den Juden begangene Unrecht während der Zeit des Nationalsozialismus wahrnehmen sowie die jüdischen Gemeinden in Deutschland erhalten und stärken. Seit 1991 ist die Aufnahme in einem Verfahren geregelt. Die in Deutschland aufgenommenen jüdischen Zuwanderer erhalten eine Niederlassungserlaubnis (BAMF MB 2011, 2013:82f.).

Von 1993 bis 2012 sind 205.674 jüdische Zuwanderer einschließlich ihrer Familienangehörigen aus der ehemaligen Sowjetunion nach

Deutschland zugewandert. Hinzu kommen 8.535 Personen, die bis Ende 1992 eingereist waren. Nachdem sich der Zuzug im Zeitraum zwischen 1995 und 2003 auf 15.000 bis 20.000 Zuwanderer pro Jahr einpendelte, nahm die Zahl der eingereisten Personen in den Folgejahren deutlich ab. Im Jahr 2012 wurden nur noch 458 Zuzüge jüdischer Zuwanderer und Familienangehöriger nach Deutschland registriert (siehe Tabelle 3). Die jüdischen Zuwanderer spielten im Migrationsgeschehen rein quantitativ auch zu Beginn der 1990er Jahre keine große Rolle. Gleichwohl bestand die Gefahr, dass sie in der politischen Diskussion mit anderen Asylgruppen »verrechnet« wurden.

Tabelle 3: Zuwanderung von Juden und ihren Familienangehörigen aus der ehemaligen Sowjetunion 1993-2012

Jahr	Zuzug	Jahr	Zuzug	Jahr	Zuzug
1993	16.597	2000	16.538	2007	2.502
1994	8.811	2001	16.711	2008	1.436
1995	15.184	2002	19.262	2009	1.088
1996	15.959	2003	15.442	2010	1.015
1997	19.437	2004	11.208	2011	986
1998	17.788	2005	5.968	2012	458
1999	18.205	2006	1.079		

Quelle: BAMF MB 2011, 2013a:83.

Wie die Abbildung zum gesamten Migrationsgeschehen zeigt, haben von Ende der 1980er bis Mitte der 1990er Jahre die Zuzüge die Fortzüge weit übertroffen, so dass ein hoher positiver Wanderungssaldo vorlag. Der Höhepunkt der Zuzüge wurde im Jahr 1992 mit 1,5 Mio. Personen erreicht. Gleichzeitig wurde der höchste Zuzugsüberschuss mit 780.000 Personen verzeichnet. Aber auch im Jahr des stärksten Zustroms von Asylbewerbern machte deren Anteil im Jahr 1992 nur gut ein Drittel an allen Zuwanderungen aus.

Abbildung 5: Zuzüge, Fortzüge und Wanderungssaldo von Ausländern und Deutschen 1952-2012

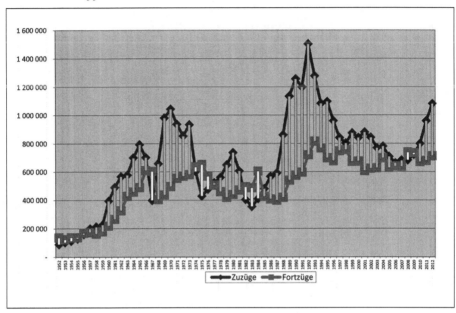

Quelle: Statistisches Bundesamt, Wanderungsstatistik.

4.4 Phase des Rückgangs des Asylberberaufkommens (3. Phase 1994-2000)

Nach der Asylrechtsänderung 1993 sind die Antragszahlen in den Folgejahren deutlich zurückgegangen. Sie verharrten jedoch auf relativ hohem Niveau und sanken erst im Jahr 2000 deutlich unter 100.000 Personen (siehe Tabelle 4). Insgesamt haben zwischen 1990 und 2001 rund 2 Mio. Menschen in Deutschland um politisches Asyl nachgesucht.

Wie Hailbronner (2010:14) betont, kann der Asylkompromiss in seinen praktischen Auswirkungen nicht exakt quantifiziert werden. Vor dem Hintergrund von Drittstaatenregelung bzw. Dublin-Verfahren, Herkunftsstaatenregelung und Flughafenregelung zeigt sich aber folgende Entwicklung: Die Anzahl an Asylanträgen ist gegenüber anderen europäischen Staaten deutlich zurückgegangen. Hatte Deutschland im Jahr 1992 noch etwa 70 % aller Asylbewerber in der Europäischen Union zu verzeichnen, so waren es im Jahr 2000 nur noch 20 %. Mit jährlichen Zahlen von rund 80.000 ist Deutschland zu Beginn der 2000er Jahre aber weiterhin eines der wichtigsten Zielländer für Asylbewerber in Europa.

Tabelle 4: Entwicklung der Asylantragszahlen 1990-2001

Jahr	Asylanträge	Jahr	Asylanträge
1990	193.063	1996	116.367
1991	256.112	1997	104.353
1992	438.191	1998	98.644
1993	322.599	1999	95.113
1994	127.210	2000	78.564
1995	127.937	2001	88.287

Anmerkung: Bis 1994 Erst- und Folgeanträge, ab 1995 nur Erstanträge.
Quelle: BAMF (2013b:11).

Der Rückgang der Asylbewerberzahlen betraf – auch als Folge der Stabilisierung in den Staaten Osteuropas, des Endes der Kriegshandlungen im ehemaligen Jugoslawien und aufgrund von Rücknahmeabkommen – seit Mitte der 1990er Jahre zunächst vor allem Asylsuchende aus Rumänien, Bulgarien und der Bundesrepublik Jugoslawien. Die Bundesrepublik Jugoslawien zählte mit stark abnehmender Tendenz allerdings auch Anfang der 2000er Jahre zu den wichtigsten Herkunftsländern. Die Türkei stellte im ausgewiesenen Zeitraum in jedem Jahr die zweitstärkste Gruppe von Asylbewerbern. Unter den Top-Ten-Ländern befand sich seit 1995 auch der Irak, der in den Jahren 2000 und 2001 die Asylstatistik anführte. Seit 2000 lässt sich eine deutliche Verschiebung von europäischen hin zu westasiatischen Herkunftsländern feststellen, was den politischen Ereignissen in Afghanistan, dem Irak und dem Iran geschuldet war (Talibanherrschaft, Folgen des Ersten Irakkriegs, »Achse des Bösen«) (siehe Tabelle 5).

Tabelle 5: Ausgewählte Herkunftsländer und ihre Rangziffer 1992-2001

Herkunfts-land	1992	1993	1994	1995	1996	1997	1998	1999	2000	2001
Bosnien und Herzegowina	–	21.240 (4)	7.297 (4)	4.932 (6)	–	–	–	–	–	2.259 (9)
BR Jugoslawien	115.395 (1)	73.476 (2)	30.404 (1)	26.227 (1)	18.085 (2)	14.789 (2)	34.979 (1)	31.451 (1)	11.121 (2)	7.758 (3)
Bulgarien	31.540 (3)	22.547 (3)	3.367 (10)	–	–	–	–	–	–	–
Rumänien	103.787 (2)	73.717 (1)	9.581 (3)	3.522 (8)	–	–	–	–	–	–
Türkei	28.327 (4)	19.104 (5)	19.118 (1)	25.514 (2)	23.814 (2)	16.840 (1)	11.754 (2)	9.065 (2)	8.968 (3)	10.869 (2)
Irak	–	–	–	6.880 (4)	10.842 (3)	14.088 (3)	7.435 (3)	8.662 (3)	11.601 (1)	17.167 (1)

Anmerkung: – nicht unter den Top-Ten-Ländern vertreten. Quelle: Asylstatistik, Bundesamt für Migration und Flüchtlinge.

4.5 Phase des moderaten Asylbewerberaufkommens (4. Phase 2000-2012)

4.5.1 Asylantragszahlen von 2000 bis 2012

In den zwölf Jahren von 2000 bis 2012 wurden rund 600.000 Asylerstanträge und 194.000 Folgeanträge registriert. Nach einem Tiefststand der Asylerstanträge im Jahr 2007 von rund 19.000 hat die Zahl seitdem wieder zugenommen. Im Jahr 2012 wurden rund 65.000 Erstanträge verzeichnet (siehe Tabelle 6).

Aus der Perspektive Deutschlands ist der Rückgang der Asylerstanträge zwischen 2000 und 2007 die langfristige Folge der Asylrechtsreform in den Jahren 1992/93 und auf die damals wirtschaftlich eher schwierige Lage in Deutschland zurückzuführen. Darüber hinaus ist der Rückgang Folge der politischen und wirtschaftlichen Stabilisierung in den Staaten Osteuropas sowie deren überwiegende Aufnahme in die Europäische Union (EU) 2004 und 2007. Schließlich beruht der Rückgang auf Reformen in der Türkei sowie auf dem Sturz der totalitären Regime in Afghanistan und im Irak. Im Gegensatz zum Balkan waren die Kriegs- und Krisengebiete zu Beginn der 2000er Jahre von Deutschland geographisch weit entfernt. Zudem fehlte in Deutschland zu dieser Zeit noch eine Community bzw. Diaspora, die Dritte anzieht und eine Integration sekundär zugewanderter Personen erleichtert (Schmid 2012:228f.).

Seit dem Jahr 2008 ist jedoch wieder eine Zunahme der Asylantragszahlen zu verzeichnen. Ursache dürfte zum einen die positive Arbeitsmarktentwicklung in Deutschland gewesen sein. Zum anderen haben anhaltende politische Konflikte und wirtschaftliche Probleme in verschiedenen Regionen den Anstieg bewirkt. Ende der 2000er Jahre befanden sich rund 80 Staaten in einem Konfliktzustand, das sind etwa 40 % aller Staaten weltweit (Düvell 2011:30). Auch die Existenz von ethnischen Gemeinschaften dürfte eine Rolle gespielt haben. Eine weitere Ursache dürfte die Aufhebung der Visumpflicht für Staatsbürger aus Mazedonien, Montenegro und Serbien Ende 2009 bzw. aus Albanien sowie Bosnien und Herzegowina Ende 2010 sein (SVR 2011:139).

Tabelle 6: Entwicklung der Asylantragszahlen 2000-2012

Jahr	Asylanträge		
	Erstanträge	Folgeanträge	insgesamt
2000	78.564	39.084	117.648
2001	88.287	30.019	118.306
2002	71.127	20.344	91.471
2003	50.563	17.285	67.848
2004	35.607	14.545	50.152
2005	28.914	13.994	42.908
2006	21.029	9.071	30.100
2007	19.164	11.139	30.303
2008	22.085	5.933	28.018
2009	27.649	5.384	33.033
2010	41.332	7.257	48.589
2011	45.741	7.606	53.347
2012	64.539	13.112	77.651

Quelle: BAMF (2013b:13).

4.5.2 Die zehn zugangsstärksten Herkunftsländer von 2002 bis 2012

Veränderungen in der Zusammensetzung der Herkunftsländer von Asylbewerbern sind Ausdruck politischer, gesellschaftlicher, wirtschaftlicher und klimatischer Veränderungen in den einzelnen Ländern. In den letzten zehn Jahren zählten verschiedene Länder des ehemaligen Jugoslawien zu den zugangsstärksten Herkunftsländern. Im Jahr 2012 gehörten Serbien an 1. Stelle, Mazedonien an 5. Stelle und der Kosovo an 10. Stelle zu den zehn zugangsstärksten Herkunftsländern (siehe Tabelle 7).

Die Russische Föderation zählte im ausgewiesenen Zeitraum durchgängig zu den Hauptherkunftsländern, ebenso die Türkei bis 2011. Eine Sonderrolle nimmt der Nahe Osten ein. In den Jahren 2006 und 2007 zählte der Libanon zu den stärksten Herkunftsländern. Im Jahr 2012 rangierte Syrien aufgrund des nach dem »Arabischen Frühling« ausgebrochenen Bürgerkrieges an 3. Stelle. Afrikanische Staaten spielen im ausgewiesenen Zeitraum eine nachrangige Rolle. Im Jahr 2012 befand sich kein afrikanischer Staat unter den zehn zugangsstärksten Herkunftsländern. Weitaus stärker vertreten waren asiatische Länder. Im Jahr 2012 befanden sich mit Afghanistan (2. Stelle), Irak (4. Stelle), Iran (6. Stelle) und Pakistan (7. Stelle) vier westasiatische Länder mit erheblichem Gewicht unter den zehn zugangsstärksten Herkunftsländern.

Tabelle 7: Die zehn zugangsstärksten Herkunftsländer 2003-2012

Herkunftsland	2003		2004		2005		2006		2007		2008		2009		2010		2011		2012	
Afghanistan	9	1.473			9	711	10	531			9	657	2	3.375	1	5.905	1	7.767	2	7.498
Aserbaidschan	10	1.291	6	1.363	8	848														
Bosnien und Herzegowina																			9	2.025
China	5	2.387	8	1.186	10	633														
Indien	8	1.736	10	1.118					10	413			10	681						
Irak	3	3.850	7	1.293	3	1.983	1	2.117	1	4.327	1	6.836	1	6.538	2	5.555	2	5.831	4	5.352
Iran, Islam. Republik	7	2.049	5	1.369	7	929	7	611	7	631	5	815	5	1.170	4	2.475	4	3.352	6	4.348
Kosovo***											4	879	4	1.400	7	1.614	9	1.395	10	1.906
Libanon							9	601	8	592										
Mazedonien															5	2.466	10	1.131	5	4.546
Nigeria			9	1.130					9	503	10	561	9	791						
Pakistan																	6	2.539	7	3.412
Russische Föderation	4	3.383	3	2.757	4	1.719	5	1.040	5	772	6	792	7	936	10	1.199	7	1.689	8	3.202
Serbien und Montenegro*	2	4.909	2	3.855	1	5.522	3	1.828												
Serbien**							4	1.354	2	1.996	8	729			3	4.978	3	4.579	1	8.477
Somalia															6	2.235				
Syrien, Arab. Republik					6	933	8	609	6	634	7	775	8	819	8	1.490	5	2.634	3	6.201
Türkei	1	6.301	1	4.148	2	2.958	2	1.949	3	1.437	2	1.408	3	1.429	9	1.340	8	1.578		
Vietnam	6	2.096	4	1.668	5	1.222	6	990	4	987	3	1.042	6	1.115						
Summe Top-Ten-Länder		29.475		19.887		17.458		11.630		12.292		14.494		18.254		29.257		32.495		46.967
Asylerstanträge insgesamt		50.563		35.607		28.914		21.029		19.164		22.085		27.649		41.332		45.741		64.539
Prozentanteil der Top-Ten-Länder an den Gesamtzugängen		58,3%		55,9%		60,4%		55,3%		64,1%		65,6%		66,0%		70,8%		71,0%		72,8%

Anmerkung: Nur Erstanträge. Quelle: BAMF (2013b:19).

Die nachfolgende Abbildung zeigt die prozentuale Verteilung der Asylerstanträge für alle Herkunftsländer im Jahr 2012. Auf die vier westasiatischen Staaten Afghanistan (11,6 %), Irak (8,3 %), Iran (6,7 %) und Pakistan (5,3 %) entfielen etwa 32 % und auf die vier südosteuropäischen Staaten Serbien (13,1 %), Mazedonien (7,0 %), Bosnien und Herzegowina (3,1 %) sowie Kosovo (3,0 %) gut 26 %. Damit sind die zwei wichtigsten Regionen des Jahres 2012 genannt, aus denen Asylbewerber nach Deutschland kamen. Rund drei Fünftel aller Asylanträge entfielen auf diese beiden Regionen.

Abbildung 6: Asylerstanträge nach Herkunftsländern 2012

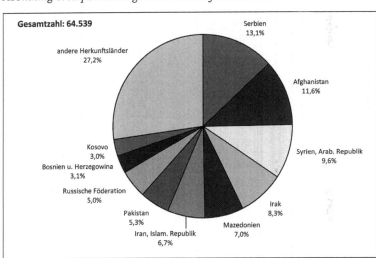

Quelle: BAMF (2013b:20).

5. CHARAKTERISIERUNG DER ASYLBEWERBER IM JAHR 2012

5.1 Asylbewerber nach Alter und Geschlecht

Eine Differenzierung der Asylerstanträge nach Alter und Geschlecht für das Jahr 2012 enthält die nachfolgende Tabelle. Über zwei Drittel aller Asylerstanträge wurden von Personen unter 30 Jahren gestellt. Altersmäßig sind Asylbewerber unter allen Migrantengruppen in Deutschland die bei weitem jüngste. Zudem ist die Asylmigration vor allem eine Sache von

Männern und nicht von Frauen (62 % zu 38 %). Keine Migrationsform ist so stark männlich geprägt wie die Asylmigration.

Der Vergleich mit Angaben von Eurostat zeigt, dass Deutschland in etwa dem EU-Durchschnitt entspricht. Auch auf EU-Ebene sind von allen Asylantragstellern zwei Drittel Männer und ein Drittel Frauen sowie weniger als ein Prozent 65 Jahre und älter (Schimany et al. 2012:46).

Tabelle 8: Asylerstanträge nach Alter und Geschlecht 2012

Altersgruppen	Asylerstanträge insgesamt		Aufteilung der männlichen Antragsteller nach Altersgruppen		Aufteilung der weiblichen Antragsteller nach Altersgruppen		prozentualer Anteil männlicher Antragsteller innerhalb der Altersgruppen	prozentualer Anteil weiblicher Antragsteller innerhalb der Altersgruppen
bis unter 16 Jahre	21.268	33,0%	11.431	28,7%	9.837	39,9%	53,7%	46,3%
von 16 bis unter 18 Jahre	3.120	4,8%	2.261	5,7%	859	3,5%	72,5%	27,5%
von 18 bis unter 25 Jahre	12.307	19,1%	8.867	22,2%	3.440	13,9%	72,0%	28,0%
von 25 bis unter 30 Jahre	9.297	14,4%	6.293	15,8%	3.004	12,2%	67,7%	32,3%
von 30 bis unter 35 Jahre	6.777	10,5%	4.345	10,9%	2.432	9,9%	64,1%	35,9%
von 35 bis unter 40 Jahre	4.346	6,7%	2.663	6,7%	1.683	6,8%	61,3%	38,7%
von 40 bis unter 45 Jahre	2.710	4,2%	1.636	4,1%	1.074	4,4%	60,4%	39,6%
von 45 bis unter 50 Jahre	1.668	2,6%	915	2,3%	753	3,1%	54,9%	45,1%
von 50 bis unter 55 Jahre	1.139	1,8%	605	1,5%	534	2,2%	53,1%	46,9%
von 55 bis unter 60 Jahre	796	1,2%	365	0,9%	431	1,7%	45,9%	54,1%
von 60 bis unter 65 Jahre	510	0,8%	235	0,6%	275	1,1%	46,1%	53,9%
65 Jahre und älter	601	0,9%	253	0,6%	348	1,4%	42,1%	57,9%
Insgesamt	64.539	100,0%	39.869	100,0%	24.670	100,0%	61,8%	38,2%

Quelle: BAMF (2013b:23).

Wie bei der ausländischen Bevölkerung bzw. bei der Bevölkerung mit Migrationshintergrund zeigen sich auch bei Asylbewerbern zum Teil deutliche Unterschiede zwischen den Geschlechtern nach dem Herkunftsland (siehe Tabelle 9). Bei den Hauptherkunftsländern des Jahres 2012 beträgt der Frauenanteil zwischen rund 17 % für Pakistan und 50 % für Serbien. Der hohe Frauenanteil für verschiedene Länder verweist darauf, dass sich der Typ des Asylbewerbers – wie der des Migranten – aufgrund sozialstruktureller Veränderungen weiter ausdifferenziert hat. Vielfach handelt es sich nicht mehr um alleinstehende, männliche »politische Flüchtlinge«, sondern um Frauen sowie um Familienverbände und »ethnische Gruppen«.

Tabelle 9: Asylerstanträge nach Hauptherkunftsländern und Geschlecht 2012

Hauptherkunftsländer	Asylerstanträge				
	insgesamt	männliche Antragsteller		weibliche Antragsteller	
Serbien	8.477	4.265	50,3%	4.212	49,7%
Afghanistan	7.498	5.051	67,4%	2.447	32,6%
Syrien, Arab. Republik	6.201	3.853	62,1%	2.348	37,9%
Irak	5.352	2.850	53,3%	2.502	46,7%
Mazedonien	4.546	2.367	52,1%	2.179	47,9%
Iran, Islam. Republik	4.348	2.569	59,1%	1.779	40,9%
Pakistan	3.412	2.854	83,6%	558	16,4%
Russische Föderation	3.202	1.669	52,1%	1.533	47,9%
Bosnien-Herzegowina	2.025	1.064	52,5%	961	47,5%
Kosovo	1.906	1.040	54,6%	866	45,4%
Summe Top-Ten-Länder	46.967	27.582	58,7%	19.385	41,3%
sonstige	17.572	12.287	69,9%	5.285	30,1%
Herkunftsländer gesamt	64.539	39.869	61,8%	24.670	38,2%

Quelle: BAMF (2013b:22).

5.2 Asylbewerber nach ethnischer Herkunft und Religionszugehörigkeit

Auch in der ethnischen und religiösen Zugehörigkeit von Asylbewerbern spiegeln sich die gesellschaftlichen Verhältnisse der Herkunftsländer wider. Verschiedene Herkunftsländer weisen einen hohen Anteil von Asylbewerbern einer bestimmten ethnischen oder religiösen Gruppe auf. Dies gilt etwa für einige südosteuropäische Länder des ehemaligen Jugoslawien, die Türkei oder westasiatische Länder wie Afghanistan und den Irak. Im Jahr 2012 betrug der Anteil der Kurden aus dem Irak rund 46 %. Der Anteil der Chaldäer, eine mit der katholischen Kirche verbundenen christlichen Gemeinschaft, belief sich auf 8 % (siehe Abbildung 7).

Abbildung 7: Asylerstanträge nach Religionszugehörigkeit 2012

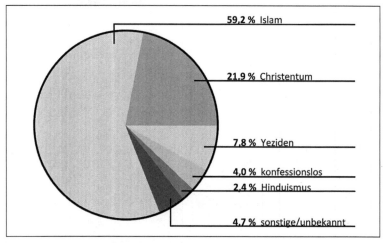

Quelle: BAMF (2012b:25).

Betrachtet man die Asylerstanträge des Jahres 2012 anhand der Religionszugehörigkeit, dann stellten Angehörige des Islam mit rund 59 % den größten Anteil der Erstantragssteller. Danach folgten mit rund 22 % Christen. An dritter Stelle rangierten mit 8 % Yeziden, eine kurdische Volksgruppe islamischer Glaubensrichtung, während Zugehörigkeiten zu anderen Weltreligionen, Hinduismus, Buddhismus und Konfuzianismus, kaum eine Rolle spielten (siehe Abbildung 8).

Abbildung 8: Irakische Asylbewerber nach der ethnischen Zugehörigkeit 2012

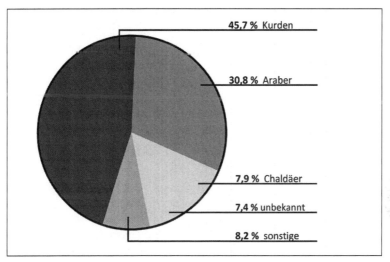

Quelle: BAMF (2013b:24).

6. ASYLMIGRATION IM INTERNATIONALEN VERGLEICH 2012

Im Jahr 2012 verzeichneten die 27 EU-Staaten gegenüber dem Vorjahr einen Anstieg der Asylbewerberzahlen um rund 32.000 (+10,6 %) auf über 335.000. Damit wurde der höchste Wert seit dem Jahr 2002 erreicht. In absoluten Zahlen wurden die höchsten Zuwächse in Deutschland (+24.305, +45,6 %) und Schweden (+14.235, +47,9 %) registriert. Von den vier europäischen Nicht-EU-Staaten sind die Antragszahlen in der Schweiz weiter deutlich gestiegen (+4.760, +19,9 %). In Norwegen traten dagegen zahlenmäßig keine größeren Veränderungen auf. Von den vier Überseestaaten wiesen die Vereinigten Staaten (+5.703, +14,8 %) und Australien (+4.432, +38,4 %) gestiegene Asylbewerberzugänge auf (siehe Tabelle 10).

Die meisten Asylanträge in der EU verzeichnete Deutschland mit 77.650 Anträgen. An zweiter Stelle folgte Frankreich mit 53.345 Anträgen. Schweden rückte mit 43.945 Anträgen an die dritte Stelle vor. An vierter Stelle folgte Belgien mit 28.285 und an fünfter Stelle Großbritannien mit 28.260 Anträgen. Italien rangierte knapp nach Österreich nur noch an siebenter Stelle (17.350 zu 17.450 Anträge). Die höchsten Antragszahlen der Überseestaaten verzeichneten die USA mit 44.216 Anträgen. Damit lagen sie aber deutlich unter dem Antragsaufkommen von Deutschland und Frankreich.

Berücksichtigt man nur die Top 3 der europäischen Zielländer, dann wurden in Deutschland (23,2 %), Frankreich (18,3 %) und Schweden (13,1 %) über die Hälfte (54,6 %) aller Anträge im Jahr 2012 gestellt. Rechnet man noch Belgien (8,4 %), Großbritannien (8,4 %) und Österreich (4,3 %) dazu, dann wurden in diesen sechs Ländern über drei Viertel (75,7 %) der Asylanträge im Jahr 2012 registriert. Deutschland war erstmals seit 2001 wieder Hauptzielstaat für Asylsuchende in Europa. Mit einem Anteil von 23,2 % an allen Asylbewerberzugängen in den 27 EU-Staaten weist Deutschland einen höheren Wert auf als im Jahr 2001 mit 20,8 %.

Werden die Asylbewerber in Relation zur jeweiligen Bevölkerungszahl der Zielländer betrachtet, so ergibt sich ein anderes Bild. Bevölkerungsmäßig kleinere Staaten weisen tendenziell einen relativ höheren Asylzugang auf, während Länder mit einer Bevölkerungszahl von über 30 Mio. Einwohner einen Asylbewerberzugang von unter einem Antragsteller je 1.000 Einwohner verzeichnen.

Malta rangierte an erster Stelle. Auf 1.000 Einwohner entfielen 5,0 Antragsteller. Danach folgte Schweden mit 4,7 Antragstellern auf 1.000 Einwohner. Deutschland als zugangsstärkstes Asylantragsland lag bei der Pro-Kopf-Betrachtung mit 0,9 Antragstellern pro 1.000 Einwohner an 11. Stelle. Damit lag Deutschland knapp über dem europäischen Durchschnitt von 0,7 Antragstellern pro 1.000 Einwohner.

Eine Betrachtung der im Jahr 2012 in der EU gestellten Asylanträge nach den zehn Hauptherkunftsländern zeigt folgendes Bild: Die meisten Antragsteller in der EU stammten 2012 wie im Vorjahr aus Afghanistan. Den zweiten Platz belegte erneut Russland, wobei die Zahl der Asylanträge deutlich zunahm (+32,5 %). An dritter Stelle folgte Syrien, das von allen Ländern den weitaus größten Zuwachs gegenüber 2011 verzeichnete (+205,8 %). An vierter Stelle rangierte Pakistan (+25,4 %), während Serbien erneut die fünfte Stelle einnahm (+36,4 %). Einen Rückgang verzeichnete in 2012 nur das Herkunftsland Irak (-13,2 %). Gleichwohl nahm es noch Platz acht ein (siehe Tabelle 11).

Tabelle 10: *Asylbewerberzugänge im internationalen Vergleich 2008-2012*

Staaten Europäische Union (EU-27)	2008	2009	2010	2011	2012	Veränderung 2012 zu 2011
Belgien	15.940	22.955	26.560	32.270	28.285	-12,3%
Bulgarien	745	855	1.025	890	1.385	+55,6%
Dänemark	2.375	3.775	5.100	3.985	6.075	+52,4%
Deutschland	26.945	33.035	48.590	53.345	77.650	+45,6%
Estland	15	40	35	65	75	+15,4%
Finnland	3.770	5.700	3.675	2.975	3.115	+4,7%
Frankreich	41.845	47.625	52.725	57.335	61.455	+7,2%
Griechenland	19.885	15.925	10.275	9.310	9.575	+2,8%
Irland	3.865	2.690	1.940	1.290	955	-26,0%
Italien	30.145	17.670	10.050	34.115	17.350	-49,1%
Lettland	55	60	65	340	205	-39,7%
Litauen	520	450	495	525	645	+22,9%
Luxemburg	455	485	785	2.155	2.055	-4,6%
Malta	2.605	2.385	175	1.890	2.080	+10,1%
Niederlande	15.255	16.140	15.100	14.600	13.100	-10,3%
Österreich	12.750	15.815	11.060	14.455	17.450	+20,7%
Polen	8.515	10.595	6.540	6.905	10.755	+55,8%
Portugal	160	140	160	275	295	+7,3%
Rumänien	1.180	965	885	1.720	2.510	+45,9%
Schweden	24.875	24.260	31.940	29.710	43.945	+47,9%
Slowakei	905	820	540	490	730	+49,0%
Slowenien	260	200	245	360	305	-15,3%
Spanien	4.515	3.005	2.745	3.420	2.565	-25,0%
Tschechische Republik	1.650	1.245	790	755	755	0,0%
Ungarn	3.175	4.670	2.105	1.695	2.155	+27,1%
Vereinigtes Königreich [1]	31.315	31.695	24.365	26.450	28.260	+6,8%
Zypern	3.920	3.200	2.875	1.770	1.635	-7,6%
Summe EU-27	257.640	266.395	260.835	303.105	335.380	+10,6%
Sonstige Staaten						
Island	75	35	45	75	105	+40,0%
Liechtenstein	25	285	110	75	75	0,0%
Norwegen	14.430	17.225	10.065	9.055	9.785	+8,1%
Schweiz	16.605	16.005	15.565	23.880	28.640	+19,9%
Australien	4.808	7.378	12.606	11.534	15.966	+38,4%
Kanada	36.929	33.251	23.177	25.356	20.501	-19,1%
Neuseeland	254	336	340	305	324	+6,2%
Vereinigte Staaten [2]	29.279	27.556	30.750	38.513	44.216	+14,8%

1) Im Jahr 2008 nur Erstanträge. 2) Nur Hauptantragsteller.
Quelle: BAMF (2013b:28).

Tabelle 11: Asylanträge in der EU nach Hauptherkunftsländern 2011 und 2012

Rang	Herkunftsland	2011	2012	Veränderung
1	Afghanistan	28.015	28.010	+/-0
2	Russ. Föderation	18.330	24.280	+32,5 %
3	Syrien, Arab. Rep.	7.885	24.110	+205,8 %
4	Pakistan	15.700	19.695	+25,4 %
5	Serbien	13.980	19.065	+36,4 %
6	Somalia	12.195	14.265	+17,0 %
7	Iran, Islam. Rep.	11.865	13.585	+14,5 %
8	Irak	15.170	13.175	-13,2 %
9	Georgien	7.060	10.830	+53,4 %
10	Kosovo	9.870	10.210	+3,4 %

Quelle: BAMF (2013b:31).

Unter den zehn Hauptherkunftsländern ist Syrien erstmals vertreten. Die Zahl der Asylanträge hat aufgrund des anhaltenden Bürgerkriegs massiv zugenommen. Innerhalb der EU haben jeweils ein Drittel aller Antragsteller in Deutschland und Schweden um Asyl nachgesucht (siehe Tabelle 12). Neben Syrern ist auch für Asylsuchende aus den Herkunftsländern Afghanistan, Irak, Iran und Serbien Deutschland das wichtigste Zielland (Eurostat 2013:9).

Tabelle 12: Top-5-Zielländer von Antragstellern aus Syrien 2011 und 2012

Rang	Zielland	2011	2012	Veränderung
1	Deutschland	3.435	7.930	+130,9 %
2	Schweden	640	7.920	+1.137,5 %
3	Ver. Königreich	505	1.300	+157,4 % %
4	Schweiz	895	1.230	+37,4 %
5	Belgien	640	1.030	+60,9 %

Quelle: BAMF (2013b:31)

7. Schlussbemerkungen

Die Asylmigration stellt einen konstitutiven Teil der Gesamtzuwanderung dar. Dieser Anteil unterlag in der Vergangenheit immer wieder Schwankungen. Seinen Höhepunkt erreichte die Asylmigration im Jahr 1992, als rund 440.000 Asylanträge in Deutschland gestellt wurden. Seitdem ist auch aufgrund des Asylkompromisses und von Verfahrensänderungen die Asylmigration deutlich zurückgegangen. Sie nimmt allerdings im Zuge neuer und anhaltender Konfliktlagen seit 2008 wieder zu. Im Jahr 2012 wurden 65.000 Asylerstanträge verzeichnet. Im Jahr 1993 entfiel etwa ein Drittel der Gesamtzuwanderung auf die Asylmigration. Gegenwärtig dürfte dieser Anteil bei 738.735 Zuzügen von Ausländern (nach Angaben des AZR) im Jahr 2012 rund neun Prozent betragen.

Die Asylmigration könnte aus verschiedenen Gründen in Zukunft weiter zunehmen. Hierbei entstehen Probleme auch dadurch, dass die Fluchtursachen oft nicht eindeutig zugeordnet werden können. Die Bereitschaft in der Gesellschaft, Flüchtlingen Asyl zu gewähren, wird daher auch davon abhängen, ob es der Politik gelingt, ohne Kampfrhetorik Asylmissbrauch zu verhindern. Dies dürfte umso wichtiger werden, je mehr die Auswirkungen der europäischen Finanz- und Wirtschaftskrise die Politik veranlassen könnte, beim Thema Asylmigration eine restriktive Haltung einzunehmen. In langfristiger Perspektive ist Flüchtlingsschutz verstärkt aber nicht nur als Verwaltungsaufgabe, sondern als eine gesellschaftspolitische Aufgabe mit internationalen Dimensionen zu begreifen.

Literatur

Bundesamt für Migration und Flüchtlinge (2012): Das deutsche Asylverfahren – ausführlich erklärt. Zuständigkeiten, Verfahren, Statistiken, Rechtsfolgen. Nürnberg.
Bundesamt für Migration und Flüchtlinge (2013a): Migrationsbericht 2011. Nürnberg (MB 2011).
Bundesamt für Migration und Flüchtlinge (2013b): Das Bundesamt in Zahlen 2012. Asyl, Migration und Integration. Nürnberg.
Castles, Stephen (2003): Towards a Sociology of Forced Migration and Social Transformation. In: Sociology 37:1, pp. 13-34.

Deutscher Bundestag (2012): Drucksache 17/12457. Zahlen in der Bundesrepublik Deutschland lebender Flüchtlinge zum Stand 31. Dezember 2012.

Düvell, Franck (2011): Soziologische Aspekte: Zur Lage der Flüchtlinge. In: Ottersbach, Markus/Prölß, Claus-Ulrich (Hg.): Flüchtlingsschutz als globale und lokale Herausforderung. Wiesbaden: VS Verlag, S. 29-49.

Eurostat (2013): Asylum applicants and first instance decisions on asylum applications: 2012. Data in focus 5/2013.

Hailbronner, Kay (2010): Ausländerrecht. Kommentar (Stand: August 2010). Heidelberg: C.F. Müller.

Herbert, Ulrich (2001): Geschichte der Ausländerpolitik in Deutschland. Saisonarbeiter, Zwangsarbeiter, Gastarbeiter, Flüchtlinge. München: Beck.

Münkler, Herfried (2004): Die neuen Kriege. Reinbek bei Hamburg: Rowohlt.

Nuscheler, Franz (2004): Internationale Migration. Flucht und Asyl (2. Aufl.). Wiesbaden: VS Verlag.

Sachverständigenrat deutscher Stiftungen für Integration und Migration (2011): Migrationsland 2011. Jahresgutachten 2011 mit Migrationsbarometer. Berlin: SVR.

Schimany, Peter/Rühl, Stefan/Kohls, Martin (2012): Ältere Migrantinnen und Migranten. Entwicklungen, Lebenslagen, Perspektiven. Forschungsbericht 18. Nürnberg: Bundesamt für Migration und Flüchtlinge.

Schmid, Susanne (2012): Das Migrationspotenzial aus der GUS in die Europäische Union. Forschungsbericht 17. Nürnberg: Bundesamt für Migration und Flüchtlinge.

Schneider, Jan (2009): Die Organisation der Asyl- und Zuwanderungspolitik in Deutschland. Working Paper 25. Nürnberg: Bundesamt für Migration und Flüchtlinge.

II. Asylpolitik — Ein Rückblick

Asylpolitik in Deutschland – Akteure, Interessen, Strategien

Ursula Münch

Anfang der 1990er Jahre kam es zu einer dramatischen Zuspitzung in der bundesdeutschen Asylpolitik. Die Asylbewerberzugangszahlen waren seit einigen Jahren kontinuierlich angestiegen: Waren es im Jahr 1991 bereits ca. 250.000 Personen (166.000 Fälle) gewesen, die Asyl beantragt hatten, so stieg die Zahl der Asylsuchenden innerhalb nur eines Jahres auf ca. 440.000 Personen (300.000 Fälle). Da es in der Bundesrepublik zu diesem Zeitpunkt noch keine eigenständigen Regelungen für Bürgerkriegsflüchtlinge gab, wie dies seit Inkrafttreten des »Gesetzes über den Aufenthalt, die Erwerbstätigkeit und die Integration von Ausländern im Bundesgebiet« am 1. Januar 2005 der Fall ist (§ 25 AufenthG), entsprach ein großer Teil dieser Asylbewerber nicht den Anforderungen, die die Gerichte mit Blick auf das Grundrecht auf Asyl formulierten. Offensichtlich war jedoch auch, dass diese Bürgerkriegsflüchtlinge, die vor allem aus dem zerfallenden Jugoslawien stammten, schon deshalb nicht in ihre Heimat zurückgeschickt werden konnten, weil sich diese frühere Heimat im Zuge der Jugoslawienkriege gerade blutig auflöste. Ungefähr im selben Zeitraum führten der Fall der Mauer bzw. des Eisernen Vorhangs und die damit verbundenen Transformationsprozesse dazu, dass immer mehr DDR-Bürger sowie deutschstämmige Aussiedler aus den Nachfolgestaaten der Sowjetunion und aus Südosteuropa verstärkt in die Bundesrepublik übersiedelten.

Die damalige öffentliche Debatte in der Bundesrepublik Deutschland war nicht nur geprägt von der Auseinandersetzung, wie die verstärkte Zuwanderung vor Ort bewältigt werden sollte, sondern stand insgesamt unter dem Vorzeichen, die Einwanderung von Asylbewerbern und Aussiedlern zu regulieren und möglichst drastisch zu begrenzen.

Während sich die politische und gesellschaftliche Situation im zeitlichen Umfeld des sog. Asyl- bzw. Migrationskompromisses vom 6. Dezember 1992 demnach relativ zugespitzt darstellte, wäre es falsch, die damalige politische Diskussion um die bundesdeutsche Asylpolitik als Besonderheit einzustufen. Im Gegenteil: Die Auseinandersetzung im Vorfeld des Asylkompromisses wies Grundmuster auf, die die bundesdeutsche Asylpolitik bereits seit Jahrzehnten und durchaus bis heute prägen.

1. Asylpolitik im Parteienwettbewerb

Obwohl ein großer Teil der Positionsunterschiede in der bundesdeutschen Asylpolitik weniger auf parteipolitischen Differenzen und vielmehr auf der unterschiedlichen Positionierung im föderalen System beruht, lohnt nicht nur der Blick auf die programmatischen Standpunkte der Parteien, sondern auch auf den Duktus, in welchem ihre Protagonisten asylpolitische Forderungen artikulierten. In den 1980er Jahren bestand eine »asylpolitische Allparteien-Koalition« (Nuscheler 1995, S. 130), von der sich die Grünen jedoch eindeutig abgrenzten (Schneider 2010, S. 149). Diese Einordnung bedeutet aber nicht, dass es keine parteipolitischen Unterschiede in den Positionen gab. Sie soll vielmehr zum Ausdruck bringen, dass die Abweichungen der verschiedenen politischen Ebenen einer Partei zum Teil größer ausfielen als die Differenzen zwischen den unterschiedlichen Parteien derselben politischen Ebene.

CDU und CSU hatten sich bereits in der Vergangenheit für einen entschlossenen Kampf gegen Missstände im Asylverfahren eingesetzt. So forderten die Bayerische Staatsregierung bzw. die CSU im Jahr 1990 und die CDU/CSU-Bundestagsfraktion im Jahr 1992 die Abkehr vom subjektiven Asylrecht hin zur Institutionalisierung des Asylrechts. Anstatt der bisherigen Verheißung des Grundgesetzes »Politisch Verfolgte genießen Asylrecht« sollte es nur noch heißen: »Die Bundesrepublik Deutschland gewährt Asyl.«

Dieser Vorschlag zielte auf eine Ausgestaltung der Asylgewährung ausschließlich nach den Interessen des Aufnahmelandes ab; Asylgewährung sollte in einer Form stattfinden, die man bis dahin in der Bundesrepublik nur im Rahmen der Aufnahme sog. Kontingent-Flüchtlinge aus Indochina Ende der 1970er Jahre kennengelernt hatte (Münch 1993,

S. 196). Obwohl es auch innerhalb der Unionsparteien interne Auseinandersetzungen über den in der Asylpolitik einzuschlagenden Kurs gab, war die Diskrepanz zwischen kommunaler Ebene und Bundesebene in keiner anderen Partei so groß wie bei den Sozialdemokraten, der größten Oppositionsfraktion im Bundestag. Aber auch der Koalitionspartner von CDU/CSU im Bund, die Liberalen, verzeichneten seit Ende der 1980er Jahre eine Auseinanderentwicklung zwischen der Stimmung der eigenen Anhängerschaft und den Funktionären der Partei. Die Forderung nach einer Einschränkung des Grundrechts auf Asyl in Art. 16 Abs. 2 S. 2 GG kam vor allem von Seiten der Kommunalpolitik und direkt aus den Wahlkreisen. In der Folge sahen sich die Vorstände von sowohl SPD als auch FDP vor die Notwendigkeit gestellt, ihre Partei zur Aufgabe eines Teils ihrer bisher liberalen Asyl- und Ausländerpolitik zu bewegen. Das heißt, angesichts einer Rekordzugangszahl von fast 440.000 Asylbewerbern geriet vor allem die SPD argumentativ zunehmend unter Druck. Schließlich sahen sich die Sozialdemokraten gezwungen, Konsequenzen zu ziehen: Konsequenzen aus dem Versuch der Unionsparteien, den wachsenden Rechtsextremismus und die zunehmend militante Ausländerfeindlichkeit in der Bundesrepublik Deutschland in Zusammenhang zur zögerlichen Haltung der SPD gegenüber einer Einschränkung des Asylgrundrechts zu setzen. Diese Schuldzuweisung und Polarisierung kam zum Beispiel in der Polemik des damaligen CDU-Generalsekretärs Volker Rühe zum Ausdruck: Verweigere sich die SPD der GG-Änderung, werde »jeder Asylant« zum »SPD-Asylanten« (o.V. 1991). Dass sowohl die SPD als auch die FDP diesem Druck schließlich nachgaben und der Grundrechtsänderung, also dem sog. Asylkompromiss, zustimmten, ist auch darauf zurückzuführen, dass ihnen zum einen der Erlass eines Zuwanderungsgesetzes als Ausgleich für ihre Zustimmung zum Asylkompromiss in Aussicht gestellt wurde. Zum anderen erleichterte der Verweis auf eine europäische Harmonisierung des Asylverfahrensrechts ihr politisches Nachgeben: Diese Europäisierung der Asylpolitik äußerte sich u.a. im Schengener Abkommen, das ebenso wie die Dubliner Konvention im Juni 1990 vereinbart wurde, sowie in den sogenannten Londoner Entschließungen, die gemeinsame Mindestanforderungen für die Bearbeitung von Asylanträgen definierten (Lavenex 2002).

2. Asylgewährung im föderalen Staat

Die bundesdeutsche Asylpolitik ist seit ihren Anfängen davon geprägt, dass der Bund zwar die generellen Leitlinien der Asylgewährung regelt und auch für die Durchführung des Asylanerkennungsverfahrens zuständig ist, die Länder und mit ihnen die Kommunen das Asylverfahrensrecht jedoch auszuführen haben. Die besonders kostenträchtigen Aufgaben der Unterbringung sowie der Versorgung der Asylsuchenden fallen demnach bei den Ländern bzw. den Kommunen an.

Dieses Auseinanderklaffen von Regelungskompetenz einerseits und Aufgabenbelastung andererseits ist typisch für einen föderalen Staat. Das bundesdeutsche Verbundsystem gewährleistet zwar das Mitwirkungsrecht der Landesregierungen an der bundesgesetzlichen Regelung des Asylverfahrens (Laufer/Münch 2010, S. 132); dies ändert aber nichts an der Wahrnehmung der Länder und vor allem der Kommunen, dass ihrer Belastung, die sich aus der Notwendigkeit ergibt, die Asylsuchenden vor Ort unterbringen zu müssen, zum einen keine adäquaten Einwirkungsrechte und zum anderen kein ausreichender finanzieller Ausgleich gegenübersteht. Im Unterschied zu einem zentralistisch organisierten OECD-Staat wie Japan, der in der Lage und auch willens ist, Einwanderungsprozesse »stärker und arbiträrer zu reglementieren« (Thränhardt 1999, S. 13), stellt sich die bundesdeutsche Asyl- und Zuwanderungspolitik vor allem als Ergebnis föderaler und kommunaler Interessenkonflikte und Interessenwahrnehmung dar. Die Entwicklung der bundesdeutschen Asylpolitik zeigt, dass es dabei immer wieder zu widersprüchlichen Politikergebnissen kam.

2.1 Kurzfristige Lösungsversuche für grundlegende Probleme

Das wird nicht zuletzt an zwei Beispielen sichtbar: So hatte die bundespolitische Entscheidung von März 1975, Asylbewerber auch ohne Wartezeit zum Arbeitsmarkt zuzulassen (Münch 1993, S. 66f.), unerwünschte Folgewirkungen. Während es wunschgemäß gelang, auf diese Weise die Kassen der örtlichen Sozialhilfeträger zu entlasten, widersprach eine andere Folge dieser Öffnung den damaligen ausländerpolitischen Zielen der Bundesrepublik Deutschland diametral: Da der im November 1973 verhängte Anwerbestopp für ausländische Arbeitskräfte fortbestand (Herbert/Hunn 2006, S. 804ff.), führte die Zulassung der Asylbewerber zum Arbeitsmarkt dazu, dass das Asylverfahren für ausschließlich wirtschaftlich motivierte Zuwanderung schlagartig an Attraktivität gewann. Die Umgehung des Anwerbestopps wurde damit denkbar einfach: Anstatt sich im Rahmen des Anwerbeverfahren im jeweiligen Herkunftsland anwerben zu lassen (Herbert/Hunn 2007a, S. 705ff.), stellte man nun bei der Einreise nach Deutschland einen Asylantrag. Aus Sicht der Einreisewilligen fiel dieser Unterschied kaum ins Gewicht, aus Sicht der Politiker war – gerade vor dem Hintergrund einer völlig anderen Arbeitsmarktlage – damit der Tatbestand eines »Missbrauchs« des Asylrechts erfüllt.

Und als das sogenannte »Sammellager« Zirndorf im Jahr 1970 aus allen Nähten platzte und gleichzeitig das Bemühen einer großen Zahl von Asylsuchenden, ihr Verfahren über Gebühr in die Länge zu ziehen, zum politischen Thema wurde, drängte die Bundesregierung gegenüber den Landesinnenministern darauf, ein zweites sog. Auffanglager zu errichten. Da keines der Länder bereit war, eine weitere Asylbewerbersammelunterkunft einzurichten, musste eine Alternativlösung gefunden werden: Das Problem der Überbelegung der Zirndorfer Sammelunterkunft bei steigenden Asylbewerberzugangszahlen wurde dadurch »gelöst«, dass die Asylbewerber vor Abschluss ihres Verfahrens auf die einzelnen Länder vorverteilt wurden (Münch 1993, S. 64f.). Das Asylverfahren als Mittel zur Umgehung des Anwerbestopps wurde durch diese dezentrale Regelung und Unterbringung für Wirtschaftsflüchtlinge noch attraktiver.

2.2 Die Positionen von Ländern und Gemeinden in der Asylpolitik

Zu den Konstanten der bundesdeutschen Asylpolitik gehört, dass die Forderung nach restriktiven Maßnahmen und nach einer drastischen Verkürzung der Verfahrensdauer meist von den Kommunen ausging. Dieser Umstand lässt sich damit erklären, dass jeder Asylbewerber kommunale Infrastruktur in Anspruch nimmt – besonders sichtbar wird dies bei der Sammelunterbringung, die ab dem Jahr 1980 in den meisten Ländern zur Regel wurde (Münch 1993, S. 86). Die hohen Unterbringungskosten und der Widerstand der örtlichen Bevölkerung gegen Gemeinschaftsunterkünfte verliehen und verleihen der Asylgewährung vor Ort meist große politische Brisanz. Dabei spielte die parteipolitische Zugehörigkeit der Kommunalpolitiker bis in die 1980er Jahre hinein kaum eine Rolle.

Dies änderte sich erst durch den Bedeutungszuwachs der Grünen auch auf kommunaler Ebene.

Nicht nur in Städten und Gemeinden prägte das Sankt-Florians-Prinzip die bundesdeutsche Asylpolitik. Auch die Politik der Länder war in vielen Phasen durch das Bemühen geleitet, Belastungen durch den Zuzug von Asylsuchenden möglichst aus dem Weg zu gehen. Relativ einfach war dies, solange es nur ein offen geregeltes Verteilungsverfahren für Asylbewerber gab, also bis 1982. Dieses ermöglichte es den einzelnen Ländern, aus dem Verteilungsverfahren auszuscheren bzw. dieses Ausscheren zumindest immer wieder anzudrohen.

Nachdem ein Großteil der Asylverfahrensgesetze aufgrund ihres Einflusses auf die Landesverwaltung zustimmungspflichtig war (Laufer/Münch 2010, S. 156f.), hatten die Länder über den Bundesrat die Möglichkeit, ihre Zustimmung zum Bundesgesetz zu verweigern. Daher genügt es bei der Betrachtung der Asylverfahrensgesetzgebung nicht, die Position der Mehrheitsfraktionen im Bundestag sowie der Bundesregierung zu analysieren. Schließlich drangen einzelne asylpolitisch besonders aktive Länder wie Baden-Württemberg, Bayern und Berlin schon während der sozialliberalen Koalition im Bund (1969-1982) konsequent auf eine Verschärfung der Asylgewährung; ihre Protagonisten mischten sich vernehmbar in die Asyl- und Ausländerdebatte ein.

Die Dynamik asylpolitischer Meinungsbildungsprozesse war regelmäßig dadurch gekennzeichnet, dass es immer die Länder, und hier vor allem die unionsregierten Länder waren, von denen die verschiedenen Initiativen für Beschleunigungs- und Missbrauchsverhinderungsmaßnahmen ausgingen. Die Länder bzw. die Landesregierungen nahmen dabei jeweils die Proteste aus den Kommunen auf und verwerteten sie im Sinne ihrer eigenen Interessen. Dass an der Spitze der Länder über Jahrzehnte hinweg immer Baden-Württemberg und Bayern standen, ist nicht nur darauf zurückzuführen, dass diese Länder aufgrund ihrer arbeitsmarktpolitischen Attraktivität auch mehr Asylbewerber anzogen als strukturschwache Regionen. Wichtiger erscheint, dass beiden Ländern ausnahmslos bundespolitisch ambitionierte Ministerpräsidenten vorstanden, die mit großer Beharrlichkeit den Bundesrat auch als Oppositionsinstrument einsetzten.

2.3 Asylpolitik als exekutiv geprägtes Politikfeld

Dieses Bild von den einflussstarken Ländern und Landesregierungschefs stimmt mit der gesamten Ausprägung der bundesdeutschen Asylpolitik als einem stark exekutiv geprägten Politikfeld überein. Die zentralen (administrativen) Entscheidungen wurden seitens des Bundesinnenministers in Abstimmung mit den Innenministerien der Länder getroffen.

Die Innenministerkonferenz war einerseits ein wichtiges Koordinationsgremium und andererseits der Ort der Politikformulierung: Ihre politischen Empfehlungen besitzen bis heute für die Asyl- und Zuwanderungspolitik hohe Wirkung. In der Vergangenheit wurden häufig begleitende Bund-Länder-Arbeitsgruppen oder interministerielle Kommissionen zum Thema Asylrecht eingesetzt. Externer Sachverstand von Wissenschaftlern, Verwaltungsrichtern oder Interessenvertretern etc. wurde in die Arbeiten dieser Arbeitsgruppen meist nicht einbezogen. Sie fanden erst im Rahmen der parlamentarischen Verfahren Gehör (Schneider 2010, S. 147).

Im Laufe der 1980er Jahre wurde die Beratung und Vorentscheidung der bundesdeutschen Ebene zunehmend in einen europäischen Rahmen eingebunden. Dabei wuchs das Bundesinnenministerium in die Rolle einer »treibenden Kraft« hinein und wurde zum »›Agendasetzer‹ einer sicherheitsorientierten Harmonisierung der europäischen Asylpolitk und einer parallelen Änderung des deutschen Grundgesetzes« (Lauter/Niemann/Heister 2011, S. 169).

3. Asylpolitik und Xenophobie: Die Rolle der öffentlichen Meinung

Das bundesdeutsche Grundrecht auf Asyl ist das einzige Grundrecht in der bundesdeutschen Verfassung, das ausschließlich Ausländern zusteht. Bereits in den Anfängen der Asylgewährung zeigte sich die Schwierigkeit, die juristische Auslegung des Begriffs der politischen Verfolgung (Münch 1993, S. 28ff.) mit den modernen Flüchtlingsbewegungen in Übereinstimmung zu bringen. Anders als dies den Erfahrungen der Mitglieder des Parlamentarischen Rates entsprach, werden die meisten »modernen« Flüchtlinge nicht wegen ihrer Taten verfolgt, sondern wegen ihrer Eigenschaften. Da der Tatbestand der »politischen« Verfolgung in

Art. 16 Abs. 2 S. 2 GG a.F. von den Gerichten jedoch relativ restriktiv interpretiert wird, wurden selbst solche Flüchtlinge, die tatsächlich in ihrer Heimat Verfolgung und Willkür ausgesetzt waren, häufig nicht als »politisch Verfolgte« im Sinne des Grundgesetzes anerkannt. Verschärft wurde dieses Dilemma der Asylrechtsgewährung dadurch, dass diejenigen, die sich – zu Recht oder zu Unrecht – auf dieses Grundrecht berufen, von der Bevölkerung des Aufnahmelandes nicht als potenzielle Träger eines Grundrechtes, sondern als Ausländer wahrgenommen und behandelt werden. Das heißt, in der öffentlichen Wahrnehmung unterliegen sie der gleichen Einschätzung wie »die Ausländer« insgesamt.

Das bis in die 1990er Jahre noch als Ausländerpolitik bezeichnete staatliche Handeln gegenüber Zuwanderern war in der Bundesrepublik Deutschland jahrzehntelang davon geprägt, dass die politisch Verantwortlichen dem in Teilen der bundesdeutschen Öffentlichkeit bestehenden Wunsch nach einer Reduktion der Zahl der Ausländer nicht nachkommen konnten. Lag der Anteil derjenigen, die sich dafür aussprachen, dass die »Gastarbeiter wieder in ihr Land zurückkehren« sollten, im Jahr 1978 noch bei 39 %, stieg er innerhalb kurzer Zeit auf 48 % (April 1980) und schließlich sogar auf 68 % (März 1982) an (Herbert/Hunn 2005, S. 628). Da eine Senkung der Zahl der Ausländer u.a. wegen des meist verfestigten Aufenthaltsstatus aber kaum möglich war, fungierte die Asylpolitik in gewisser Weise als ein »Ventil für Überfremdungsgefühle«, die durch ausländerpolitische Maßnahmen nicht zu beseitigen waren (Münch 1994, S. 119). Die Asylpolitik bot also gerade in der damaligen Phase eine Möglichkeit zur ausländerpolitischen Profilierung, und die öffentliche Debatte über Reaktionen auf den wahrgenommenen Missbrauch des Asylrechts diente zur Kanalisierung ausländerfeindlicher Stimmungen.

4. Von der Strategielosigkeit über die Strategie der reaktiven Anpassung zur Strategie der Europäisierung

In den 1950er und 1960er Jahren war die bundesdeutsche Asylpolitik davon geprägt, dass es keine erkennbare politische Strategie im Umgang mit den wenigen Asylsuchenden gab. Diese Strategielosigkeit ist vor allem auf Fehleinschätzungen der Bedeutung und der Konsequenzen des Grundrechts auf Asyl zurückzuführen. Die damaligen Fehler und Versäumnisse hatten weitreichende Folgen und legten den Grundstein dafür, dass die bundesdeutsche Asylgewährung zu einem der phasenweise wichtigsten innenpolitischen Themen in der Bundesrepublik wurde.

4.1 Strategielose Asylpolitik in den Anfangsjahren der Asylgewährung

Besonders gravierend wirkte sich ein fundamentaler rechtlicher Irrtum aus, nämlich die Fehleinschätzung, dass die Genfer Flüchtlingskonvention von 1951 auch in der Bundesrepublik die vorrangige Grundlage für die Asylgewährung sei. Dieser Fehler hatte zur Folge, dass in der bundesdeutschen Asylgewährungspraxis das Asylrecht des Grundgesetzes in Art. 16 Abs. 2 S. 2 nahezu vergessen wurde. Ein Indiz dafür war der Umstand, dass die Asylverordnung von 1953 keine Ausführungsbestimmung zu Art. 16 Abs. 2 Satz 2 GG war, sondern eine Ausführungsbestimmung zur Genfer Flüchtlingskonvention (Münch 1993, S. 50ff.). Folgenschwer war dieser Irrtum deshalb, weil das Abkommen über die Rechtsstellung der Flüchtlinge lediglich die Rechtsstellung der Flüchtlinge im Asylaufnahmeland regelte und außerdem die Zurückweisung in das Verfolgerland verbot. Gemäß der Konvention ist Asylgewährung zwar das Recht eines Aufnahmelandes, nicht aber die Pflicht eines Zufluchtsstaates. Im Unterschied zum Grundrecht auf Asyl leistete die Konvention also keinen subjektiven, einklagbaren Rechtsanspruch auf Asyl. Dass es überhaupt zu dieser fehlerhaften Bezugnahme der bundesdeutschen Asylordnung kam, ist darauf zurückzuführen, dass die Flüchtlingskonvention mit ihren schwammigen Tatbeständen als leichter anwendbar galt als der vorbehaltlos formulierte Asylanspruch des Grundgesetzes. Und da die Genfer Flüchtlingskonvention bis zum Jahr 1967 nur auf solche Flüchtlinge bezogen war, die in der Folge von Ereignissen vor dem 1.1.1951 hatten flüchten müssen, erhielt auch die bundesdeutsche Asylgewährung eine spezifische Ausrichtung – und zwar in erster Linie auf Ostblockflüchtlinge. Diese Verengung hatte zur Folge, dass man in der deutschen Öffentlichkeit und Politik den Veränderungen mit Blick auf die Herkunftsländer ab Anfang der 1970er Jahre weitgehend verständnislos gegenüberstand. Die anfängliche Engführung eines eigentlich grenzenlos gültigen Asylgrundrechts auf Ostblockflüchtlinge stellt eine der Wurzeln für die Wahrnehmung von »Asylmissbrauch« dar.

4.2 Asylpolitik im Abschreckungsmodus

Ab den 1970er Jahren lässt sich dann eine Strategie der reaktiven Anpassung feststellen; angesichts der damals kontinuierlich ansteigenden Asylbewerberzahlen wurden aus Praktikabilitätsgründen gültige Regeln des Asylverfahrensrechts umgangen. Dazu gehörte die bereits erwähnte Zulassung von Asylbewerbern zum Arbeitsmarkt bei gleichzeitig bestehendem Anwerbestopp für ausländische Arbeitskräfte. Diese Regelung wurde aufgrund der Arbeitskräftenachfrage aus der Industrie sowie vor allem dem Hotel- und Gaststättengewerbe bis 1980 aufrechterhalten; erst dann wurde ein einjähriges Arbeitsverbot verhängt.

Ab Anfang der 1980er Jahre lässt sich in der bundesdeutschen Asylpolitik ein Wandel in Tonlage und Ausrichtung feststellen: Der allmähliche Übergang zu einer Strategie der Abschreckung von Asylbewerbern stellte eine Reaktion auf die Wahrnehmung dar, dass die Asylbewerberzahlen einerseits kontinuierlich anstiegen und andererseits die Anerkennungsquoten rückläufig waren. Diese niedrigen Anerkennungsquoten im Asylverfahren wurden zwar durch hohe Duldungsquoten für diejenigen Flüchtlinge relativiert, die nicht abgeschoben werden konnten, weil sie Nachteile in ihrem Heimatland zu fürchten hatten. Aber auf die Wahrnehmung derartiger Feinheiten stellten sich die Teilnehmer an der politischen und öffentlichen Debatte nicht ein. Stattdessen wurde die asylpolitische Debatte in der Bundesrepublik – begleitend zur Verschärfung des bis dahin immer noch sehr liberalen und extrem langwierigen Asylverfahrensrechts – immer stärker emotional aufgeladen. Diese Emotionalisierung, die maßgeblich von der »Bild-Zeitung« wie auch der »Welt am Sonntag« vorangetrieben wurde (Herbert/Hunn 2007b, S. 951), verlief in Form geradezu apokalyptischer Beschwörungen der zahlenmäßigen Inanspruchnahme des Asylrechts, die mit einer Diskussion über die beschränkte Aufnahmekapazität der Bundesrepublik kombiniert wurden. Und schließlich ging die Politik spätestens ab Anfang der 1990er Jahre dazu über, die verschiedenen Gruppen von Zuwanderern gegeneinander auszuspielen: Während sich die Sozialdemokraten und die Grünen für Bürgerkriegsflüchtlinge und Asylbewerber einsetzten, wiesen die Unionsparteien auf die Verantwortung gegenüber den Übersiedlern aus der DDR sowie die deutschstämmigen Aussiedler aus den ehemaligen Ostblockstaaten hin. Zu den Hauptergebnissen dieses Streits gehörte, dass sich die öffentliche Meinung gegen alle drei Gruppen von Zuwanderern wandte.

Besonders sichtbar war dies an der Reaktion von Politik und Öffentlichkeit auf Asylsuchende: Während bis in die 1970er Jahre die tatsächliche oder vermeintliche Sorge um den sog. Missbrauch des Asylrechts durch sog. »Wirtschaftsasylanten« die Debatte bestimmt hatte, wandte sich die öffentliche Meinung nun gegen die Einreise selbst derjenigen, die voraussichtlich asyl-, aber zumindest bleibeberechtigt waren. Hiervon war vor allem die große Zahl von Bürgerkriegsflüchtlingen aus den Staaten des Balkans betroffen, die in der Bundesrepublik Zuflucht vor ethnischer Verfolgung, Gewalt und Perspektivlosigkeit suchten.

Typisch für diese Phase war auch, dass die politisch Verantwortlichen an der Doktrin vom Nichteinwanderungsland festhielten und dadurch irreführende Anreize an Einwanderungswillige aussandten, so dass es nicht gelang, die Dauer eines Asylverfahrens wirksam zu beschränken.

4.3 Schritte zur Eingliederung in ein europäisches Asylgewährungssystem

Tatsächlich war es der Asyl- und Migrationskompromiss des Jahres 1992, der mittelfristig zu einer allmählichen Neuausrichtung der bundesdeutschen Zuwanderungspolitik führte. Der neue Art. 16a GG lässt sich auch als Ausdruck eines gewandelten Staatsverständnisses interpretieren: Die Bundesrepublik Deutschland ordnete sich erstmals in ein überstaatliches Asylgewährungssystem ein (Lavenex 2002).

Die damalige Bundesregierung und besonders das Bundesinnenministerium betrieben die Neuorientierung der bundesdeutschen Asylpolitik dabei als »Zwei-Ebenen-Spiel«, nutzten also den Verweis auf die Europäisierung der Asylpolitik dazu, innenpolitische Ziele – nämlich die Änderung des Grundrechts auf Asyl – durchzusetzen (Lauter/Niemann/Heister 2011, S. 166). So wurde der Reformbedarf des bundesdeutschen Asylrechts vom damaligen Bundesinnenminister Rudolf Seiters 1992 mit dem Hinweis begründet, dass der Bundesrepublik ohne Grundgesetzänderung die Gefahr drohe, zum »Reserveasylland in diesem Kontinent« (Seiters 1992, S. 7298) zu verkommen.

Dass diese Anpassung an veränderte Realitäten – unter anderem den demografischen Wandel – zumindest bei den bis 1998 in der Regierungsverantwortung im Bund stehenden Unionsparteien gegenüber der Öffentlichkeit sehr schleppend verlief, zeigt eine Einschätzung des späteren Bundesinnenministers Manfred Kanther (CDU). Seine Prognose,

Deutschland habe keinen Bedarf für eine aktive Zuwanderungspolitik, »weder heute noch in überschaubarer Zukunft«, lässt sich nahtlos in die migrationspolitischen Stellungnahmen der Unionsparteien seit den 1970er Jahren einordnen (Kanther 1996).

5. Der Asylkompromiss von 1992

Im sog. Asyl- und Migrationskompromiss vom Dezember 1992, der schließlich im Juni 1993 zur Streichung von Art. 16 Abs. 2 S. 2 und zur Einfügung von Art. 16 a GG führte, wurden Ziele für verschiedene Bereiche der Migrationspolitik formuliert, die bis dahin extrem kontrovers diskutiert worden waren. Die wichtigste Neuregelung bestand darin, dass nicht mehr allein der Fluchtgrund, sondern vor allem der Fluchtweg im Mittelpunkt der gesetzlichen Regelung des Asylverfahrens stand: Seither kann der Einreiseweg eines Asylsuchenden darüber entscheiden, ob der Flüchtling überhaupt zum Asylverfahren zugelassen wird. Grundsätzlich werden alle Asylbewerber vom deutschen Asylverfahren ausgeschlossen, die über ein EU-Land bzw. einen sog. »sicheren Drittstaat« eingereist sind (Münch 1993, S. 138ff.). Diese Neuregelung ist von dem Grundgedanken geleitet, dass ein Asylsuchender innerhalb der EU nicht das Recht hat, seinen Zufluchtsort selbst zu bestimmen. Vielmehr besitzen die Aufnahmestaaten der EU das Recht, die Lasten möglichst gerecht zu verteilen. Indem die bundesdeutsche Reform nicht mehr allein auf die sog. Missbrauchsfälle abzielte, sondern die Neuregelung sich sowohl gegen »richtige« als auch gegen »unechte« Asylbewerber wandte, änderte sich die Logik der bundesdeutschen Asylgewährung. Der Erfolg bestünde darin, so der damalige bayerische Innenminister Edmund Stoiber im Dezember 1992, dass nun jeder, »ob er nun asylberechtigt ist oder nicht« an der Grenze abgewiesen werden könne (Münch 1993, S. 151).

Zu den wesentlichen Inhalten des sog. Asyl- bzw. Migrationskompromisses (Schneider 2010, S. 158) gehörten neben dem Ausschluss von Asylbewerbern, die über sichere Drittstaaten eingereist waren, die Einführung von Länderlisten mit verfolgungsfreien Herkunftsstaaten und vor allem die Ausweitung des »Erstasylprinzips« auf alle Nachbarstaaten der Bundesrepublik (auch die osteuropäischen Staaten). Die Zustimmung der Opposition zu diesen rigorosen Einschränkungen des Asylrechts konnte auch deshalb erzielt werden, weil man gleichzeitig einen zeitlich befristeten Aufenthaltsstatus für Bürgerkriegsflüchtlinge schuf. Dadurch gelang es, die Asylverfahren zu entlasten: Schließlich mussten Flüchtlinge jetzt nicht mehr wider besseres Wissen und ohne jegliche Erfolgsaussichten den Weg der Anerkennung als politisch Verfolgte im Sinne des Grundgesetzes antreten. Ein weiterer Grund für die Zustimmung der Opposition zur Grundrechtsänderung ist darin zu sehen, dass nicht nur die Bürgerkriegsflüchtlinge gesondert berücksichtigt wurden, sondern auch eine Vereinbarung mit Blick auf die Gruppe der Aussiedler getroffen werden konnte: Deren Zugangszahl wurde mit 200.000 pro Jahr auf das Niveau der beiden Vorjahre festgeschrieben. Eingebettet wurden diese gruppenspezifischen Neuregelungen in die Ankündigung einer Regelung zur Begrenzung und Steuerung der Zuwanderung auf nationaler Ebene. Der damalige Migrationskompromiss enthielt zwar Elemente aus allen Bereichen der Einwanderungspolitik. Aber wichtig erscheint auch das, was der Migrationskompromiss nicht beinhaltete: Die CDU/CSU/FDP-geführte Bundesregierung nutzte die Gelegenheit für eine umfassende Reform der Einwanderungspolitik nicht. Diese blieb der späteren rot-grünen Bundesregierung im Jahr 2004 vorbehalten.

6. Aktuelle Entwicklungen in der Asylpolitik – veränderte Vorzeichen und bekannte Muster

Zur asylpolitischen Debatte der Jahre 2012/2013 trug das Urteil des Bundesverfassungsgerichts zum Asylbewerberleistungsgesetz vom 18. Juli 2012 ebenso bei wie die seit einigen Jahren wieder steigende Zahl von Asylbewerbern. Das Gericht stellte fest, dass Einschränkungen des Existenzminimums gegenüber Asylsuchenden oder Menschen mit ungesichertem Aufenthaltsstatus unzulässig sind: »Die in Art. 1 Abs. 1 GG garantierte Menschenwürde ist migrationspolitisch nicht zu relativieren« (Bundesverfassungsgericht 2012, Rdnr. 121). Als direkte Folge des Urteils wurde eine Übergangsregelung festgelegt: Mit Wirkung vom 1. August 2012 wurden die Leistungen von bisher 224 Euro (seit 1993 unverändert) auf jetzt 346 Euro monatlich erhöht. Die Leistungen werden zum Teil bar, zum Teil in Naturalleistungen ausbezahlt.

Zeitgleich zu dieser urteilsbedingten Erhöhung der Leistungen für Asylbewerber war eine Zunahme der Zahl der Asylbewerber um mehr als 40 % gegenüber dem Vorjahr zu verzeichnen. Nachdem viele dieser

Asylantragsteller der Volksgruppe der Roma angehörten, die aus den als »sicher« eingestuften Staaten Serbien und Mazedonien stammten (Bundesamt für Migration und Flüchtlinge 2013, S. 4), ließen die politischen Kausal-Interpretationen nicht lange auf sich warten. So leitete der damalige Bundesinnenminister Hans-Peter Friedrich (CSU) aus dem Umstand, dass Angehörige dieser Staaten seit Jahresende 2009 keiner Visumspflicht mehr unterliegen und sich die Leistungserhöhung für Asylbewerber in Deutschland als »Pull-Faktor« auswirke, die politische Notwendigkeit ab, die Barleistung für die aus einem sicheren Herkunftsstaat stammenden Asylantragsteller abzusenken (Bewarder/Lutz 2012).

Es gehört zu den Charakteristika bundesdeutscher Asylpolitik, dass die Aufarbeitung des Bundesverfassungsgerichtsurteils seitens der Politik auch in Form einer föderalen Auseinandersetzung vonstattengeht: So stellten vier SPD-regierte Länder im November 2012 den Antrag auf eine Entschließung des Bundesrates (Bundesrat 2012a). Dieser aufgrund der damaligen Mehrheitsverhältnisse im Bundesrat letztlich gescheiterte Antrag auf Verabschiedung einer Entschließung (Bundesrat 2012b) sah vor, die Bundesregierung aufzufordern, einen Gesetzentwurf zur Aufhebung des Asylbewerberleistungsgesetzes vorzulegen und Asylbewerber und andere Flüchtlinge stattdessen in das Sozialgesetzbuch einzubeziehen. Dieses Abrücken von sondergesetzlichen Regelungen für Asylsuchende hätte zur Folge gehabt, dass der Bund erstmalig auch in die Kostenerstattung für Flüchtlinge einbezogen worden wäre. Die Nichteinbringung des Entschließungsantrages kann zwar so interpretiert werden, dass hier die parteipolitische Perspektive gegenüber der föderalen dominierte. Dennoch lässt sich angesichts der Tatsache, dass es sich bei den Antragstellern um die eher finanzschwachen Länder handelte, der Eindruck nicht vermeiden, dass neben den humanitären Gesichtspunkten vor allem das föderale Argument einer Entlastung der Länderhaushalte zu Lasten des Bundeshaushaltes wesentliche Triebfeder der Initiative war.

7. PARALLELEN UND UNTERSCHIEDE

Die aktuelle asylpolitische Debatte weist einige Elemente des bekannten bundesdeutschen Diskurses über Asylrecht und Asylgewährung auf. Wie bereits in den 1980er Jahren wird die seit Herbst 2012 wieder belebte Debatte um den Missbrauch von Asylrecht bzw. Asylleistungsrecht mit dem Konstatieren einer steigenden Zahl von Asylbewerbern verbunden. Daraus zogen vor allem Unionspolitiker die Schlussfolgerung, dass über sonderrechtliche Bestimmungen für Angehörige einer bestimmten Volksgruppe, nämlich der Roma, nachzudenken sei. Angesichts der Zuwanderungszahlen und der damit verbundenen Belastung für die Kommunen (o.V. 2013) gingen die auch populistisch motivierten Überlegungen sogar so weit, über die Notwendigkeit eines Beschlusses der Europäischen Union zur Aussetzung der Visa-Freiheit für Staatsangehörige Serbiens und Mazedoniens nachzudenken (Rath 2012).

Diese neuerliche Verschärfung zumindest der Tonlage in der bundesdeutschen Asylpolitik muss nicht zwangsläufig zu tatsächlichen Restriktionen führen. Schließlich zeigte bereits die Entwicklung der bundesdeutschen Asylpolitik, dass die Kluft zwischen den offiziell proklamierten Zielen und den tatsächlich erreichten Veränderungen häufig recht groß ist (Müller 2010, S. 29). Das hat weniger damit zu tun, dass Politiker sich liberaler verhalten, als sie sich äußern, sondern vor allem damit, dass eine nachhaltige Steuerung von Zuwanderungsprozessen unter den Bedingungen der Europäisierung und Globalisierung von Migrationsbewegungen de facto kaum zu leisten ist. Im Übrigen besteht für jede Bundesregierung bzw. jeden Bundesgesetzgeber das Erfordernis, die durch das Grundrecht auf Asyl sowie internationale Vereinbarungen gesetzten rechtlichen Grenzen bei der Ausgestaltung des Asylverfahrens zu beachten. Dass der Bundesgesetzgeber in der Asylpolitik zu einer Abwägung zwischen Praktikabilitätserfordernissen und Grundrechtsschutz gezwungen war und ist, zeigte sich zum Beispiel nach dem Regierungswechsel von 1982/83: Damals wurden die gestaltungswilligen Regierungsfraktionen mit der Tatsache konfrontiert, dass ihre in der Opposition formulierten asylpolitischen Ziele kaum mit dem Grundgesetz oder mit den internationalen Vereinbarungen, allen voran der Genfer Flüchtlingskonvention vom 28. Juli 1951, vereinbar waren. Auch aus diesem Grund zeigte sich in der Praxis der bundesdeutschen Asylpolitik immer wieder, dass die Bundespolitik geradezu zwangsläufig hinter den häufig auch populistisch motivierten Forderungen der Länder sowie der Kommunen zurückblieb.

Während es offensichtlich zahlreiche Konstanten in der bundesdeutschen Asylpolitik gibt – von der Bedeutung der föderalen Konfliktlinie bis zu der unter den Aspekten des Populismus immer noch gut verwertbaren Missbrauchsdebatte –, zeigt ein Vergleich zwischen der Asylpolitik zu Beginn der 1990er Jahre und der heutigen Asyl- und Einwanderungspolitik auch neue Akzente. So ist nicht zu übersehen, dass sich die bundesdeutsche Gesellschaft und die Politik dieser Aufnahmegesellschaft insgesamt verändert haben. Verändert sowohl durch die europäische Einbettung als auch durch die mehr oder minder mehrheitsfähige Einsicht, dass Einwanderung inzwischen ein Tatbestand ist. Dass diese Einwanderung auch die Aufnahmegesellschaft selbst verändert und damit voraussichtlich auch deren Wahrnehmung von Einwanderung, ist ein Aspekt, der gerade die bundesdeutsche Zuwanderungspolitik in Zukunft stärker prägen wird, als dies derzeit wahrgenommen wird.

Literatur

Bewarder, Manuel/Lutz, Martin (2012): Balkan-Asylbewerber sollen weniger Geld bekommen. In: Die Welt vom 25.10.2012 (www.welt.de/politik/deutschland/article110222036/Balkan-Asylbewerber-sollen-weniger-Geld-bekommen.html) [Zugriff 29.3.2013]

Bundesamt für Migration und Flüchtlinge (Hg.) (2013): Aktuelle Zahlen zu Asyl. Tabellen, Diagramme, Erläuterungen. Ausgabe: Februar 2013. www.bamf.de/SharedDocs/Anlagen/DE/Downloads/Infothek/Statistik/statistik-anlage-teil-4-aktuelle-zahlen-zu-asyl.pdf?__blob=publicationFile [Zugriff 29.3.2013]

Bundesrat (Hg.) (2012a): Empfehlungen der Ausschüsse. BR-Drs. 576/1/12 vom 23.11.2012 www.bundesrat.de/cln_350/SharedDocs/Drucksachen/2012/0501-600/576-1-12,templateId=raw,property=publicationFile.pdf/576-1-12.pdf [Zugriff 29.3.2013]

Bundesrat (Hg.) (2012b): Beschluss des Bundesrates. BR-Drs. 576/12 (Beschluss) vom 23.11.2012 www.bundesrat.de/cln_350/SharedDocs/Drucksachen/2012/0501-600/576-12_28B_29,templateId=raw,property=publicationFile.pdf/576-12%28B%29.pdf [Zugriff 29.3.2013]

Bundesverfassungsgericht (2012): Urteil des Ersten Senats vom 18. Juli 2012: BVerfG, 1 BvL 10/10 vom 18.7.2012, Absatz-Nr. (1-140) www.bverfg.de/entscheidungen/ls20120718_1bvl001010.html [Zugriff 29.3.2013]

Herbert, Ulrich/Hunn, Karin (2005): Beschäftigung, soziale Sicherung und soziale Integration von Ausländern. In: Geschichte der Sozialpolitik in Deutschland seit 1945. Hg. v. Bundesministerium für Arbeit und Soziales und Bundesarchiv. Band 7: Bundesrepublik Deutschland 1982-1989: Finanzielle Konsolidierung und institutionelle Reform. Bandherausgeber: Manfred G. Schmidt. Baden-Baden 2005, S. 619-651

Herbert, Ulrich/Hunn, Karin (2006): Beschäftigung, soziale Sicherung und soziale Integration von Ausländern. In: Geschichte der Sozialpolitik in Deutschland seit 1945. Hg. v. Bundesministerium für Arbeit und Soziales und Bundesarchiv. Band 5: Bundesrepublik Deutschland 1966-1974. Eine Zeit vielfältigen Aufbruchs. Bandherausgeber: Günter Hockerts. Baden-Baden 2006, S. 781-810

Herbert, Ulrich/Hunn, Karin (2007a): Beschäftigung, soziale Sicherung und soziale Integration von Ausländern. In: Geschichte der Sozialpolitik in Deutschland seit 1945. Hg. v. Bundesministerium für Arbeit und Soziales und Bundesarchiv. Band 4: Bundesrepublik Deutschland 1957-1966. Sozialpolitik im Zeichen des erreichten Wohlstandes. Bandherausgeber: Michael Ruck und Marcel Boldorf. Baden-Baden, S. 685-726

Herbert, Ulrich/Hunn, Karin (2007b): Beschäftigung, soziale Sicherung und soziale Integration von Ausländern. In: Geschichte der Sozialpolitik in Deutschland seit 1945. Hg. v. Bundesministerium für Arbeit und Soziales und Bundesarchiv. Band 11: Bundesrepublik Deutschland 1989-1994. Sozialpolitik im Zeichen der Vereinigung. Bandherausgeber: Gerhard A. Ritter. Baden-Baden, S. 943-975

Kanther, Manfred (1996): Deutschland ist kein Einwanderungsland Eine gesetzliche Regelung ist überflüssig. In: Frankfurter Allgemeine Zeitung, 13.11.1996, Nr. 265, S. 11.

Laier, Tanja (1999): Das Flughafenasylverfahren nach § 18a AsylVfG in rechtsvergleichender Perspektive. Berlin: Duncker & Humblot

Laufer, Heinz/Münch, Ursula (2010): Das föderale System der Bundesrepublik Deutschland. München: Landeszentrale für politische Bildungsarbeit (8., neu bearbeitete Auflage)

Lauter, Dorothee/Niemann, Arne/Heister, Sabine (2011): Zwei-Ebenen-Spiele und die Asylrechtsreform von 1993. In: C. Hönnige et al. (Hg.): Verfassungswandel im Mehrebenensystem. Wiesbaden: VS, S. 158-178

Lavenex, Sandra (2002): The Europeanization of Refugee Policies. In: Journal of Common Market Studies 39 (5), S. 851-874

Müller, Doreen (2010): Flucht und Asyl in europäischen Migrationsregimen Metamorphosen einer umkämpften Kategorie am Beispiel der EU, Deutschlands und Polens. Universitätsverlag Göttingen

Münch, Ursula (1993): Asylpolitik in der Bundesrepublik Deutschland. Entwicklung und Alternativen. Opladen: Leske + Budrich (2. Aufl.)

Münch, Ursula (1994): Vorgeschichte, Probleme und Auswirkungen de-Asylrechtsänderung 1993. In: Carsten Tessmer (Hg.): Deutschland und das Weltflüchtlingsproblem. Opladen: Leske + Budrich, S. 103-136

Nuscheler, Franz (1995): Internationale Migration – Flucht und Asyl. Opladen: Leske + Budrich

o.V. (1991): Grundgesetz: Kurz außer Tritt. In: Der Spiegel vom 23.09.1991 Nr. 39/1991; www.spiegel.de/spiegel/print/d-13492172.html [Zugriff 29.3.2013]

o.V. (2013): Dortmund rechnet mit Millionenkosten für Roma. In: Frankfurter Allgemeine Zeitung vom 21. Februar 2013, S. 11

Rath, Christian (2012): Asylanträge von Balkan-Roma. Entscheidung in 48 Stunden. In: taz. Die Tageszeitung vom 3.10.2012, www.taz.de/!102 820/ [Zugriff 29.3.2013]

Schneider, Jan (2010): Modernes Regieren und Konsens. Kommissionen und Beratungsregime in der deutschen Migrationspolitik. Wiesbaden: VS 2010

Schneider, Jan (2012): Die Organisation der Asyl- und Zuwanderungspolitik in Deutschland. Working Paper 25. Studie der deutschen nationalen Kontaktstelle für das Europäische Migrationsnetzwerk (EMN). Nürnberg: Bundesamt für Migration und Flüchtlinge (2., überarbeitete und aktualisierte Auflage) www.bamf.de/SharedDocs/Anlagen/DE/Publikationen/EMN/Nationale-Studien-WorkingPaper/emn-wp25-organisation.pdf;jsessionid=CB9683088F07398BD7FF502026990 2E4.1_cid286?__blob=publicationFile [Zugriff 3.4.2013]

Seiters, Rudolf (1992): Redebeitrag Erste Beratung des Entwurfes eines Gesetzes zur Änderung des Grundgesetzes (Artikel 16 und 24): Deutscher Bundestag Stenographischer Bericht 12/89 vom 30.4.1992, S. 7296-7300

Thränhardt, Dietrich (1999): Zuwanderungs- und Integrationspolitik in föderalistischen Ländern (www.uni-muenster.de/Politikwissenschaft/ftp/AK_Migration_RefThraenhardt.pdf) o.J. (vermutlich 1999) auch erschienen in: Lale Akgün, Dietrich Thränhardt (Hg.): Integrationspolitik in föderalistischen Systemen. Jahrbuch Migration 2001

»Asylpolitik im Rauch der Brandsätze« — der zeitgeschichtliche Kontext

Ulrich Herbert

1. TRADITIONEN DER ZUWANDERUNG NACH DEUTSCHLAND

Die traditionelle Form der Zuwanderung war in Deutschland seit den 1880er Jahren die Arbeitsmigration. Im Kaiserreich waren Arbeiter aus Preußisch-Polen massenhaft in die neuen Industriegebiete, aus dem russischen Teil Polens als Saisonarbeiter in die ostelbische Landwirtschaft geholt worden, und auch die zwangsweise Rekrutierung von Arbeitskräften im Ersten und vor allem im Zweiten Weltkrieg hatte sich auf diese Tradition der Einfuhr billiger Arbeitskraft bezogen. Nach 1961 waren Millionen von ausländischen Arbeitskräften – »Gastarbeitern« – vorwiegend aus Südeuropa, seit 1969 vor allem aus der Türkei in die Bundesrepublik gekommen und hatten hier Arbeit gefunden. 1969 lebten 2,3 Millionen Ausländer in der Bundesrepublik, von denen etwa 60 % erwerbstätig waren. Auch dies entsprach noch den tradierten Formen der zeitlich begrenzten Arbeitsmigration. Als dann 1973 im Kontext der Ölpreiskrise der weitere Zuzug von »Gastarbeitern« untersagt wurde, stieg die Zahl der Ausländer in der Bundesrepublik bis 1982 aber weiter – bis auf 4,6 Mio. –, denn die einstigen Gastarbeiter holten nun ihre Familien in die Bundesrepublik nach. Nur noch 35 % der Ausländer waren 1982 als erwerbstätig gemeldet; 65 % waren Familienangehörige. Aus der vorübergehenden Arbeitsaufnahme in Deutschland, die durch den festen Wunsch nach baldiger Rückkehr gekennzeichnet war, hatte sich ein Einwanderungsprozess entwickelt, auch wenn dies den Beteiligten – den Immigranten wie den Deutschen – erst spät und oft nur widerstrebend bewusst wurde. Solche Auswirkungen des ungewollten Einwanderungsprozesses riefen bei den Deutschen zunehmend Ängste und Ablehnung hervor, insbesondere bei jenen, die in der Wirtschaftskrise von Arbeitslosigkeit und Zukunftsangst besonders betroffen waren. 1978 hatten sich 39 % der Bundesbürger dafür ausgesprochen, dass »die Gastarbeiter wieder in ihr Land zurückkehren« sollten. 1980 waren es bereits 48 %, im März 1983 80 %. Ein so massiver Meinungswandel innerhalb so kurzer Zeit war in der Geschichte der Bundesrepublik nahezu ohne Beispiel, zumal er sich weitgehend jenseits der Aufmerksamkeit von Politikern und Öffentlichkeit vollzog (Meier-Braun 1988: 44).

Kritik an den Folgen der Einwanderung aber sah sich rasch dem Vorwurf der „Ausländerfeindlichkeit« ausgesetzt, sodass der Schuldvorwurf von den politisch Verantwortlichen an die Bevölkerung weitergegeben wurde und somit aus objektiven Problemen, die das Resultat der jahrzehntelang betriebenen Ausländerpolitik waren, nun subjektives Fehlverhalten vor allem derjenigen gemacht wurde, die mit den Ausländern am meisten zu tun hatten: der sozial schwachen Schichten in der deutschen Bevölkerung. Die Ursachen der sich auftürmenden Schwierigkeiten lagen vielmehr in der politischen Anlage der Ausländerbeschäftigung, die bis in die frühen siebziger Jahre darauf abgestellt gewesen war, ausländische Hilfsarbeiter anzuwerben, sie im unteren Bereich des Arbeitsmarktes flexibel und kostengünstig einzusetzen und bei nachlassender Konjunktur wieder in ihre Heimatländer zurückzuschicken, ohne dass Folgekosten für die Wirtschaft und den Staat entstanden. Dieses Kalkül war seit etwa 1976/77 nicht mehr aufgegangen. Stattdessen entwickelte sich eine völlig veränderte migrationspolitische Situation, auf die Politik wie Bevölkerung überwiegend hilflos und abwehrend reagierten (Staas 1994).

Nach 1982 aber begannen die Zahlen der Ausländer in der Bundesrepublik zu sinken, bis 1987 auf 4,2 Mio. Bei einer Fortschreibung dieses Trends hätten sich bereits im Jahre 2000 weniger als 3 Millionen Ausländer in Deutschland aufgehalten. So begann sich die Debatte über die »Gastarbeiter«, nachdem sie mehr als zehn Jahre lang eines der großen Themen der westdeutschen Innenpolitik gewesen war, seit den frühen 80er Jahren abzukühlen.

2. STRUKTURWANDEL DER MIGRATION

Tatsächlich hatte sich aber der Zuwanderungsdruck nicht bemerkbar vermindert, sondern lediglich Form und Weg verändert. Aus der innereuropäischen Arbeitsmigration wurde mehr und mehr eine globale Armutswanderung. Aus Südeuropa, dann bald zunehmend aus Afrika und Asien, schließlich vor allem aus Osteuropa strömten Menschen ins reiche Westeuropa, die in ihren Heimatregionen politisch verfolgt, wirtschaftlich ohne Aussicht oder sozial verelendet waren – und oft alles gleichermaßen. Einer der Erfolg versprechenden Wege, in das ansonsten abgeriegelte Westeuropa zu gelangen, war der Weg des Asylantrags. Waren in der Bundesrepublik 1976 ganze 9.600 Asylanträge gestellt worden, waren es 1980 bereits 107.000 (der Militärputsch in der Türkei spielte hierbei eine Rolle), zwischen 1981 und 1987 im jährlichen Durchschnitt etwa 60.000, um dann erneut enorme Steigerungen zu erreichen. 1990 bis 1993 wurden im damaligen Bundesamt für die Anerkennung ausländischer Flüchtlinge (BAFl) 1,2 Mio. Asylanträge gezählt (Münch 1993).

Zudem wandelte sich die ethnische Zusammensetzung der Asylbewerber. Waren es bis Ende der 80er Jahre vor allem Menschen aus den Krisengebieten Afrikas und Asiens sowie aus der Türkei, die hier um Asyl nachsuchten, so kam nach 1989 die Mehrzahl der Asylsuchenden aus Osteuropa und aus dem vom Bürgerkrieg heimgesuchten Jugoslawien. Damit aber ergaben sich unübersehbare Überschneidungen zur Zuwanderung von so genannten deutschstämmigen *Aussiedlern* aus Osteuropa, die als deutsche Staatsbürger anerkannt und gegenüber »Gastarbeitern« und Asylbewerbern deutlich privilegiert waren. Die Aufnahme eines »Aussiedlers« aus der Sowjetunion, der ebenso wenig Deutsch sprach wie sein als Asylbewerber auftretender Landsmann, aber unter seinen Vorfahren einen im 18. oder 19. Jahrhundert ausgewanderten schwäbischen Bauern entdeckt hatte, machte die Problematik eines auf Abstammung, auf dem *ius sanguinis* beruhenden Staatsbürgerrechts in zugespitzter Weise deutlich.

Nun bewegte sich die Zuwanderung von Asylsuchenden bis 1987 insgesamt etwa in den gleichen Größenordnungen wie die Zuwanderung von Ausländern auf dem Wege des Familiennachzugs in den späten 1970er Jahren und erreichte keineswegs jene horrenden Dimensionen, wie sie in der öffentlichen Debatte zuweilen suggeriert wurden. Als die Zahlen ab 1988 dann aber deutlich stiegen, gerieten Asylpolitik und Asylrecht in der Bundesrepublik zunehmend in die Diskussion und wurden seit Ende der 80er Jahre zu dem dominierenden und am heftigsten umstrittenen innenpolitischen Thema in der Bundesrepublik.

Das Recht auf Asyl war vom Parlamentarischen Rat ins Grundgesetz aufgenommen worden und galt als unmittelbare Konsequenz aus den Erfahrungen der Vergangenheit, zumal viele Mitglieder dieses Gremiums während der NS-Zeit die Bedeutung des politischen Asyls im Ausland am eigenen Leibe erlebt hatten. So waren die Möglichkeiten der Behörden, auf diese Zahlen einzuwirken, begrenzt. Um die erwünschte Verringerung der Zahl der Asylbewerber zu erreichen, konnte man die Verfahren beschleunigen, die Kriterien für das Recht auf Asyl verschärfen, die Zugangsmöglichkeiten in die Bundesrepublik erschweren, die abgelehnten Bewerber schneller ausweisen und die Lebensbedingungen in Deutschland mit dem Ziel der Abschreckung verschlechtern – all diese Wege wurden in den folgenden Jahren in einer stattlichen Reihe von Gesetzesänderungen auch beschritten, wenngleich mit insgesamt geringem Erfolg.

Schließlich wurden, um eine Einwanderung auf diesem Wege zu verhindern, Asylbewerber in Sammellager eingewiesen. Zugleich wurde ihnen eine Arbeitsaufnahme verboten, um so eine »stille Integration« zu verhindern. Die oft über Jahre hinweg zum Müßiggang gezwungenen Asylbewerber wurden auf diese Weise der deutschen Öffentlichkeit als Nichtstuer und Schmarotzer präsentiert, und die hohen Ablehnungsquoten, vor allem gegenüber den Bürgerkriegsflüchtlingen, galten bald als Beleg für die Überzeugung, es handle sich bei ihnen um »Wirtschaftsasylanten«, die in Wirklichkeit nicht politisch verfolgt, sondern allein aus sozialen Gründen nach Deutschland gekommen seien.

Vermutlich war das im Grundsatz gar nicht falsch, weil die politische Zerrüttung der Heimatländer, sei es im Libanon, in Jugoslawien oder im unter Kriegsrecht stehenden Polen, mit der drastischen Verschlechterung der materiellen Bedingungen in der Regel einherging. Die klassische Definition der politischen Verfolgung, wie sie etwa gegenüber politischen Gegnern während der NS-Diktatur gegeben war, traf spätestens seit den 1980er Jahren auf die Wirklichkeit der Verfolgung in vielen Ländern nicht mehr zu. Insbesondere Flüchtlinge aus Ländern, in denen Bürgerkrieg herrschte, kamen auf der Suche nach Schutz nach Deutschland, fielen hier aber nicht unter die Bestimmungen für die Gewährung von Asyl, denn sie gehörten ja nicht zu den Opfern individueller politischer Verfolgung im engsten Sinne, auf die sich das Asylrecht beschränkte. Solche Flüchtlinge, denen bei einer Rückkehr in die Heimat Gefahr für Leib und Leben drohte, durften die deutschen Behörden wegen der Bestimmungen der Genfer Flüchtlingskonvention nicht zurückschicken. Dadurch wurden diese Menschen zwar als Asylbewerber abgelehnt, ihr Aufenthalt in der Bundesrepublik als so genannte »De-facto-Flüchtlinge« aber dennoch geduldet (Marugg 1990). Im Jahre 1980 stellten solche Flüchtlinge aus Bürgerkriegsgebieten etwa 20 % der Antragsteller, 1984 bereits mehr als 66 %. Im Jahre 1989 schätzte die Bundesregierung die Zahl der sich in Deutschland aufhaltenden De-facto- Flüchtlinge auf etwa 300.000 (Münch 1993: 46f.).

Verärgerung und Wut über die »Asylanten« schlugen in der Bundesrepublik bald hohe Wellen. »Asylpolitik« wurde für viele Deutsche zum Symbol für den bis dahin vielfach noch zurückgehaltenen Verdruss über die Zuwanderung überhaupt, über die vermeintliche Privilegierung Anderer und die sozialen Schieflagen im Gefolge von Wirtschaftskrise und Globalisierung insgesamt. Daraus entwickelte sich eine zunehmend polarisierte Debatte über die Bedeutung des Asylartikels im Grundgesetz, die Anfang der 1990er Jahre schließlich zu einer der schärfsten innenpolitischen Auseinandersetzungen in der Geschichte der Bundesrepublik mit weit reichenden politischen und sozialen Nachwirkungen führte.

3. DIE ASYLKAMPAGNE

Ausgangspunkt war dabei die Tatsache, dass eine Begrenzung der Zuwanderung von Asylbewerbern ohne Grundgesetzänderung nicht möglich war. Für eine solche Grundgesetzänderung aber brauchte die Bundesregierung auch die Unterstützung der Sozialdemokraten, weil nur mit ihnen, die notwendige Zweidrittelmehrheit erreichbar war. Die aber lehnten ebenso wie die Grünen eine Abschaffung des Rechts auf politisches Asyl rundweg ab. Daraufhin erhöhte die Unionsführung den politischen Druck auf die Sozialdemokraten, um die Begrenzung des Asylrechts durchzusetzen. Im Gegenzug machten die Grünen und Teile der Sozialdemokraten die kompromisslose Beibehaltung des Asylrechts zu einer Nagelprobe für die demokratischen und menschenrechtlichen Zustände in der Bundesrepublik überhaupt. Hinweise auf »Asylmissbrauch« und auf die in das Asylverfahren verlagerte weltweite Migrationsbewegung hielten sie für bloß vorgeschoben und die Besorgnisse und zunehmende Fremdenangst in größten Teilen der Bevölkerung allein für ein Produkt der ausländerfeindlichen Propaganda der Bundesregierung und der Union. Die Grünen und ihr Umfeld gingen schließlich sogar so weit, für alle Einwanderer ein »allgemeines Bleiberecht« zu fordern, um auf diese Weise »einen Teil dessen wiedergutzumachen, was die kolonialen

Eroberungszüge der letzten hundert Jahre angerichtet haben«, wie es in der linken »Tageszeitung« formuliert wurde (Spiegel 27.8.1986: 79). Hier begann sich eine innenpolitische Blockade herauszubilden, die pragmatische Lösungen erschwerte.

Rasch wurde nun die Wortwahl drastischer. Der bayerische Ministerpräsident Strauß etwa warnte: »Es strömen die Tamilen zu Tausenden herein, und wenn sich die Situation in Neukaledonien zuspitzt, dann werden wir bald die Kanaken im Land haben.« Und der Berliner Innensenator Lummer erklärte: »Wir haben ein Asylrecht, da kann die ganze Rote Armee kommen und der KGB dazu. Wenn die an unserer Grenze nur das Wörtchen ›Asyl‹ sagen, können wir sie nicht zurückschicken.« Angesichts der steigenden Asylbewerberzahlen sei es dringend geboten, Deutschland »vor einer Überflutung zu schützen« (Spiegel 22.2.1985: 80).

Dabei wurde mit zum Teil abenteuerlichen Zahlen jongliert. In einem Papier der Unionsfraktion im Bundestag etwa hieß es: »Als – nach der Rechtsprechung der Verwaltungsgerichte – mögliche Asylberechtigte« kämen Afrikaner und Asiaten »in der Größenordnung von 50 Mio.« in Betracht; jeder zweite Einwohner Westdeutschlands könnte danach eines Tages ein Asylant sein« (Spiegel 27.8.1986).

Bereits während des Bundestagswahlkampfs von 1987 hatte die Debatte über Zuwanderung und Asylbewerber am rechten Rand zu unübersehbaren Nebenerscheinungen geführt. Überfälle von »Skinheads« auf Ausländer, erste Überfälle auf Asylbewerberheime zeigten an, dass sich die rechtsradikale Szene um diese Thematik zu reorganisieren versuchte – bereits 1986 hatte die Polizei sechzig Fälle ausländerfeindlicher Aktionen gezählt, wie etwa einen Brandanschlag auf Notzelte in Westberlin, die Überflutung eines als Asylunterkunft vorgesehenen Gebäudes in Hessen oder die Inbrandsetzung eines für Asylbewerber umfunktionierten Erholungsheims (Spiegel 20.7.1987).

Im Vorfeld der ersten gesamtdeutschen Bundestagswahlen im Dezember 1990 aber machte die Union die Kampagne für eine Veränderung des Grundrechts auf Asyl zu einem ihrer Schwerpunkte und zielte dabei vor allem auf die unschlüssige SPD, die selbst unter starkem Druck der sozialdemokratischen Kommunalpolitiker stand, welche die Sammellager einzurichten und zu finanzieren hatten und jeweils mit dem Unmut der Anwohner konfrontiert wurden. Im Zentrum der Kampagne, die von wichtigen Zeitungen, insbesondere von der Bild-Zeitung und der »Welt« mitgetragen wurde, stand die These, bei den Asylbewerbern handle es sich überwiegend um Schwindler und Betrüger, die von den hohen sozialen Leistungen in der Bundesrepublik angelockt würden. SPD und FDP, hieß es etwa in der »Welt«, wollten »das in diesen Punkten überholte Grundgesetz zum Fetisch stempeln (...). Bei mehr als 90 Prozent Schwindlern kann sich das zur existenziellen Bedrohung unseres Sozialwesens auswachsen« (Welt 6.7.1990).

»Insgesamt kosten die als Asylbewerber ›verkleideten‹ Wirtschaftsflüchtlinge die Steuerzahler jedes Jahr weit über 3 Milliarden Mark«, rechnete die »Bild am Sonntag« vor, und der Berliner Historiker Baring forderte in der »Bild-Zeitung«, das Grundrecht auf Asyl müsse sofort abgeschafft werden, denn das »Grundproblem« bestehe doch darin, »dass unsere gutmütige Sozialgesetzgebung zum Magneten geworden ist, der die Armen des ganzen Erdballs anzieht.« Daher dürfe »selbst die Asylgewährung nicht das Recht auf eine Sozialhilfe einschließen, wie sie Deutschen zusteht« (Bild 21.10.1990).

In dem Maße, wie die Asyldebatte an Lautstärke gewann, stieg auch die Zahl der Asylbewerber, weil ja zu befürchten stand, dass der Einwanderungsweg über das Asylrecht bald verschlossen sein würde. Folgerichtig gewann die öffentliche Kampagne gegen die Asylbewerber weiter an Schärfe. »Das Grundgesetz wird anscheinend dann erst geändert«, machte etwa der bayerische Innenminister Stoiber seinem Unmut Luft, »wenn den Altvorderen in Bonn, die bar jeglicher praktischen Erfahrung sind, einmal das Feuer unterm Hintern von ihren eigenen Leuten angezündet wird« (Spiegel 45/1990).

Solche kraftmeiernden Sprüche trafen auf vorbereiteten Boden. Vor allem in Ostdeutschland entwickelte sich bereits im Wendejahr 1990 eine unerwartete und an Radikalität stetig zunehmende Bewegung gegen die »Ausländer« – obwohl die Zahl der in den fünf neuen Bundesländern lebenden Ausländer verschwindend gering war. »Rassismus und Ausländerfeindlichkeit«, so wurde bereits im April 1990 konstatiert, »kommen jetzt in der DDR ungehindert zum Ausbruch, das alte SED-Regime hatte die Ressentiments nur notdürftig unterdrückt. Mangelwirtschaft und nationalistische Stimmungen schüren den Fremdenhass gegen Vietnamesen, Polen und andere Minderheiten. Gewalttaten nehmen zu« (Spiegel 14/1990).

Als im April 1991 die deutsch-polnische Grenze geöffnet wurde, empfingen hunderte von Jugendlichen in Frankfurt an der Oder die einreisenden Polen mit einem Steinhagel. »Es gibt schreckliche Übergriffe, Gewalttätigkeiten, Beleidigungen und Überheblichkeit gegenüber Ausländern in Ostdeutschland«, resümierte die Ausländerbeauftragte Funcke diese Vorfälle im Frühjahr 1991. »Das alles ist leider nicht so selten, als dass man dies als Einzelfälle herunterspielen könnte« (Frankfurter Rundschau 6.3.1991). Einen ersten negativen Höhepunkt erreichte diese Entwicklung, als am Ostersonntag 1991 in Dresden Jugendliche einen aus Mosambik stammenden ehemaligen DDR-Vertragsarbeiter überfielen und aus der fahrenden Straßenbahn stießen; der Mann starb an seinen Verletzungen (TAZ 10.4.1991).

Dennoch wurde mit jedem Monat, in dem steigende Zahlen von Asylbewerbern gemeldet wurden, der Ton weiter verschärft. Der Berliner CDU-Fraktionschef Landowsky etwa beschwerte sich in einem Interview über die Ausländer, die »bettelnd, betrügend, ja auch messerstechend durch die Straßen ziehen, festgenommen werden und nur, weil sie das Wort ›Asyl‹ rufen, dem Steuerzahler in einem siebenjährigen Verfahren auf der Tasche liegen« (Süddeutsche Zeitung 3.8.1991). »Der Unmut über den Missbrauch des Asylrechts und über die Milliarden-Kosten wächst überall in Deutschland«, schrieb die Bild-Zeitung. »Die Deutschen sind weder ausländerfeindlich, noch sind sie Rechtsextremisten. Aber wenn der ungehemmte Zustrom von Asylanten weiterwächst, wird auch die Gewalt gegen sie zunehmen. Sind unsere Politiker unfähig, das zu begreifen?« (Bild 30.7.1991).

Hier offenbarte sich eines der Kennzeichen der Anti-Asyl-Kampagne: Kommentierung und Berichterstattung über die Zuwanderung von Flüchtlingen und die ausbleibende Änderung des Grundgesetzartikels über das Asylrecht forcierten das, was »wachsender Unmut in der Bevölkerung« genannt wurde. Der wiederum, so wurde dann gewarnt, werde – wenn nicht bald das Grundgesetz geändert werde – möglicherweise bald in gewalttätige Aktionen umschlagen. Inwieweit solche indirekten Ermunterungen dazu beitrugen, dass die Zahl der gewalttätigen Übergriffe auf Ausländer im Sommer 1991 erstmals ein besorgniserregendes Maß annahm, ist schwer nachweisbar. Dass hierdurch ein politisches Klima entstand, in dem in zugespitzten Situationen vor allem Jüngere zumindest den Eindruck gewinnen konnten, Überfälle auf Ausländer seien legitim und würden womöglich augenzwinkernd geduldet, ist hingegen mindestens plausibel. Die erste politische Erfahrung, die die Ostdeutschen im wiedervereinigten Deutschland machten, war eine hoch emotionalisierte Asyldebatte, in der die Gewalt gegen Ausländer als Gefahr beschrieben, aber auch als Drohung verstanden wurde. Dass diese Lektion lang dauernde Folgen nach sich ziehen sollte, ist daher wenig überraschend.

Die geradezu panikartige Stimmung in Deutschland spitzte sich zu, als im August 1991 im italienischen Bari ein Schiff mit tausenden von Flüchtlingen aus Albanien ankam. Das Bild des mit mehr als 10.000 Menschen völlig überfüllten Dampfers »Vlora« prägte sich als Symbol des Zuwanderungsdrucks auf Westeuropa ein und wurde zum Sinnbild der Parole »Das Boot ist voll«. Das »Menetekel von Bari« (Sommer 16.8.1991) schien all jene zu bestätigen, die vor einer Vervielfachung der Flüchtlingszuwanderung, vor dem finanziellen Kollaps und der Überfremdung Deutschlands gewarnt hatten. »Wahre Massen an Asylbewerbern und Aussiedlern – vor allem aus Osteuropa – fluten nach Deutschland. Aus ursprünglichem Mitgefühl wurde Verunsicherung und Zorn. Die Bilder aus Bari aber – 10.000 albanische Flüchtlinge wurden von italienischer Polizei auf ihr Schiff zurückgeprügelt – haben die Diskussion in Deutschland weiter angeheizt: Erleben wir die Szenen morgen auch bei uns, fragen sich Millionen von Menschen voller Sorge. Was wird, wenn Gorbatschow die Grenzen öffnet und 8 bis 10 Millionen Russen kommen? Ist unser Wohlstand in Gefahr?« Noch könnten die Grenzen auch ohne Bundeswehr geschützt werden. »Aber was nicht ist, kann noch werden. Wenn wir verhindern wollen, dass die Bundeswehr eingreift, muss die Politik handeln. Sofort!« (Bild 14.8.1991).

4. Ausschreitungen und Pogrome

Mittlerweile hatte sich die Asylkampagne verselbständigt. Boulevard und Straße regierten die Politik. Kein anderes Thema, so zeigten die Umfragen, bewegte die Deutschen so sehr wie die Asylproblematik. Von Juni 1991 bis Juli 1993 war danach das Thema »Asyl/Ausländer« das wichtigste Problem: mit Spitzenwerten von nahe 80 % im Sommer 1991 und Sommer 1992, weit vor dem Thema Deutsche Einheit (Roth 1994).

Zugleich nahmen Fremdenfeindlichkeit und Gewaltbereitschaft zu. »Schon sind, vor allem im Osten, Überfälle auf Asylanten an der Tagesordnung«, berichtete der *Spiegel* im September 1991. »Viele Deutsche sehen solche Gewalttaten mit klammheimlicher Freude. Rund 40 % der jungen

Ostdeutschen empfinden Ausländer zumindest als ›lästig‹. (...). Jeder vierte hält sogar ›Aktionen gegen Ausländer‹ für richtig.« (Spiegel 9.9.1991)

Wenige Tage später ereignete sich der erste ausländerfeindliche Exzess. Vom 17. September an belagerten im sächsischen Hoyerswerda einige hundert Jugendliche über mehrere Tage hinweg ein Wohnheim für Ausländer, in dem Asylbewerber und ehemalige Vertragsarbeiter wohnten, bewarfen es mit Steinen und Brandsätzen und versuchten es zu stürmen. Als Polizeieinheiten das Gebäude beschützten, wurden sie ebenfalls mit Brandflaschen und Stahlkugeln beworfen. Schließlich kapitulierte die Polizei vor dem Mob und evakuierte die in den Wohnheimen lebenden Menschen mit Bussen. Bemerkenswert an den Ereignissen von Hoyerswerda waren aber nicht nur die Ausschreitungen. Vielmehr geschah dies alles unter regem Anteil von explizit sympathisierenden Zuschauern aller Altersgruppen.

Die Ereignisse von Hoyerswerda zogen zahlreiche weitere ausländerfeindliche Anschläge und Übergriffe nach sich. Allein in den 14 Tagen nach diesen Ausschreitungen wurden solche Vorfälle aus Freiburg, Deuben/Tackau, Saarlouis, Saarwellingen, Thiendorf bei Dresden, Jüterborg, Spring bei Hannover, Wesendahl in Brandenburg, Weingarten, Kenzingen bei Freiburg, Bodelshausen bei Tübingen, March bei Freiburg, Schwedt in Brandenburg, Tambach im Kreis Gotha, Münster, Hamburg, Essen, Ahlen in Westfalen, Hannover, Herford, Wallendorf bei Merseburg und Recklinghausen gemeldet (Stern 2.10.1991). Im Oktober 1991 wurden in dem niederrheinischen Ort Hünxe vier libanesische Flüchtlingskinder nach einem Brandanschlag mit schweren Verbrennungen in ein Krankenhaus eingeliefert (Süddeutsche Zeitung 25.5.1992). In Gotha überwältigten Jugendliche vier sowjetische Soldaten und warfen sie aus dem Fenster einer Wohnung. In Greifswald griffen mehr als 200 Hooligans nach einem Fußballspiel ein Asylbewerberheim an, dabei wurden 35 Menschen zum Teil schwer verletzt. Die Zahl der Übergriffe auf Ausländer stieg bis auf 78 an einem einzigen Tag (Süddeutsche Zeitung 10.11.1991).

Der Terror gegen Ausländer hatte sich auf ganz Deutschland ausgedehnt. Die weithin unerwarteten, eruptiven Fälle der Gewalttätigkeit gegen Asylbewerber im Osten wirkten dabei offenbar stimulierend auf die im Westen stets vorhanden, aber isoliert gewesene rechtsradikale Szene ein, die sich durch die Re-Etablierung nationaler Symbolik und Phraseologie seit dem November 1989 allerdings ohnehin auf dem Vormarsch wähnte. Diese von der überwiegenden Mehrheit der deutschen Bevölkerung im Osten wie im Westen gleichwohl weiterhin abgelehnte Szene hatte hier einen Agitationspunkt gefunden, von dem aus sie ihre Isolation zu durchbrechen trachtete, was ihr jedenfalls in Ostdeutschland in manchen Regionen auch gelang.

Da die Zahlen der Asylbewerber weiter stiegen und eine einvernehmliche Lösung des Konflikts wieder in weiter Ferne lag, setzte die Asyldebatte, die nach dem Schock von Hoyerswerda für einige Zeit ausgesetzt worden war, im Frühjahr 1992 wieder in voller Lautstärke ein. Erneut kamen aus den Kommunen besorgte Rufe nach Eindämmung der Zuwanderung. Erneut machte die Boulevardpresse Stimmung: »Irre! 11991 Mark für Asylfamilie – monatlich« (Bild 02.04.1992). »Fast jede Minute ein neuer Asylant. Die Flut steigt – wann sinkt das Boot?« (Bild 18.05.1992).

Im Sommer 1992 erreichte die Kampagne einen bizarren Höhepunkt, als sich die Regierung Kohl entschloss, zunächst 5.000 Flüchtlinge aus dem vom Bürgerkrieg gezeichneten Bosnien aufzunehmen, darunter in einem »Kinderkonvoi« vor allem minderjährige Flüchtlinge (Süddeutsche Zeitung 22.7.1992). Daraufhin setzte in den Boulevardblättern ein Wettbewerb der Flüchtlingssympathie ein. Die Bild-Zeitung organisierte eine Aktion »Wer nimmt ein Kind aus Sarajevo auf?... Sie lächeln schon wieder, aber in ihren Augen spiegelt sich noch das Grauen des Bürgerkrieges« (Bild 28.7.1992). Der Innenminister Seiters wurde aufgefordert, seinen Urlaub abzubrechen, da »das Flüchtlings-Elend immer größer« werde. »Die Asylanten bekommen von allen Seiten und über Jahre hinweg Hilfe – aber vor diesen unschuldigen Kindern, die aus der Hölle kommen, bauen unsere Bürokraten Hürden auf.« (Bild 24.7.1992). In einem Kommentar hieß es: »Die angeblich ausländerfeindlichen Deutschen nehmen bereitwillig und herzlich Kinder aus Bosnien auf. Die angeblich ausländerfeindlichen Deutschen würden mehr Flüchtlinge aus dem Kriegsgebiet aufnehmen, aber alle Quartiere sind verstopft. Mit Schein-Asylanten.« (Bild 28.7.1992).

Damit hatte die Asylkampagne in Deutschland ein nur noch schwer erklärbares Maß der Konfusion erreicht. Während Kinder aus Bosnien, die über die »Flüchtlingshilfe« einreisten, bevorzugt aufgenommen wurden, mussten sich andere Flüchtlinge aus dem gleichen Bürgerkriegsgebiet, oft aus dem gleichen Dorf, die über einen Asylantrag nach Deutschland kamen, als »Selbst-Vertriebene mit der Endstation D-Mark« beschimpfen lassen. Die Vorstellungen, wie viele Asylbewerber bisher nach Deutschland gekommen waren, hatten inzwischen alle Realitätsbezüge verlassen. Die Abiturienten eines Münchner Gymnasiums beantworteten die Frage, wie hoch der Prozentsatz von Asylbewerbern in Deutschland an der Gesamtbevölkerung sei, mit »30 bis 40 Prozent« (Frankfurter Rundschau 7.11.1992).

Zur gleichen Zeit nahmen auch die Übergriffe gegen Ausländer wieder zu. Wie im Jahr zuvor waren es zunächst einzelne Vorkommnisse, die Nachahmer fanden und sich dann im Sommer des Jahres 1992 mehrten (TAZ 31.7.1992). Nun stieg auch die Zahl der Toten. Bereits am 14. März hatten in Saal bei Rostock 40 Rechtsextremisten ein Asylbewerberheim überfallen und den Rumänen Dragomir Christinel zu Tode geprügelt. Am 25. April erstach ein 21-jähriger Deutscher in Berlin auf offener Straße den Vietnamesen Nguyen Van Tu. Am 8. Juli 1992 prügelten Jugendliche nach einem Überfall auf ein Ausländerwohnheim in Stuttgart den seit 20 Jahren in Deutschland lebenden Albaner Sadri Brisha zu Tode. Am 3. August wurde in Stotterheim in Thüringen der polnische Saisonarbeiter Ireneusz Szyderski von drei Skinheads zu Tode getreten (Spiegel 7.9.1992).

Ihren Höhepunkt fanden die Ausschreitungen in einem mehrtägigen Pogrom in Rostock-Lichtenhagen, als zeitweise mehr als 1.000 Jugendliche versuchten, ein von der Polizei nur notdürftig gesichertes Wohnheim für Ausländer und Asylbewerber zu stürmen. Sie steckten das Haus, in dem sich zahlreiche Ausländer, vor allem Vietnamesen, befanden, in Brand, während die Menge »Aufhängen!« rief. Es gelang dem Mob, unterstützt von den johlenden Zuschauern, für eine Weile sogar, die Polizei zu vertreiben und schließlich zu zwingen, die in dem Wohnheim lebenden Ausländer unter dem Beifall der Gaffer und Unterstützer zu evakuieren.

Das Pogrom von Lichtenhagen zog eine Welle von Angriffen und Brandanschlägen gegen Ausländer und Asylbewerber nach sich; in Potsdam und Quedlinburg, in Boizenburg und Schwerin, in Regensburg und Geisenheim. In Wismar griffen Jugendliche sechs Nächte hintereinander ein Asylbewerberheim an und hielten zwei Hundertschaften Polizei in Atem (Süddeutsche Zeitung 21.9.1992). Dabei geriet mehr und mehr eine Gruppe in den Mittelpunkt der Angriffe, die bei den Deutschen wie in anderen Ländern seit jeher das besondere Objekt von Aggressionen darstellte – die »Zigeuner«, vor allem Roma aus Rumänien (Spiegel 14.9.1992).

Die Reaktionen auf die Rostocker Vorfälle waren vielfältig. Auf der einen Seite ließ die Kampagne gegen die Asylbewerber auch nach Rostock nicht nach. »Das Ausland prügelt wieder auf die Deutschen ein«, hieß es zwei Tage danach in der Bild-Zeitung. »Asylanten jetzt auf Schulhöfe. Neue Welle! Und bis Weihnachten kommen noch 400000«; »Stasi steuerte Rostock-Chaoten!«; »Wohnraum beschlagnahmt. Familie muss Asylanten aufnehmen« – so die Schlagzeilen einer einzigen Woche (Bild 28.10.1992). Zum anderen entwickelte sich nun aber in der deutschen Gesellschaft ein allmählich zunehmender Widerstand gegen diese Exzesse der Ausländerfeindlichkeit, der sich in Demonstrationen und Kundgebungen mit großer Beteiligung äußerte und das politische Klima in der Republik nachhaltig beeinflusste. Die weit überwiegende Mehrheit der Bevölkerung verurteilte Gewalt gegen Ausländer. Aber immerhin verstanden nun 13 % der Deutschen die Übergriffe auf die Asylbewerber als »berechtigten Ausdruck des Volkszorns« (Bade 1994). Der CDU-Politiker Heckelmann brachte das offen zum Ausdruck. In Rostock, so betonte er, habe sich nicht Rassismus geäußert, »sondern der vollauf berechtigte Unmut über den Massenmissbrauch des Asylrechts« (Beck 1992).

Im November 1992 schließlich steckten zwei Jugendliche ein von Türken bewohntes Haus im schleswig-holsteinischen Mölln in Brand. Drei Insassen, eine Frau und zwei Mädchen, verbrannten – der bis dahin schrecklichste und folgenreichste Anschlag gegen Ausländer in Deutschland nach dem Kriege, der weithin fassungsloses Entsetzen hervorrief (Cords 1992). Darüber hinaus wurden aber auch die Stimmen aus dem Ausland zunehmend besorgter. Vor allem die zaudernde Haltung der Regierung geriet in die Kritik. »Es wird der deutschen Regierung und Helmut Kohl schwer fallen«, schrieb die israelische Tageszeitung Ha'aretz, »sich von dem Verdacht reinzuwaschen, dass sie die Gewaltwelle gegen Ausländer aus einem ganz bestimmten Grund nicht stoppten: In der Hoffnung, die sich sträubende sozialdemokratische Opposition im Bundestag für die Abschaffung des Artikels 16 zu mobilisieren... Jeden Tag erhärtet sich der Eindruck, dass die Bundesregierung in zwei elementaren Aufgaben versagt hat: die öffentliche Ordnung zu bewahren und das Leben und den Besitz von Ausländern zu schützen« (Süddeutsche Zeitung 26.11.1992). Ähnlich war der Eindruck der liberalen britischen Zeitung »Independent on Sunday«: »Die Nazi-Gangs in Deutschland sind das Produkt einer rassistisch geprägten Krise, nicht die Ursache. Sie sind das Ergebnis einer systematischen Kampagne der Regierung, die Ausländer als Problemgruppe darstellt« (FAZ 30.11.1992).

Die Folge des Anschlags von Mölln war eine Phase vollständiger politischer Verwirrung. Weitere Anschläge folgten. Überall im Lande gab es Massendemonstrationen, Lichterketten, Aufrufe und Protestveranstaltungen gegen die Ausschreitungen und Mordanschläge gegen Ausländer. Führende Politiker brachten ihre Trauer und ihr Entsetzen zum Ausdruck; gleichwohl nahm keiner von ihnen an der Trauerfeier in der türkischen Moschee teil. Die Lichterketten wurden zum Symbol der zivilen Gegenwehr und trugen dazu bei, potentiellen Tätern das Gefühl der Übereinstimmung mit dem Trend zu nehmen. Entsprechend gerieten sie auch sogleich ins Zentrum diffamierender Publizistik: »Was haben der Berliner Fackelglanz vom 30. Januar 1933 und die funkelnden Züge der Nürnberger Reichsparteitage mit den Lichterketten unserer Tage gemein?«, wurde in der FAZ gefragt. Die Antwort lautete: »Der Kampf gegen die Fremdenfeindlichkeit wirkte einheitsstiftend, endlich war Gelegenheit zu einem großen Gefühl und Gemeinschaftserlebnis [...] Ohne die erhebliche und weitverbreitete Unruhe über den nicht überschaubaren Zustrom von Ausländern und die Art ihrer Aufnahme und ohne das verheerende und verbreitete Gefühl, erst Randale schaffe Wandel, wären Anschläge das geblieben, was sie immer waren – kriminelle Handlungen.« So aber diente die sich in den Lichterketten entladende Empörung dazu, »den Deutschen Zwang aufzuerlegen, den Zwang zu fortgesetzter Aufnahme« (Seebacher-Brandt 1993).

5. Der Asylkompromiss

Unter dem Druck dieser Ereignisse und der weiter eskalierenden Kampagne zeichnete sich ab, dass die Sozialdemokraten ihre Weigerung, den Asylartikel des Grundgesetzes zu ändern, nicht würden aufrechterhalten können. Bereits im August 1992 hatte die SPD-Führung auf dem Bonner Petersberg den Entschluss gefasst, das individuelle Grundrecht auf Asyl für bestimmte Gruppen einzuschränken, vor allem für Bewerber aus so genannten »Nichtverfolgerländern« (Süddeutsche Zeitung 24.8.1992).

Im Dezember 1992 einigten sich Koalition und SPD schließlich auf den so genannten »Asylkompromiss«, wonach jeder, der aus einem Staat einreiste, in dem die Grundsätze der Genfer Flüchtlingskonvention und der Europäischen Menschenrechtskonvention gewährleistet waren, kein Recht auf Asyl in Deutschland mehr besaß. Da Deutschland aber ausschließlich von Staaten umgeben war, in denen diese Kriterien gewährleistet waren, konnte niemand mehr Asyl beantragen, der auf dem Landwege nach Deutschland gekommen war. Damit war Deutschland gegenüber Zuwanderung auf dem Asylweg praktisch abgeriegelt. Politisches Asyl konnte seither nur noch erlangen, wer mit dem Flugzeug nach Deutschland reiste (Barwig 1993).

Einen Tag nach der Verabschiedung des Asylgesetzes im Bundestag wurde aber auf verheerende Weise deutlich, dass die Änderung des Grundgesetzes weder ein Ende der Debatte noch der ausländerfeindlichen Übergriffe bedeutete. In Solingen kamen nach einem Brandanschlag auf ein von Türken bewohntes Haus fünf Menschen, drei Kinder und zwei Erwachsene, ums Leben. Von 1990 bis 1993 waren damit mindestens 49 Menschen von Rechtsextremisten ermordet worden – fast ausschließlich Ausländer (Ruth 1993). Bis 2000 stieg diese Zahl auf mehr als einhundert.

Die Eskalation der Kampagne gegen die Asylbewerber macht deutlich, welche enorme innenpolitische Sprengkraft diese Frage in sich barg. Auf der einen Seite sozial deprivierte, oft auch politisch tatsächlich verfolgte Menschen, die enorme Risiken eingingen, um Aussichten auf eine bessere Zukunft in den reichen Ländern des Westens zu gewinnen. Auf der anderen Seite die einheimische Bevölkerung in Westdeutschland und den anderen Ländern der Europäischen Union, die sich durch die zuwandernden Armen insbesondere in ihrer sozialen Absicherung bedroht fühlten, weil es eben die ärmeren Schichten der Einheimischen waren, mit denen die Ausländer um die vorhandenen Ressourcen bei Sozialhilfe, Wohnraum und öffentlicher Aufmerksamkeit konkurrierten. Insofern war eine Verengung der Zuwanderungsmöglichkeiten über Asylrecht vermutlich unvermeidlich, selbst wenn die tatsächlichen Zuwanderungszahlen bis 1989 wenig dramatisch waren. Zugleich aber dynamisierte und radikalisierte die Asylkampagne die vorhandenen Befürchtungen in den sozial schwächeren Teilen der Gesellschaft und verschaffte zudem den im Zuge der deutschen Wiedervereinigung in Ostdeutschland entstandenen Abstiegsängsten ein sichtbares Objekt der Kompensation, weil die Asylbewerber ein dreifaches Stigma trugen, das ihnen keine Handlungsoptionen ließ: arm, fremd und illegal.

Infolge der Asylkampagne der frühen 1990er Jahre bildete sich in Ost- wie in Westdeutschland eine neue Form des organisierten Rechtsradikalismus vor allem unter Jugendlichen heraus, die weitaus gewalttätiger war als alle vorausgegangenen Erscheinungen in diesem Milieu. Die Morde der NSU-Gruppe, die in diesen Monaten das Land so stark beschäftigten, stehen damit in direktem Zusammenhang. Für den Prozess der Integration insbesondere der aus der Türkei stammenden Zuwanderer bedeuten die Morde und Anschläge der 1990er Jahre einen bis heute nachwirkenden tiefen Bruch, der Wunsch nach Integration in diese ihnen offenkundig so feindlich gegenüberstehende deutsche Gesellschaft hat sich vor allem bei den Jüngeren deutlich vermindert.

Die Ereignisse der frühen neunziger Jahre wurden bald durch andere Entwicklungen wie den Jugoslawienkrieg, die rot-grüne Koalition, die neuen globalen Finanzkrisen überlagert und gerieten schnell in Vergessenheit, jedenfalls auf deutscher Seite. Die Verhinderung der Zuwanderung über das Asylrecht wurde mit dem Schengener Abkommen von 1995 und 2005 in der Europäischen Union vereinheitlicht, und an den Außengrenzen der Union sowie auf den internationalen Flughäfen wurden starke Abwehrriegel errichtet. Nur die Bootsflüchtlinge, die versuchen, Europa über das Mittelmeer auf oft wenig seetüchtigen Booten zu erreichen, erinnern noch an den Wanderungsdruck, der durch die extremen wirtschaftlichen und sozialen Unterschiede in den verschiedenen Weltregionen entsteht und der stetig zunimmt.

Literatur

Bade, Klaus J.: Ausländer – Aussiedler – Asyl. Eine Bestandsaufnahme, München 1994.
Barwig, Klaus (Hg.): Entschädigung für NS-Zwangsarbeit. Rechtliche, historische und politische Aspekte, Baden-Baden 1998.
Cords, Jan-Christian, u. Günter Kahl (Hg.): Das Verfahren vor dem Oberlandesgericht Schleswig über die Anschläge in Mölln im November 1992, Kiel 1994.
Danckwortt, Barbara, u.a (Hg.): Von Grenzen und Ausgrenzung. Interdisziplinäre Beiträge zu den Themen Migration, Minderheiten und Fremdenfeindlichkeit, Marburg 1997.
Hailbronner, Kay: Die Rechtsstellung der De-facto-Flüchtlinge in den EG-Staaten. Rechtsvergleichung und europäische Harmonisierung, Baden-Baden 1993.
Herbert, Ulrich/Karin Hunn: Beschäftigung, soziale Sicherung und soziale Integration von Ausländern, in: Geschichte der Sozialpolitik in Deutschland seit 1945, Bde. 2-9, Baden-Baden 2001-2007.

Herbert, Ulrich: Geschichte der Ausländerpolitik in Deutschland. Saisonarbeiter, Zwangsarbeiter, Gastarbeiter, Flüchtlinge, München 2001.

Marugg, Michael: Völkerrechtliche Definitionen des Ausdruckes »Flüchtling«, Basel 1990.

Meier-Braun, Karl-Heinz: Integration und Rückkehr? Zur Ausländerpolitik des Bundes und der Länder, insbesondere Baden-Württemberg, Mainz/München 1988.

Münch, Ursula: Asylpolitik in der Bundesrepublik Deutschland: Entwicklung und Alternativen, Opladen 1993.

Nachbarn und Mörder: Rostock, Mölln, Solingen, taz Journal 1993.

Nuscheler, Franz: Internationale Migration: Flucht und Asyl, Wiesbaden 2004.

Pracht, Hans-Gerd: Ausländer- und Asylpolitik in der Bundesrepublik Deutschland, Bonn 1998.

Roth, Dieter: Was bewegt die Wähler?, in: Aus Politik und Zeitgeschichte 11/1994 v. 18.3.1994.

Ruth, Ina, et al. (Hg.): Die Morde von Solingen: Zeitungsberichterstattung vor und nach Solingen, Duisburg 1993.

Staas, Dieter: Migration und Fremdenfeindlichkeit als politisches Problem, Münster 1994.

Kein fairer Tausch

Zur Bedeutung der Reform der Aussiedlerpolitik
im Kontext des Asylkompromisses

Jannis Panagiotidis

In den späten 1980er und frühen 1990er Jahren war die Bundesrepublik Deutschland das Ziel verschiedener, zahlenmäßig umfangreicher Migrationsströme aus dem »globalen Süden« sowie zunehmend aus dem sich öffnenden (post-)sozialistischen Osteuropa. In Abwesenheit einer umfassenden Migrationsgesetzgebung im angeblichen »Nicht-Einwanderungsland« Deutschland wurden diese neuen Zuwanderer im Wesentlichen in zwei rechtliche Kategorien eingeteilt, die aus der Nachkriegszeit überliefert waren: »politisch Verfolgte«, die um Asyl gemäß Artikel 16 Grundgesetz nachsuchten (»Politisch Verfolgte genießen Asyl«), und »Aussiedler« aus Osteuropa, die als deutsche Staatsangehörige oder »deutsche Volkszugehörige« mit fremder Staatsangehörigkeit in der Bundesrepublik gemäß § 1 Abs. 2 Nr. 3 Bundesvertriebenengesetz (BVFG) Aufnahme fanden und dann im Falle der »deutschen Volkszugehörigen« durch Art. 116 GG deutschen Staatsangehörigen gleichgestellt wurden.

Von Seiten der während dieses Zeitraumes regierenden Koalition aus CDU/CSU und FDP genossen diese Zuwandererkategorien sehr unterschiedliche Wertschätzung: Während die »Asyldebatte« in alarmistischen Tönen geführt wurde, deren Grundtenor in dem oft zitierten Slogan »Das Boot ist voll!« zum Ausdruck kam, galt für die seit 1988 zu hunderttausenden ankommenden Aussiedler zumindest aus Regierungssicht eine diametral entgegengesetzte Parole, die vom damaligen Sonderbeauftragten der Bundesregierung für Aussiedlerfragen, Horst Waffenschmidt (CDU), geprägt wurde: »Das Tor bleibt offen!« In der öffentlichen Debatte stieß die privilegierte Behandlung großer Zahlen von überwiegend als fremd wahrgenommener »Deutscher« im Gegensatz zur Regierungslinie auf zunehmend weniger Verständnis – eine Sichtweise, die sich auf der politischen Ebene prominent der damalige Oppositionsführer Oskar Lafontaine (SPD) zu eigen machte. Die Diskussionen zur Asylmigration, zur Aussiedlerzuwanderung sowie die aus der »Gastarbeiter«-Migration der 1960er und 1970er Jahren resultierende »Ausländerfrage« verschmolzen zunehmend zu einer allgemeinen Einwanderungsdebatte (Herbert 2003, 232-285).

Der sogenannte »Asylkompromiss« vom 6. Dezember 1992 brachte die Verbindung dieser lange separat gehaltenen Themenkomplexe zum Ausdruck (Klusmeyer/Papademetriou 2009, 184). Er tangierte sowohl die Asylmigration wie auch die Aussiedlermigration, wenn auch nicht in gleichem Ausmaß. Im Gegenzug für Zugeständnisse der Regierungskoalition bei der Aussiedlerrezeption und in allgemeinen Zuwanderungsfragen unterstützte die sozialdemokratische Bundestagsfraktion die nur mit Zweidrittelmehrheit mögliche Änderung von Art. 16 GG. Das dort festgeschriebene Grundrecht auf Asyl wurde im neuen Art. 16a GG durch die sogenannte Drittstaatenregel drastisch eingeschränkt, wodurch »Deutschland gegenüber Zuwanderung über das Asylrecht praktisch abgeriegelt« wurde (Herbert 2003, 319). Dies hatte einen signifikanten Rückgang der Asylanträge und vor allem eine wesentlich geringere Anerkennungsquote zur Folge (ebd., 320). Die Aussiedlermigration erlebte keine vergleichbare Einschränkung: In den unmittelbaren Folgejahren blieb sie auf einem zahlenmäßig hohen Niveau von ca. 220.000 Neuankömmlingen pro Jahr, eine Quote, die im Sinne der »Verstetigung« dieses Zuwanderungsprozesses festgesetzt worden war. Das Tor blieb also offen – wie weiter unten detailliert erläutert wird, veränderte das ab 1. Januar 1993 gültige Kriegsfolgenbereinigungsgesetz (KfbG) allerdings die durch das BVFG bestimmten Zugangsbedingungen in nicht unbeträchtlichem Maße. Zudem schrieb dieses Gesetz das perspektivische Ende der privilegierten Aussiedleraufnahme fest: aus »Aussiedlern« wurden »Spätaussiedler«; wer nach dem 31. Dezember 1992 geboren wurde, konnte nach eigenem Recht keinen Spätaussiedlerstatus mehr erwerben. Somit wurde eine letzte Generation von Aussiedlern geschaffen.

Ziel dieses Beitrags ist eine Bewertung des Asylkompromisses unter dem Gesichtspunkt der dort »verrechneten« Güter, nämlich des Grundrechts auf Asyl einerseits und des unbeschränkten Aussiedlerzuzugs andererseits. Bezüglich der vermeintlich im Kompromiss enthaltenen Perspektive für eine umfassende Einwanderungspolitik hat Ulrich

Herbert (2003, 319) konstatiert, dass »die Preisgabe des Grundrechts auf Asyl [...] ohne eine konkrete Vereinbarung über die Zukunft der Zuwanderungspolitik vorgenommen« wurde. Ausgehend von dieser Erkenntnis drängt sich die Frage auf, in welchem Tauschverhältnis die andere Komponente des Kompromisses – die Reform des Aussiedlerrechts – zur faktischen Abschaffung des konstitutionellen Grundrechts auf Asyl stand.

Zur Beantwortung dieser Frage werden hier die im Zusammenhang des Asylkompromisses vorgenommenen Veränderungen des gesetzlichen Rahmens der Aussiedleraufnahme analysiert und in den Kontext der langen Entwicklungslinien der Aussiedlermigration während der Nachkriegsjahrzehnte eingeordnet. In seinem ersten Teil wird sich dieser Beitrag mit den Ursprüngen der Immigration deutscher Aussiedler in die Bundesrepublik Deutschland in der Folge der Nachkriegsvertreibungen der Deutschen aus Ost- und Südosteuropa befassen. Dabei ist zum einen zu zeigen, dass die Aufnahme von »deutschen« und von »politischen« Flüchtlingen von Beginn an in einem engen Zusammenhang stand, aber gleichzeitig signifikante Unterschiede aufwies: Während politisches Asyl als konstitutionell garantiertes Grundrecht kodifiziert wurde, war das »konnationale Asyl« für Aussiedler ohne deutsche Staatsangehörigkeit eine Form von administrativer Privilegierung, aber kein Rechtsanspruch. Zum anderen wird dieser Abschnitt herausarbeiten, dass die im Begriff Spätaussiedler zum Ausdruck kommende zeitliche Dimension der Aussiedleraufnahme – und damit auch ihr absehbares Ende – von Anfang an mitgedacht wurde.

Im zweiten Teil werden die durch das KfbG eingeführten Veränderungen der Aufnahmebedingungen für (Spät-)Aussiedler im einzelnen erläutert und historisch kontextualisiert. Wie zu zeigen sein wird, produzierte das KfbG keine substanziell neuen Regelungen, sondern kodifizierte lediglich, was zum Teil bereits seit über zwei Jahrzehnten diskutiert und praktiziert worden war. Vor dem Hintergrund dieser Befunde wird im dritten Teil argumentiert, dass es sich beim »Asylkompromiss« nicht um einen symmetrischen Kompromiss handelte, in dem gleichwertige Güter »getauscht« wurden. Stattdessen wurde eine tiefe Zäsur in der bundesdeutschen Verfassungsgeschichte – die faktische Abschaffung des konstitutionell garantierten Grundrechts auf Asyl – mit der seit langem angedachten und längst in die Wege geleiteten Einschränkung der administrativen Vorzugsbehandlung deutscher Aussiedler verrechnet, zu der es auch ohne die »Gegenleistung« der SPD in Form der Zustimmung zur

Asylrechtsbeschränkung gekommen wäre. Abschließend werden Hypothesen formuliert, die die Zustimmung der Sozialdemokraten zu diesem augenscheinlich wenig vorteilhaften »Geschäft« erklären können.

1. Die Ursprünge der Aussiedlermigration

Die Migration von als Aussiedlern bezeichneten »deutschen Volkszugehörigen« aus Ost- und Südosteuropa hatte ihre Ursprünge in den frühen 1950er Jahren, im unmittelbaren Nachgang zu den vom Potsdamer Abkommen sanktionierten Vertreibungen und Zwangsumsiedlungen der deutschen Bevölkerung aus den ehemaligen deutschen Ostgebieten, der Tschechoslowakei und Ungarn, sowie der Flucht vieler sogenannter »Volksdeutscher« aus Jugoslawien und der Ukraine. Durch Vertreibung und Umsiedlung kamen ca. 12 Millionen deutsche Staatsbürger und deutsche »Volkszugehörige« in das verbliebene Deutschland westlich der Oder-Neiße-Linie (Beer 2011, 85). Trotz ihres massenhaften und flächendeckenden Charakters waren diese Zwangsumsiedlungen nicht vollständig. In verschiedenen Regionen des nunmehr sowjetisch beherrschten Ost- und Südosteuropas verblieben Bevölkerungsteile, die aufgrund ihrer Staatsbürgerschaft oder »Volkszugehörigkeit« als deutsch identifiziert waren bzw. werden konnten. Diese beinhalteten so unterschiedliche Gruppen wie die oberschlesischen und masurischen »Autochthonen«, von denen viele während des Krieges über die »Deutsche Volksliste« eingebürgert worden waren, nach dem Krieg aber von den polnischen Behörden als Polen »verifiziert« wurden (Service 2013); die Banater Schwaben und Siebenbürger Sachsen in Rumänien, die in ihrer großen Mehrheit nicht vertrieben wurden und in ihren ursprünglichen Siedlungsgebieten verblieben (Michalon 2003); die Donauschwaben aus Jugoslawien, die nach Kriegsende interniert wurden und erst ab 1951 die Möglichkeit zur Aussiedlung hatten (Janjetovic 2005); die deutschen Kolonisten von der Wolga und aus dem Schwarzmeergebiet, die 1941 von den sowjetischen Behörden nach Sibirien und Mittelasien deportiert worden waren bzw. nach ihrer Flucht nach Westen am Ende des Krieges erst in die Sowjetunion repatriiert und dann nach Osten deportiert wurden (Mukhina 2007); sowie bestimmte Angehörige anderer deutscher Volksgruppen (etwa der Sudetendeutschen), die aus verschiedenen Gründen nicht mit der Mehrheit ihrer Landsleute in die vier Besatzungszonen Restdeutschlands vertrieben worden waren und nun darauf warteten, mit ihren Familienangehörigen vereint zu werden. Während des gesamten Zeitraums bis Ende der 1980er Jahre blieb »Familienzusammenführung« die offizielle Begründung für die fortdauernde Migration von Deutschen aus dem kommunistischen Osteuropa in die Bundesrepublik Deutschland. Das »offene Tor« für die Aussiedler genoss dabei stets parteiübergreifenden Konsens (Münz/Ohliger 1998; Bade/Oltmer 1999). Bis zum Beginn der freien Ausreise aus dem Ostblock in den Jahren 1987/88 kamen so ca. 1,35 Millionen Menschen nach Westdeutschland, davon etwa 60 % (ca. 800.000 Personen) aus Polen. Zweitwichtigstes Herkunftsland war Rumänien, von wo etwa 14 % (ca. 192.000) der Aussiedler bis 1986 stammten. Deutsche aus der Sowjetunion hingegen, die ab den 1990er Jahren fast vollständig mit der Kategorie des Aussiedlers identifiziert wurden, machten nur 7 % (ca. 95.000) der Aussiedlungen während des Kalten Krieges aus und damit nur etwas mehr als die Deutschen aus Jugoslawien (etwa 86.000, in ihrer Mehrzahl in den 1950er Jahren) und etwas weniger als Deutsche aus der Tschechoslowakei (ca. 98.000), die in größeren Zahlen im Jahr 1950 sowie Mitte der 1960er Jahre in die Bundesrepublik kamen (Panagiotidis 2012a, 345).

Zwischen der Aufnahme von deutschen Vertriebenen bzw. Aussiedlern einerseits und der Gewährung von Asyl für politisch Verfolgte andererseits bestand von Anfang an ein innerer Zusammenhang, der in den Debatten der 1990er Jahre kaum Beachtung fand, als diese Themen durch die tagespolitische Konjunktur bedingt gemeinsam diskutiert wurden. Wie der mit Vertriebenenfragen befasste Völkerrechtler Heinrich Rogge (1959, 230) schrieb, bot die Bundesrepublik Deutschland den deutschen Vertriebenen »konnationales Asyl«, ähnlich wie es etwa Griechenland und die Türkei nach dem Bevölkerungsaustausch von 1923 getan hatten. Rogge identifizierte verschiedene Rechtsideen und -formen, die aus der internationalen Flüchtlingshilfe in das bundesdeutsche Flüchtlingsrecht übernommen worden waren, darunter der nach dem Vorbild des in der Zwischenkriegszeit verwendeten Nansen-Passes geschaffene Vertriebenenausweis zur Identifikation eines anspruchsberechtigten Flüchtlings (ebd., 186). In der administrativen Praxis fand dieser gemeinsame Ursprung »deutscher« und »politischer« Flüchtlingspolitik ihre Entsprechung in der Zuständigkeit des bis 1969 bestehenden Bundesvertriebenenministeriums und der Flüchtlingsverwaltungen der Länder sowohl für deutsche Vertriebene als auch für politische Flüchtlinge bzw.

»heimatlose Ausländer« (Rogge 1958, 32; Wieland 1968, 37-38). Allerdings wurde die Verbindung zwischen »deutschen« und »politischen« Flüchtlingen antithetisch gedacht: ein Antrag auf Asyl für politisch Verfolgte bedeutete nach Ansicht von Justiz und Behörden, dass ein osteuropäischer Emigrant sein Heimatland nicht »als Deutscher« verlassen hatte (selbst wenn er die formalen Kriterien der Volkszugehörigkeit erfüllte), sondern aus sogenannten »vertreibungsfremden Gründen« (Panagiotidis 2012a, 275-276).

Das »konnationale Asyl« für die ursprünglichen Vertriebenen und die als Aussiedler bezeichneten »Nachzügler« der Vertreibung war rechtlich geregelt durch Artikel 116, Absatz 1 Grundgesetz sowie das 1953 erlassene Bundesvertriebenengesetz, welches die bis dahin geltenden Vertriebenengesetze der Länder ablöste (Thomas 1950). Das Grundgesetz stellte die Vertriebenen den übrigen deutschen Staatsangehörigen rechtlich gleich, indem es einen »Deutschen« folgendermaßen definierte:

Deutscher im Sinne dieses Grundgesetzes ist vorbehaltlich anderweitiger gesetzlicher Regelung, wer die deutsche Staatsangehörigkeit besitzt oder als Flüchtling oder Vertriebener deutscher Volkszugehörigkeit oder als dessen Ehegatte oder Abkömmling in dem Gebiet des Deutschen Reiches nach dem Stand vom 31.12.1937 Aufnahme gefunden hat.

Wie der schriftliche Bericht zum Entwurf des Grundgesetzes festhielt, war die Formulierung »Aufnahme gefunden hat« auch als in die Zukunft gerichtet zu verstehen (von Brentano 1948/49, 95). Ein »Vertriebener« konnte also nach dem Ende der eigentlichen Vertreibungen in der Bundesrepublik Deutschland Aufnahme finden. Dieser unter den »Übergangs- und Schlussbestimmungen« des Grundgesetzes platzierte Artikel war und ist die konstitutionelle Grundlage der Aussiedlerzuwanderung.

Was Art. 116, 1 GG *nicht* bot, war ein konstitutionell garantiertes Recht für Aussiedler ohne deutsche Staatsangehörigkeit, in der Bundesrepublik Aufnahme zu finden. Wie die »Richtlinien zur Übernahme von deutschen Staatsangehörigen und Personen deutscher Volkszugehörigkeit in die Bundesrepublik Deutschland« vom 18. Juli 1968 explizit formulierten, hatten in Osteuropa verbliebene Deutsche, die keine deutsche Staatsangehörigkeit besaßen oder bei denen keine Familienzusammenführung vorlag, »*keinen Rechtsanspruch auf Aufnahme in das Bundesgebiet*. Es ist jedoch seit je ein wichtiges Anliegen der Bundesregierung und des Bundestages, dass auch den übrigen Personen auf ihren erklärten Wunsch hin die Aufnahme im Bundesgebiet ermöglicht werden möge« (Panagiotidis 2012a, 38, Hervorhebung durch den Autor). Die verfassungsmäßige Gleichstellung mit deutschen Staatsangehörigen fand also erst *nach* Aufnahme im Bundesgebiet statt. Diese Aufnahme war wiederum eine administrativ umgesetzte politische Entscheidung, kein konstitutionelles Grundrecht, anders als das Asyl für politisch Verfolgte, das im Grundrechtekatalog des Grundgesetzes festgeschrieben war und somit einen höheren Stellenwert genoss. Dieser Umstand wird in der abschließenden Erörterung der Symmetrie des »Asylkompromisses« erneut aufgegriffen.

Die Ausgestaltung der Rechtskategorie des »Vertriebenen« im BVFG entsprach der zeitlich offenen Konzeption der Vertriebenenaufnahme im Grundgesetz. Prinzipiell war Vertriebener gemäß § 1, wer »als deutscher Staatsangehöriger oder deutscher Volkszugehöriger seinen Wohnsitz in den zur Zeit unter fremder Verwaltung stehenden deutschen Ostgebieten oder in den Gebieten außerhalb der Grenzen des Deutschen Reiches nach dem Gebietsstande vom 31. Dezember 1937 hatte und diesen im Zusammenhang mit den Ereignissen des Zweiten Weltkriegs infolge Vertreibung, insbesondere durch Ausweisung oder Flucht, verloren« hatte. Derselbe Status konnte gemäß § 1 Abs. 2 Nr. 3 auch von einem »Aussiedler« erworben werden, also einem deutschen Staatsangehörigen oder Volkszugehörigen, der erst »*nach Abschluss der allgemeinen Vertreibungsmaßnahmen* die zur Zeit unter fremder Verwaltung stehenden deutschen Ostgebiete, Danzig, Estland, Lettland, Litauen, die Sowjetunion, Polen, die Tschechoslowakei, Ungarn, Rumänien, Bulgarien, Jugoslawien, Albanien oder China *verlassen hat oder verlässt*« (Strassmann-Nitsche 1958, 15, Hervorhebung durch den Autor). An der Definition des Aussiedlungsgebiets zeigt sich die antikommunistische Stoßrichtung der Vertriebenenpolitik: Aussiedler konnte nur sein, wer aus dem kommunistischen Ostblock kam (selbst aus Albanien, welches traditionell keine deutsche »Volksgruppe« beherbergte, oder China, welches erst nachträglich zum Aussiedlungsgebiet hinzugefügt worden war). Wie oben erläutert wurde trotzdem erwartet, dass die Ausreise wegen der speziellen Unterdrückung »als Deutscher« stattfand und nicht wegen allgemeiner Unzufriedenheit mit bzw. Verfolgung durch das kommunistische Regime.

Der Zusammenhang zwischen Heimatverlust und Kriegsereignissen musste auch bei zukünftigen Aussiedlern stets gegeben sein. In der Praxis wurde er allgemein unterstellt, obwohl die Ausreise aus dem kommunistischen Ostblock ab den 1950er Jahren nicht mehr unter Zwang stattfand, sondern im Gegenteil in vielen Fällen von den Behörden der entsprechenden Staaten behindert wurde (Stola 2010). Der Gesetzgeber war sich durchaus bewusst, dass dies erklärungsbedürftig war und hielt in einem Kommentar zu einem Entwurf des BVFG im November 1951 fest:

> Der Zusammenhang mit den Kriegsereignissen darf nicht zu eng ausgelegt werden. Die Aufnahme von Deutschen aus den Vertreibungsgebieten [...] ist als eine im Zusammenhang mit den Kriegsereignissen erfolgte Aussiedlung anzusehen, auch wenn hierbei teilweise ein unmittelbarer Zwang zum Verlassen der Heimat nicht mehr ausgeübt wird, das Verbleiben aber mit Rücksicht auf die durch den Zweiten Weltkrieg geschaffenen Verhältnisse nicht mehr zugemutet werden kann. (Bundestag, Drucksache Nr. 2872, 26.11.1951)

Im Laufe der Jahrzehnte wurde dieser Zusammenhang immer wieder neu postuliert und mit noch zu diskutierenden rechtlichen Konstrukten wie »Vertreibungsdruck« und »Kriegsfolgenschicksal« konzeptuell und begrifflich gefasst.

Das BVFG definierte zudem den Begriff der »deutschen Volkszugehörigkeit«, die von Art. 116,1 GG als qualifizierendes Merkmal des Vertriebenen bzw. Flüchtlings genannt wurde. »Deutscher Volkszugehöriger« war laut § 6 BVFG, »wer sich in seiner Heimat zum deutschen Volkstum bekannt hat, sofern dieses Bekenntnis durch bestimmte Merkmale wie Abstammung, Sprache, Erziehung, Kultur bestätigt wird.« Diese Definition ging auf ein Rundschreiben des NS-Reichsinnenministeriums vom März 1939 zurück, mit dem die Staatsangehörigkeit der Bevölkerung der annektierten bzw. okkupierten Teile der Tschechoslowakei geregelt wurde. Der bundesdeutsche Gesetzgeber verzichtete aus guten Gründen auf den rassistischen Zusatz der NS-Definition, der »Personen artfremden Blutes, insbesondere Juden« von der Anerkennung als deutsche Volkszugehörige generell ausschloss (Silagi 1999, 117). Die nationalsozialistische Herkunft der bis 1992 unverändert gültigen Definition »deutscher Volkszugehörigkeit« wurde später ein Angriffspunkt für Kritiker der Aussiedlerpolitik, die darin den Ausdruck einer unheilvollen Kontinuität völkischen Denkens sahen (z.B. Otto 1990, 21). Während die bedenklichen Ursprünge dieser Konzeption von Volkszugehörigkeit nicht von der Hand zu weisen sind, ist doch festzuhalten, dass diese weit weniger auf »Blut« und »Abstammung« fokussiert war, als spätere Kritiker behaupteten. Im Gegenteil rückte sie den Begriff des »Bekenntnisses« in den Mittelpunkt, was ihr einen »plebiszitären« Charakter verlieh (Panagiotidis 2012b, 511). Für den Kontext der späteren Aussiedleraufnahme war von Bedeutung, dass das Bekenntnis zum deutschen Volkstum von einer »bekenntnisfähigen« (d.h. volljährigen oder fast volljährigen) Person »in der Heimat« und kurz vor Beginn der »allgemeinen Vertreibungsmaßnahmen« erbracht worden sein musste.

Für die Definitionen sowohl des »Vertriebenen« als auch des »Deutschen Volkszugehörigen« im BVFG war der Bezug auf den Zweiten Weltkrieg und die folgenden Vertreibungen somit konstitutiv, was die Lebensdauer der rechtlichen Konstruktion der Aussiedleraufnahme von vornherein beschränkte und ihrer zeitlichen Ausdehnung in die Zukunft Grenzen setzte. Grundsätzlich war ein Aussiedler gedacht als jemand, der zum Zeitpunkt der »allgemeinen Vertreibungsmaßnahmen« am Ende des Krieges selber als bekennender Deutscher identifiziert war, trotzdem nicht vertrieben wurde und erst später als »Nachzügler« der Vertreibung in die Bundesrepublik kam. Bezeichnend in diesem Kontext ist der Umstand, dass der Begriff »*Spät*aussiedler«, der 1992 ins Gesetz eingeführt wurde, bereits im offiziellen Sprachgebrauch der 1950er Jahre vorkam, kaum zehn Jahre nach Ende der Vertreibungen (Panagiotidis 2012a, 35). Dies zeigt den begrenzten Zeithorizont der ursprünglichen Aussiedleraufnahme, deren Ende von Beginn an vorgesehen war und unter bestimmten Umständen der perzipierten Normalisierung der Verhältnisse in den Herkunftsländern (speziell dem blockfreien Jugoslawien sowie dem Polen der 1960er Jahre) angedacht wurde (ebd., 109f.). Ihre jahrzehntelange Fortsetzung war Ergebnis einer politischen Entscheidung, die durch die Umstände des Kalten Krieges bedingt war. Wie im folgenden Abschnitt erläutert werden wird, erforderte die Erweiterung der Rechtskategorie des Aussiedlers auf nachfolgende Generationen weitere rechtliche und administrative Konstrukte, die sich großenteils schließlich im KfbG von 1992 wiederfanden.

2. Die Reformen des Vertriebenenrechts in den 1990er Jahren und ihr historischer Kontext

Mit dem sprunghaften Anstieg der Aussiedlerzahlen in den späten 1980er Jahren im Zuge von Ausreiseliberalisierungen zunächst in Polen und dann in der Sowjetunion und Rumänien gerieten die bis dahin verwendeten rechtlichen Instrumentarien und Definitionen zur Bewältigung dieser Art von Migration unter Druck. Bis auf zeitlich begrenzte massive Emigrationswellen aus Polen in den Jahren 1957-1959 und 1976-1980 hatte sich die Aussiedlerzuwanderung meist in einem überschaubaren Rahmen von unter 30.000 Neuankömmlingen pro Jahr bewegt. Dies änderte sich ab dem Jahr 1987, als die genannten Länder ihre Tore zunächst zaghaft, dann vollständig und bedingungslos öffneten: 1987 lag die Gesamtzahl der neu zugewanderten Aussiedler bei 78.498, 1988 schon bei 202.645, 1989 bei 377.042 und 1990 bei 397.067 (Panagiotidis 2012a, 345). Insbesondere der Zustrom aus Polen (ca. 570.000 Personen von 1987 bis 1990) erfolgte weitgehend unkontrolliert, da viele Aussiedler nicht im regulären Übernahmeverfahren in die Bundesrepublik kamen, sondern mit einem Touristenvisum einreisten und dann im Inland einen Antrag auf Anerkennung als Aussiedler stellten.

Vor dem Hintergrund dieser umfangreichen, unkontrollierten und kostspieligen Immigrationswelle bemühte sich die Bundesregierung frühzeitig durch Gesetze, Appelle und politische Initiativen um die Lenkung und Einschränkung der Massenzuwanderung, trotz des weiterhin bekundeten Willens, das Tor für Deutsche aus Osteuropa offen zu halten. Das Wohnortzuweisungsgesetz von 1989 sollte eine gleichmäßige Verteilung der Aussiedler auf die Bundesländer sicherstellen, um die übermäßige Belastung bestimmter Länder und Gemeinden zu vermeiden (Klusmeyer/Papademetriou 2009, 182). Das Eingliederungsanpassungsgesetz vom 1. Januar 1990 reduzierte die finanziellen Eingliederungsleistungen für die Neuankömmlinge mit dem Ziel, die Kosten der Aussiedlerintegration zu senken und die Aussiedlung in die Bundesrepublik weniger attraktiv zu machen. 1991 folgte die Reduzierung der Ansprüche aus dem Fremdrentengesetz, welches bis dahin die volle Gleichstellung der Rentenansprüche von Aussiedlern mit denen einheimischer Beitragszahler gewährleistet hatte. Um den Aussiedlerzustrom berechenbarer zu machen, wurde im Juli 1990 zudem das Aussiedleraufnahmegesetz (AAG) eingeführt, welches potenzielle Aussiedler zwang, vom Heimatland aus einen Antrag auf Übersiedlung zu stellen und dessen positive Entscheidung abzuwarten (ebd., 183). Diese Verlagerung des Anerkennungsverfahrens ins Ausland entsprach dem Appell, den der Sonderbeauftragte der Bundesregierung Horst Waffenschmidt im Juni desselben Jahres an die »lieben Landsleute« in der Sowjetunion richtete, sich die Aussiedlung in die Bundesrepublik Deutschland wirklich genau zu überlegen (IDDA Nr. 13, Juni 1990). Die erzwungene Warteperiode gab ihnen zusätzliche Bedenkzeit.

In der Folge der beschriebenen Gesetzesänderungen ging die Zahl der Aussiedler – nach Abflauen der Emigrationswelle aus Polen und Rumänien überwiegend Deutsche aus der Sowjetunion – auf 221.974 im Jahr 1991 und 230.489 im Jahr 1992 zurück. Angesichts der weiterhin sechsstelligen jährlichen Zuwandererzahlen verkündete das »Gesamtkonzept Russlanddeutsche« im Januar 1992 als sein Hauptziel, dass »so viele Russlanddeutsche wie möglich in der GUS bleiben« sollten (IDDA Nr. 32, Januar 1992). Dazu müssten verbesserte Perspektiven im Heimatland geschaffen werden. In diesem Zusammenhang legte die Bundesregierung verschiedene Förderprogramme in den Nachfolgestaaten der Sowjetunion auf; selbst die Wiedererrichtung der 1941 abgeschafften Autonomen Republik der Wolgadeutschen wurde zwischenzeitlich diskutiert. Durch die Kombination von negativen Maßnahmen im Inland und positiven Maßnahmen im Ausland sollte die Zahl der Aussiedler weiter reduziert werden. Das »offene Tor« wurde zunehmend mit Fragezeichen versehen. Somit kam auch die Überarbeitung des seit vier Jahrzehnten fast unverändert bestehenden Bundesvertriebenengesetzes auf die politische Agenda.

Im »Gesetz zur Bereinigung von Kriegsfolgegesetzen« (kurz »Kriegsfolgenbereinigungsgesetz« oder KfbG), welches neben dem BVFG auch eine Reihe anderer für die Aussiedlerzuwanderung relevanter Gesetze (Lastenausgleichsgesetz, Fremdrentengesetz etc.) anpasste, kulminierte vorläufig das in den seit 1989 erlassenen Gesetzen zum Ausdruck gekommene Bemühen der Bundesregierung, den Zustrom von Aussiedlern aus Osteuropa unter Kontrolle zu bringen und bezahlbar zu machen (Klekowski von Koppenfels 2002). Es modifizierte zentrale Konzepte und Begriffe des überlieferten Vertriebenenrechts wie »Aussiedler«, »deutsche Volkszugehörigkeit« sowie das »Aussiedlungsgebiet«. Außerdem institutionalisierte es eine Jahresquote. Das Gesetz wurde im September 1992 im ersten Entwurf von der Bundesregierung in den Bundestag und den SPD-dominierten Bundesrat eingebracht und fand im Dezember nach mehreren Veränderungen, Anrufung des Vermittlungsausschusses und zwischenzeitlichem Abschluss des Asylkompromisses die Zustimmung beider Kammern. Am 1. Januar 1993 trat es in Kraft.

Das KfbG führte im neuen § 4 BVFG den Rechtsbegriff des »Spätaussiedlers« ein, definiert als ein deutscher Volkszugehöriger, der die Aussiedlungsgebiete *nach* Inkrafttreten des Gesetzes verlassen und im obligatorischen Aufnahmeverfahren in die Bundesrepublik übersiedeln würde. Von diesem Status ausgeschlossen werden konnte nunmehr gemäß § 5, wer »1. in den Aussiedlungsgebieten a) der nationalsozialistischen oder einer anderen Gewaltherrschaft erheblich Vorschub geleistet hat oder b) durch sein Verhalten gegen die Grundsätze der Menschlichkeit oder Rechtsstaatlichkeit verstoßen hat oder c) in schwerwiegendem Maße seine Stellung zum eigenen Vorteil oder zum Nachteil anderer missbraucht hat oder d) eine herausgehobene politische oder berufliche Stellung innegehabt hat, die er nur durch eine besondere Bindung an das totalitäre System erreichen konnte, oder 2. die Aussiedlungsgebiete wegen einer drohenden strafrechtlichen Verfolgung auf Grund eines kriminellen Delikts verlassen hat.«

Die von Bundestag und Bundesrat angenommene Fassung enthielt zwei weitere Einschränkungen zu § 4, die im Regierungsentwurf noch nicht vorgesehen waren und erst auf Drängen der Opposition hinzugefügt wurden. Zum einen wurde das »Aussiedlungsgebiet« erstmals differenziert und die allgemeine Unterstellung des »Kriegsfolgenschicksals« auf Deutsche aus der ehemaligen Sowjetunion beschränkt. Antragsteller aus allen anderen Ländern des ehemaligen Ostblocks mussten nunmehr im Einzelfall ihre »Benachteiligungen oder Nachwirkungen früherer Benachteiligungen aufgrund deutscher Volkszugehörigkeit« nachweisen. Die rot-grüne Opposition hatte einen solchen individuellen Nachweis in jedem Fall gefordert; die geographisch differenzierte Regelung war eine Kompromissformel (Bundestag, Drucksache Nr. 12/3618, 4.11.1992).

Zum anderen konnte Spätaussiedler aus eigener Kraft nur werden, wer vor Inkrafttreten des Gesetzes am 1. Januar 1993 geboren war. Diese faktische Schaffung einer letzten Generation von Aussiedlern war deutlich weniger, als die Opposition gefordert hatte: SPD und Grüne strebten eigentlich eine »echte Abschlussgesetzgebung« an. Diese beinhaltete die generelle Begrenzung des Spätaussiedlerstatus auf eine Generation von »Nachgeborenen« sowie einen Stichtag, bis zu dem der Übersiedlungsantrag gestellt sein musste (31.12.1995) (ebd.). Das rot-grün regierte Land

Niedersachsen wollte außerdem eine Frist bis Ende 2010 setzen, bis zu der die Aussiedlung erfolgt sein musste (Bundesrat, Drucksache Nr. 763/1/92, 16.11.1992). Die letztlich gefundene Lösung signalisierte zwar, dass die Immigration von Aussiedlern perspektivisch zu ihrem Ende kommen sollte. Einen unmittelbaren Effekt hatte sie aber nicht.

Bis auf weiteres sollte der Zuzug in geregelten Bahnen verlaufen. In § 27 des neuen BVFG war eine faktische Jahresquote formuliert: Das Bundesverwaltungsamt dürfe in jedem Jahr nur so viele Aufnahmebescheide erteilen, dass die Zahl der Neuankömmlinge den Durchschnitt der Jahre 1991 und 1992 nicht überschritt – dies waren ca. 220.000 Personen. Eine Abweichung von bis zu 10 % nach oben oder unten war möglich. Die Bundesregierung verwendete den Begriff »Verstetigung«, um diese Quote zu beschreiben (Bundesrat, Protokoll 650. Sitzung, 679), und sträubte sich beharrlich gegen eine von der Opposition geforderte »Kontingentierung«. Diese Unterscheidung war aber vor allem semantischer Natur. Eine tatsächliche Einschränkung des Zuzugs fand durch Festschreibung der existierenden, über zwei Jahre praktisch konstanten Zuzugszahlen nicht statt.

Die Definition der deutschen Volkszugehörigkeit gemäß § 6 wurde in der neuen Fassung des BVFG nach Generationen differenziert. Die Unterscheidung war auf die »Kollektivbiographie« der Deutschen aus der ehemaligen Sowjetunion zugeschnitten. Wer bis zum 31.12.1923 geboren war und mithin zum Zeitpunkt der Deportation aus den Wolgagebieten im Jahr 1941 bereits volljährig gewesen war, wurde nach der bisher geltenden Version beurteilt: ein »Bekenntnis zum deutschen Volkstum« und die Erfüllung eines der »objektiven Bestätigungsmerkmale« wie Abstammung, Sprache, Erziehung oder Kultur genügten. Wer nach diesem Zeitpunkt geboren war, musste hingegen drei separate Kriterien erfüllen: er oder sie musste erstens von einem deutschen Staatsangehörigen oder Volkszugehörigen abstammen, zweitens die objektiven Merkmale in der Familie vermittelt bekommen haben und sich drittens »bis zum Verlassen der Aussiedlungsgebiete zur deutschen Nationalität erklärt, sich bis dahin auf andere Weise zum deutschen Volkstum bekannt [haben] oder nach dem Recht des Herkunftsstaates zur deutschen Nationalität [gehört haben].« Die Formulierung »Recht des Herkunftsstaates« verwies speziell auf das sowjetische System der Inlandspässe, in denen die Ethno-Nationalität (*nacional'nost‹*) des Inhabers vermerkt war (Arel 2003).

Die endgültige Fassung des Gesetzes enthielt allerdings einen Zusatz zu diesem Paragraphen, der im ursprünglichen Regierungsentwurf nicht vorgesehen war und erst auf Empfehlung des Innenausschusses des Bundestags hinzugefügt wurde. Dieser Zusatz ließ die zweite und dritte Anforderung praktisch hinfällig werden:

> Die Voraussetzungen nach Nummer 2 gelten als erfüllt, wenn die Vermittlung bestätigender Merkmale wegen der Verhältnisse im Herkunftsgebiet nicht möglich oder nicht zumutbar war; die Voraussetzungen nach Nummer 3 gelten als erfüllt, wenn das Bekenntnis zum deutschen Volkstum mit Gefahr für Leib und Leben oder schwerwiegenden beruflichen oder wirtschaftlichen Nachteilen verbunden gewesen wäre, jedoch auf Grund der Gesamtumstände der Wille, der deutschen Volksgruppe und keiner anderen anzugehören, unzweifelhaft ist.

Das Aufweichen der Bekenntniskriterien stand in krassem Gegensatz zur Forderung der Opposition, eine allgemeine ernsthafte Prüfung der Anerkennungsvoraussetzungen einzuführen. Trotzdem fand diese Fassung auch die Zustimmung des Bundesrates. Eine strenge Prüfung insbesondere des Kriteriums der Kultur- und Sprachvermittlung wurde erst mit den seit 1996 durchgeführten Sprachtests zur gängigen Praxis.

Um die durch das Kriegsfolgenbereinigungsgesetz kodifizierten konzeptionellen Änderungen des Vertriebenenrechts in ihrer historischen und politischen Bedeutung einordnen zu können, muss man ihre diskursive Vorgeschichte innerhalb des Staatsapparates und der Justiz betrachten. Jede der im KfbG umgesetzten Ideen zur Anpassung des Vertriebenenrechts war bereits zu einem früheren Zeitpunkt innerhalb der Vertriebenenverwaltung oder auf ministerialer Ebene als Reaktion auf Schwierigkeiten in der Handhabung der überkommenen Regelungen diskutiert worden, ohne dass es zu einer Gesetzesänderung gekommen wäre. Teilweise wurde hier jahrelange administrative Praxis erstmals in Gesetzesform gegossen. Schon der Begriff des »Spätaussiedlers« war, wie oben gezeigt, bereits seit den 1950er Jahren in Gebrauch. Das KfbG machte ihn erstmals zu einer eigenständigen Rechtskategorie. Wenn schon die Aussiedler der 1950er Jahre als unmittelbare Nachzügler der Vertreibung »spät« kamen, dann galt dies umso mehr für die osteuropäischen Deutschen, die nach dem Ende des für die fortdauernde Aussiedlermigration konstitutiven Kalten Krieges in die Bundesrepublik übersiedelten. Der generationelle Stichtag des 1. Januar 1993 signalisierte, dass es bald »zu spät« sein würde.

Auch die Ausgestaltung der Spätaussiedler-Kategorie mit ihrer Problematisierung des »Kriegsfolgenschicksals«, der damit verbundenen

Nennung von Ausschlussgründen, der Ausdifferenzierung des Aussiedlungsgebiets sowie der generationellen Unterscheidung bei der Beurteilung der Volkszugehörigkeit der Antragsteller basierte auf Konzepten, die im Laufe des vorhergehenden Vierteljahrhunderts entwickelt und zum Teil schon angewendet worden waren. Das »Kriegsfolgenschicksal« entsprach dem vom Bundesverwaltungsgericht (BVerwG) in einem Urteil vom März 1977 entwickelten Rechtskonstrukt des »Vertreibungsdrucks«. Dieses Konstrukt folgte aus der von Anfang an vom Gesetzgeber postulierten Notwendigkeit, dass die Aussiedlung im Zusammenhang mit den Ereignissen des Zweiten Weltkriegs stehen müsse. Der »Vertreibungsdruck« stellte diesen Zusammenhang her. Im Umkehrschluss bedeutete dies, dass Personen deutscher Volkszugehörigkeit, die nachweisbar nicht unter Vertreibungsdruck litten, von der Anerkennung als Aussiedler ausgeschlossen werden konnten. Dies war insbesondere für die nach dem Krieg geborene Generation relevant, die ihr gesamtes Leben in den neuen Verhältnissen verbracht hatte.

In den 1980er Jahren bemühte sich die Arbeitsgemeinschaft der Landesflüchtlingsverwaltungen (Argeflü), präzise Richtlinien aufzustellen, nach denen der individuelle Vertreibungsdruck im Einzelfall beurteilt werden konnte. Zu diesem Zwecke wurden in den Richtlinien sogenannte »vertreibungsfremde Gründe« aufgelistet, deren Vorhandensein Grund zu der Annahme geben könnte, dass der Antragsteller nicht »als Deutscher« aus Osteuropa aussiedle. Die im KfbG als Ausschlussgrund angeführte »herausgehobene politische oder berufliche Stellung« war damals bereits vorgesehen, genauso wie drohende strafrechtliche Verfolgung. Auch ein politische (statt ethnische) Verfolgung indizierender Asylantrag wurde als Kriterium genannt, fand sich dann allerdings nicht im KfbG wieder (Panagiotidis 2012a, 276, 281). Da aber nicht zuletzt aufgrund des Drucks der Vertriebenenlobby und insbesondere des BdV-Vorsitzenden Herbert Czaja offiziell die Annahme vorherrschte, dass sich im kommunistischen Ostblock die Verhältnisse nicht grundlegend geändert hätten, blieben die »Vertreibungsdruckrichtlinien« Stückwerk: Vertreibungsdruck sollte nur im Ausnahmefall geprüft werden, die Beweislast lag vollständig bei der Verwaltung. Aus demselben Grund blieb auch die angedachte Differenzierung des Vertreibungs- bzw. Aussiedlungsgebietes zunächst aus. Die Tatsache, dass Deutsche aus Jugoslawien und Ungarn fast vollständige Freizügigkeit genossen, von der Möglichkeit zur Aussiedlung in ihrer Mehrzahl aber keinen Gebrauch machten, nahm der Argeflü-Rechtsausschuss im Jahr 1982 als Indiz, dass dort kein allgemeiner Vertreibungsdruck vorliege und die Emigrationsmotive von Aussiedlern aus diesen Ländern geprüft werden müssten. Diese Möglichkeit wurde zum damaligen Zeitpunkt noch verworfen (Panagiotidis 2012a, 283). Als der politische Wandel in Osteuropa keinen Zweifel mehr ließ, dass sich die Verhältnisse dort grundlegend geändert hatten, machte das KfbG sie für alle Länder außer der ehemaligen Sowjetunion zur Realität.

Die Wurzeln der nach Generationen differenzierten Konzeption von »Volkszugehörigkeit« reichten bis ins Jahr 1966 zurück. Schon damals planten das Bundesinnenministerium (BMI) und das Bundesvertriebenenministerium (BMVt), § 6 BVFG für die Nachkriegsgeneration anzupassen, allerdings ohne Erfolg (Panagiotidis 2012a, 207). Der Vorschlag des BMI, das Bekenntnis eines »Nachgeborenen« vom Bekenntnis der zur »Erlebnisgeneration« gehörigen Eltern abzuleiten und damit quasi »vererblich« zu machen, wurde vom Bundesverwaltungsgericht in einem Urteil vom November 1976 aufgegriffen. Das Gericht argumentierte, dass der »Familienverband den Bekenntniszusammenhang« vermittle und man entsprechend die Kinder von »bekennenden Deutschen« auch als deutsche Volkszugehörige betrachten könne. Diese Annahme sei allerdings nur für die erste Nachkriegsgeneration plausibel. In der Verwaltungspraxis der 1980er Jahre wurde mit dieser Methode faktisch auch die zweite Nachkriegsgeneration ins BVFG mit einbezogen, wenn dies nötig war.

Die »Abstammung von einem deutschen Staatsangehörigen oder Volkszugehörigen« gemäß § 1 Abs. 2 Nr. 1 des neuen BVFG basierte auf demselben Prinzip: da die »deutsche Volkszugehörigkeit« des Vorfahren ihrerseits ein Bekenntnis voraussetzte, bedeutete die Abstammung von einer solchen Person im Grunde auch ein vererbtes Bekenntnis. Im Unterschied zu früher war nun aber *zusätzlich* ein eigenes Bekenntnis in der Gegenwart vonnöten, um als Spätaussiedler anerkannt zu werden, ebenso wie die »objektiven Bestätigungsmerkmale«. Als Hilfskonstrukt war auch diese Möglichkeit in den späten 1970er Jahren von der Argeflü in Erwägung gezogen worden, ohne aber tatsächlich umgesetzt zu werden. Das »deutsche Volkstum« leitete sich stets aus der Vergangenheit, nicht aus der Gegenwart ab, was der Vermehrung der deutschen Volkszugehörigen in Gegenwart und Zukunft von vornherein Grenzen setzte. Das vom KfbG geforderte Gegenwartsbekenntnis blieb auch an das vergangene Bekenntnis eines Vorfahren gekoppelt; im Zusammenspiel mit der generationellen Schließung der Aussiedlermigration durch Setzung eines Stichtags war so sichergestellt, dass sich die Zahl der Aussiedlungsberechtigten nicht weiter vergrößern würde.

3. Diskussion

Wie die hier vorgenommene Analyse der Ursprünge und Entwicklung der Aussiedlermigration und der entsprechenden Rechtssetzung und Verwaltungspraxis gezeigt hat, war das Kriegsfolgenbereinigungsgesetz keine Zäsur in der Geschichte der Aussiedleraufnahme, sondern ihre logische Fortentwicklung. Es war nicht revolutionär, sondern evolutionär. Die Zuwanderung von deutschen Aussiedlern in die Bundesrepublik Deutschland war nie zeitlich und räumlich unbegrenzt konzipiert. Die kausale Verbindung zum Zweiten Weltkrieg und zu den folgenden »allgemeinen Vertreibungsmaßnahmen« musste stets gewährleistet sein. »Aussiedler« kamen per definitionem »spät«, schon bevor sie im Gesetz als Spätaussiedler bezeichnet wurden. Im Zuge des generationellen Wandels wurden provisorische rechtliche und administrative Lösungen entwickelt, um die »Nachgeborenen« in ein Gesetz einzubeziehen, das ursprünglich für die »Erlebnisgeneration« gedacht war. Die fortdauernde Aufnahme erfolgte aus politischen Erwägungen, die vor allem mit der Blockkonfrontation des Kalten Krieges zu tun hatten. Mit der Auflösung des Ostblocks, der deutschen Wiedervereinigung und dem endgültigen Verzicht auf die »deutschen Ostgebiete« durch Anerkennung der Oder-Neiße-Grenze im Jahr 1990 wurden diese Erwägungen hinfällig. Die Fiktion des andauernden Vertreibungsdrucks, mit dem die Aussiedleraufnahme legitimiert wurde, war nach dem Ende des Ostblocks und der kompletten Ausreisefreiheit für deutsche und andere Bürger der ehemaligen sozialistischen Staaten nicht mehr aufrechtzuerhalten. Das Ende dieser Fiktion war von der Argeflü bereits in den 1980er Jahren antizipiert worden. Zu Beginn der 1990er Jahre war es überfällig. Nunmehr waren die Bedingungen »reif« für die Einführung einer Reihe von Reformen des Vertriebenenrechts, die aus politischen Gründen auf die lange Bank geschoben worden waren.

Ohne in einen unangebrachten historischen Determinismus zu verfallen, liegt somit die Annahme nahe, dass es zu den vorgenommenen begrenzten Veränderungen im Aussiedleraufnahmeregime auch ohne Zustimmung der Opposition zur drastischen Einschränkung des Grundrechts auf Asyl gekommen wäre. In den Worten des Soziologen Christian

Joppke (2005, 218) waren sie ein »overdetermined outcome«. Die bereits seit 1989 erlassenen restriktiven Gesetze sprechen dafür. Die »Zugeständnisse«, die der oppositionsgeführte Bundesrat in der Endfassung des KfbG im Vergleich zur Regierungsvorlage erhielt, veränderten im Übrigen den Charakter des Gesetzes kaum: die Quotierung auf 220.000 neue Aussiedler pro Jahr war keine Einschränkung, sondern hielt die Zuwandererzahl der vorherigen zwei Jahre konstant. Die geographische Beschränkung der Aussiedleraufnahme ohne Prüfung des Kriegsfolgenschicksals auf die Sowjetunion hatte kaum praktische Konsequenzen, da der Aussiedlerzustrom aus Polen und Rumänien, den anderen beiden wichtigen Herkunftsländern, zum Zeitpunkt des Inkrafttretens des KfbG bereits abgeflaut war. Das Auswandererpotenzial dieser Länder war nach dem Massenexodus zwischen 1988 und 1990 weitgehend erschöpft, während die Zuwanderung aus der Sowjetunion ungebrochen anhielt. Die Verschärfungen konzentrierten sich mithin auf Länder, für die sie gar nicht nötig waren und sparten genau die Regionen aus, in denen die meisten potenziellen Aussiedler noch auf ihre Übersiedlung warteten. Der eingeführte Stichtag schuf zwar eine letzte Generation von Aussiedlern, hatte aber keine unmittelbare Auswirkung – nach dem Stand des BVFG vom 1. Januar 1993 hätte der hypothetische »letzte Spätaussiedler«, der noch am 31. Dezember 1992 geboren werden konnte, tief im 21. Jahrhundert die Aussiedlung nach Deutschland anstreben können, um dort seinen Lebensabend zu verbringen.

Vor diesem historischen Hintergrund erscheint der »Asylkompromiss« als ein unausgewogenes und asymmetrisches Konstrukt. Bei der Gewährung von politischem Asyl handelte es sich um ein Grundrecht. Wie oben gezeigt gab es hingegen kein Grundrecht auf Aufnahme als Aussiedler für deutsche Volkszugehörige ohne deutsche Staatsangehörigkeit. Ihre administrative Vorzugsbehandlung war Ergebnis einer spezifischen historischen Konstellation, die mit dem Ende des Kalten Krieges zu ihrem Abschluss gekommen war. Ein konstitutionelles Grundrecht wie das Asylrecht hingegen beansprucht eine gewisse überzeitliche Gültigkeit, selbst wenn es nicht unmittelbar durch die »Ewigkeitsgarantie« von Art. 79, Abs. 3 GG geschützt ist. Somit wurden in diesem »Kompromiss« zwei ungleiche Rechtsgüter gegeneinander abgewogen. Das Asylrecht wurde mithin deutlich unter Wert »verkauft«. Augenscheinlich zog die Opposition also in diesem »Kompromiss« das kürzere Ende: im Bereich der Aussiedlerzuwanderung erreichte sie fast nichts, was nicht sowieso auf der Agenda stand. Das Grundrecht auf Asyl wurde hingegen, wie von der Regierung gefordert, drastisch eingeschränkt. Eine konkrete Perspektive für ein Einwanderungsgesetz gab es, wie eingangs angeführt, auch nicht. Die SPD bekam im Grunde keine Gegenleistung für ihre Zustimmung zur Grundgesetzänderung.

Dieser Befund ist erklärungsbedürftig. Auch wenn eine detaillierte Analyse der SPD-Politik im Kontext des Asylkompromisses und der ihr zugrunde liegenden migrationspolitischen Konzeptionen den Rahmen dieses Beitrags sprengen würde, lassen sich zwei Faktoren identifizieren, die das Verhalten der größten Oppositionspartei erhellen können. Zum einen verfolgte die SPD keine geschlossene Pro-Asyl-Linie; innerhalb der Partei herrschte keinesfalls Konsens darüber, dass das Grundrecht auf Asyl zu erhalten sei (Herbert 2003, 298-299). Im Gegenteil versuchten auch SPD-Politiker wie Klaus Wedemeier in Bremen, die asylfeindliche Stimmung zu bedienen und sich wahltaktisch zu Nutze zu machen (ebd., 311). Gleichzeitig übte die Union mittels einer von schriller Rhetorik und alarmistischen Szenarien geprägten Anti-Asylkampagne Druck auf die Sozialdemokraten aus, einer Grundgesetzänderung zuzustimmen (ebd., 271, 281, 300). Der entschlossenen Anti-Asylhaltung der Union hatte die SPD keine ebenso entschlossene Pro-Asyl-Haltung entgegenzusetzen.

Darüber hinaus fand die asylfeindliche Position der Union kein Gegengewicht in einer ähnlich »aussiedlerfeindlichen« Haltung der Opposition. Zwar hatte der SPD-Parteivorsitzende Oskar Lafontaine die Aussiedlerfrage in die Asyl- und Zuwanderungsdebatte eingeführt und sich für Beschränkungen ausgesprochen. Ein Blick in die Parlamentsdebatten zum KfbG verrät allerdings, dass die allgemeine Rhetorik der Sozialdemokraten wie auch der Grünen keinesfalls von Feindseligkeit gegen Aussiedler oder Aussiedlerzuwanderung geprägt war. Während der ersten Beratung des KfbG im Bundestag fand sich die Berichterstatterin der SPD im Innenausschuss, Gerlinde Hämmerle, in großer Übereinstimmung mit ihrem Vorredner, dem Aussiedlerbeauftragten Horst Waffenschmidt, und forderte zudem noch, dass die Integrationsmittel in der Bundesrepublik nicht gekürzt werden dürften, wie es das KfbG vorsah (Bundestag, Plenarprotokoll Nr. 12/107, 24.9.1992, 9147-9148). Entsprechend lobte ihr Kollege und Vertriebenenfunktionär Hartmut Koschyk (CSU) das sachliche Klima der Debatte (ebd., 9151).

Wie Hämmerle vor der Gesetzesabstimmung im November mitteilte, lag der Hauptgegensatz zwischen den großen Parteien im Insistieren der

SPD auf einen abschließenden Stichtag für die Antragstellung auf Aussiedlung (aber nicht für die Aussiedlung selbst, um keine Ausreisepanik zu erzeugen) sowie auf eine Zuwanderungsquote für Aussiedler als Teil einer kontingentierten Gesamtzuwanderung in die Bundesrepublik. Dabei war das Hauptanliegen der Sozialdemokraten nach ihrer Aussage, das Kontingent »human und sozialverträglich« zu gestalten – die Aussiedlerzuwanderung könne über eine lange Zeit stattfinden, müsse aber planbar sein (Bundestag, Plenarprotokoll Nr. 12/117, 5.11.1992, 9909). Auch Jürgen Trittin von den Grünen hob hervor, dass es nicht darum ginge, das Tor zu schließen. Er kritisierte vielmehr die Regierungspraxis, »in Worten das Tor offenzuhalten, in der bürokratischen Praxis aber die Scharniere zu verklemmen und bei der Aufnahme von Einwanderern durch Leistungskürzungen im Arbeitsförderungsgesetz und anderen Gesetzen dafür zu sorgen, daß diese Menschen möglichst unvorbereitet in eine für sie fremde und kalte Ellbogengesellschaft hineingestoßen werden« (ebd. 9913).

Hier zeigt sich die fundamentale Übereinstimmung zwischen Union und SPD, dass Aussiedlerimmigration nach wie vor stattfinden sollte. Die parteipolitischen Gräben in Fragen der Aussiedlerpolitik waren wesentlich weniger tief, als es damals erscheinen mochte. Da die Sozialdemokraten gleichzeitig immer weniger in der Lage waren, eine klare Pro-Asyl-Linie einzunehmen, kann es kaum überraschen, dass sie sich schließlich auf den Asylkompromiss einließen, obwohl sie kaum eine signifikante Veränderung des KfbG erreichten. In Weiterführung von Ulrich Herberts (2003, 299) Beobachtung, dass sich die SPD in der Zuwanderungsdebatte der frühen 1990er Jahre mangels einheitlicher Linie in der Asylfrage auf Forderungen nach Eindämmung des Aussiedlerzuzugs konzentrierte, kann man folglich argumentieren, dass die Aussiedlerfrage und der damit verbundene Asylkompromiss den Sozialdemokraten einen Vorwand gab, der Einschränkung des Grundrechts auf Asyl zuzustimmen, ohne allzu offensichtlich dem Druck der Union, der propagandistischen Hetze in einschlägigen Medien sowie dem ausländerfeindlichen Terror auf den Straßen nachzugeben.

LITERATUR

Arel, Dominique (2003), Fixing Ethnicity in Identity Documents: The Rise and Fall of Passport Nationality in Russia, in: *Canadian Review of Studies in Nationalism* 30, S. 125-136.

Bade, Klaus J./Oltmer, Jochen (1999), Aussiedlerzuwanderung und Aussiedlerintegration: Historische Entwicklung und aktuelle Probleme, in: Dies. (Hg.), *Aussiedler: deutsche Einwanderer aus Osteuropa*, Osnabrück, S. 9-51.

Beer, Mathias (2011), *Flucht und Vertreibung der Deutschen: Voraussetzungen, Verlauf, Folgen*, München.

Brentano, Heinrich von (1948/49), Schriftlicher Bericht zum Entwurf des Grundgesetzes für die Bundesrepublik Deutschland, XI. Übergangs- und Schlussbestimmungen, in: *Parlamentarischer Rat*, Bonn.

Bundesrat, Drucksachen: Nr. 763/1/92 (16.11.1992).

Bundesrat, Protokolle: 650. Sitzung (18.12.1992).

Bundestag, Drucksachen: Nr. 2872 (26.11.1951), Nr. 12/3618 (4.11.1992).

Bundestag, Plenarprotokolle: Nr. 12/107 (24.9.1992), Nr. 12/117 (5.11.1992).

Herbert, Ulrich (2003), *Geschichte der Ausländerpolitik in Deutschland: Saisonarbeiter, Zwangsarbeiter, Gastarbeiter, Flüchtlinge*, Bonn: Bundeszentrale für politische Bildung.

Info-Dienst Deutsche Aussiedler (IDDA), Nr. 13 (Juni 1990) und Nr. 32 (Januar 1992)

Janjetovic, Zoran (2005), *Between Hitler and Tito: The Disappearance of the Vojvodina Germans*, 2. Auflage, Belgrad.

Joppke, Christian (2005), *Selecting by Origin: Ethnic Migration in the Liberal State*, Cambridge/Mass.

Klekowski von Koppenfels, Amanda (2002), The Decline of Privilege: The Legal Background to the Migration of Ethnic Germans, in: David Rock/Stefan Wolf (Hg.), *Coming Home to Germany? The Integration of Ethnic Germans from Central and Eastern Europe in the Federal Republic*, New York/Oxford, S. 102-118.

Klusmeyer, Douglas B./Papademetriou, Demetrios G. (2009), *Immigration Policy in the Federal Republic of Germany: Negotiating Membership and Remaking the Nation*, New York/Oxford.

Michalon, Bénédicte (2003), Migrations des Saxons de Roumanie en Allemagne. Mythe, interdépendance et al.térité dans le »retour«, Diss., Poitiers.

Mukhina, Irina (2007), *The Germans of the Soviet Union*, London 2007.

Münz, Rainer/Ohliger, Rainer (1998), Privilegierte Migration – Deutsche aus Ostmittel- und Osteuropa, in: *Tel Aviver Jahrbuch für deutsche Geschichte* 27, S. 401-444.

Otto, Karl A. (1990), Aussiedler und Aussiedler-Politik im Spannungsfeld von Menschenrechten und Kaltem Krieg: Historische, politisch-moralische und rechtliche Aspekte der Aussiedler-Politik, in: Ders. (Hg.), *Westwärts-Heimwärts? – Aussiedlerpolitik zwischen ›Deutschtümelei‹ und ›Verfassungsauftrag‹*, Bielefeld 1990, S. 11-68.

Panagiotids, Jannis (2012a), Laws of Return? Co-Ethnic Immigration to West Germany and Israel (1948-1992), Diss., EUI Florenz.

Panagiotids, Jannis (2012b), »The Oberkreisdirektor decides who is a German«: Jewish Immigration, German Bureaucracy, and the Negotiation of National Belonging, 1953-1990, in: *Geschichte und Gesellschaft* 38, S. 503-533.

Rogge, Heinrich (1958), Das Flüchtlingsproblem als internationale Rechtsfrage, in: *Internationales Recht und Diplomatie* 3, 1, S. 28-41.

Rogge, Heinrich (1959), Eingliederung und Vertreibung im Spiegel des Rechts, in: Eugen Lemberg u.a. (Hg.), *Die Vertriebenen in Westdeutschland*, Bd. 1, Kiel 1959, S. 174-245.

Service, Hugo (2013), *Germans to Poles: Communism, nationalism and ethnic cleansing after the Second World War*, Cambridge.

Silagi, Michael (1999), *Vertreibung und Staatsangehörigkeit*, Bonn.

Stola, Dariusz (2010), *Kraj bez wyjścia? Migracje z Polski 1949-1989*, Warszawa.

Strassmann-Nitsche (1958), *Bundesvertriebenengesetz: Gesetz über die Angelegenheiten der Vertriebenen und Flüchtlinge. Kommentar mit Kennziffernverzeichnis und Sachregister*, 2., neubearbeitete Auflage, von Walter Strassmann u.a., München und Berlin.

Thomas, Fritz (1950), *Das Recht der Vertriebenen: von den Flüchtlingsgesetzen der Länder zum Bundesvertriebenengesetz*, Dortmund.

Wieland, Lothar (1968), *Das Bundesministerium für Vertriebene, Flüchtlinge und Kriegsgeschädigte*, Frankfurt a.M.

III. Debatten um Asyl und Zuwanderung

A) Der Asylkompromiss in der politisch-parlamentarischen Debatte

GÜNTHER BECKSTEIN: DISKUSSIONSBEITRAG

Einleitung und eigene Rolle

Für die Einladung hierher an die Universität Bremen danke ich Ihnen herzlich. Das Thema »Asyl- und Zuwanderungskompromiss« hat mich viele Jahre meines beruflichen Lebens beschäftigt und dadurch auch nachhaltig geprägt.

Bereits als Landesvorsitzender des Arbeitskreises der Polizei in der CSU von 1980 bis 1992, als Vorsitzender des Sicherheitsausschusses des Bayerischen Landtags von 1978 bis 1988 und natürlich im Besonderen als Staatssekretär sowie als bayerischer Innenminister von 1988 bis 2007 bedeutete auch für mich die Thematik eine große Herausforderung. Ich bin froh, dass auch ich meine Vorstellungen in den 1992 vom Bundestag beschlossenen Asylkompromiss einbringen konnte.

Vorgeschichte

Die ab den 1980er Jahren immer rasanter ansteigenden Zahlen von Asylanträgen (mehr als 100.000 pro Jahr und im Jahr 1992 sogar über 400.000) erforderte von der Politik konsequentes Handeln. Die mit der Anzahl der Asylanträge verbundenen langen Verfahrensdauern verursachten bei den Kommunen erhebliche Kosten für Unterbringung und Versorgung. Asylbewerber mussten sogar in Turnhallen, Wohncontainern und Zelten untergebracht werden – was ehrlich gesagt fast menschenunwürdigen Zuständen glich.

Bei der Bevölkerung stieß die Akzeptanz für die Flut an hinzuströmenden Fremden, die nun für jeden sichtbar wurde, ebenfalls an ihre

Grenzen. Das geordnete Miteinander aller Einwohner unseres Landes war in Gefahr und an Integration war nicht zu denken. Der Höchststand der Asylanträge 1992 in Deutschland umfasste 60 % aller Asylbewerber in Europa. Von den Antragstellern war jedoch nur der geringste Teil wirklich politisch verfolgt, nämlich unter 5 %.

Die Politik, die sich immer klar für den einklagbaren Rechtsanspruch auf Asyl mit Verfassungsrang eingesetzt hat, war gezwungen, dringend Korrekturen vorzunehmen. Art, Ausmaß und Auswirkung von Zuwanderung sollten daher dringend neu geregelt werden.

Ich bin froh, dass die damalige Regierungskoalition aus CDU, CSU und FDP mit Zustimmung der SPD-Opposition am 6. Dezember 1992 die Neuregelungen zum Asylrecht beschlossen hat.

Erwartungen an das neue Gesetz erfüllt

Unsere Erwartungen, die Zahl der Asylanträge sowie die überproportionale Zuwanderung zu senken und die Einzelverfahren zu beschleunigen, sind erfüllt worden. Die Zahl der Asylanträge konnte erheblich gesenkt werden und umfasste im Jahr 2010 etwas mehr als 40.000 Erstanträge. Die bereits geschilderten nahezu ausufernden Zustände haben sich wieder normalisiert, auch wenn die Zahl der positiv beschiedenen Anträge sich nicht wesentlich verändert hat.

Wir sind nun sogar in der glücklichen Lage, unter bestimmten Voraussetzungen abgelehnten Asylbewerbern, die beispielsweise mit Familie seit mindestens sechs Jahren in Deutschland leben, eine Aufenthaltserlaubnis zu erteilen (sog. Altfälle).

Allerdings gibt es noch viel zu tun beim Thema Integration. Besonders Sprach- und Bildungsmängel führen noch immer zu einer fast doppelt so hohen Arbeitslosenquote wie normal. Besonders bei desillusionierten und perspektivlosen Jugendlichen tickt hier eine gefährliche Zeitbombe, die es zu entschärfen gilt.

Nach dem Grundsatz »Fördern und Fordern« müssen wir im Besonderen das Erlernen der deutschen Sprache als ersten und entscheidenden Schlüssel zur Integration verlangen. Der Philosoph Ludwig Wittgenstein hat die Bedeutung von Sprache auf den Punkt gebracht: »*Die Grenzen meiner Sprache sind die Grenzen meiner Welt.*«

Es muss aber noch ein weiterer, überaus wichtiger Aspekt hinzukommen: Die uneingeschränkte Anerkennung unserer Rechts- und Werteordnung. Die deutschtürkische Sozialwissenschaftlerin und Publizistin Necla Kelek macht deutlich, worauf es ankommt. Sie schreibt: »*Integration heißt, das Land, in dem ich lebe, als mein Land zu akzeptieren und mich mit ihm und seinen Werten zu identifizieren.*«

Unser Gemeinwesen baut auf gemeinsamen Grundvorstellungen auf. Das Christentum mit seinen jüdischen Wurzeln, die Aufklärung mit der zentralen Erkenntnis, dass jeder nach seiner Façon selig werden soll, und der Humanismus haben die Grundlagen geschaffen, die sich im deutschen Grundgesetz und vielen anderen europäischen Verfassungswerken wiederfinden und die man als »Leitkultur« bezeichnen kann.

Mit dem viel diskutierten und leider auch vielfach missverstandenen Begriff »Leitkultur« verbinde ich Weltoffenheit, Toleranz, Achtung der Würde und Individualität jedes einzelnen Menschen und Wertebewusstsein. Unsere Rechts- und Werteordnung garantiert auch jedem ausländischen Mitbürger die freie Entfaltung seiner Persönlichkeit.

Schlussworte

Das Zusammenleben im Alltag muss deshalb vom Geist gegenseitiger Rücksichtnahme getragen sein. Wer in unserer europäisch-abendländisch geprägten Gesellschaft lebt, muss deren Traditionen respektieren und darf sich nicht durch sein Verhalten in eine Parallelgesellschaft zurückziehen.

Nur auf diese Weise ist ein echtes Miteinander von Bürgern unterschiedlicher Herkunft und Religion möglich, ohne das wir auf Dauer nicht in Frieden leben können.

CORNELIA SCHMALZ-JACOBSEN: DISKUSSIONSBEITRAG

20 Jahre Asylrechtsänderung

Der Beginn der neunziger Jahre war gekennzeichnet von einem sehr hohen Zustrom von Menschen in die Bundesrepublik – knapp eine Million im Jahr kamen zu uns. Sie kamen als Asylsuchende, als Bürgerkriegsflüchtlinge, als Spätaussiedler und als nachziehende Familienangehörige. Deutsche Bürgerinnen und Bürger aus der ehemaligen DDR, die immer noch kamen, nicht mitgezählt – aber auch sie suchten Arbeit und Wohnung.

Natürlich verließen auch viele Personen unser Land, aber die spielten in der öffentlichen Debatte überhaupt keine Rolle. Wir hatten zu dieser Zeit mehr Zuwanderer und Flüchtlinge als die drei klassischen Einwanderungsländer USA, Kanada und Australien. Eine faire Verteilung der Flüchtlinge und Asylbewerber innerhalb der Europäischen Union fand nicht statt. – Ich schildere dies, um zu zeigen, dass der Druck auf die Bundesrepublik, besonders aber auf die Gemeinden, wirklich sehr hoch war, daran gibt es gar nichts zu beschönigen. Erschwerend für eine vernünftige Diskussion kam hinzu, dass unsere Ausländerpolitik – soweit überhaupt vorhanden – voller Widersprüche steckte.

Die öffentliche Debatte war beispiellos hitzig, sie drehte sich fast ausschließlich um die Zahlen der Asylsuchenden. Die Spätaussiedler, auch eine große Zahl ziemlich fremder Menschen, spielten keine Rolle. Das waren »die Guten«. Vor Ort sah das anders aus, denn dort gab es durchaus Probleme mit »den Russen«, wie sie pauschal und abwertend genannt wurden.

Die Bevölkerung war verunsichert. Diese Verunsicherung wurde befeuert von konservativen Politikern, die, anstatt ihre Zunge zu hüten, Horrorbilder vom sinkenden Schiff Deutschland an die Wand malten – »das Boot ist voll« – und mit Schlagworten wie »Asylbetrüger« und noch Üblerem die aufgeheizte Stimmung weiter hochschaukelten. Zahlreiche Anschläge auf Asylbewerberheime und Ausländerwohnungen lösten in dieser Zeit keineswegs nur Erschrecken aus, sondern auch »gar-nicht-so-ganz-heimliche« Zustimmung.

Diejenigen, die sich damals verzweifelt um Sachlichkeit bemühten, zu denen ich gehörte, hatten einen schweren Stand. In der brenzligen Stimmung gab es dann auch bei Teilen der Pro-Asyl-Seite eine militante Radikalisierung.

Fazit: Es musste etwas geschehen!

Der Vorschlag, das Grundrecht auf Asyl zu »verändern«, der in meinen Augen einer Abschaffung des Grundgesetzartikels gleichkam, wurde schließlich von einer parteiübergreifenden Mehrheit im Deutschen Bundestag als Allheilmittel zur Lösung einer fraglos schwierigen Situation betrachtet. Übrigens auch als Mittel zur Beruhigung der Bevölkerung. – »Dann haben wir das Thema weg«, meinte der damalige Bundesinnenminister, Wolfgang Schäuble.

Ich komme aus einer Familie von engagierten Nazi-Gegnern. Meine beiden Eltern haben vielen Juden, etwa dreihundert an der Zahl, das Leben gerettet. Sie sind dafür vom Staat Israel geehrt worden. Ich bin mit der Vorstellung aufgewachsen, dass damals sehr viel mehr Leben hätten gerettet werden können, wenn mehr Staaten ihre Tore für verfolgte Juden geöffnet hätten.

Ich hatte mich Anfang der neunziger Jahre mit der Frage herumgeschlagen, wie man mit der Situation umgehen könnte, ohne eine Grundrechtsänderung vorzunehmen. Es war mir aus tiefster Seele schlicht unmöglich, dem Ansinnen der Mehrheit im Parlament meine Zustimmung zu geben. Ich dachte an den Löwenmut und die Menschlichkeit meiner Eltern, und wie sie wohl in meiner Situation entschieden hätten. – Ich konnte nur gegen diesen Anschlag auf unsere Verfassung stimmen.

Stattdessen plädierte ich – wie andere auch – für eine grundlegende Änderung der Verfahren. Das heißt für eine Beschleunigung der Abläufe und rasche Entscheidung darüber, wer tatsächlich Asyl erhalten und als Asylberechtigter bei uns bleiben konnte. Und wer das Land wieder verlassen musste, und zwar in kürzester Frist.

Die weitere Geschichte ist bekannt: Paragraph 16 unseres Grundgesetzes wurde bis zur Unkenntlichkeit und Unwirksamkeit verändert. Unehrlich war es obendrein, das Ganze als »Kompromiss« zu bezeichnen. Es war keiner!

Seither berufen sich Asylsuchende in ihrer überwiegenden Mehrheit auch nicht mehr auf unser »Grundgesetz«, sondern auf die Genfer Flüchtlingskonvention.

DIETER WIEFELSPÜTZ: EIN GESPRÄCH MIT STEFAN LUFT

Sind die Erwartungen, die die Befürworter des Asylkompromisses gehegt haben, eingetroffen?

Wir wollten damals eine wirksame Grundgesetzänderung vornehmen. Wenn man diese Absicht im Auge behält, sind die Erwartungen eher übererfüllt worden. Das meine ich nicht zynisch – wir verbinden als Gesetzgeber mit Gesetzen Erwartungen hinsichtlich ihrer Wirksamkeit, die häufig nicht einmal annähernd so erfüllt werden, wie das beabsichtigt worden ist. Diese Grundgesetzänderung, der Kern des Asylkompromisses von 1993 ist, war wirksam und zwar überraschend konsequent wirksam. Das habe ich – jedenfalls in dieser Tragweite – nicht erwartet. Ich wäre auch mit einer geringeren Reichweite schon zufrieden gewesen.

Welche Entwicklungen sind seitdem eingetreten, die Sie damals möglicherweise nicht erwartet haben?

Wir hatten damals über 400.000 Asylanträge in Deutschland in einem Jahr. Erkennbar war das eine Zahl, die von breiten Schichten unserer Bevölkerung so nicht mitgetragen wurde. Es war sogar so, dass diese Zahlen verbunden wurden mit Schlagworten wie »Das Boot ist voll«. Das Ganze ist auf der einen Seite politisch-demagogisch ausgebeutet worden, auf der anderen Seite gab es aber durchaus reale Besorgnis. Wir hatten damals den Eindruck, dass das Asylrecht in Deutschland überdehnt worden war. Es wurde wahrgenommen von Menschen, die meinten, sie hätten einen Anspruch auf die freie Wahl des Ortes, an dem sie sich aufhalten können und das ist ein mindestens fragwürdiges, ich glaube auch ein nicht gerechtfertigtes Verständnis des Asylrechts. Ich werde irgendwo in der Welt verfolgt und entscheide dann selbst, wo ich mich hinwende und habe dann einen Anspruch darauf, dort aufgenommen zu werden. Das ist nicht das völkerrechtliche Verständnis des Asylrechtes – etwa der Genfer Flüchtlingskonvention. Insoweit haben wir das Grundrecht auf Asyl in der gesetzlichen Ausgestaltung so verändert, dass es in Übereinstimmung steht mit dem internationalen Recht. Gleichzeitig haben wir eine Regelung geschaffen, die in ihren praktischen Auswirkungen von der breiten Öffentlichkeit auch mitgetragen worden ist. Das war damals leider notwendig, und wir hatten die Kraft dazu. Wenn wir diese Kraft

A) Der Asylkompromiss in der politisch-parlamentarischen Debatte 135

dazu nicht besessen hätten, dann hätten wir möglicherweise bestimmte demokratiefeindliche Prozesse eher begünstigt, wir hätten sie nicht kanalisieren können, das war ein großes Problem. Deshalb bin ich nach wie vor der Auffassung, dass es richtig war, dass wir dies gemacht haben. Allerdings muss man sehen, dass wir mit der Regelung der »sicheren Drittstaaten« durch die geografische Lage Deutschlands eine Situation erreicht haben, in der wir in einem Maße begünstigt werden, die vor dem Hintergrund europäischer Solidarität auch nicht in Ordnung ist. Der »Magnet Deutschland« früherer Jahre mit dem damals anders konfigurierten Asylrecht hatte zur Folge, dass Deutschland den größten Teil der Flüchtlinge aufgenommen hat. Die jetzige Regelung, der der Asylkompromiss zugrunde liegt, hat zur Folge, dass wir wegen der zentralen Lage extrem begünstigt werden. Die meisten Flüchtlinge laufen eben auf in Griechenland oder in Spanien. Das Dublin-II-Verfahren führt dazu, dass sichere Zuflucht dann in Griechenland oder in Spanien gegeben ist, wenn der Betreffende dort aktenkundig geworden ist. Hier fehlt es an einer fairen europäischen Regelung, die vom Grundgedanken der Solidarität getragen ist. Wir haben eine nicht ausgewogene, im Verhältnis der Staaten zueinander nicht faire Regelung. Im Übrigen muss man sehen, dass unser Flüchtlingsrecht damals wie heute im Grunde von einer Fiktion ausgeht: Die politisch Verfolgten, und das ist der hergebrachte Schutzzweck des Asylrechts, sind eher eine Minderheit derjenigen, die unter der Überschrift »Flüchtlinge« nach Europa kommen. Es sind in ihrer großen Mehrheit Menschen, die Armutsflüchtlinge sind, die sich ganz einfach eine bessere Lebenssituation wünschen, die nicht im engeren Sinne politisch verfolgt sind. Das war damals Ende der 1980er, Anfang der 1990er Jahre in Deutschland so und das ist heute in ganz Europa so. Hier muss man sich in Europa verständigen, was wir denn wirklich wollen. Schließlich haben die Menschen, die wegen Armut und fehlender Lebensperspektive ihre Heimat verlassen, im Grunde ähnlich drängende Gründe, wie jemand, der politisch verfolgt ist. Keiner kommt im Grunde freiwillig. Dieser hehre Grundgedanke »Schutz für politisch Verfolgte«, der ein jahrhundertealter Gedanke und auch menschenrechtlich verankert ist, greift im Grunde zu kurz. Warum schützen wir eigentlich im Rechtssinne nur denjenigen, der politisch verfolgt und nicht jemanden, der völlig chancenlos zuhause für sich und seine Familie ist, und damit in einer ähnlichen Situation wie der politisch Verfolgte ist? Dem tragen wir nicht wirklich Rechnung mit unseren Regelungen in Europa. Vor diesem

Hintergrund glaube ich, dass wir einen nicht wirklich befriedigenden Zustand in Europa haben. Wir haben inkonsistente Regelungen vom Rechtlichen wie vom Tatsächlichen her gesehen.

Was antworten Sie Kritikern, wie der Generalsekretärin von amnesty international, die sagen, der Asylkompromiss von 1993 habe das deutsche Asylrecht »unkenntlich gemacht«?

Das halte ich für falsch, weil wir die Standards der GFK nicht nur erfüllen, sondern darüber hinaus hier einen besseren Standard gewährleisten. Im Übrigen ist die rechtliche Situation das eine, die faktische Situation das andere. Es leben mittlerweile sehr viele Menschen in Deutschland, die als Flüchtlinge hierher kamen, aber an sich das Land verlassen müssten. Das sind im Laufe der Jahrzehnte Hunderttausende geworden. Insofern ist falsch, was dort gesagt wird. Wir erfüllen auch mit dem jetzigen Grundrecht auf Asyl unsere internationalen Verpflichtungen und wir haben hier kein innerdeutsches Recht, das gegen Völkerrecht verstieße. Die menschenrechtlichen Standards halten wir ein, deshalb sind diese Behauptungen der Generalsekretärin von amnesty international nicht zutreffend.

Wenn man die damaligen öffentlichen und medialen Debatten zum Asylkompromiss – auch die im Deutschen Bundestag – nachvollzieht, dann ist man angesichts deren Schärfe doch aus der heutigen Perspektive etwas erschrocken.

Letzten Endes ist der Deutsche Bundestag ein Spiegelbild der politischen Kultur in Deutschland. Wir sind nichts Besseres, aber auch nichts Schlechteres als das, was am Arbeitsplatz diskutiert wird, in der Familie oder im Zug. Sicherlich haben wir eine Vorbildfunktion, eine Verantwortung, aber letzten Endes sind wir die Volksvertretung der Deutschen. Wir sind nicht schlechter und nicht besser als die Menschen, die wir vertreten. Da wäre ich vorsichtig, zu behaupten, die Debatte sei aus der Sicht von heute erstaunlich. Wenn wir heute – im Jahr 2013 – 500.000 Menschen hätten, die nur sagen müssen »Asyl« und dann sind sie in Deutschland, dann hätten wir ein Problem in unserem Land. Ich glaube nicht, dass wir das dauerhaft aushielten. Nach meinen Erfahrungen liegt die kritische Grenze bei etwa 100.000 Flüchtlingen pro Jahr. Solange diese Zahl nicht überschritten wird, können wir damit relativ gut umgehen.

A) Der Asylkompromiss in der politisch-parlamentarischen Debatte

Grundsätzlich könnten wir sicherlich auch mehr aufnehmen. Hier ist die Frage: Wo wird im Volk die Grenze gesehen, ab der man das nicht mehr akzeptiert? Diese 100.000 sind ja nicht in erster Linie – und auch nicht in zweiter Linie – politisch Verfolgte, so wie das Grundrecht und die internationalen Vereinbarungen es sagen, sondern es sind Menschen, die einwandern wollen, weil sie zuhause keine soziale Perspektive haben. Das wäre in jedem anderen europäischen Staat ein Problem. Man kann jetzt lange darüber diskutieren, warum sind wir nicht stärker bereit zu teilen, obwohl wir doch so reich sind? Das kann man mit guten Gründen kritisieren. Aber für die überwiegende Mehrheit des Volkes, die sich eine Meinung gebildet und eine Entscheidung getroffen hat, ist bei dieser Zahl an Einwanderern ein Limit gegeben. Dieses Limit gibt es in jedem Land, in jeder Gesellschaft. Wenn wir die Zahl von 100.000 Flüchtlingen dauerhaft überschritten, bekommen wir ein innenpolitisches Problem. Das wird dann sicherlich auch manchmal heftig diskutiert, polemisch, populistisch, manchmal menschenfeindlich. Es ist Agitationspotential und Angstpotential in jeder denkbaren Gesellschaft – auch in der deutschen – vorhanden. Da muss man als verantwortlicher Politiker ein Auge drauf haben: Was geht und was geht nicht mehr? Wir dürfen auch nicht übersehen: Die Menschen sind hilfsbereit in Deutschland. Wir haben in unserem Land viele Menschen, die sich um Flüchtlinge und um Einwanderer kümmern. Das halte ich auch für richtig und für notwendig. Flüchtlinge und Einwanderer müssen schließlich angenommen werden, das kann man nicht nur dem Staat überlassen. Das funktioniert ganz gut in Deutschland. Allerdings hat auch diese Art von Menschlichkeit Grenzen. Darüber kann man lange richten und rechten. Unsere Gesellschaft ist nicht unbegrenzt integrationsfähig. Das gilt auch für die Aufnahme von Flüchtlingen. Wer etwas anderes behauptet, redet an der Wirklichkeit vorbei.

KONRAD WEISS: DISKUSSIONSBEITRAG

Zwanzig Jahre nach der Asylrechtsänderung

Die politische Debatte um die Asylrechtsänderung in den Jahren 1992/ 1993 wurde von einem entschlossenen zivilgesellschaftlichen Protest begleitet, der nicht immer gewaltfrei war. Als am Mittwoch, den 26. Mai 1993 im Bundestag in Bonn abschließend über das Gesetz zur Änderung der Artikel 16 und 18 des Grundgesetzes beraten wurde, war es nur durch einen massiven Polizeieinsatz möglich, den Abgeordneten Zutritt zum Bundeshaus zu gewährleisten. Ein großer schwarzer Block teils Vermummter blockierte auch die Heussallee, wo ich wohnte. Ich habe es dann irgendwie durch die Reihen geballter Aggressivität geschafft, sehr zum Unbehagen der Polizei, die mich davon abhalten wollte. Aber ich war der festen Überzeugung, dass nichts und niemand einen frei gewählten Abgeordneten aufhalten darf. Diese Gewissheit hat sich vermutlich den Blockierern mitgeteilt.

Meinem Kollegen Wolfgang Ullmann erging es schlimmer, er wurde angegriffen und leicht verletzt. Andere Abgeordnete mussten mit dem Hubschrauber eingeflogen oder per Schiff über den Rhein zum Plenarsaal gebracht werden. Mein aus dem Iran stammender und für Immigrationspolitik zuständiger Mitarbeiter Mehdi Jafari-Gorzini wurde von den »Ausländerfreunden« auf dem Weg zum Büro im Hochhaus im Tulpenfeld gleichfalls tätlich angegriffen. Ich selbst wurde ein paar Tage später von einem Autonomen am Europa Center in Berlin angespuckt, weil ich mich für ein Einwanderungsgesetz eingesetzt hatte.

Als asylpolitischer Sprecher der Gruppe Bündnis 90/Die Grünen verurteilte ich an jenem Mittwoch zu Beginn meiner Rede zunächst den Versuch, gewaltsam gegen Mitglieder des Bundestages vorzugehen. Den Angriff gegen Wolfgang Ullmann und gegen Kollegen aus anderen Fraktionen nannte ich eine Schande. Im Namen der Gruppe Bündnis 90/Die Grünen forderte ich »die gewalttätigen und gewaltbereiten Demonstranten auf, sich aus dem Staub zu machen und in den Kindergarten zu gehen, wo sie hingehören. Sie schaden der Sache nur, für die sie sich einzusetzen meinen. Mit ihrer egoistischen Gewaltsamkeit schaden sie den Flüchtlingen und Verfolgten, für die sie sich einzusetzen meinen. In ihrer bodenlosen Dummheit machen sie gemeinsame Sache mit den Rechtsradikalen.«[1]

---

[1] | Vgl. Deutscher Bundestag, Plenarprotokoll 12/160 vom 26. Mai 1993, S. 13517ff.

A) Der Asylkompromiss in der politisch-parlamentarischen Debatte

Ich muss gestehen, dass der gewaltbereite und gewalttätige Protest zwanzig Jahre später im Hörsaal der Universität Bremen ein wirkliches Déjà-vu-Erlebnis für mich war ... Das entschiedene Eintreten der Gruppe Bündnis 90/Die Grünen für die Erhaltung und humanitäre Ausgestaltung des Asylrechts im wiedervereinigten Deutschland war unmittelbar durch die Unrechtserfahrung in der DDR auch in diesem Bereich geprägt. Zum besseren Verständnis der Situation muss daran erinnert werden, dass die westdeutschen Grünen im 12. Deutschen Bundestag, dem ersten nach der Wiedervereinigung, nicht vertreten waren. Hingegen waren acht Abgeordnete des Bündnis 90 und der ostdeutschen Grünen in den Bundestag gewählt worden, die dort – noch vor der Fusion der beiden Parteien – eine Fraktionsgemeinschaft bildeten, die Gruppe Bündnis 90/Die Grünen. Ich war, gemeinsam mit Ingrid Köppe, Mitglied des Innenausschusses und zuständig für die Asyl- und Migrationspolitik der Gruppe.

In der DDR hatte es nur ein sehr rudimentäres Asylrecht gegeben; die tatsächliche Asyl- und Ausländerpolitik der SED war ideologisch bestimmt. Zwar kannte bereits die Verfassung der DDR von 1949 das Recht auf Asyl, aber nicht als individuell einklagbares Grundrecht, sondern als Gnadenrecht des Staates: »Fremde Staatsbürger werden weder ausgeliefert noch ausgewiesen, wenn sie wegen ihres Kampfes für die in dieser Verfassung niedergelegten Grundsätze im Ausland verfolgt werden.«[2] In der Verfassung von 1968 wurde dies im Grundsatz beibehalten, aber stärker ideologisch verbrämt: »Die Deutsche Demokratische Republik kann Bürgern anderer Staaten oder Staatenlosen Asyl gewähren, wenn sie wegen politischer, wissenschaftlicher oder kultureller Tätigkeit zur Verteidigung des Friedens, der Demokratie, der Interessen des werktätigen Volkes oder wegen ihrer Teilnahme am sozialen und nationalen Befreiungskampf verfolgt werden.«[3] Diese Formulierung wurde auch bei der Ergänzung und Änderung der Verfassung von 1974 beibehalten.[4]

---

2 | Art. 10, Satz 2 der Verfassung der Deutschen Demokratischen Republik. Berlin, VEB Deutscher Zentralverlag, o.J. [1953], S. 12

3 | Art. 23, Abs. 3 der Verfassung der Deutschen Demokratischen Republik. Berlin, Staatsverlag der DDR, 1968, S. 24

4 | Vgl. Art. 23, Abs. 3 der Verfassung der Deutschen Demokratischen Republik. Berlin, Staatsverlag der DDR, 1976, S. 26

In der Praxis hat es nur wenige Asylsuchende in der DDR gegeben. Das waren im Wesentlichen Flüchtlingsgruppen aus Griechenland und Spanien, die in ihren Heimatländern als Kommunisten oder Antifaschisten verfolgt wurden, vor allem aber etwa 2.000 Chilenen, die nach dem Sturz der Regierung Allende und der Machtübername durch das Militärregime unter Pinochet in der DDR aufgenommen worden waren. Ihre Integration wurde angestrebt und großzügig gefördert. Nach meiner Erinnerung waren sie auch in der politischen Öffentlichkeit und im Alltag präsent – aber da kann mich meine Erinnerung auch täuschen, weil ich damals an einem Kompilationsfilm über Kinder in Chile gearbeitet habe und dadurch zu einigen Exilanten Kontakt hatte. Alles in allem werden es nicht mehr als einige tausend Flüchtlinge gewesen sein, denen in den vierzig Jahren der DDR politisches Asyl gewährt wurde.

Die größere Gruppe der Ausländer in der DDR, die Vertragsarbeiter insbesondere aus Vietnam, Mosambik, Kuba und Angola, lebte isoliert in eigenen Wohnbereichen. Persönliche Beziehungen zu Einheimischen waren unerwünscht, Kontakte am Arbeitsplatz sollten auf das Notwendige reduziert und möglichst umfassend kontrolliert werden. Besonders menschenunwürdig war der Umgang mit den vietnamesischen Arbeiterinnen. Wenn sie in der DDR schwanger wurden, mussten sie abtreiben und das Land umgehend verlassen. Für die Beschäftigung von Vertragsarbeitern wurde zwar in der SED-Propaganda immer die internationale Solidarität bemüht. In Wahrheit aber ging es vor allem um die ökonomischen Interessen der DDR, um die Kompensation des Arbeitskräftemangels und um den Abbau von Außenhandelsüberschüssen der DDR. Es ist bezeichnend, dass ab Ende der 1970er Jahre der Bereich Kommerzielle Koordinierung beim Ministerium für Außenhandel der DDR unter Alexander Schalck-Golodkowski auch für die Vertragsarbeiter zuständig war.[5]

Auch wenn von der SED versucht wurde, die Situation der in der DDR lebenden Ausländer zu beschönigen, manches von ihren unwürdigen Lebensverhältnissen wurde doch bekannt. In den Betrieben kam es trotz aller Kontrolle und Spitzelei eben doch zu persönlichen Begegnungen. Es war unübersehbar, wie menschenunwürdig ausländische Vertragsarbei-

---

5 | Vgl. Hans-Joachim Döring: »Es geht um unsere Existenz«, Die Politik der DDR gegenüber der Dritten Welt am Beispiel von Mosambik und Äthiopien. Berlin, Christoph Links Verlag, 1999, S. 87ff.

ter oft behandelt wurden. Immer mehr in der DDR lebende Ausländer suchten in den achtziger Jahren auch Hilfe und Solidarität in Kirchengemeinden.

So war es selbstverständlich, dass für die Bürgerbewegungen der DDR die Situation von Ausländern und Immigranten von Anfang an Bestandteil ihrer Menschen- und Bürgerrechtspolitik war. In vielen Programmen der neuen Bewegungen finden sich entsprechende Aussagen. So heißt es in den Programmaussagen der Bürgerbewegung Demokratie Jetzt, die auf der ersten Vertreterkonferenz vom 19. bis 21. Januar 1990 in Berlin beschlossen wurden:

»Wir treten dafür ein, [...] dass wir zu den Ländern, deren Arbeitskräfte bei uns tätig sind, partnerschaftliche Wirtschaftsbeziehungen unterhalten; dass die Ausarbeitung einer Ausländergesetzgebung einschließlich eines Asylrechts erfolgt, die ein solidarisches Miteinander ermöglicht; dass ein Ministerium für solidarische Zusammenarbeit gebildet wird mit einem Staatssekretariat für Ausländerpolitik...«[6]

Noch detaillierter und genauer ist das politische Konzept der Initiative Frieden und Menschenrechte (IFM), die, wie Demokratie Jetzt auch, später im Bündnis 90 aufgegangen ist. Im Wahlprogramm der IFM zu den Volkskammerwahlen heißt es im Februar 1990:

»Die Rechte, die für Bürger unseres Landes gelten, fordern wir gleichermaßen für die unter uns lebenden Ausländer. Die Bewahrung ihrer kulturellen Eigenständigkeit muss Voraussetzung ihrer Integration sein und stellt eine notwendige Bereicherung unserer Gesellschaft dar.
Wir setzen uns ein für:
- die Schaffung eines verfassungsmäßig garantierten Asylrechts als allgemeines Menschenrecht für politisch, rassisch oder religiös Verfolgte;
- das Recht in der DDR lebender Ausländer auf freie Arbeitsplatz- und Wohnsitzwahl sowie die Möglichkeit, Gewerbe zu übernehmen und Betriebe zu gründen;
- die Schaffung rechtlicher Regelungen für die Tätigkeit ausländischer Arbeitskräfte und eine sinnvolle Einwanderungspolitik;

---

6 | Helmut Müller-Enbergs: Was will die Bürgerbewegung? Augsburg, AV Verlag Franz Fischer, 1992, S. 62

- das Einsetzen eines Ausländerbeauftragten bei der Regierung und die Einbeziehung von Interessenvertretungen der Ausländer in die Sicherung der Rechtshilfe für Ausländer;
- die Einrichtung von Häusern der Völker und von multikulturellen Stätten des Kennenlernens von In- und Ausländern.«[7]

In den Plenarsitzungen des Zentralen Runden Tisches nahm die Ausländerpolitik allerdings nur eine untergeordnete Stellung ein. Es konstituierte sich jedoch eine eigene Arbeitsgruppe Ausländerfragen, die noch vor den Volkskammerwahlen »Leitlinien für die Ausländerpolitik in der DDR« erarbeitet und verabschiedet hat. Am 5. Februar 1990 beschloss der Runde Tisch die sofortige Benennung eines Ausländerbeauftragten.[8] Zur Ausländerbeauftragten der DDR wurde Almuth Berger ernannt, Pastorin an der Bartholomäuskirche in Berlin und Vertreterin der Bürgerbewegung Demokratie Jetzt in der Arbeitsgruppe Ausländerpolitik. Almuth Berger blieb auch nach den Volkskammerwahlen in diesem Amt, nun im Range einer Staatssekretärin. Sie war nach der Wiedervereinigung langjährige Ausländerbeauftragte im Land Brandenburg.

Auch im Verfassungsentwurf für die DDR, der von einer Arbeitsgruppe des Zentralen Runden Tisches erarbeitet, dann aber angesichts der bevorstehenden Wiedervereinigung nicht mehr verabschiedet worden ist, gibt es eine Aussage zum Asylrecht. Der Art. 7, Abs. 3 lautet: »Politisch Verfolgte genießen Asylrecht.«[9] Damit sollte die ursprüngliche Formulierung des Grundgesetzes übernommen werden, wie sie 1949 vom Parlamentarischen Rat beschlossen worden war. Die ostdeutsche Bürgerbewegung und die neuen Parteien der DDR haben sich damit bewusst in die Rechtstradition des Grundgesetzes gestellt.

Auch die Initiative, ein besonderes Asylrecht in Deutschland für verfolgte Juden zu schaffen, ging ursprünglich von der Bürgerbewegung der DDR aus. Auch das wurde bereits am Zentralen Runden Tisch verhan-

---

7 | Müller-Enbergs, a.a.O., S.103f.

8 | Vgl. Uwe Thaysen, Der Zentrale Runde Tisch der DDR, Wortprotokoll und Dokumente. Wiesbaden 2000, Bd. III, 11. Sitzung vom 5. Februar 1990, TOP 18, S. 693 und Bd. V, 10. Sitzung vom 29. Januar 1990, Vorlage 10/20, S. 186

9 | Verfassung der Deutschen Demokratischen Republik – Entwurf, Herausgegeben von der Arbeitsgruppe »Neue Verfassung der DDR« des Runden Tisches. Berlin, Basisdruck Verlagsgesellschaft und Staatsverlag der DDR, 1990, S. 11.

delt. Die Bürgerbewegung Demokratie Jetzt hatte in der 16. Sitzung des Runden Tisches am 12. März 1990 einen Antrag eingebracht, dass in der künftigen Verfassung der DDR eine besondere Verpflichtung der Deutschen gegenüber dem jüdischen Volk verankert werden möge. Wörtlich wird darin unter Punkt 3 gefordert: »Asylpflicht der Deutschen Demokratischen Republik für verfolgte Juden.«[10]

Dieser Gedanke wurde in die Gemeinsame Erklärung aller Fraktionen der frei gewählten Volkskammer übernommen, die in der 2. Sitzung der Volkskammer am 12. April 1990 abgegeben wurde.[11] Ich hatte diese Erklärung initiiert und jenen Teil verfasst, der sich mit dem Verhältnis zu den Juden und zu Israel befasst. Darin heißt es: »Wir treten dafür ein, verfolgten Juden in der DDR Asyl zu gewähren.« Dieser Erklärung haben damals alle Fraktionen der Volkskammer zugestimmt.

Die Gemeinsame Erklärung wurde als fortgeltendes Recht in die Vereinbarung zwischen den Regierungen der Bundesrepublik Deutschland und der Deutschen Demokratischen Republik vom 23. September 1990 zur Durchführung und Auslegung des Einigungsvertrages aufgenommen.[12] Somit hat sich die Bundesrepublik Deutschland auch nach der Wiedervereinigung und angesichts der drohenden Verfolgung von Juden in der zerfallenden Sowjetunion zur großzügigen Aufnahme von jüdischen Asylsuchenden bereitgefunden.

Ich habe hierzu als Mitglied des Deutschen Bundestages am 11. März 1992 für die Gruppe Bündnis 90/Die Grünen einen Antrag eingebracht: »Unbeschränkte Einwanderung von Jüdinnen und Juden aus den Staaten der Gemeinschaft Unabhängiger Staaten in die Bundesrepublik Deutschland.«[13] Über diesen Antrag ist am 09.10.1992 in Erster Lesung verhandelt worden.[14] Der Antrag ist dann zur Weiterverhandlung an den Innenausschuss, den Ausschuss für Auswärtige Angelegenheiten und den Rechtsausschuss überwiesen worden.

---

10 | Thaysen, a.a.O., Bd. IV, S. 1112

11 | Volkskammer der DDR, 10. Wahlperiode, 2. Tagung vom 12. April 1990, S. 23-24 und Drucksache 10/04; vgl. Deutschland Archiv, 23. Jg. (1990), Nr. 5, S. 795

12 | Vgl. Einigungsvertrag. Sonderdruck aus der Sammlung Das deutsche Bundesrecht, Baden-Baden, Nomos Verlagsgesellschaft, 1990, S. 544

13 | Bundestags-Drucksache 12/2222 vom 11.03.1992

14 | Vgl. Deutscher Bundestag, Plenarprotokoll 12/111 vom 09.10.1992, S. 9487B-9491C

Zur weiteren Behandlung oder Verabschiedung ist es allerdings nicht gekommen. Die israelische Regierung hatte dringend darum gebeten, den Antrag zurückzuziehen, weil sie es als genuine Aufgabe Israels ansehe, verfolgten Juden eine Heimstatt zu geben. Es hat Gespräche zwischen der israelischen Botschaft, dem Außenministerium und mir als Initiator des Antrags gegeben. Ich habe mich dann in Absprache mit meiner Fraktion bereit erklärt, den Antrag bis zum Ende der Legislaturperiode ruhen zu lassen (nicht erledigte Anträge werden in die neue Legislaturperiode nicht mitgenommen, sondern müssen dann erneut eingebracht werden) – allerdings unter der ausdrücklichen Verpflichtung der Bundesregierung, die bisherige Asylpolitik für verfolgte Juden fortzusetzen, und der gleichzeitigen Zusage Israels, dies stillschweigend zu billigen. Dies ist dann auch so gehandhabt worden, auch während der zur gleichen Zeit doch sehr laut und heftig geführten Debatte um das Asylrecht. Es ist dies eines der erfreulichen Bespiele in der deutschen Politik, wo es in einem sehr sensiblen Politikfeld einen Konsens zum Handeln ohne bürokratische oder juristische Rücksicherung und über Parteigrenzen hinweg gegeben hat.

Selbstverständlich habe ich mich dann nach der Wiedervereinigung und als Mitglied des Deutschen Bundestages den Idealen und Konzepten verpflichtet gewusst, die wir in der Bürgerbewegung vertreten haben. Die Asyl- und Migrationspolitik war allerdings völliges Neuland für mich. Aber das ging damals den meisten Bundestagsabgeordneten aus der ehemaligen DDR so, dass sie sich in völlig neue Sachgebiete und Politikbereiche einarbeiten mussten. Ich wurde dabei sachkundig und engagiert erst von Ozan Ceyhun, dem späteren Europaabgeordneten der Grünen, dann von Mehdi Jafari-Gorzini unterstützt, die ihrerseits auf Überlegungen aus den Bundestagsfraktionen der Grünen vor der 12. Legislaturperiode zurückgreifen konnten.

Zudem habe ich als brandenburgischer Abgeordneter immer wieder versucht, mir im Gespräch mit Asylbewerbern und den Verantwortlichen vor Ort ein Bild über die Situation von Flüchtlingen zu machen. Ich habe mehrfach unangemeldet Asylbewerberheime besucht oder Grenzeinrichtungen inspiziert. Über einen dieser Besuche berichtete ich am 18. Oktober 1991 während der Debatte zur Asylpolitik und Ausländersituation im Deutschen Bundestag. Ich hatte einige Tage zuvor im Landkreis Finsterwalde unangemeldet und ohne Protokoll ein Heim für Asylbewerber visitiert. Das Haus, ein früheres Altersheim, war binnen weniger Tage in einer Blitzaktion für die Asylbewerber eingerichtet worden. Noch bis Mitte Oktober war das Haus nicht beheizbar. Die Asylbewerber, fünfzehn Männer aus Rumänien, hatten für die Erstausstattung statt der in Ostdeutschland damals üblichen 400,00 DM nur 250,00 DM erhalten und waren ohne warme Jacken oder Schuhe. Sie erhielten Essen, das sie nicht vertrugen, durften aber nicht selbst kochen, obwohl es eine eingerichtete Küche gab und zwei der Männer Köche waren. Sie mussten in sechzig Zentimeter breiten Betten aus Volksarmee-Bunkern schlafen. Sie hatten keine Möglichkeit, sich sinnvoll zu beschäftigen oder gar zu arbeiten; einziges Freizeitangebot waren ein paar Mensch-ärgere-dich-nicht-Spiele und Puzzles aus einem Kindergarten. Die Betreuer wechselten ständig, kaum einer war für diese Arbeit qualifiziert.

Der verantwortliche CDU-Landrat hatte sich nicht einmal dort blicken lassen. Sein Kommentar, als im September 1991 zum ersten Mal Asylbewerber in seinen Landkreis kamen: »Ich habe es mit Bravour verstanden, diese Sache von uns fernzuhalten. Jetzt mussten wir welche nehmen.« Ich nannte diesen Landrat im Deutschen Bundestag – unwidersprochen – eine Schande für Deutschland.[15]

Auf der anderen Seite aber hatte ich dort im Kreis Finsterwalde, wie auch an vielen anderen Orten im Land Brandenburg, auch Menschen kennengelernt, die sich in bewunderungswürdiger Weise um die Asylbewerber kümmerten, die unbezahlten Urlaub genommen haben, um zu helfen und um als Gesprächspartner da zu sein. Zweimal hatten sie dort in einer Nacht- und Nebel-Aktion das Haus evakuiert, um die Bewohner vor anrückenden Rechtsradikalen zu schützen, und die Asylbewerber bei Familien in der Umgebung in Sicherheit gebracht. Sie waren sogar mit Asylbewerbern in die Schulen gegangen, um das Gespräch mit ausländerfeindlichen Jugendlichen zu suchen.

Ich denke, dass wir in der Bundestagsgruppe Bündnis 90/Die Grünen insgesamt ein realistisches Bild von der Situation von Asylbewerbern, Flüchtlingen und Immigranten hatten und durchaus das Konfliktpotential gesehen haben, das sich damals, Anfang der neunziger Jahre, durch die hohe Anzahl von Zuwanderern ergeben hatte. 1991 lebten in der Bundesrepublik Deutschland etwa 5.665.000 Menschen ohne deutsche Staatsangehörigkeit. Der Anteil der nichtdeutschen Einwohnerinnen und Einwohner an der Gesamtbevölkerung entsprach etwa 6,5 %. Dies war

---

15 | Vgl. Deutscher Bundestag, Plenarprotokoll 12/51 vom 18.10.1991, S. 4233

das Ergebnis eines sich kontinuierlich verfestigenden Einwanderungsprozesses. Als ausländische Arbeitnehmerinnen und Arbeitnehmer in den sechziger Jahren von der deutschen Wirtschaft in die Bundesrepublik Deutschland geholt wurden, war eine zeitlich befristete Arbeitswanderung beabsichtigt. Tatsächlich hatte sich jedoch ein unumkehrbarer Einwanderungsprozess vollzogen.

Infolge der revolutionären Veränderungen in Mittel- und Osteuropa, der Bürgerkriege auf dem Balkan und der Not in vielen Ländern Afrikas und Asiens waren Anfang der neunziger Jahre Hunderttausende Flüchtlinge und Asylsuchende nach Deutschland gekommen. Die Gründe für die Zuwanderung waren vielfältig. Da gab es die unmittelbare Gefährdung von Leben, Leib und Freiheit im Heimatland. Viele Menschen waren in ihren Herkunftsländern in ihrer religiösen oder kulturellen Existenz bedroht, waren als Minderheiten oder Andersdenkende verfolgt und unterdrückt worden. Auch soziale Konflikte, Hunger und Zerstörung der Lebensräume in der Heimat bewegten viele Menschen zur Flucht in die wohlhabenden und rechtsstaatlichen Demokratien des Nordens und Westens. Es waren die Nachwirkungen des Kolonialismus von gestern ebenso wie die Auswirkungen der ungerechten Weltwirtschaftsordnung unserer Tage.

Wanderungsbewegungen waren seit jeher auch verbunden mit dem legitimen Wunsch, die persönlichen wirtschaftlichen Verhältnisse zu verbessern. Auch bei der damaligen Zuwanderung war dieses Motiv von großer Bedeutung. Die wirtschaftlichen Verhältnisse in Osteuropa hatten sich nach dem Zusammenbruch des Realsozialismus grundlegend verändert. Die gesellschaftlichen und politischen Verhältnisse in vielen Entwicklungsländern waren desolat. Im Gegensatz dazu standen Wohlstand und Wachstum in den westlichen Ländern. Da es zur legalen Einwanderung nach Deutschland aber nur den Weg über das politische Asyl bzw. als Kontingentflüchtling gab, wurden alle Zuwanderer, auch wenn sie aus wirtschaftlichen Gründen gekommen waren, ins Asylverfahren gepresst. Die Zahl der unerledigten Fälle stieg dramatisch. Viele Kommunen waren hoffnungslos überfordert, die Asylbewerber menschenwürdig unterzubringen und zu versorgen. 1992 kamen 438.000 Asylbewerber, zwei Drittel davon aus Ost- und Südosteuropa. Die Anerkennungsquote lag in diesem Jahr aber lediglich bei 4,25 %, das heißt, bei ungefähr 18.600 Personen. Ende 1992 lebten nach Angaben der Bundesregierung 610.000 Asylbewerber in Deutschland, über deren Anträge noch nicht entschieden worden war. Dazu kamen etwa 640.000 Flüchtlinge, die keinen Asylantrag gestellt hatten oder deren Anträge abgelehnt worden waren, die aber aus humanitären Gründen nicht abgeschoben werden konnten.[16]

Anders als die Parteien des Asylkompromisses – CDU/CSU, SPD und F.D.P – sahen wir von der Gruppe Bündnis 90/Die Grünen eine Lösung aber nicht in der Aufgabe des Asylrechts, sondern in seiner Ergänzung und Ausgestaltung. Ich war – und bin nach wie vor – der Meinung, dass eine Lösung der Probleme auch ohne die Aufgabe des klaren Verfassungsgrundsatzes »Politisch Verfolgte genießen Asylrecht« möglich gewesen wäre. Dieser Auffassung waren offensichtlich auch jene 101 Abgeordneten aus der SPD und die sieben Abgeordneten aus der F.D.P., darunter Cornelia Schmalz-Jacobsen, Burkhard Hirsch und Wolfgang Lüder, die am 26. Mai 1993 gegen die Änderung des Grundgesetzes gestimmt haben. Bei der 1. Lesung des Gesetzes zur Änderung des Grundgesetzes am 21. Januar 1993 hatte ich gesagt:

»Dieser Asylkompromiss ist nicht nur ein fauler, es ist ein unehrlicher Kompromiss, der den Bürgerinnen und Bürgern den Erhalt des Menschenrechts auf Asyl vorgaukelt, in Wahrheit aber den Art. 16 Abs. 2 des Grundgesetzes so verstümmelt, dass er nicht mehr wiederzuerkennen ist und nichts mehr gilt. Dieser Asylkompromiss erfüllt mich mit Zorn.
Mit einer Unverfrorenheit sondergleichen schreiben Sie in Ihrem Entwurf im ersten Satz »Politisch Verfolgte genießen Asylrecht«, um diese Zusage sogleich in den folgenden Sätzen zu widerrufen. Sie sagen jenen, die zu uns kommen: Ihr, die ihr verfolgt und bedrängt seid, seid uns willkommen, ihr werdet in Deutschland Zuflucht und Heimat finden. Aber zugleich schließen Sie die Tore, durch die diese Flüchtlinge ins Land gelangen könnten. Es ist beschämend, dass im deutschen Parlament über einen solchen Entwurf auch nur debattiert wird, einen Entwurf, der in den Hinterzimmern der Parteitaktiker ausgehandelt wurde und aufs billigste der Stimmung von Biertischstrategen entspricht. Es ist unwürdig, so mit dem Grundgesetz umzuspringen, und schadet unserem Land und unserer Demokratie. Das Bündnis 90/Die Grünen wird als werteorientierte Partei bei diesem würdelosen Deal nicht mitmachen.

---

16 | Vgl. Bericht der Beauftragten der Bundesregierung für die Belange der Ausländer über die Lage der Ausländer in der Bundesrepublik Deutschland 1993, Deutscher Bundestag, Drucksache 12/6960, S.9

Ich mache keinen Hehl daraus, dass es mich schmerzt, in diesem ersten Bundestag des vereinigten Deutschlands das miterleben zu müssen. Als vor drei Jahren der Einigungsvertrag verhandelt wurde, mühten wir Ostdeutschen uns, unsere Erfahrung und unsere Vorstellungen in das Grundgesetz einzubringen. Wir wurden zurückgewiesen, weil sich das Grundgesetz doch bewährt habe und keine Änderung notwendig sei. Und nun sind vor allem wir Ostdeutschen es, die das Grundgesetz verteidigen.«[17]

Als Alternative haben wir damals eine Politik gesehen, die nicht länger die Augen vor einigen grundlegenden Tatsachen verschließt, vor allem der, dass Deutschland seit langem de facto ein Einwanderungsland ist. Wir sahen eine Neubestimmung des Staatsbürgerbegriffes als unabdingbar an und traten für eine humane und differenzierte Gestaltung der Zuwanderung ein. Die Gruppe Bündnis 90/Die Grünen hat hierzu in der 12. Legislaturperiode eine Reihe von Gesetzesinitiativen eingebracht, mit denen wir versucht haben, Grundzüge einer neuen Einwanderungs- und Asylpolitik zu gestalten, insbesondere das Einwanderungsgesetz,[18] das Gesetz zur Neubestimmung des Staatsbürgerbegriffes[19] und das Flüchtlingsgesetz[20].

Nach unserer Konzeption sollte es drei legale Möglichkeiten der Zuwanderung in die Bundesrepublik geben: 1. die Gewährung von Asyl gemäß (unverändertem) Artikel 16.2 des Grundgesetzes; 2. eine Regelung für Kontingentflüchtlinge, die auf der Genfer Flüchtlingskonvention beruhen und ergänzend Anregungen aus Verhandlungen des Europarates und der OAU aufnehmen sollte; 3. die Möglichkeit zur legalen Einwanderung für Menschen, die aus wirtschaftlichen, persönlichen oder kulturellen Gründen in Deutschland leben wollen.

---

17 | Vgl. Deutscher Bundestag, Plenarprotokoll 12/134 vom 21.03.1993, S. 11602ff.

18 | Entwurf eines Gesetzes zur Regelung der Rechte von Niederlassungsberechtigten, Einwanderinnen und Einwanderern, Bundestags-Drucksache 12/1714 (neu)

19 | Entwurf eines Gesetzes zur verfassungsrechtlichen Bestimmung des Bürgerbegriffs, Bundestags-Drucksache 12/2088 vom 13.02.1992

20 | Entwurf eines Gesetzes über die Rechtsstellung von Flüchtlingen (Flüchtlingsgesetz), Bundestags-Drucksache 12/2089 vom 13.02.1992

A) Der Asylkompromiss in der politisch-parlamentarischen Debatte 149

Das Flüchtlingsgesetz sollte den Art. 16 Abs. 2 des Grundgesetzes und die Genfer Flüchtlingskonvention als Grundlagen für das Anerkennungsverfahren gesetzlich normieren. Nach unseren Vorstellungen sollte ein Bundesflüchtlingsamt gebildet werden, das ausschließlich für die Durchführung des Verfahrens zuständig wäre. Anerkennungsausschüsse, die mit fachlich kompetenten Personen besetzt sind, würden über die Anerkennung als Flüchtling im Verwaltungsverfahren entscheiden. Eine Kommission, der insbesondere Vertreter und Vertreterinnen der Flüchtlings- und Menschenrechtsorganisationen angehören sollen, würde regelmäßig aktuelle Empfehlungen und Prognosen zur Situation in den Herkunftsländern oder zur Frage des Vorliegens von Gruppenverfolgung abgeben. Über die Aufnahme von Konventionsflüchtlingen sollte der Deutsche Bundestag durch jährliches Gesetz entscheiden. Davon unberührt bliebe die Aufnahme von Flüchtlingen in Notsituationen.

Dieses Gesetz sollte für alle Flüchtlinge gelten, die Asyl nach Art. 16 Abs. 2 des Grundgesetzes beantragen. Ferner für Flüchtlinge, die aus der begründeten Furcht vor Verfolgung wegen ihrer Rasse, Religion, Nationalität oder ihrer Zugehörigkeit zu einer bestimmten sozialen Gruppe, wegen ihrer politischen Überzeugung, ihres Geschlechts oder ihrer sexuellen Orientierung sowie vor Völkermord, Krieg, Bürgerkrieg, Zwang zum Kriegsdienst, drohender Menschenrechtsverletzung, Todesstrafe oder Folter geflohen sind. Und schließlich für Flüchtlinge, die im Rahmen humanitärer Hilfsaktionen der Bundesrepublik in das Bundesgebiet aufgenommen werden. Durch das Gesetz über die Aufnahme von Kontingentflüchtlingen sollten insbesondere jene Flüchtlinge Rechtssicherheit erlangen, die aufgrund von Krieg oder Bürgerkriegen oder wegen Hunger oder Umweltkatastrophen aus ihrer Heimat fliehen mussten.

Mit unseren Vorschlägen zur Reform der verfassungsrechtlichen Bestimmung des Bürgerbegriffes wollten wir erreichen, dass das antiquierte Ius sanguinis durch das Ius soli ersetzt wird. Ich erinnerte mehrfach daran, dass Preußen zu Beginn des 19. Jahrhunderts in der Frage des Staatsbürgerrechtes weiter war als die Bundesrepublik Ausgang des 20. Jahrhunderts. 1818 genügte es für den Erwerb der Staatsangehörigkeit, im Lande geboren zu sein. Auch wer nicht in Preußen geboren war, erwarb die Staatsangehörigkeit durch Wohnsitzbegründung mit polizeilicher Erlaubnis. Bevölkerung und Staatsvolk waren weitgehend identisch. 1842 rückte Preußen jedoch vom Territorialprinzip ab und führte mit dem »Gesetz über die Erwerbung und den Verlust der Eigenschaft als preußischer Untertan« das Abstammungsprinzip, das Ius sanguinis ein. Die Anwendung des Abstammungsprinzips war eng mit der Herausbildung der Nationalstaatlichkeit verbunden. Es wurde im Deutschen Reich mit dem Reichs- und Staatsangehörigkeitsgesetz vom 22. Juli 1913 fortgeschrieben, das auch in der Bundesrepublik noch die Grundlage des Staatsbürgerrechts bildete. Somit hatten auch in den neunziger Jahren in der Bundesrepublik Deutschland im Wesentlichen nur diejenigen einen Rechtsanspruch auf die deutsche Staatsangehörigkeit, die der Abstammung nach Deutsche waren. Die Einbürgerung von Ausländern und Ausländerinnen unterlag weitgehend dem Ermessen der Behörden.

Unser Gesetzentwurf vom Februar 1992 sah vor, dass – über eine Änderung des Artikels 116 des Grundgesetzes – die deutsche Staatsangehörigkeit bei Geburt zuerkannt und ein Rechtsanspruch auf Einbürgerung mit einem fünfjährigen rechtmäßigen Aufenthalt in Deutschland erworben würde. Außerdem hatten wir die Zulassung von doppelter Staatsbürgerschaft als Regelfall vorgesehen. Nach unserer Vorstellung sind auch die Bürgerrechte für Minderheiten und Einwanderer eine zwingende Konsequenz aus der Würde des Menschen, die nicht von bürokratischem Ermessen abhängig sein dürfen. Diese politischen Ziele von damals sind noch immer nicht erreicht, wenn auch durch die Novellierungen des Staatsangehörigkeitsgesetzes seit 2000 einige Erleichterungen für einbürgerungswillige Immigranten geschaffen wurden.

Das Einwanderungsgesetz schließlich sollte der Tatsache Rechnung tragen, dass Deutschland de facto seit langem ein Einwanderungsland ist. Es sollte Rechtsanspruch und Rechtssicherheit für jene schaffen, die aus familiären oder aus wirtschaftlichen Gründen in Deutschland leben wollen. Damit wäre ein neuer, jedoch durch Quotierung begrenzter Zugang geöffnet und der Artikel 16 unmittelbar entlastet worden. Jene, die bislang zwar als Asylbewerber eingereist waren, aber mangels nachgewiesener Verfolgung abgewiesen werden mussten, hätten künftig auf eine von Bundesbehörden geregelte und vorbereitete Weise nach Deutschland kommen und dort ihren Wohnsitz nehmen können. Dies hätte die Gewähr geboten, dass die Zuwanderung unter menschenwürdigen Voraussetzungen und sozial verträglich erfolgt. Zugleich sollte das Einwanderungsgesetz die Niederlassungsbedingungen für Ausländer in Deutschland regeln und die Rechtsgrundlage für Einbürgerung und Integration bilden.

A) Der Asylkompromiss in der politisch-parlamentarischen Debatte

Wir waren uns im Klaren, dass ein Einwanderungsgesetz nicht ohne die Festlegung jährlicher Quoten auskommen kann. Dies human und praktikabel zu regeln, ist besonders sensibel und kompliziert. Unsere Vorstellung war, dass die Entscheidung über die Anzahl der Einwanderer und ihre Herkunftsländer jährlich durch Gesetz, das der Zustimmung des Bundesrates bedürfte, zu treffen wäre. Wir wollten also die Entscheidungskompetenz der Exekutive mindern und die der Legislative stärken. Bei der jährlichen Festlegung der Einwanderungs-Quoten sollten neben den Parlamenten und Regierungen von Bund und Ländern auch Vertreter von Parteien und Kirchen, von Gewerkschaften und Arbeitgeberverbänden sowie von Einwanderer-, Ausländer- und Menschenrechts-Organisationen mitwirken.

Unser Entwurf bot pragmatische Lösungen an, die die Interessen von einheimischer und zugewanderter Bevölkerung berücksichtigten und die ausgleichend hätten wirken können. Sie packten konsequent den zentralen Widerspruch der bisherigen Asyl- und Ausländerrechtspolitik an: den Widerspruch zwischen der Tatsache, dass Deutschland längst Einwanderungsland war, und dem geltenden Ausländerrecht, das dieses Faktum leugnete.

Mit diesem weitsichtigen und soliden Konzept stand unsere Bundestagsgruppe aber auf ziemlich verlorenem Vorposten. Nicht nur CDU/CSU und SPD lehnten unser Konzept ab, sondern auch eine Mehrheit der Grünen. Auf der Bundesversammlung in Berlin im Mai 1992 war drei Tage lang leidenschaftlich über Asyl- und Einwanderungspolitik gerungen worden. Ich hatte als Gast aus dem Bündnis 90 – die Parteien fusionierten ja erst ein Jahr später – unser an den Menschen- und Bürgerrechten orientiertes Konzept vorgestellt. Dies fand auch einige Befürworter aus dem realpolitischen Flügel der Grünen. Vor allem aber Hans-Christian Ströbele und Claudia Roth, damals Mitglied des Europäischen Parlaments, waren strikt gegen ein Einwanderungsgesetz. Claudia Roth schaffte es mit einer lebensfernen schwärmerischen Rede, eine Mehrheit gegen unsere Einwanderungspolitik zu mobilisieren.

Enttäuscht schrieb ich damals:

»Der Parteitag der Grünen hat einer realpolitischen und humanen Einwanderungspolitik eine Absage erteilt. Stattdessen fand sich eine Mehrheit für das linksradikale Konzept der offenen Grenzen, das außer hehren Worten nichts zu bieten hat und für Ausländer Steine statt Brot bedeutet. Der Parteitag hat nicht mit dem Kopf, sondern mit dem Bauch entschieden. [...] Die Entscheidung zeigt, dass die Mehrzahl der grünen Delegierten es nicht ernst meint mit der Absicht, beim Zusammengehen mit dem Bündnis 90 eine wirklich neue politische Kraft zu werden, die für die zentralen Probleme unseres Landes nicht alte Worte, sondern neue Taten bietet.«[21]

Zwar war die Bundestagsgruppe Bündnis 90/Die Grünen ohnehin unabhängig von der Partei der Grünen; deren Vorstands- und Parteitagsbeschlüsse waren für uns ohne Relevanz. Aber etwas Solidarität in dieser wichtigen Frage hätte uns sicher gestärkt. Elemente unseres damaligen Konzeptes sind jedenfalls von späteren Bundestagsfraktionen von Bündnis 90/Die Grünen aufgegriffen worden. Sie finden sich auch im Zuwanderungsgesetz von 2002, das zur Zeit der rot-grünen Koalition beschlossen worden ist, das aber längst nicht so konsequent und weitsichtig ist wie unser Konzept von 1992. Ein humanes Einwanderungsrecht indes gibt es in Deutschland immer noch nicht.

Zu fragen ist heute, zwanzig Jahre nach der Änderung des Grundgesetzes, was der damalige Kompromiss von CDU/CSU, SPD und F.D.P. bewirkt hat. Damals hatte ich befürchtet:

»Würde die gegenwärtige Politik der Abwehr gegen Zuwanderinnen und Zuwanderer fortgesetzt, dann müssten Deutschland und Europa immer stärker als Festung ausgebaut werden. Europa würde zur geschlossenen Gesellschaft, die sich gegen die Armut in der Welt abzuschotten versucht. Aber diese Politik wird scheitern.

---

21 | Konrad Weiß, Presseerklärung vom 19.05.1992. – Dieses und andere Dokumente zur Asyldebatte und zu meiner Arbeit in der Bundestagsgruppe Bündnis 90/Die Grünen sind in einem Persönlichen Bestand im Archiv der Robert-Havemann-Gesellschaft in Berlin archiviert.

A) Der Asylkompromiss in der politisch-parlamentarischen Debatte

Denn in einer Festung Europa könnten weder Recht noch Demokratie noch Wohlstand erhalten bleiben.«[22]

Und in der abschließenden Debatte am 26. Mai 1993 hatte ich im Deutschen Bundestag erklärt:

»Die weltweiten Fluchtbewegungen werden anhalten. Die Ursachen sind vielfältig. Ob wir es wollen oder nicht, ob wir Gesetze machen oder nicht, auch künftig werden Menschen bei uns Zuflucht vor Verfolgung und Krieg, Hunger und Elend suchen. Unser Bestreben sollte es sein, möglichst vielen in unserem Land ein menschenwürdiges Leben zu ermöglichen und zugleich konsequent und entschieden die Fluchtursachen zu bekämpfen.«[23]

Die Ziele der Kompromiss-Koalition von 1992 wurden fraglos erreicht, die Zahl der Asylsuchenden in Deutschland ist dramatisch zurückgegangen. Die Grundgesetzänderung und das damit verbundene Instrumentarium – die Klassifizierung in Verfolger- und Nichtverfolgerstaaten, die Differenzierung nach unterschiedlichen Verfolgungswegen, die Flughafenregelung und die Verlagerung des Asylverfahrens an die Schengen-Außengrenzen – machen es politisch Verfolgten nahezu unmöglich, in Deutschland um Asyl zu ersuchen. Ich fand und finde das beschämend angesichts der Hunderttausenden Deutschen, denen in der Zeit des Nationalsozialismus im Ausland Asyl gewährt wurde. Die Lehren aus dieser historischen Erfahrung scheinen vergessen. Die Perspektive des Artikels 16.2 des Grundgesetzes war, aus eben dieser Erfahrung, die Sicht des Individuums, nicht die des Staates. Diese neue Sicht, dieser großartige Fortschritt im europäischen Rechtssystem, war erlitten und erstritten worden von denen, die als deutsche Flüchtlinge Rettung gesucht hatten vor Deutschland. Ich empfand und empfinde es als Verrat an ihnen, wenn nun im Jahr 2012 laut Asylgeschäftsstatistik (sic!) des Bundesamtes für Migration und Flüchtlinge gerade mal 740 Menschen in Deutschland Asyl gewährt wurde.[24]

---

22 | Vgl. Deutscher Bundestag, Plenarprotokoll 12/89 vom 30.04.1992, S. 7310ff.
23 | Deutscher Bundestag, Plenarprotokoll 12/160 vom 26. Mai 1993, S. 13520
24 | Bundesamt für Migration und Flüchtlinge, Asylgeschäftsstatistik für den Monat Dezember 2012 und das Berichtsjahr 2012. PDF-Datei, http.//www.bamf.de

Auch eine aktive Einwanderungspolitik gibt es noch immer nicht, auch das Zuwanderungsgesetz von 2002 leistet das nicht. Und das zwischen 2000 und Ende 2004 geltende »Sofortprogramm zur Deckung des IT-Fachkräftebedarfs«, die Greencard der rot-grünen Bundesregierung unter Kanzler Gerhard Schröder, war, gelinde gesagt, ein Flop. Diese rote Greencard war in Wahrheit ein weiteres Abwehrinstrument, nicht aber die Einladung zur Einwanderung nach Deutschland. Die rot-grüne Bundesregierung wollte lediglich einen partiellen Arbeitskräftemangel ausbügeln helfen, den die deutsche Wirtschaft selbst verursacht hatte. Genau besehen war das Konzept der rot-grünen Bundesregierung nichts anderes als das, was seit dem ausgehenden 19. Jahrhundert in Deutschland praktiziert wurde, nämlich Wander- und Saisonarbeiter auszubeuten: Die polnischen Schnitter, die ukrainischen Zwangsarbeiter, die italienischen Gastarbeiter. Und nun die Inder. Die Menschen durften zwar erstklassige Arbeiter sein, sollten aber Bürger dritter Klasse bleiben. Selbst das ganz selbstverständliche Menschenrecht, mit ihrer Familie zusammenzuleben, sollte ihnen verwehrt werden. Und nach ein paar Jahren, wenn sie ihre Schuldigkeit getan haben, sollten sie abgeschoben werden. Eine verantwortliche und gestaltende Einwanderungspolitik sieht anders aus.

Und schließlich ist auch ein gemeinsames europäisches Asylrecht und Asylverfahrensrecht noch immer nicht erreicht. Vielmehr wurde, nicht zuletzt infolge der Asylrechtsänderung von 1993 in Deutschland, die Politik und Praxis der Abschottung ausgebaut. Die Freiheitsrechte, die in den europäischen Revolutionen von 1989 errungen wurden, gelten nun an den EU-Außengrenzen nicht mehr. Auch das war 1993 bereits abzusehen. Schon damals war die Verlagerung des Asylverfahrens an die Schengen-Außengrenze ein Eingriff in die Souveränität europäischer Nachbarn. Weder Polen noch die Tschechische Republik waren anfangs von der Bundesregierung konsultiert worden. Ich stand damals im ständigen Kontakt mit dem polnischen Botschafter Janusz Reiter und habe sehr genau die Irritationen in Polen mitbekommen, die das deutsche Großmachtsgehabe ausgelöst hatte. Die Bundesrepublik hat dann Polen zwar geholfen, an der polnischen Ostgrenze die Schengen-Voraussetzungen zu schaffen. Aber dass Deutschland mit der Asylrechtsänderung sein Flüchtlingsproblem im Wesentlichen auf Polen und andere Länder mit EU-Außengrenzen verlagert hat, ist unbestreitbar. Bis heute ist in der Europäischen Union das maßgebliche Kriterium für die Asylzuständigkeit der Ort der Einreise. Eine vernünftige und humane Flüchtlingspolitik sollte es Asylsuchenden stattdessen ermöglichen, sich selbst einen EU-Mitgliedstaat für das Asylverfahren zu suchen.

Immerhin aber ist in den zurückliegenden Jahren erreicht worden, dass die Liste der anerkannten Fluchtursachen erweitert wurde und die Definitionen der Genfer Konvention nicht mehr umstritten, sondern ins deutsche Rechtssystem integriert sind. Auch die 1992 bei der Ratifizierung der UN-Kinderkonvention durch die Bundesrepublik ausgesprochenen Vorbehalte wurden 2010 zurückgenommen,[25] so dass nun auch die Rechtsstellung von unbegleiteten minderjährigen Flüchtlingen gewährleistet und verbindlich geregelt ist. 1992/1993 war die besondere Schutzbedürftigkeit von Flüchtlingskindern kein Thema während der monatelangen Debatte um die Neuregelung des Asylrechtes. 1993 hatte die Bundesregierung auf meine Anfrage zur Situation der unbegleiteten minderjährigen Flüchtlinge noch erklärt: »Ausreisepflichtig sind alle Ausländer, die nicht im Besitz einer erforderlichen Aufenthaltsgenehmigung sind. Diese Vorschriften gelten auch für minderjährige unbegleitete Ausländer.«[26]

Es ist gut, dass nun in Deutschland wenigstens Flüchtlingskinder wieder uneingeschränkten Schutz genießen.

---

25 | Vgl. Dritter und Vierter Staatenbericht der Bundesrepublik Deutschland zu dem Übereinkommen der Vereinten Nationen über die Rechte des Kindes, 2010, und: Deutscher Bundestag, Plenarprotokoll 17/39 vom 05.05.2010, S. 3746ff.
26 | Vgl. Deutscher Bundestag, Drucksache 12/5845 vom 05.10.1993, Kleine Anfrage des Abgeordneten Konrad Weiß (Berlin) und der Gruppe Bündnis 90/Die Grünen: Situation der unbegleiteten minderjährigen Flüchtlinge, und: Drucksache 12/6075 vom 04.11.1993, Antwort der Bundesregierung etc., S. 4

B) Die Zuwanderung in der öffentlich-medialen Debatte

JASPER VON ALTENBOCKUM: DISKUSSIONSBEITRAG

Die offene Wunde

Die Wunden der Asyldebatte sind noch nicht verheilt. Auch zwanzig Jahre nach dem »Asylkompromiss« von 1993 gibt es weder über die damalige Politik noch über die Begrifflichkeit einen Konsens in Deutschland. Was eine multikulturelle Gesellschaft sei und ob Deutschland dazugehören müsse, war damals Gegenstand eines gerade aufbrechenden ideologischen Kampfes und ist heute noch immer umstritten. Auch das »Einwanderungsland«, das damals für die einen schon Tatsache war, für die anderen ein Ding der Unmöglichkeit, ist heute noch immer nicht ein Land, in dem sich jeder Einheimische zuhause und jeder Fremde willkommen fühlen würde. Nur auf eine Beobachtung könnten sich vielleicht alle Beteiligten einigen: dass der Asylkompromiss dazu führte, dass die Zahl der Asylbewerber fast über Nacht drastisch zurückging. Doch für die einen ist das ein Ausdruck inhumaner, ja rassistischer Politik, für die anderen Konsequenz der Einsicht in das Notwendige.

Woher kommt es, dass angesichts dieser dauerhaften Polarisierung der Kompromiss so lange halten konnte? Jede Antwort darauf muss berücksichtigen, dass der Asylkompromiss eine Art Waffenstillstand war, hinter deren wichtigste Bestimmung, die Einschränkung des individuellen Grundrechts auf Asyl, kein maßgeblicher Politiker mehr zurückgehen wollte. Was damals auf dem Spiel stand, hatte Herbert Wehner schon 1982 der SPD in einer vielzitierten Redewendung prophezeit: »Wenn wir uns weiterhin einer Steuerung des Asylproblems versagen, dann werden wir eines Tages von den Wählern, auch unseren eigenen, weggefegt.« Knapp zehn Jahre später schien es so weit zu sein. Die »Republikaner« erreichten unter dem Eindruck der Asyldebatte in Baden-Württemberg bei der Landtagswahl im April 1992 mehr als zehn Prozent der Stimmen, die DVU in Schleswig-Holstein mehr als sechs Prozent. Die Mordanschläge in Hoyerswerda, Solingen, Mölln, Rostock-Lichtenhagen und in anderen Städten, aus denen fast täglich Beschimpfungen, Pöbeleien oder Verbrechen gegen Asylbewerber gemeldet wurden, hatten Deutschland in eine Stimmung versetzt, die am Sitz von Parlament und Regierung, damals noch in Bonn, dazu führte, dass von einer Gefährdung der Demokratie die Rede war.

War das maßlos übertrieben? In der Rückschau werden Ursache und Wirkung ganz unterschiedlich bewertet. Für die Verfechter des Asylkompromisses ist es wichtig, den örtlichen Zusammenbruch öffentlicher Ordnung so zu erklären, dass Verwaltung und Gesellschaft, vor allem auf kommunaler Ebene, von einer Politik überfordert wurden, die in den Jahren zuvor tatenlos zugesehen hatte, wie die Zahl der Flüchtlinge und Asylbewerber, die nach Deutschland kamen, von Monat zu Monat gestiegen war. Diese Tatenlosigkeit sei Folge von Mutlosigkeit, von ideologischer Verblendung gewesen. Dagegen halten die Gegner der Asyl-Zäsur nicht etwa Verwaltung und Gesellschaft für überfordert, sondern die Politik – sie erst habe, etwa in übertriebenen Wahlkämpfen, eine Stimmung heraufbeschworen, in der die Ausländerfeindlichkeit wachsen und der »Asylant« zum Schimpfwort werden konnte. Der Anstieg des Zuzugs nach Deutschland sei nicht ein Ergebnis des Grundgesetzes und einer freizügigen Ausländerpolitik gewesen, sondern Resultat temporärer Entwicklungen – etwa der Öffnung des Eisernen Vorhangs oder der Jugoslawien-Kriege. Mit anderen Worten: Eine auf breiter Front ausländerfreundlich eingestellte Politik hätte Staat und Gesellschaft dazu gebracht, auch eine drastisch wachsende Zahl von Flüchtlingen und Asylbewerbern nicht nur zu ertragen, sondern als Bereicherung zu empfinden.

Dieser Gegensatz lebt immer wieder dann mit voller Wucht und Leidenschaft auf, wenn die Verantwortung für drastische Fehlentwicklungen zugeteilt wird – zuletzt im Gedenken etwa an die Ausschreitungen in Rostock-Lichtenhagen. Die Gewalt gegen Asylbewerber und die Morde von Mölln und Solingen müssen aus heutiger Sicht als »Vorgeplänkel« eines danach völlig unterschätzten Rechtsterrorismus betrachtet werden, dienen andererseits aber auch als Keule gegen die Politiker, die Anfang der 1990er Jahre für eine Änderung der Asylgesetzgebung agitierten. Die Gegner der damaligen Grundgesetzänderung können sich selbst exkulpieren – sie hatten ja nicht darauf hingewirkt und mussten sich deshalb nicht an einer Rhetorik beteiligen, die angeblich erst zur Radikalisierung ausländerfeindlicher Stimmungen führte. Die Befürworter eines neuen Artikel 16, die so indirekt als geistige Väter des Rechtsterrorismus gebrandmarkt werden, sehen hingegen gerade diejenigen in der Verantwortung, die einen Kompromiss über Jahre verhindert hatten und nicht auf Herbert Wehner hören wollten.

Doch da der Gegensatz auf völlig unterschiedliche Vorstellungen über ein »Einwanderungsland« zurückgeht, das sich in eine »Einwanderungsgesellschaft« fortentwickeln müsse, wäre er auch ohne solche Schuldzuweisungen nicht aus der Welt zu schaffen.

Zum Zeitpunkt der Abstimmung über den Asylkompromiss Ende Mai 1993 ging der Streit über Deutschland als einem »Einwanderungsland« quer durch die Parteien. Traditionalisten in CDU/CSU und SPD bestritten seit Ende der siebziger Jahre, dass sich Deutschland überhaupt je dazu entwickeln würde. Ihre Gegner, geschlossen nur die Grünen, behaupteten, dass Deutschland längst ein solches Land sei und sich die Politik endlich darauf einzustellen habe. Die ideologischen Befürworter eines solchen »neuen« Deutschlands waren zugleich die Apologeten einer zukünftigen »multikulturellen Gesellschaft«, deren Konzept erst Anfang der neunziger Jahre breitere Kreise zog – also just zum Zeitpunkt des Asylstreits.

Diese Konfrontation ging über das normale Maß politischer Auseinandersetzung hinaus, weil sich darin unversöhnliche Gesellschaftsentwürfe gegenüberstanden. Hier eine homogene Gesellschaft, die Integration im besten Fall als Assimilation, im schlechtesten Fall als Verlust der eigenen Heimat versteht. Dort eine Gesellschaft, die heterogen sein soll, weil sie sich über unterschiedliche Kulturen zu definieren hat und deshalb Integration als das Gegenteil von Assimilierung versteht. Hier eine Gesellschaft, die als Nation geschützt werden soll. Dort eine Gesellschaft, die das Korsett der Nation ganz ablegen und durch Europa ersetzt werden soll. Hier eine Gesellschaft, deren staatliche Institutionen der Einwanderung enge Grenzen setzt und innerhalb dieser engen Grenzen eine Richtung gibt. Dort eine Gesellschaft, für die der Staat nur insofern eine Leitung übernimmt, weil er sie in eine europäische Vielvölkergesellschaft transformieren soll.

Eine Annäherung war vor zwanzig Jahren und seither nur möglich, weil der ideologische Kampf eine Auseinandersetzung auch über die

Wahrnehmung von Realität war. Mit der Auffassung, Deutschland sei ein Einwanderungsland, konnte sich auch derjenige anfreunden, der nicht die multikulturelle Gesellschaft favorisierte, aber zugeben musste, dass Deutschland seit Jahren mit massenweiser Einwanderung zu tun hatte und weiter, wegen der demographischen Entwicklung, zu tun haben würde, um überhaupt bleiben zu können, wie es ist. Mit der Auffassung wiederum, Deutschland müsse den Weg in eine multikulturelle Gesellschaft gehen, konnte sich auch derjenige anfreunden, der nicht die deutsche Gesellschaft radikal verändern wollte, aber zugeben musste, dass diese Gesellschaft nicht mehr nur Heimat einer mehr oder weniger homogenen Kultur sein könne. Die teils sozialrevolutionären, teils ins Kitschige abgeglittenen Konzepte vom »Einwanderungsland« und von »Multikulti« verloren ihre normative Kraft in dem Maße, wie sie an deskriptiver Kraft gewannen.

Beides lebte später in der Auseinandersetzung über eine »Leitkultur« wieder auf. Da hatte der Asylkompromiss aber schon seine eigentliche Leistung vollbracht. Die Verständigung über die Ausländerpolitik, die zehn Jahre später unter einer von SPD und Grünen geführten Regierung zum Zuwanderungsgesetz führte, wäre ohne den Interessenausgleich von 1993 nicht möglich gewesen oder noch später gekommen.

Selbst mit dieser Fortentwicklung ist aus dem Waffenstillstand von 1993 aber noch kein Friedensabkommen geworden. Erst ein solcher Konsens über die Gräben von damals hinweg würde wohl schaffen, was neuerdings die Multikultur ersetzt hat – eine deutsche »Willkommenskultur«.

ROLAND PREUSS: DISKUSSIONSBEITRAG

Die Debatte um Zuwanderung in Deutschland

Es wurde nun viel durcheinandergeworfen, Anfang der 1990er Jahre, zumindest von meinem Nachbarn. Kanzler Helmut Kohl hatte erst vor kurzem eine Steuererhöhung im Zuge der Deutschen Einheit durchgebracht. Mein damaliger Nachbar, ein Mann um die 30, meinte dazu: »Wir dürfen immer mehr zahlen – und den Asylanten wird alles nachgeworfen!« Für ihn waren »die Ausländer« ein Ärgernis und eine große Last. Und natürlich hat er nicht unterschieden zwischen Gastarbeitern, Asylbewerbern oder Fachkräften, die es ja auch schon gab. Damit war er durchaus nicht alleine. Nach den damaligen Umfragen galt den Bürgern das Thema »Asyl/Ausländer« jahrelang als das wichtigste politische Problem der Republik.

Die Debatte um das Grundrecht auf Asyl erinnert heute an einen Glaubenskrieg. Sie war heftig und selbst entfacht: Die SPD hatte trotz stark steigender Asylbewerberzahlen eine Änderung des Grundrechts abgelehnt, die Union hatte sich dafür entschieden, Asyl zum Wahlkampfthema zu machen. Allein 1992 registrierten die Behörden mehr als 400.000 Asylanträge, die meisten davon waren aussichtslos, 95 Prozent wurden abgelehnt. Doch es war schwierig, die Menschen zur Heimkehr zu bewegen, viele klagten oder konnten nicht abgeschoben werden. Die Notwendigkeit für eine Reform war offensichtlich geworden.

Es ging aber nicht nur um Asylbewerber, wie eine Rede von Burkard Hirsch zeigt:

»Zwischen 1988 und 1991 waren insgesamt etwa 3,6 Mio. Menschen in die Länder der alten Bundesrepublik eingewandert, also etwa 900.000 pro Jahr. Davon waren 300.000 Aussiedler, 225.000 waren inländische Übersiedler aus der früheren DDR und jährlich 375.000 Ausländer, davon im Schnitt 50 Prozent, etwa 190.000, als Asylbewerber.«

Grünen-Politiker hinderten die Zahlen übrigens nicht daran, ein Bleiberecht für alle zu fordern. Das war ungesteuerte Zuwanderung als Programm. Die Debatte war also durchaus durch die Fakten gerechtfertigt. Nicht aber der Ton. Der Freiburger Historiker Ulrich Herbert hat Ihnen wahrscheinlich bereits einige der brandstiftenden Zitate aus dieser Zeit vorgetragen (die folgenden Sätze zitiert nach Herbert 2001). »Fast jede Minute ein neuer Asylant. Die Flut steigt – wann sinkt das Boot?«, hieß beispielweise eine Schlagzeile in der Bild-Zeitung. »Irre! 11.991 Mark für Asylfamilie – monatlich« eine andere. Edmund Stoiber warnte – 1988 bereits – vor einer »durchrassten« Gesellschaft – immerhin entschuldigte er sich später dafür. Und auch in der SPD vergriff man sich im Ton. Der nordrhein-westfälische SPD-Fraktionschef Friedhelm Farthmann forderte wörtlich: »Prüfung des Antrags so schnell wie irgend möglich, gegebenenfalls Überprüfung durch einen Einzelrichter an Ort und Stelle – und dann an Kopf und Kragen packen und raus damit.«

In dieser Zeit sei im Verhältnis zwischen Deutschen und Zuwanderern »etwas zerbrochen«, sagte Herbert einmal der Süddeutschen Zeitung. Und das war nicht der einzige Preis. Nach meiner Auffassung war die Debatte um Zuwanderung danach auf Jahre verhärtet. Jeder Vorstoß, Deutschland solle sich für Fachkräfte öffnen, solle angesichts sinkender Geburtenraten von Einwanderungsländern lernen, wurde vor allem von Seiten der Union brüsk zurückgewiesen. Solch eine Debatte befördere nur Ausländerfeindlichkeit, sagte der damalige Innenminister Wolfgang Schäuble. Ein weiteres Argument lautete: Nach der jüngsten Zuwanderungswelle sei die Öffnung für weitere Zuwanderer den Leuten nicht zumutbar. Kein Wunder, nachdem man so mühsam den Asylkompromiss gefunden hatte. Deutschland sei »kein Einwanderungsland«, betonte die Union. Und hinter diese klare Aussage konnte man jahrelang nicht zurück.

Dies war merkwürdig, denn faktisch war die Bundesrepublik längst zum Einwanderungsland geworden – das blieb so, auch nach dem Asylkompromiss. Die Asylbewerberzahlen gingen zwar zurück, doch es kamen weiterhin hunderttausende Menschen: Aussiedler, Nachzügler von Familienangehörigen, Arbeitnehmer durch Ausnahmen im Anwerbestopp für Gastarbeiter oder auch jüdische Kontingentflüchtlinge. Es war eine verschämte Debatte um Zuwanderung; eine, in der offiziell kleingeredet wurde, was stattfand.

Eine der Folgen davon waren zahlreiche Versäumnisse in der Integration, die heute gerne kritisiert werden. Obwohl Anfang der achtziger Jahre bereits gut erkennbar war, dass viele Gastarbeiter auf Dauer bleiben, schickte man deren Kinder noch in eigene Ausländerklassen, in denen sie nach eigenen Lehrplänen von türkischen Lehrern unterrichtet wurden. Sie sollten nicht die Bindung zur alten Heimat verlieren. Beide politischen Lager hatten ihre Gründe, auf eine Integrationspolitik zu verzichten. Die Union, weil sie weiter auf eine Rückkehr der »Ausländer« setzte. Integrationsmaßnahmen hätten da nur geschadet. Wenn der Ausländer möglichst ausländisch blieb, erhöhte das die Chancen zur Heimkehr. Im linken Spektrum dagegen hielt man Integrationsmaßnahmen in der multikulturellen Gesellschaft für überflüssig. Ja, war die Pflicht zu Deutschkursen oder gar Staatsbürgerkunde nicht »Zwangsgermanisierung«? Eine Integrationspolitik, die Hilfe anbietet und klare Erwartungen an die Einwanderer formuliert, konnte sich so nicht durchsetzen. Die Debatte war noch lange aufgeladen durch die Asylzuwanderung.

Man staunt, was in dieser Zeit schon alles in der Wissenschaft diskutiert wurde. Der Historiker Klaus Bade forderte bereits Anfang der 1990er Jahre, von anderen Einwanderungsländern zu lernen, wies auf die hohe Arbeitslosigkeit unter Zuwanderern hin und schlug Helmut Kohl in einem Brief eine »ganzheitlich konzipierte Migrations- und Integrationspolitik« vor sowie die Gründung eines »Bundesamtes für Migration und Integration«. Heute haben wir etwas ganz Ähnliches, das Bundesamt für Migration und Flüchtlinge, das auch die Integrationskurse organisiert. Damals aber lehnte Kohl ab und verwies auf Pläne für eine europäische Asyl- und Einwanderungspolitik. Wenn ich es recht in Erinnerung habe, hätte man schon zu dieser Zeit vom Nachbarn Niederlande ein hilfreiches Instrument übernehmen können: Integrationskurse, in denen staatsbürgerliches Wissen und die Sprache gelehrt wurden. Nichts davon wurde umgesetzt – oder auch nur ernsthaft politisch diskutiert.

Sicher kann man nicht alles auf die Asyldebatte schieben. Es gab weitere Faktoren, welche die Sicht auf Zuwanderung prägten. Wendepunkte waren die Landtagswahl in Hessen im Februar 1999 und die Anschläge vom 11. September 2001 in den USA. In ihrem ersten Koalitionsvertrag 1998 hatten SPD und Grüne noch eine weitgehende Liberalisierung des Staatsangehörigkeitsrechts vereinbart. Ausländer, die sich seit acht Jahren legal in Deutschland aufhalten, sollten das Recht auf einen deutschen Pass bekommen. Ausländer aus Nicht-EU-Staaten sollten das kommunale Wahlrecht erhalten und bei einer Einbürgerung den Pass ihres Ursprungslandes behalten dürfen. Nichts davon wurde verwirklicht. Dies lag zum Ersten an der Landtagswahl in Hessen 1999, bei der der spätere Ministerpräsident Roland Koch (CDU) den »Doppelpass« durch eine Unterschriftenkampagne zum Thema gemacht und damit die Abstimmung gewonnen hatte. Insbesondere die Grünen verloren damals Stimmen, und die rot-grüne Koalition in Berlin ihre Mehrheit im Bundesrat. Der Schock saß tief.

Zweitens änderte sich die Stimmung weiter durch die Anschläge in New York und Washington. Von vielen wurden Zuwanderer nun als mögliche Terroristen wahrgenommen. Dies wirkte sich auf das zweite große ausländerpolitische Projekt der Koalition aus, die erleichterte Zuwanderung von Fachkräften und ein großzügigeres Bleiberecht für Flüchtlinge. Acht Tage nach den Anschlägen sagte Bundesinnenminister Otto Schily (SPD) im Bundestag:»Wir werden über das Zuwanderungsgesetz zu reden haben.« Unter den Flüchtlingen seien »leider einige darunter«, die dieses Recht für terroristische Aktionen missbrauchten. Seitdem übertrafen sich Schily und sein bayerischer Kollege Günther Beckstein (CSU) regelmäßig in der Schärfe ihrer Forderungen. Mal wollte Schily mutmaßlich gefährliche Personen vorbeugend einsperren, mal forderte Beckstein, eingebürgerten Islamisten müsse ihr deutscher Pass leichter wieder abgenommen werden dürfen.

Auch die schlechten Konjunkturdaten seit 2001 hatten Auswirkungen auf die Debatte über das Zuwanderungsgesetz. Ursprünglich hatte die Koalition eine großzügige Regelung vorgesehen, mit der Fachkräfte nach einem Punktesystem und festgelegten Quoten einwandern sollten. Doch als die Zahl der Arbeitslosen stieg, verebbte die Diskussion. Leute aus dem Ausland zu holen, während in Deutschland Millionen Menschen ohne Job sind, verkaufte sich politisch schlecht. Dementsprechend streng fiel das Zuwanderungsgesetz aus, in dem die Union viele ihrer Forderungen verwirklichen konnte. Die rot-grüne Koalition musste eine Einigung erzielen mit der Union, weil das Gesetz im Bundesrat zustimmungspflichtig war.

Auch deshalb kamen in den folgenden Jahren immer weniger Ausländer nach Deutschland: Die Zahl neuer Asylbewerber sank von etwa 99.000 im Jahr 1998 auf 35.600 im Jahr 2004. Ein Rückgang, der auf eine strenge Handhabung des Ausländerrechts, aber auch auf Militäreinsätze im Ausland zurückgeht, die etwa in Bosnien oder in Afghanistan zu einer Stabilisierung der Lage und damit zur Rückkehr und Vermeidung von Flüchtlingen beigetragen haben. Die großen Herausforderungen der Ausländerpolitik lagen erstmals seit langem nicht in der Begrenzung von Zuwanderung. Das wichtigste Thema wurde die Integration von Ausländern, die bereits in Deutschland leben. Die Hintergründe sind weitgehend bekannt: Die Arbeitslosenquote unter Ausländern ist seit Jahren etwa doppelt so hoch wie unter Deutschen. Ursache sind meist fehlende Schul- oder Berufsabschlüsse und mangelnde Deutschkenntnisse. Gerade junge Zuwanderer brechen die Schule ab und haben damit ein hohes Risiko, später keine Arbeit zu finden.

Bald zeigte sich: Das Zuwanderungsgesetz reichte nicht, die zweite große Aufgabe zu bewältigen, die Anwerbung von Fachkräften aus dem Ausland. Ihre Arbeit würde zum Wachstum beitragen und zusätzliche Arbeitsplätze schaffen. Die erste Regelung, die ein Mindesteinkommen bei klassisch Hochqualifizierten von 84.000 Euro pro Jahr vorschrieb, bildete nur eine Katzenklappe für Spitzenkräfte: es kamen sehr wenige, nur ein paar hundert. Bei diesem Thema waren die meisten Parteien viel zurückhaltender als beim Thema Integration. Nach den Erfahrungen mit dem Staatsbürgerschaftsrecht wagten 2005 lediglich noch die Grünen, eine »aktive Einwanderungspolitik« ins Wahlprogramm zu schreiben.

Aber: Es kam langsam Bewegung in die Zuwanderungsdebatte, ich würde den Zeitpunkt in den ersten Jahren des neuen Jahrtausends ansetzen. Der Fortschritt begann mit Realismus und bewegte sich in Trippelschritten voran. Der Realismus lässt sich etwa an Aussagen der damaligen grünen Verbraucherschutzministerin, Renate Künast, ablesen. »Multikulti« sei möglich, sagte Künast (in der Bild am Sonntag), aber es gebe zwei Grundregeln: »Regel eins: Haltet euch an unser Grundgesetz! Regel zwei: Hier wird Deutsch gesprochen!« Für die Äußerung wäre Renate Künast zehn Jahren zuvor wahrscheinlich noch aus jeder Grünen-Versammlung gejagt worden.

Immer wieder wurden nun der demografische Wandel, der absehbare Mangel an Fachkräften und die drohenden Folgen für die Unternehmen diskutiert. Bundeskanzler Gerhard Schröder befeuerte die Debatte mit seiner Green Card ab dem Jahr 2000, Bayerns Ministerpräsident konterte mit einer »Blue Card«. Beim Thema Fachkräfte war plötzlich eine Dynamik da. Im Ausländerrecht waren die Etappen: die Reform des Staatsangehörigkeitsrechts im Jahr 2000. Das Zuwanderungsgesetz 2005, mit dem Integrationskurse bundesweit eingeführt wurden. Der Integrationsgipfel und die Islamkonferenz von Wolfgang Schäuble ab dem Jahr 2006. Plötzlich geschah in zehn Jahren mehr als in den 30 Jahren zuvor. Und das durchaus von beiden politischen Lagern. Langsam, langsam sprach sich auch herum, wie unterschiedlich Zuwanderer sein können; je nachdem, ob sie nun als (oft niedrig qualifizierte) Asylbewerber kommen, als Familienangehörige oder eben als hochqualifizierte Fachkräfte. Der

Fachkräftemangel war ein Schlüssel für mehr Offenheit. Natürlich hat Thilo Sarrazins Bestseller »Deutschland schafft sich ab« nochmals neue Polemik in die Debatte gebracht. Aber sie wurde auf politischer Ebene nicht so erhitzt geführt wie die Asyldebatte Anfang der 1990er Jahre. Sie machte gerade Union und SPD aber klar, welch große Vorbehalte bei den Wählern weiter existieren. Kein Wunder also, dass die Öffnung verschämt geblieben ist: Die Hürden für Fachkräfte wurden in Zentimeterschritten gesenkt; man hat so viel herum getüftelt in den vergangenen Jahren, dass das Zuwanderungsrecht sehr unübersichtlich geworden ist.

Symptomatisch ist, wie sich die Begriffe dazu entwickelt haben: Die Integrationsbeauftragte Maria Böhmer von der CDU spricht heute vom »Integrationsland« Deutschland, ihr Parteikollege und CDU-Vize Armin Laschet von der Aufsteigerrepublik auch für Migranten. Der Integrationsprogrammatiker der Bundes-SPD, Klaus Wowereit, fordert: Deutschland muss wieder Einwanderungsland werden, weil 2010 mehr Menschen auswanderten als einwanderten, die SPD warnt aber gleichzeitig vor Dumpinglöhnen durch Zuwanderer. Nur Volker Bouffier steht noch für die alte Linie, im Herbst 2010 sagte er (Hamburger Abendblatt vom 25.11.2010): »Wir haben Einwanderung, aber Deutschland ist kein Einwanderungsland.«

Literatur

Klaus J. Bade: Ausländer – Aussiedler – Asyl in der Bundesrepublik Deutschland, Hannover/Bonn 1994.
Ulrich Herbert: »Geschichte der Ausländerpolitik in Deutschland«, München 2001, Beck Verlag.
Thilo Sarrazin: Deutschland schafft sich ab. Wie wir unser Land aufs Spiel setzen, München 2010.

IV. Weiterentwicklung des Asylrechts

Recht auf Auswanderung – Recht auf Einwanderung?

Migrationsgerechtigkeit heute

Winfried Kluth

1. Einführung

Beginnend mit der Allgemeinen Erklärung der Menschenrechte aus dem Jahr 1949 finden sich in internationalen Menschenrechtspakten Gewährleistungen der Ausreisefreiheit. Sie werden indes nicht durch eine funktional korrespondierende Gewährleistung einer Einreise- oder Zuwanderungsfreiheit ergänzt und bleiben damit imperfekt. Die traditionelle Sichtweise, die auch vom Mainstream der modernen politischen Philosophie geteilt wird[1], rechtfertigt diese »Systemlücke« mit dem aus der Souveränität der Staaten folgenden Anspruch, selbst darüber zu entscheiden, wer Zugang zu ihrem Territorium hat. Diese Begründung wird aber auch immer wieder in Zweifel gezogen.[2] Die folgenden Überlegungen gehen der Frage nach, ob die traditionelle Sichtweise mit Grundsätzen der Migrationsgerechtigkeit in Einklang steht und welche Änderungen in diesem Bereich einzufordern sind.

2. Die Rechtfertigung von Staatsgrenzen als Wanderungsbarrieren

Migrationsprozesse standen im Laufe der Geschichte je nach kulturellen und wirtschaftlichen Rahmenbedingungen unter ganz verschiedenen

---

[1] | Siehe *Nussbaum*, 2010. Zu Einzelheiten später im Text.
[2] | Siehe aktuell *Eichenhofer*, 2013, 135ff.

politischen und rechtlichen Regimen.³ Die Zeit der Moderne bis in die Gegenwart ist indes durch die einheitliche Struktur des Nationalstaates geprägt, der seine Grenzen überwacht. Dabei erweist sich das Dogma der gleichen Souveränität aller Staaten (Art. 2 Ziffer 1 UN-Charta) und die daraus folgende Gebietshoheit als Konstante des Migrationsrechts: Jeder Staat ist völkerrechtlich – vorbehaltlich abweichender völkervertragsrechtlicher Regelungen – frei, den Zugang zu seinem Staatsgebiet zu regeln.⁴

Mit dieser Entscheidungsfreiheit des einzelnen Staates, die natürlich auch zu einer weiten Öffnung im Sinne eines Einwanderungsstaates genutzt werden kann, korrespondiert seine Gewährleistungsverantwortung für die eigenen Staatsbürger sowie die auf dem Territorium anwesenden »Fremden« als Kehrseite der Souveränität. Im freiheitlichen Verfassungsstaat gilt: Wer herrscht, der schuldet auch Schutz und Hilfe.⁵ Insoweit setzt die völkerrechtliche Doktrin auch die Verortung von Rechtsgewährleistungspflicht und Solidarität primär auf der staatlichen Ebene voraus. Diese komplementäre Sichtweise wird letztlich von der AEMR gefordert, die die sozialen Menschenrechte umfasst (Art. 22ff.) und auch das solidarische Verhalten der Bürger anspricht (Art. 29).⁶

Vor diesem Hintergrund erweist sich das Asyl- und Flüchtlingsrecht als ein menschenrechtliches und humanitäres Zugeständnis, bei dem die Eigeninteressen des Staates zurücktreten. Dabei ist allerdings zu beachten, dass das Völkerrecht und auch die Genfer Flüchtlingskonvention von den Staaten formal nicht verlangen, dass sie einem Fremden Zutritt zum eigenen Staatsgebiet gewähren müssen, um einen Asylantrag zu stellen.⁷ In der Praxis kommt es jedoch meist alleine darauf an, dass ein Kontakt

---

3 | Knapper Überblick dazu bei *Hoerder u.a., 2007, 40ff.*
4 | *Hailbronner*, 2008, 50ff. Für die Auswanderung gilt die Gewährleistung des Art. 12 II IPBPR.
5 | Zu diesem Zusammenhang näher *Krings*, 2003, 28ff.
6 | Art. 29 I AEMR hat folgenden Wortlaut: »(1) Jeder hat Pflichten gegenüber der Gemeinschaft, in der allein die freie und volle Entfaltung seiner Persönlichkeit möglich ist.« Diese Formulierung schlägt auch die Brücke zu jenen Rechtskulturen, die die Pflichten gegenüber der Gemeinschaft stärker betonen als die individuelle Freiheit. Siehe dazu näher *Tomuschat*, 81ff. Siehe auch *Eichenhofer*, 2012.
7 | Dies folgt bereits aus der Wortlautanalyse. Problematisch sind in diesem Zusammenhang Maßnahmen auf See, durch die das Erreichen der Hoheitsgewässer durch Flüchtlingsboote verhindert werden soll, wenn es dadurch zu Gefährdungen

zum jeweilige Staat besteht, weil auch bei einer Zurückweisung vor dem Betreten des Staatsgebietes das Refoulement-Verbot (Art. 33 GFK, Art. 2, 3 EMRK, § 60 AufenthG)[8] greift mit der Folge, dass jedenfalls in Fällen, in denen mit entsprechenden Gefährdungen zu rechnen ist, ein Zutritt gewährt werden muss.

Diese auf ein menschenrechtliches Minimum beschränkte Gewährung von Freizügigkeit in Gestalt der Einreise durch das Völkerrecht wirft die Frage auf, ob damit den »Versprechungen« der Menschenrechte genügt wird und die Staaten ihrer solidarischen Erfüllungspflicht gerecht werden. Es liegt nahe, diese Frage auf der Grundlage der am weitesten verbreiteten Theoriegrundlage für politische Gerechtigkeit zu diskutieren, wie sie von *John Rawls* entwickelt wurde. Im Kern geht es dabei darum, wie weit eine über den Einzelstaat hinausgehende Solidaritätspflicht besteht bzw. menschenrechtlich begründet und damit als Gebot der Gerechtigkeit bezeichnet werden kann.

3. DIE GRENZE DER KONTRAKTUALISTISCHEN STAATS- UND GERECHTIGKEITSTHEORIEN FÜR DIE BEGRÜNDUNG VON UNIVERSALEN ANSPRÜCHEN

Einen Anknüpfungspunkt für eine weiter gehende Forderung nach einer internationalen distributiven Gerechtigkeit findet sich unter anderem bei Autoren, die das von *John Rawls* für liberale Gesellschaften entwickelte Differenzprinzip auch auf die Beziehungen zwischen Staat bzw. Völkern anwenden wollen. So vertreten z.B. *Charles Beitz*[9] und *Thomas Pogges*[10] die Ansicht, dass zwischen den Staaten eine Pflicht zu ausgleichender Gerechtigkeit bestehe, mit der Folge, dass die wohlhabenden Nationen einen erheblichen Teil ihres Reichtums zur Unterstützung der weniger wohlhabenden Nationen einsetzen müssten. Dies würde aber nicht nur Entwicklungshilfeleistungen, sondern auch andere Maßnahmen wie die

---

der Flüchtlinge kommt. In diesen Fällen können aus den allgemeinen seerechtlichen Hilfspflichten rechtliche Schranken abgeleitet werden.
8 | Zu Einzelheiten *Hecht*, 2008, § 5 Rn. 145ff.; *Zimmermann*, 2006, Kap. 27, Rn. 29ff.
9 | *Beitz*, 1979.
10 | *Pogges*, 1994.

Öffnung der eigenen Märkte und die Erleichterung von Zuwanderung betreffen, wenn diese Maßnahmen für die Zielerreichung förderlich sind.[11] *Rawls* selbst ist dieser Ausweitung des Anwendungsbereichs des Differenzprinzips indes in seinem Spätwerk »Das Recht der Völker« entgegengetreten.[12] Er begründet dies auf verschiedenen argumentativen Ebenen. Zunächst macht *Rawls* deutlich, dass seine Theorie der Gerechtigkeit, als deren zentraler Bestandteil das Differenzprinzip fungiert, ausschließlich für liberale Gesellschaften und damit die einzelstaatliche Ebene entwickelt wurde. Die in diesem Zusammenhang getroffenen Annahmen seien auf die Beziehung zwischen Nationen nicht übertragbar. Nicht alle Nationen seien als liberale Gesellschaften konzipiert. Vor allem aber bestehe das primäre Ziel der Entwicklung zur Gerechtigkeit darin, die institutionellen Rahmenbedingungen einer liberalen Gesellschaft zu etablieren. Dies sei nicht in erster Linie eine Ressourcenfrage und könne zudem nicht von außen erzwungen werden. Zwischen den Staaten könne es deshalb eine Gerechtigkeitspflicht nur in Bezug auf elementare Bereiche der Gerechtigkeit wie die Achtung elementarer Menschenrechte und die Abwendung von Notlagen geben, nicht aber eine umfassende Distributionspflicht. Diese Konzeption entspricht im Ergebnis der Konzeption der UN-Charta, die vor allem bei den Regelungen zur humanitären Intervention von vergleichbaren Grundsätzen ausgeht.

Der Argumentation von *Rawls* liegt aber eine von ihm nicht angesprochene weitere Selbstbeschränkung zugrunde, auf die *Nussbaum*[13] hinweist: Wie alle anderen Vertreter von kontraktualistischen Staats- und Gerechtigkeitsmodellen ist auch *Rawls* nur in der Lage, eine Verständigung über Solidarität und Gerechtigkeit innerhalb einer Nation zu erreichen. Nur die Nation bzw. der Staat ist ein Ort, innerhalb dessen die institutionellen Voraussetzungen einer liberalen Gesellschaft verwirklicht werden können. Dabei ist wichtig, dass für *Rawls* eine liberale Gesellschaft ein breites Spektrum konkreter Ausgestaltungen annehmen kann, etwa in der Frage der Kultur- und Wirtschaftsordnung mit entsprechenden unterschiedlichen Auswirkungen auf die soziale Gerechtigkeit. Es gibt deshalb

---

11 | Durch Zuwanderung können bekanntlich nicht unerhebliche Geldtransfers in die Herkunftsländer ermöglicht werden, die zur Verbesserung des Lebensstandards und der wirtschaftlichen Entwicklung beitragen.
12 | *Rawls*, 2002, 143ff. Siehe auch die Kritik von Nussbaum, 2010, 364ff.
13 | *Nussbaum*, 2010, 315f.

nicht »die« liberale Gesellschaft und »die« soziale Gerechtigkeit, sondern nur ein Spektrum, innerhalb dessen sich einzelne Nationen bewegen können, um als liberale Gesellschaften anerkannt werden zu können. Vor diesem Hintergrund ist eine Verständigung über Gerechtigkeit, die den Staat überschreitet, jenseits elementarer Anforderungen jedoch strukturell ausgeschlossen. Zwischen Staaten bestehen keine institutionellen Rahmenbedingungen, die eine mit der Solidarität auf staatlicher Ebene vergleichbare Solidarität begründen könnten, wie sie für die Anwendung des Differenzprinzips erforderlich ist. Der daraus ebenfalls folgende Vorrang der Interessen der eigenen Bürger gegenüber Ausländern hat zur Konsequenz, dass es kein allgemeines Einwanderungsrecht gibt und die staatlichen Pflichten nicht über die Gewährung von Asyl hinausgehen.

Nussbaum hat die strukturelle Begrenztheit des von *Rawls* entwickelten Argumentationsansatzes auch im Hinblick auf die internationale Gerechtigkeit kritisiert und auch für diesen Bereich die Anwendung des von ihr und *Amartya Sen*[14] entwickelten Befähigungsmodells vorgeschlagen.[15] Der Unterschied dieses Ansatzes besteht vor allem darin, dass sich die normativen Vorgaben der Theorie nicht auf institutionelle Rahmenbedingungen (liberale Gesellschaft) und Verfahren (Differenzprinzip, Schleier des Nichtwissens) beziehen, sondern auf substanzielle Gewährleistungen, wie Befähigungen oder Fähigkeiten, die in der Sache mit den bedeutsamsten bürgerlichen und sozialen Menschenrechten in vielen Punkten übereinstimmen, aber auch andere Dimensionen einbeziehen.[16]

---

14 | Siehe dazu *Sen*, 2010, 281ff. Zum Ganzen auch *Kluth*, 2010, 135; Kluth, 2013, § 29.

15 | *Nussbaum*, 2010, 376ff.

16 | Siehe die »Kataloge« bei Sen, 2010, 253ff. und *Nussbaum*, 1998, 227ff.: »1. Fähig zu sein, bis zum Ende eines vollständigen Lebens leben zu können, soweit, wie es möglich ist; nicht frühzeitig zu sterben oder zu sterben, bevor das Leben so vermindert ist, dass es nicht mehr lebenswert ist. 2. Fähig zu sein, eine gute Gesundheit zu haben; angemessen ernährt zu werden; angemessene Unterkunft zu haben; Gelegenheit zur sexuellen Befriedigung zu haben; fähig zu sein zur Ortsveränderung. 3. Fähig zu sein, unnötigen und unnützen Schmerz zu vermeiden und lustvolle Erlebnisse zu haben. 4. Fähig zu sein, die fünf Sinne zu benutzen; fähig zu sein, zu phantasieren, zu denken und zu schlussfolgern. 5. Fähig zu sein, Bindungen zu Personen außerhalb unserer selbst zu unterhalten; diejenigen zu lieben, die uns lieben und sich um uns kümmern; über ihre Abwesenheit zu trauern; in einem

Wer nun aber erwartet, dass für *Nussbaum* die Forderungen einer grenzüberschreitenden, internationalen Gerechtigkeit wesentlich weiter gehen als bei *Rawls*, sieht sich enttäuscht. Denn obwohl *Nussbaum* den begrenzten Begründungsrahmen des Nationalstaates in ihrer Argumentation überwindet, muss auch sie anerkennen, dass bei der Begründung von Ansprüchen jede über den staatlichen Rahmen hinausgehende Konzeption an Grenzen stößt. Auch für *Nussbaum* bleibt der Staat die Institution, die alleine in der Lage ist, eine umfassende Solidarität zu begründen und zu fordern. Sie schließt sich dabei unter Berufung auf *Adam Smith* der Sicht von *Rawls* an, dass sich die Interpretation von Menschenwürde und Gerechtigkeit von Gesellschaft zu Gesellschaft unterscheiden kann und sich die Völker gerade in Staaten auf ein Modell in einer auf Autonomie basierenden Form verständigen können.[17]

Forderungen nach einer weiter reichenden distributiven Gerechtigkeit, die auch die Erweiterung des Einreiserechts umfassen, lassen sich demnach weder aus den Menschenrechten noch aus den vorherrschenden Konzeptionen der politischen Philosophie ableiten. Das im internationalen Recht verankerte Konzept, das den Nationalstaaten die Zustän-

---

allgemeinen Sinne lieben und trauern sowie Sehnsucht und Dankbarkeit empfinden zu können. 6. Fähig zu sein, sich eine Auffassung des Guten zu bilden und sich auf kritische Überlegungen zur Planung des eigenen Lebens einzulassen. 7. Fähig zu sein, für und mit anderen leben zu können, Interesse für andere Menschen zu zeigen, sich auf verschiedene Formen familialer und gesellschaftlicher Interaktion einzulassen. 8. Fähig zu sein, in Anteilnahme für und in Beziehung zu Tieren, Pflanzen und zur Welt der Natur zu leben. 9. Fähig zu sein, zu lachen, zu spielen und erholsame Tätigkeiten zu genießen. 10. Fähig zu sein, das eigene Leben und nicht das von irgendjemand anderen zu leben. 10a. Fähig zu sein, das eigene Leben in seiner eigenen Umwelt und in seinem eigenen Kontext zu leben.«

17 | *Nussbaum*, 2010, 402, 427f.: »Wie ich gezeigt habe, hat die nationale Souveränität einen moralischen Wert, weil sie eine Form darstellt, in der die Menschen ihre Autonomie, also ihr Recht, sich selbst eigene Gesetze zu geben, zum Ausdruck bringen können. [...]. Der Fähigkeitenansatz betont, dass bestimmte elementare Ansprüche Teil aller einzelstaatlichen Verfassungen der Welt sein sollten. Er lässt jedoch sehr viel Raum für Unterschiede in der Interpretation und der institutionellen Umsetzung sowie für Differenzen in anderen Bereichen außerhalb dieses Kerns. Der Schutz der nationalen Souveränität in einer pluralistischen Welt ist ein wichtiger Aspekt des Schutzes menschlicher Freiheit.«

digkeit zur Ausgestaltung sozialer Gerechtigkeit und Solidarität zuweist und in diesem Kontext weite Gestaltungsräume für die Regelung der Zuwanderung überlässt, ist keinen grundsätzlichen Einwänden ausgesetzt. Im Gegenteil: es erweist sich als notwendiger Rahmen einer internationalen Ordnung, die den einzelnen Gesellschaften ausreichenden Raum für Autonomie belässt. Die Feststellung von *Nussbaum*, ein Weltstaat sei *ipso facto* tyrannisch[18], mag zu weit gehen. Sie beruht aber grundsätzlich auf einer zutreffenden Einschätzung der Gefährdungslage und kann allenfalls durch moderate Konzepte einer föderal organisierten Weltregierung[19] entkräftet werden.

4. Der »detektivische Zug« der Menschenrechtsdebatte

Dieses bescheidene Ergebnis einer mit viel Aufwand betriebenen theoretischen Reflexion sollte indes nicht zu dem Schluss verleiten, dass den Menschenrechten jenseits elementarer Sicherungen kaum Bedeutung für die Förderung der Migrationsgerechtigkeit zukomme. Zu diesem Zweck muss die Aufmerksamkeit auf wichtige dynamische Elemente gelenkt werden, die im modernen System des Schutzes und der Entwicklung der Menschenrechte enthalten sind. Diese bestehen im Wesentlichen aus zwei Elementen: erstens aus den mit den Menschenrechtspakten verbundenen Überwachungsmechanismen und zweitens aus den Prozessen der Konkretisierung einzelner Menschenrechte durch spezielle Verträge und Konventionen. Hinzu kommt als drittes, auf einzelstaatlicher Ebene zu verortendes Element der Einfluss von Menschenrechten auf die Interpretation von Normen durch die Gerichte.

Sieht man von den wirkungsmächtigen regionalen Menschenrechtspakten der EMRK und der AMRK einmal ab, so fehlt es den internationalen Menschenrechtspakten an gerichtlichen Durchsetzungsmechanismen. Diese waren zwar bei der Konzeption der internationalen Menschenrechtspakte als Option vorgesehen, fanden jedoch keine ausreichende Ratifikationsmehrheit. Man setzt deshalb auf die Arbeit einer Menschenrechtskommission, die das Verfahren der Berichtsprüfung be-

---

18 | *Nussbaum*, 2010, 429.
19 | Dazu *Höffe*, 2010, 82ff.

treibt, bei dem zu einzelnen Staaten auf der Grundlage von Nationalen Berichten und Expertenberichten Stellungnahmen verabschiedet werden, die selbst keine Sanktionswirkung besitzen, sondern durch öffentlichen Druck die Staaten zu einer Beseitigung von Missständen bewegen sollen.[20] Das Verfahren wurde nach Kritik am ursprünglichen Format im Jahr 2006 grundlegend reformiert und wird nun als wirksamer eingeschätzt.[21]

Von großer praktischer Bedeutung für das Migrationsrecht ist die Konkretisierung von Menschenrechten durch thematisch spezialisierte Konventionen, die der näheren Ausgestaltung und Durchsetzung einzelner Menschenrechte dienen. Beispiele dafür sind das Übereinkommen zur Beseitigung jeder Form von Diskriminierung der Frau von 1979 (CEDAW)[22], das Internationale Übereinkommen von 1966 zur Beseitigung aller Formen der Rassendiskriminierung[23] sowie das Übereinkommen über die Rechte des Kindes von 1989.[24] Jenseits der Begründung von konkreten Rechtspflichten wird durch solche Abkommen, ebenso wie durch die Stellungnahmen des Menschenrechtsausschusses, die so genannte »detektivistische Wirkung von Menschenrechten«[25], die unter anderem dazu beiträgt, dass das Problembewusstsein für bestimmte Menschenrechtsverletzungen geschärft und damit zugleich das Gespür für Verfolgungsgründe verfeinert wird.

Zu erwähnen ist schließlich die Bedeutung, die menschenrechtlichen Gewährleistungen bei der Auslegung des innerstaatlichen Rechts durch die deutschen Gerichte zukommt. Hier ist den letzten Jahren eine steigende Sensibilität zu beobachten, die vor dem Hintergrund der Völkerrechtsfreundlichkeit des Grundgesetzes auch eine Völkerrechtsfreundlichkeit der Rechtsanwender etabliert hat. Die methodisch korrekte Einbeziehung auch solcher völkerrechtlicher Abkommen, die nicht den Status eines völkerrechtlichen Vertrages besitzen, etwa im Rahmen der

---

20 | Dazu, differenzierend nach den einzelnen Pakten, *Opitz*, 2002, 74ff.; *Vedder*, 2009, § 174, Rn. 128ff.; *Tomuschat*, 2008, 167ff.
21 | *Tomuschat*, 2008a, 197f.
22 | *Heintschel von Heinegg*, 2009, § 175, Rn. 7ff.
23 | *Heintschel von Heinegg*, 2009, § 175, Rn. 64ff.
24 | *Heintschel von Heinegg*, 2009, § 175, Rn. 47ff.; exemplarisch: *Cremer*, 2006.
25 | *Habermas*, 1998, 180 unter Bezugnahme auf *Wingert*, 1995.

Interpretation unbestimmter Rechtsbegriffe[26], ermöglicht eine Übernahme der menschenrechtlichen Entwicklung auch unabhängig von förmlichen Umsetzungsakten. Gerichte tragen dadurch ebenfalls im Rahmen ihrer zwar beschränkten, aber faktisch sehr wirkmächtigen Gestaltungsmöglichkeiten[27] zur Migrationsgerechtigkeit bei.

5. DIE EUROPÄISCHE UNION ALS MODELL EINER REGIONALEN MIGRATIONS- UND SOLIDARGEMEINSCHAFT

Die bisherigen Überlegungen erfolgten vor dem Hintergrund einer binären Ordnung, in der sich Einzelstaaten und Weltordnung gegenüberstehen. Mit der Europäischen Union ist nunmehr eine Rechtsordnung in die Überlegungen einzubeziehen, die den Schritt zu einer regionalen Migrationsordnung beschritten hat. Das dabei zugrunde gelegte Modell von Migrationsgerechtigkeit verdient besondere Aufmerksamkeit.

5.1 Das Freizügigkeitsrecht der Unionsbürger als neues Paradigma

Die Gewährleistung von Freizügigkeit stand von Beginn an im Zentrum der Europäischen Integration. Neben dem freien Warenverkehr, dem bis heute die größte wirtschaftliche Bedeutung im Binnenmarktgeschehen zukommt, wurden von Beginn an die Arbeitnehmerfreizügigkeit sowie die mit der Niederlassungs- und Dienstleistungsfreiheit verbundenen Freizügigkeitsrechte, die sich auch auf Mitarbeiter und Familienangehörige aus Drittstaaten erstreckten, gewährleistet.[28]

Einen systematisch entscheidenden Schritt, durch den das Freizügigkeitsrecht von der wirtschaftlichen Betätigung abgekoppelt und nur an den Personenstatus geknüpft wurde, vollzog sodann der Vertrag von Maastricht, bei dem mit der politischen Union die Unionsbürgerschaft als

---

26 | Das gilt auch für die Berücksichtigung der AEMR: *Nettesheim*, 2009, § 173, Rn. 38ff.
27 | Dazu näher *Kluth*, 2011, 51ff.
28 | Siehe vertiefend die Darstellungen bei *Schönberger*, 2005, 315ff.; *Wollenschläger*, 2007, 90ff.

neuer grundlegender Status der Unionsbürger[29] eingeführt und diesen ein primärrechtliches, allgemeines Freizügigkeitsrecht in Art. 8b EGV (anschließend Art. 18 EGV und heute Art. 21 AEUV) zuerkannt wurde. Obwohl Art. 21 II AEUV das allgemeine Freizügigkeitsrecht nach Wortlaut und Systematik von den sekundärrechtlich geregelten »Bedingungen und Voraussetzungen« abhängig macht, geht der EuGH in seiner Rechtsprechung von einem direkt aus Art. 21 I AEUV folgenden subjektiven Recht aus, mit der Folge, dass die beschränkenden Regelungen an diesem zu messen sind und verhältnismäßig sein müssen.[30] Diese methodisch umstrittene Interpretation der Freizügigkeit der Unionsbürger ist nicht ohne Bedeutung für das Verständnis der Unionsbürgerschaft als Status, da dieser damit in seiner primärrechtlichen Dimension verstärkt wird. Umgekehrt würde aus Art. 21 AEUV lediglich ein sekundärrechtlich bedingtes subjektives Recht folgen.

Die Bedeutung dieses allgemeinen Freizügigkeitsrechts der Unionsbürger, das durch die Richtlinie 2004/38/EG auf der Grundlage der Rechtsprechung des EuGH[31] näher ausgestaltet und im mitgliedstaatlichen Aufenthaltsrecht integriert ist[32], wird in ihrer großen Reichweite erst deutlich, wenn ihre Wechselwirkungen mit dem allgemeinen Diskriminierungsverbot aus Art. 18 AEUV[33] sowie ihre Wirkungen im Bereich der sozialen Rechte[34] in den Blick genommen werden. Neben der Freizügigkeit der Unionsbürger innerhalb des Binnenmarktes, die sowohl die Ein- als auch die Ausreise umfasst, wird für ausreisende Unionsbürger die »Mobilität« ihrer im Heimatstaat erworbenen sozialen Rechte geschaffen[35] und für einreisende Unionsbürger im Falle eines unionsrechtlich rechtmäßigen

---

29 | So die ständige Formulierung des EuGH Urt. v. 20.09.2001, Rs. C-184/99, Slg. 2001, I-6193, Rn. 31 (Grzelczyk); zuletzt Urt. v. 8.3.2011, Rs. C-34/09, Rn. 41 (Ruiz Zambrano): dazu kritisch *Hailbronner/Thym*, 2011, 2008ff.

30 | Siehe zu diesem Verständnis der Rechtsprechung *Stewen*, 2011, 100ff.

31 | Zur Richtlinie und ihrer Orientierung an der Rechtsprechung des EuGH näher *Stewen*, 2011, 77ff.

32 | In Deutschland: Freizügigkeitsgesetz/EU; dazu im Einzelnen *Kurzidem*, 2008, § 6.

33 | Dazu vertiefend *Kluth*, 2011a, Art. 21 AEUV, Rn. 3, 6; *Wollenschläger*, 2007, 325ff.

34 | *Stewen*, 2011, 140ff.; *Schönberger*, 2005, 349ff.

35 | *Kluth, 2011a, Art. 21 AEUV*, Rn. 4.

Aufenthalts ein (begrenzter) Zugang zu den sozialen Sicherungssystemen des Aufnahmelandes begründet.[36] Die Unionsbürger werden damit zwar noch immer nicht den Staatsangehörigen völlig gleichgestellt. Sie werden aber in die solidarischen Sicherungssysteme der Mitgliedstaaten einbezogen mit der Folge, dass die Statusdifferenzen zu den Staatsangehörigen erheblich reduziert werden.[37]

Es liegt nahe, diese Entwicklung auch aus dem Blickwinkel der von *Georg Jellinek* entwickelten Statuslehre[38] zu interpretieren. Dabei geht es weniger darum, die verschiedenen formalen Dimensionen[39] in den Blick zu nehmen, die mit der Statuslehre verbunden werden. Von Bedeutung ist vielmehr die diesen zugrunde liegende Sichtweise des Bürgerstatus als Rechtsverhältnis. Mit dem Verständnis der Unionsbürgerschaft als grundlegendem Status wird deshalb zum Ausdruck gebracht, dass der einzelne Unionsbürger in einer fundamentalen Rechtsbeziehung sowohl zur Union als auch zu den (allen!)[40] Mitgliedstaaten steht, die unabhängig ist vom Gebrauch einzelner Rechte. Diese Dimension des Statusdenkens erschließt sich nicht durch den Hinweis, der Status der Unionsbürgerschaft könne nicht mehr leisten oder garantieren als die Summe der im Primär- und Sekundärrecht geregelten Einzelrechte.[41] Damit wird nur auf den ersten Blick an den Wortlaut des Art. 19 AEUV angeknüpft, denn die erste Aussage und Wirkung dieser Norm besteht gerade darin, eine dogmatische Grundlage für die Zuweisung dieser Rechte zu schaffen: die Unionsbürgerschaft als personale Dauerrechtsbeziehung, die zudem ausweislich des Art. 25 AEUV dynamisch auf Zuwachs an Rechten hin ausgelegt ist.[42] An die Idee eines Status in diesem Sinne knüpfte der EuGH

---

36 | EuGH U. v. 18.12.2007, Rs. C-396/05 (Doris Habelt) u.a. mit Anmerkung *Kluth*, 2008, 64ff.; EuGH U. v. 20.6.2007, Rs. C-352/06 (Brigitte Bosmann) mit Anmerkung *Kluth*, 2008a, 238ff.

37 | Zu den nach wie vor bestehenden substantiellen Unterschieden *Kluth*, 2011a, Art. 20 AEUV, Rn. 16f.; zur Sichtweise des BVerfG: BVerfGE 89, 155 (184).

38 | Dazu im hundertsten Todesjahr Jellineks *Brugger*, 2011, 1ff.

39 | Konkret: status subiectionis (Souveränität), status libertatis/negativus (Liberalität), status activus (Demokratie), status positivus (Sozialstaat). Siehe dazu näher *Jellinek*, 1902, 82ff.

40 | Siehe dazu Art. 23 AEUV und dazu *Kluth*, 2011a, Art. 23 AEUV, Rn. 2.

41 | Siehe auch *Hailbronner/Thym*, 2011, 2008ff.

42 | *Kluth*, 2011a, Art. 25 AEUV, Rn. 5f.

auch in seiner Entscheidung *Ruiz Zambrano* an, in der es um die Ausweisung der Eltern mit Drittstaatsangehörigkeit von zwei Kindern mit Unionsbürgerschaft ging, die nicht alleine im Gebiet der Union hätten verbleiben können. Dies hätte aber dazu geführt, dass ihnen die durch die Erlangung der belgischen Staatsangehörigkeit zugewachsene Unionsbürgerschaft in aufenthaltsrechtlicher Hinsicht keinerlei rechtliche Wirkungen mehr entfaltet hätte. Diese Rechtsfolge würde nach Ansicht des EuGH die Unionsbürgerschaft und das mit ihr verbundene Aufenthaltsrecht zu einem *nudum ius* entleeren, eine Rechtswirkung, die mit dem Status der Unionsbürgerschaft nicht zu vereinbaren gewesen wäre. Ob es glücklich war, in diesem Zusammenhang von einem Kernbestand an Rechten, die mit der Unionsbürgerschaft verbunden sind, zu sprechen, ohne dies inhaltlich zu konturieren, ist fraglich. Auch wäre es methodisch überzeugender gewesen, das vorlegende mitgliedstaatliche Gericht auf das naheliegende Ergebnis hinzuweisen, da zugleich die belgische Staatsangehörigkeit der Kinder in ihren rechtlichen Wirkungen in Frage gestellt wurde.

Festzuhalten bleibt, dass mit der Unionsbürgerschaft und dem allgemeinen Freizügigkeitsrecht aus Art. 21 AEUV auf einen hohem Niveau eine Migrationsfreiheit für Unionsbürger begründet wird, die zwar nicht zu einer vollständigen Integration in die mitgliedstaatliche Solidargemeinschaft führt, sich dieser aber sehr stark annähert, so dass nur noch unter besonderen Bedingungen Ungleichbehandlungen und damit letztlich Ausweisungen erfolgen können.

5.2 Die Einbeziehung von Drittstaatsangehörigen

Neben und mit der Entwicklung des Freizügigkeitsrechts der Unionsbürger ist auch die bereits erwähnte Einbeziehung von Drittstaatsangehörigen hervorzuheben, die zur Familie von Unionsbürgern gehören. Es gehört zu den Besonderheiten dieser Rechtsentwicklung, dass im Anwendungsbereich der Richtlinie 2004/38/EG die Familienangehörigen von Unionsbürgern besser behandelt werden als die Familienangehörigen von Deutschen.[43] Die Einbeziehung von Drittstaatsangehörigen, die sich in einem Mitgliedstaat rechtmäßig aufhalten, in das Freizügigkeitsregime der Unionsbürger ist ein programmatisches Ziel der Unionspolitik,

---

43 | Dazu näher *Kurzidem*, 2008, § 6, Rn. 22ff.; *Fischer-Lescano*, 2005, 288ff.

das seinerseits menschenrechtliche Implikationen der Migrationsgerechtigkeit erkennen lässt. Hinter der Gleichbehandlung steht der Gedanke, dass jedenfalls ab dem Zeitpunkt, in dem sich ein Drittstaatsangehöriger rechtmäßig[44] in einem Mitgliedstaat aufhält, die Vorzüge und Freiheiten des Raumes der Freiheit und der Sicherheit auch ihm zugutekommen sollen. Die rechtmäßige Anwesenheit begründet in diesen Fällen ebenfalls einen Anspruch auf Zugehörigkeit, allerdings nicht mit der gleichen sachlichen Reichweite, wie dies bei den Unionsbürgern der Fall ist. Zu dieser Entwicklung hat maßgeblich die Rechtsprechung des EGMR zu Art. 8 EMRK beigetragen, durch die die rechtlichen Folgen der Anwesenheit verdeutlicht und rechtlich abgesichert wurden.[45]

6. Fazit und Ausblick

Die vorstehenden Überlegungen haben gezeigt, dass unter Berufung auf Migrationsgerechtigkeit keine weitgehende Freigabe der Zuwanderung von den einzelnen Staaten verlangt werden kann. Auch für moderne Gerechtigkeitstheorien, die den von *Rawls* entwickelten Zielsetzungen und Konkretisierungsmechanismen folgen, bleibt es primär Aufgabe der Einzelstaaten, durch die Entwicklung einer liberalen Gesellschaftsordnung mit angemessenen institutionellen Rahmenbedingungen den menschenrechtlich verbrieften Ansprüchen der Bürger gerecht zu werden.[46]

Eine darüber hinausgehende Verantwortung besteht jedoch im Hinblick auf die Verpflichtungen aus den Menschenrechtspakten immer dann, wenn andere Staaten gegenüber den eigenen Bürgern die Menschenrechte auch in elementaren Bereichen nicht gewährleisten oder aus sonstigen Gründen nicht in der Lage sind, menschenwürdige Lebensbedingungen zu gewährleisten. In diesen Fällen ist es ein menschenrechtlich begründetes Gebot, einerseits die Entwicklung in diesen Staaten durch Entwicklungshilfe oder humanitäre Interventionen zu fördern, andererseits aber auch die Zuwanderung im Rahmen des Flüchtlingsrechts zu ermöglichen.[47]

---

44 | Genauer: nach unionsrechtlichen Maßstäben rechtmäßig.
45 | Dazu näher *Kluth*, 2009, 381ff.
46 | *Maaßen*, 1997, 380ff.
47 | Zu diesem Zusammenhang auch *Cyrus*, 2010, 317ff.

Ein solches Verhalten ist eine wesentliche Bedingung für die wirksame Umsetzung der Menschenrechtspakte, da diese nach wie vor nur durch die Einzelstaaten erfüllt werden können.

Der Entwicklung und Ausgestaltung der Menschenrechte kommt für die Ausdifferenzierung der Migrationsgerechtigkeit vor allem bei der Verfeinerung der Erkenntnis von Verfolgungsgründen eine unterstützende und orientierende Funktion zu. Dies gilt insbesondere für das Verständnis von Diskriminierungsverboten.

Darüber hinaus ist mit *Martha Nussbaum* davon auszugehen, dass an den einzelstaatlichen Strukturen auch aus Gründen der Sicherung der Autonomie der Nationen und ihres Rechts auf eigenständige Gestaltung der politischen und kulturellen Rahmenbedingungen des Zusammenlebens festzuhalten ist. Mit jeder Uniformierung der Lebensbedingungen auf der überstaatlichen Ebene sind Gefährdungen des Pluralismus und der Freiheit verbunden. Aber auch die Bereitschaft zu solidarischem Verhalten, die für die Aufnahme von Flüchtlingen und Zuwanderung aus sonstigen Gründen erforderlich ist, kann nur innerhalb eines Rahmens erfolgen, in dem politische Selbstbestimmung gewährleistet ist. Die Europäische Union besitzt inzwischen aufgrund ihrer weit entwickelten solidarischen Elemente neben den Mitgliedstaaten grundsätzlich einen solchen Rahmen. Seine Tragfähigkeit und Belastbarkeit sollte aber nicht überschätzt werden. Es ist noch nicht an der Zeit, auf Unionsebene die gleiche Solidarität einzufordern, wie dies auf staatlicher Ebene möglich ist. Deshalb sollte eine Erweiterung der Vereinheitlichung des Migrationsrechts nur mit großer Vorsicht auf den Weg gebracht werden, um die Entwicklung der Union als politische Union nicht zu gefährden. Mit dem erforderlichen Augenmaß kann sich die Europäische Union aber auch weiterhin als innovatives Labor der Migrationsgerechtigkeit erweisen.

Literatur

Beitz, Charles, R. (1979): Political Theory and International Relations, Princeton.

Brugger, Winfried (2011): Georg Jellineks Statuslehre: national und international. Eine Würdigung und Aktualisierung anlässlich seines 100. Todestages im Jahr 2011, in: Archiv des Öffentlichen Rechts 136 (2011), Nr. 1.

Cremer, Hendrik (2006): Der Anspruch des unbegleiteten Kindes auf Betreuung und Unterbringung nach Art. 20 des Übereinkommens über die Rechte des Kindes, Baden-Baden.

Cyrus, Norbert (2010): Irreguläre Migration – Zum Stand der Diskussion menschenrechtlicher Ansätze in der Bundesrepublik Deutschland, in: Zeitschrift für Ausländerrecht und Ausländerpolitik 2010, 317ff.

Eichenhofer, Eberhard (2012): Soziale Menschenrechte im Völker-, europäischen- und deutschen Recht, Tübingen.

Eichenhofer, Eberhard (2013): Einreisefreiheit und Ausreisefreiheit, in: Zeitschrift für Ausländerrecht und Ausländerpolitik 2013, 135.

Fischer-Lescano, Andreas (2005): Nachzugsrechte von drittstaatsangehörigen Familienmitgliedern deutscher Unionsbürger, in: Zeitschrift für Ausländerrecht und Ausländerpolitik 2005, 288.

Habermas, Jürgen (1998): Zur Legitimation durch Menschenrechte, in: ders., Die postnationale Konstellation, Frankfurt, 170

Hailbronner, Kay (2008): Asyl- und Ausländerrecht, 2. Auflage, Stuttgart.

Hailbronner, Kay/Thym, Daniel (2011): Ruiz Zambrano – Die Entdeckung des Kernbereichs der Unionsbürgerschaft, in: NJW 2011, 2008.

Hecht, Bettina (2008): in: Kluth, Winfried/Hund, Michael/Maaßen, Hans-Georg, Zuwanderungsrecht, Allgemeines Zuwanderungs- und Aufenthaltsrecht, Aufenthaltsrecht nach europäischem Recht, Baden-Baden, § 5.

Heintschel von Heinegg (2009): Spezielle Menschenrechtspakte, in: Merten, Detlef/Papier, Hans-Jürgen, Handbuch der Grundrechte, Bd. VI/2, Heidelberg, § 175.

Hoerder, Dirk/Lucassen, Jan/Lucassen, Leo (2007): Terminologien und Konzepte in der Migrationsforschung, in: Bade, Klaus J./Emmer, Pieter C./Lucassen, Leo/Oltmer, Jochen, Enzyklopädie Migration in Europa – Vom 17. Jahrhundert bis zur Gegenwart, Paderborn, 28.

Höffe, Otfried (2010): Eine Weltrechtsordnung als subsidiäre und föderale Weltrepublik, in: Kluth, Winfried, Facetten der Gerechtigkeit, Baden-Baden, 82.

Jellinek, Georg (1902): System der subjektiven öffentlichen Rechte, Tübingen.

Kluth, Winfried (2008): Anmerkung zu EuGH U. v. 18.12.2007, Rs. C-396/05 (Doris Habelt), in: Zeitschrift für Ausländerrecht und Ausländerpolitik, 2008, 64.

Kluth, Winfried (2008a): Anmerkung zu EuGH U. v. 20.6.2007, Rs. C-352/06 (Brigitte Bosmann), in: Zeitschrift für Ausländerrecht und Ausländerpolitik, 2008, 238.

Kluth, Winfried (2009): Anwesenheit und Zugehörigkeit – Zur grundrechtsdogmatischen Verortung von Verwurzelung als neuem Topos des Aufenthaltsrechts, in: Zeitschrift für Ausländerrecht und Ausländerpolitik 2009, 381.

Kluth, Winfried (2010): Kriterien der Gerechtigkeit, in: ders., Facetten der Gerechtigkeit, Baden-Baden, 122.

Kluth, Winfried (2011): Gerechtigkeit in der Rechtsprechung, in: Staatskanzlei des Landes Sachsen-Anhalt (Hg.), Unsere Suche nach Gerechtigkeit, Halle, 51.

Kluth, Winfried (2011a): Art. 20-25 AEUV in: Calliess, Christian/Ruffert, Matthias, EUV/AEUV, 4. Aufl., München, 2011.

Kluth, Winfried (2013): Gerechtigkeit, in: Kube, Hanno/Mellinghoff, Rudolf/Morgenthaler, Gerd/Palm, Ulrich/Seiler, Christian/Puhl, Thomas, Leitgedanken des Rechts, Paul Kirchof zum 70. Geburtstag, Heidelberg, § 29.

Krings, Günter (2003): Grund und Grenzen grundrechtlicher Schutzansprüche, Berlin.

Kurzidem, Clemens (2008): in: Kluth, Winfried/Hund, Michael/Maaßen, Hans-Georg, Zuwanderungsrecht, Allgemeines Zuwanderungs- und Aufenthaltsrecht, Aufenthaltsrecht nach europäischem Recht, Baden-Baden, 2008, § 6.

Maaßen, Hans-Georg (1997): Die Rechtsstellung des Asylbewerbers im Völkerrecht, Frankfurt.

Nettesheim, Martin (2009): Allgemeine Erklärung der Menschenrechte, in: Merten, Detlef/Papier, Hans-Jürgen, Handbuch der Grundrechte, Bd. VI/2, Heidelberg, § 173.

Nussbaum, Martha C. (1998): Gerechtigkeit oder das Gute Leben, Berlin

Nussbaum, Martha C. (2010): Grenzen der Gerechtigkeit – Behinderung, Nationalität und Spezieszugehörigkeit, Berlin.

Opitz, Peter J. (2002): Menschenrechte und Internationaler Menschenrechtsschutz im 20. Jahrhundert, München.

Pogges, Thomas W. (1994): An Egalitarian Law of Peoples, in: Philosophy and Public Affairs 23 (1994).

Rawls, John (2002): Das Recht der Völker, Berlin.

Schönberger, Christoph (2005): Unionsbürgerschaft, Tübingen.

Sen, Amartya (2010): Die Idee der Gerechtigkeit, München.
Stewen, Susanne (2011): Die Entwicklung des allgemeinen Freizügigkeitsrechts der Unionsbürger und seiner sozialen Begleitrechte, Tübingen.
Tomuschat, Christian (2008): Human Rights. Between Idealism and Realism, 2. Aufl., Oxford.
Tomuschat, Christian (2008a): Internationaler Menschenrechtsschutz – Anspruch und Wirklichkeit, in: Zeitschrift Vereinte Nationen, 5/2008, 195.
Vedder, Christoph (2009): Die allgemeinen UN-Menschenrechtspakte und ihre Verfahren, in: Merten, Detlef/Papier, Hans-Jürgen, Handbuch der Grundrechte, Bd. VI/2, Heidelberg, § 174.
Wingert, Lutz (1995): Türöffner zu geschlossenen Gesellschaften, in: Frankfurter Rundschau vom 6.8.1995.
Wollenschläger, Ferdindand (2007): Grundfreiheit ohne Markt, Tübingen.
Zimmermann, Andreas (2006): Ausweisungsschutz (Kap. 27), in: Grote, Rainer/Marauhn, Thilo, EMRK/GG Konkordanzkommentar zum europäischen und deutschen Grundrechtsschutz, Tübingen.

Das Bundesamt für Migration und Flüchtlinge und der Wandel des Asylrechts

Manfred Schmidt

1. DAS BUNDESAMT FÜR MIGRATION UND FLÜCHTLINGE

Das Bundesamt für Migration und Flüchtlinge ist als nachgeordnete Behörde des Bundesministeriums des Innern die zentrale Migrations- und Integrationsbehörde in Deutschland. Es wurde 1953 als Bundesdienststelle für die Anerkennung ausländischer Flüchtlinge gegründet und feiert im Jahr 2013 sein 60-jähriges Jubiläum. Mit dem Ausländergesetz vom 28. April 1965 wurde die Behörde zum »Bundesamt für die Anerkennung ausländischer Flüchtlinge« aufgewertet. Sie hatte damals rund 60 Mitarbeiterinnen und Mitarbeiter. Die hohe Zahl an Asylbewerbern Anfang der 1990er Jahre führte zu organisatorischen Veränderungen und zu einem Anstieg des Personals. Das Bundesamt richtete in den Bundesländern insgesamt 48 Außenstellen ein und beschäftigte zu der Zeit über 4.000 Mitarbeiterinnen und Mitarbeiter.

Seit 2005 ist als neue Aufgabe die Integration hinzugekommen, die heute den zweiten zentralen Arbeitsbereich bildet und im Aufenthaltsgesetz verankert ist. Zu den Aufgaben gehören darüber hinaus insbesondere die internationale Zusammenarbeit, Resettlement und die Durchführung humanitärer Aufnahmeaktionen, die Rückkehrförderung und die Führung des Ausländerzentralregisters. Zudem hat das Bundesamt seit 2005 eine eigene Forschungsgruppe.

Heute hat das Bundesamt rund 2.100 Mitarbeiterinnen und Mitarbeiter. Mit der Zentrale in Nürnberg, 22 Außenstellen und vier dezentralen Organisationseinheiten hat sich das Amt zu einem Kompetenzzentrum für die Themen Migration, Asyl, Integration und Resettlement entwickelt. Rund 800 Mitarbeiterinnen und Mitarbeiter sind im Bereich Asyl tätig, davon rund 300 als Entscheider in den 22 Außenstellen.

2. ASYL UND FLÜCHTLINGSSCHUTZ IN DEUTSCHLAND

2.1 Grundlagen des Asylverfahrens

Nach Art. 16a Abs. 1 GG genießen politisch Verfolgte in der Bundesrepublik Deutschland das Recht auf Asyl. Damit ist das Asylrecht in Deutschland ein individuell einklagbarer Rechtsanspruch mit Verfassungsrang. Die Grundlagen der heute geltenden rechtlichen Rahmenbedingungen wurden mit der Asylrechtsreform in den Jahren 1992 und 1993 geschaffen.

Im Asylverfahren werden zwei Arten von Anträgen unterschieden. Mit einem Asylerstantrag beantragt ein Ausländer erstmals Asyl in Deutschland. Ein Asylfolgeantrag liegt vor, wenn der Ausländer nach Rücknahme oder unanfechtbarer Ablehnung eines früheren Asylantrags erneut einen Asylantrag stellt (§ 71 AsylVfG).

Für die Unterbringung der Asylbewerber sind die Bundesländer zuständig. Die Verteilung auf die Bundesländer erfolgt nach einem festgelegten Satz, dem so genannten Königsteiner Schlüssel. Die Durchführung der Asylverfahren und die Entscheidung obliegt dem Bundesamt für Migration und Flüchtlinge – in seinen Außenstellen erfolgen die Antragstellung und persönliche Anhörung des Schutzsuchenden sowie die Entscheidung über seinen Antrag. Im Rahmen der Asylentscheidungen arbeitet das Bundesamt mit vielen Akteuren zusammen, u.a. mit Gerichten, Rechtsanwälten und Nichtregierungsorganisationen (NGOs).

Bei ihren Entscheidungen können sich die Entscheider des Bundesamts auf ein umfangreiches Informationssystem mit 2 Millionen Dokumenten stützen, auf eine Bibliothek mit über 68.000 Medieneinheiten, auf Auswertungen der Länderanalysereferate, die mit rund 250 Stellen zusammenarbeiten, sowie auf Berichte des Verbindungspersonals des Bundesamts in verschiedenen Herkunftsländern. Die Informationssammlungen werden vom Informationszentrum Asyl und Migration betreut.

Gegen eine ablehnende Entscheidung des Bundesamtes kann der Antragsteller vor den Verwaltungsgerichten klagen. Der Kläger richtet seine

Klage gegen die Bundesrepublik Deutschland, die vom Bundesamt vertreten wird.

2.2 Formen der Schutzgewährung

In Deutschland gibt es drei Formen der Schutzgewährung: Neben dem eigentlichen politischen Asyl nach Art. 16a GG stehen der Flüchtlingsschutz und das Abschiebungsverbot (sog. subsidiärer Schutz).

Das Grundrecht auf Asyl gilt allein für politisch Verfolgte, d.h. für Personen, die eine staatliche Verfolgung erlitten haben bzw. denen eine solche nach einer Rückkehr in ihr Herkunftsland droht. Dem Staat sind dabei auch staatsähnliche Organisationen gleichgestellt, die den Staat systematisch verdrängt haben und ihn damit ersetzen (quasi-staatliche Verfolgung). Entscheidend für die Asylgewährung ist, ob eine Person »wegen ihrer Rasse, Religion, Nationalität, Zugehörigkeit zu einer bestimmten sozialen Gruppe oder wegen ihrer politischen Überzeugung« (Art. 1 A Nr. 2 Genfer Flüchtlingskonvention) Verfolgung mit Gefahr für Leib und Leben oder Beschränkungen ihrer persönlichen Freiheit ausgesetzt sein wird oder solche Verfolgungsmaßnahmen begründet befürchtet.

Breiter gefasst ist der Anwendungsbereich für den Flüchtlingsschutz: Nach § 3 Abs. 1 AsylVfG in Verbindung mit § 60 Abs. 1 AufenthG erhält ein Ausländer in Deutschland Flüchtlingsschutz, wenn sein Leben oder seine Freiheit in seinem Herkunftsstaat wegen seiner Rasse, Religion, Staatsangehörigkeit, seiner Zugehörigkeit zu einer bestimmten sozialen Gruppe oder wegen seiner politischen Überzeugung bedroht ist. Die Verfolgung kann vom Staat und von staatsähnlichen Akteuren wie etwa Parteien und Organisationen ausgehen (quasi-staatliche Verfolgung). Sie kann auch durch nichtstaatliche Akteure bedingt sein, sofern staatliche oder staatsähnliche Akteure bzw. internationale Organisationen erwiesenermaßen nicht in der Lage oder willens sind, Schutz vor der Verfolgung zu bieten und keine innerstaatliche Fluchtalternative besteht.

Der Flüchtlingsschutz hat in der Praxis in den letzten Jahren erheblich an Bedeutung gewonnen. Das hat zum einen mit der so genannten Drittstaatenregelung zu tun. Nach dieser steht die Möglichkeit des Asyls nur Personen offen, die ohne vorherigen Aufenthalt in einem sicheren Drittstaat in die Bundesrepublik Deutschland einreisen – dies betrifft insbesondere die EU-Mitgliedstaaten. Zum anderen hat die Zahl der Schutzsuchenden zugenommen, die politische Verfolgung durch nichtstaatliche

Akteure geltend machen und damit zwar keinen Anspruch auf politisches Asyl, aber auf Flüchtlingsschutz haben.

Durch das am 1. Januar 2005 in Kraft getretene Zuwanderungsgesetz wurde der Aufenthaltsstatus der beiden Gruppen angeglichen. Sowohl Asylberechtigte nach Art. 16a Abs. 1 GG als auch Personen, denen die Flüchtlingseigenschaft zuerkannt worden ist, erhalten zunächst eine Aufenthaltserlaubnis für drei Jahre. Sofern keine Voraussetzungen für einen Widerruf oder die Rücknahme der Anerkennung vorliegen (§ 26 Abs. 3 AufenthG), wird diese dann in eine Niederlassungserlaubnis umgewandelt. Die Aufenthaltserlaubnis für diese beiden Gruppen ermöglicht den Zugang zum Arbeitsmarkt.

Abschiebeverbot bzw. subsidiärer Schutz (§ 60 Abs. 2, 3, 5 oder Abs. 7 AufenthG) kann Personen gewährt werden, die die Voraussetzungen für eine Anerkennung als Asylberechtigte oder Flüchtlinge zwar nicht erfüllen, denen jedoch dennoch schwerwiegende Gefahren für Leib, Leben oder Freiheit drohen. Dies ist insbesondere der Fall bei drohender Folter, Todesstrafe, unmenschlicher oder erniedrigender Strafe oder Behandlung sowie anderen erheblichen konkreten Gefahren für Leib, Leben oder Freiheit, wie im Herkunftsstaat nicht behandelbare Krankheiten. Das Verbot der Abschiebung gilt nur bei Gefahren, die dem Antragsteller von staatlichen oder nichtstaatlichen Akteuren im Zielland der Abschiebung drohen (zielstaatsbezogene Abschiebungsverbote). Ein Ausländer, bei dem ein Abschiebungsverbot nach § 60 Abs. 2, 3, 5 oder Abs. 7 AufenthG festgestellt wurde, erhält eine einjährige, verlängerbare Aufenthaltserlaubnis. Ob subsidiärer Schutz zu gewähren ist, prüft das Bundesamt automatisch, nachdem ein Asylantrag gestellt wurde.

3. Asylzuwanderung

3.1 Entwicklung der letzten Jahre und aktuelle Trends

Seit Ende der 1980er Jahre hat die Asylzuwanderung nach Deutschland zugenommen. 1992 erreichte sie mit 438.000 Anträgen (Erst- und Folgeanträge) ihren zahlenmäßigen Höchststand.

Die Asylrechtsreform der frühen 1990er Jahre, aber auch geopolitische Veränderungen in dieser Zeit führten zu einem deutlichen Rückgang der Antragszahlen ab Mitte der 1990er Jahre. Im Jahr 2007 wurden mit 19.164 Erstanträgen so wenige Asylanträge gestellt wie nie zuvor in Deutschland.

Zwischen 1990 und Ende 2012 haben in Deutschland fast 2,5 Millionen Menschen politisches Asyl beantragt. Bis zum Ende der 1990er Jahre stammte der größte Teil der Asylbewerber aus Europa (einschließlich der Türkei und der damaligen UdSSR bzw. der heutigen Russischen Föderation). Ab dem Jahr 2000 stellten dann jährlich mehr Antragsteller aus asiatischen als aus europäischen Herkunftsstaaten einen Asylantrag in Deutschland.

Seit 2008 steigt die Zahl der Anträge wieder deutlich an – 2012 sind mit über 64.000 Anträgen rund dreimal so viele Erstanträge beim Bundesamt eingegangen wie 2008; im ersten Halbjahr 2013 waren es bereits rund 43.000 Erstanträge. Dennoch liegt die Zahl deutlich unter den Antragszahlen der frühen 1990er Jahre – ein Umstand, den wir bei der aktuellen öffentlichen Debatte um Asylsuchende in Deutschland nicht aus den Augen verlieren dürfen.

Hauptherkunftsländer waren in den letzten Jahren insbesondere Afghanistan, Iran, Irak, Syrien und Pakistan, zuletzt aber auch Serbien. Die Zahl der Asylsuchenden aus den ersten vier genannten Ländern ist seit 2008 um rund 280 % gestiegen. Der Arabische Frühling zeichnet sich in den Antragszahlen dagegen so gut wie nicht ab, Asylsuchende etwa aus Ägypten oder Libyen sind kaum zu verzeichnen.

3.2 Das Jahr 2012

Das Jahr 2012 war von unterschiedlichen Entwicklungen im Bereich Asyl gekennzeichnet. 64.539 Personen stellten in diesem Jahr einen Erstantrag auf Asyl beim Bundesamt für Migration und Flüchtlinge, hinzu kamen 13.112 Folgeanträge. Damit waren in diesem Jahr zusammen über 77.000 Asylanträge zu verzeichnen und somit ein Anstieg um 45 % im Vergleich zu 2011. Die erneute Steigerung der Zahl der Antragsteller ist vor allem auf den vermehrten Zugang aus den Hauptherkunftsländern, hier vor allem aus Afghanistan, Pakistan, Syrien, Irak und dem Iran, zurückzuführen sowie auf die unerwartet hohen Zugangszahlen aus Serbien und Mazedonien ab Spätsommer 2012. Der Trend der wachsenden Antragszahlen setzt sich auch in 2013 fort.

Im Jahr 2012 gab es mit Blick auf den Bereich des Asyls eine in Presse und Öffentlichkeit viel diskutierte Entwicklung: Bereits seit der Einführung der Visa-Liberalisierung für die Staaten des Westbalkans war in der Bundesrepublik Deutschland in den Wintermonaten insbesondere aus Serbien und Mazedonien ein erhöhter Zugang von Asylbewerbern zu verzeichnen. 2012 setzte dieser erhöhte Zuzug erstmalig bereits im August ein und war um ein Vielfaches höher als in den Jahren zuvor. Insgesamt wurden 2012 aus den fünf Ländern des Westbalkans (Serbien, Mazedonien, Montenegro, Kosovo und Bosnien-Herzegowina) 17.244 Erstanträge gestellt, der weitaus größte Anteil davon ab August 2012. Für Serbien ist damit 2012 ein Anstieg um 85 %, für Mazedonien ein Anstieg von 300 % zu verzeichnen.

Deutschland hat im europäischen und internationalen Vergleich eine hohe Schutzquote. Die Schutzquote ist der Anteil der Antragsteller, denen politisches Asyl, Flüchtlingsschutz oder Abschiebungsschutz gewährt wird. Für alle Herkunftsländer lag sie 2012 mit 17.140 positiven Entscheidungen von insgesamt 61.826 bei 27,7 %. Politisches Asyl erhielten nach Art. 16a GG 740 Personen bzw. 1,2 % der Menschen, über deren Antrag 2012 entschieden wurde, zugesprochen. Flüchtlingsschutz erhielten 8.024 Personen bzw. 13 %, ein Abschiebungsverbot wurde für 8.376 bzw. 13,6 % der Antragsteller ausgesprochen. Insbesondere Asylsuchende aus Syrien, Iran oder Irak haben sehr hohe Schutzquoten, bei Syrien liegt sie gegenwärtig bei rund 96 %.

Eine weitere Entwicklung war im Jahr 2012 relevant: Das Bundesverfassungsgericht hat am 18. Juli 2012 entschieden, dass die Regelungen zu den Grundleistungen nach dem Asylbewerberleistungsgesetz mit dem Grundrecht auf Gewährleistung eines menschenwürdigen Existenzminimums aus Art. 1 Abs. 1 in Verbindung mit Art. 20 Abs. 1 GG unvereinbar sind. Die Höhe dieser Geldleistungen ist laut dem Urteil des BVerfG unzureichend und ihre Berechnung nicht nachvollziehbar.

Der Gesetzgeber ist nun verpflichtet, hierzu eine Neuregelung zu schaffen. Das Bundessozialministerium erarbeitet eine Neufassung des Gesetzes. Bis zu seinem Inkrafttreten hat das Bundesverfassungsgericht eine Übergangsregelung getroffen. Daher ist ab dem 1. Januar 2013 die Höhe der Geldleistungen im Anwendungsbereich des Asylbewerberleistungsgesetzes entsprechend den Grundlagen der Regelungen des Zweiten und Zwölften Buches des Sozialgesetzbuches zu berechnen. Damit steigen die Sätze der Leistungen auf die Höhe der Sätze des Arbeitslosengelds II.

4. Die Internationalisierung des deutschen Asylrechts: Auswirkungen auf das Asylverfahren und die Arbeit des Bundesamts

Das deutsche Asylrecht ist nicht statisch. Seit seiner Verabschiedung am 27. Juli 1993 ist das Asylverfahrensgesetz häufig aktualisiert und veränderten Rahmenbedingungen angepasst worden. Das hatte jeweils auch Einfluss auf das Verfahren und die Arbeit des Bundesamtes.

Von wachsender Bedeutung sind rechtliche Entwicklungen auf internationaler und EU-Ebene. Einige zentrale Bausteine dieses Prozesses der Internationalisierung – und in letzter Zeit insbesondere der Europäisierung – werden im Folgenden skizziert.

4.1 Die Genfer Flüchtlingskonvention und das deutsche Asylrecht

Die Genfer Flüchtlingskonvention gehört zu den wesentlichen Bestandteilen des deutschen Asylrechts. Nach der Schaffung eines gesetzlich geregelten Asylverfahrens durch die Asylverordnung im Jahre 1953 wurde Asyl zunächst allein auf der Grundlage der Genfer Konvention gewährt.

In der Folgezeit trat die Genfer Konvention in ihrer Bedeutung hinter das Asylgrundrecht zurück. Heute nimmt der Flüchtlingsschutz nach der Genfer Konvention wieder eine zentrale Rolle im deutschen Asylrecht ein. Das Zuwanderungsgesetz hat die Rechte von Schutzberechtigten nach der Genfer Konvention und von Asylberechtigten einander angeglichen. Die wachsende Vergemeinschaftung des Asylrechts im EU-Recht führte dazu, dass der Flüchtlingsschutz nach der Genfer Konvention wieder als eigenständiger Schutzstatus im deutschen Recht verankert wurde. Er wird mittlerweile auch zahlenmäßig wieder bedeutsamer.

4.2 Einfluss der EU: Die Vergemeinschaftung des Asylrechts

Das deutsche Asylrecht wird mittlerweile zunehmend von der Rechtsetzung auf EU-Ebene beeinflusst. Der Vertrag von Lissabon weist der Europäischen Union eine (Teil-)Zuständigkeit in der Asyl- und Flüchtlingspolitik zu. Gleichwohl handelt es sich hierbei nach wie vor um ein Politikfeld, in dem die nationalen Rahmenbedingungen und Besonderheiten der Mitgliedstaaten eine wichtige Rolle spielen. Die für das Asylrecht relevanten Richtlinien sind dabei insbesondere die Richtlinie zu Aufnahmebedingungen für Asylantragsteller, die Richtlinie zum Asylverfahren und die so genannte Qualifikationsrichtlinie. Daneben spielt die Dublin-II-Verordnung eine wichtige Rolle, die die Zuständigkeit der Mitgliedstaaten für das Asylverfahren festlegt. Sie wird Ende der zweiten Jahreshälfte 2013 durch die Dublin-III-Verordnung abgelöst, die einige Neuerungen für diesen Bereich des Asylsystems mit sich bringen wird (siehe 6.).

Die Vergemeinschaftung des Asylrechts hat dazu geführt, dass in der EU erstmals gemeinsame Regelungen zum materiellen Asylrecht, zum Verfahrensrecht und zu den sonstigen Rechten (Aufenthaltsrecht, soziale Rechte) von Asylbewerbern und Schutzberechtigten geschaffen wurden. Einerseits bedeutet dies europaweit einheitliche Standards für Asylbewerber, andererseits aber auch eine Einschränkung der nationalen Auslegungs- und Anwendungsspielräume.

Zentrales Instrument für die Harmonisierung des Asylrechts in den EU-Mitgliedstaaten ist die Qualifikationsrichtlinie aus dem Jahre 2004. Sie enthält u.a. detaillierte Auslegungsbestimmungen zur Definition des Flüchtlingsrechts und Bestimmungen zu den Rechten, die anerkannten Flüchtlingen gewährt werden. Deutschland setzt diese und die anderen relevanten EU-Rechtsakte in nationales Recht um. Mit der bis Ende 2013 erforderlichen Umsetzung der neu gefassten Qualifikationsrichtlinie in nationales Recht sind Änderungen bei den Voraussetzungen für die Zuerkennung internationalen Schutzes vorgesehen. Diese umfassen die Regelungen zur Zuerkennung der Flüchtlingseigenschaft sowie den internationalen subsidiären Schutz.

In der Praxis zeigen sich jedoch trotz einheitlicher Standards deutliche Unterschiede in der Handhabung des Asylrechts und der Gewährung von Schutz in den einzelnen Mitgliedstaaten. In diesem Zusammenhang werden häufig die unterschiedlichen Schutzquoten für einzelne Herkunftsländern in den EU-Mitgliedstaaten kritisiert. In Ländern wie Bulgarien, Finnland oder Irland etwa liegt die Schutzquote insgesamt deutlich unter der deutschen.

Diese Quote allein sagt jedoch nichts über die absolute Zahl der Schutzgewährungen aus. Zudem gibt es keine einheitliche Zählweise in der EU. Interessanter ist daher der Blick auf die Einschätzung der Situation in einzelnen Herkunftsländern durch die EU-Staaten. Das verdeutlicht das Beispiel Irak. Deutschland hat im Jahr 2009 im Rahmen eines humanitären Verfahrens rund 2.500 Christen aus dem Irak aufgenommen. Schweden dagegen hat Christen aus dem Irak zurück in ihr Herkunftsland geschickt. Solche divergierenden Einschätzungen erschweren die Entwicklung eines einheitlichen Asylsystems auf EU-Ebene.

Es ist daher richtig, ein noch stärkeres Augenmerk auf die Harmonisierung der praktischen Arbeit in der Europäischen Union zu legen. Einen wichtigen Beitrag dazu leistet das noch relativ junge European Asylum Support Office (EASO), das den Austausch der Mitgliedstaaten zur Asylpraxis unterstützt.

Die europäische Migrations- und Asylpolitik enthält auch die Verpflichtung zur Schaffung eines Gemeinsamen Europäischen Asylsystems als zentralem Kern der Asylpolitik der EU-Staaten. Ziel dabei ist es – in einem europäischen Raum des Schutzes und der gegenseitigen Solidarität im Rahmen der internationalen Schutzgewährung – neben einheitlichen Asylverfahren einen hohen Schutzstandard durch faire und effiziente Verfahren zu gewährleisten, die gleichzeitig Missbrauch verhindern. Eine Einigung über die Einrichtung des Gemeinsamen Europäischen Asylsystems wurde im Frühjahr 2013 erreicht.

5. Anpassung der Praxis des Bundesamts: Weiterentwicklung des Entscheiderprofils

Veränderungen im Asylverfahren haben auch zu Veränderungen der Arbeitspraxis im Bundesamt für Migration und Flüchtlinge geführt. Beispielhaft lässt sich das am Profil der Asylsachbearbeiter, der so genannten Entscheider zeigen. Diese nehmen regelmäßig an Fortbildungen teil und haben die Möglichkeit zur Supervision. Speziell geschulte Sonderbeauftragte kümmern sich seit 1996 um besonders vulnerable Gruppen von Antragstellern: unbegleitete Minderjährige, traumatisierte Personen und Folteropfer sowie geschlechtsspezifisch Verfolgte. Solche Fälle bedürfen einer besonders sensiblen und einfühlsamen Vorgehensweise. Den Asylverfahren unbegleiteter minderjähriger Flüchtlinge ist auch aus Gründen des Kinderschutzes besondere Aufmerksamkeit zu widmen. Minderjährige Flüchtlinge erfordern ein kindgerechtes Verstehen und Bewerten ihrer Erlebnisse.

Sonderbeauftragte nehmen an speziellen Schulungen zu den vulnerablen Gruppen teil, die rechtliche, interkulturelle und psychologische

Kenntnisse (etwa im Umgang mit traumatisierten Personen) vermitteln und von psychosozialen Zentren in Deutschland durchgeführt werden. Sie sind Kontaktpersonen zu den Betreuern und den Vormündern von unbegleiteten minderjährigen Flüchtlingen. Im Jahr 2012 hat das Bundesamt im Rahmen eines gemeinsamen Projekts mit dem UNHCR und der International Organization for Migration (IOM) zudem Sonderbeauftragte für Menschenhandel eingesetzt.

Das Beispiel der Sonderbeauftragten zeigt, dass unterhalb der Ebene des Asylrechts kontinuierlich eine Bewertung und Weiterentwicklungen der Praxis der Asylverfahren vorgenommen wird – auch im gemeinsamen Austausch mit NGOs und dem UNHCR.

6. SCHWERPUNKTE DER AKTUELLEN ASYLRECHTLICHEN DEBATTE

6.1 Von Dublin II zu Dublin III

Zu intensiven Diskussionen im Asylbereich führt die Dublin-II-Verordnung. Im Zentrum der Regelungen der Dublin-Verordnung steht die Klärung der Zuständigkeit für das Asylverfahren eines Antragstellers, d.h. es wird festgestellt, welcher europäische Staat für die Prüfung eines Antrages zuständig ist. Damit soll sichergestellt werden, dass jeder Asylantrag, der in der EU, Norwegen, Island, der Schweiz und in Liechtenstein gestellt wird, nur durch einen Staat inhaltlich geprüft wird. Vermieden werden soll, dass Asylbewerber in mehreren Staaten Asylanträge stellen. Über die Zuständigkeit wird im Rahmen der Dublin-Verordnung auf der Grundlage objektiver Kriterien entschieden. Vereinfacht gesagt ist jeweils der Staat für die Durchführung des Asylverfahrens zuständig, in dem der Flüchtling zuerst einen Antrag gestellt bzw. mit einem Visum oder illegal eingereist ist.

Für manche Personengruppen enthält die Verordnung auch besondere Zuständigkeitsregelungen, etwa zum Schutz der Familien und unbegleiteter minderjähriger Flüchtlinge. Stellt beispielsweise ein unbegleiteter Minderjähriger einen Asylantrag, so ist derjenige Mitgliedstaat für die Prüfung seines Antrags zuständig, in dem sich ein Angehöriger seiner Familie rechtmäßig aufhält. Bei Familien wird der Grundsatz beachtet, die Kernfamilie nicht zu trennen.

Zudem ermöglicht die Dublin-Verordnung das so genannte Selbsteintrittsrecht eines nach den Kriterien der Verordnung eigentlich nicht zuständigen Staates – d.h., der Staat kann sich entscheiden, das Asylverfahren auch dann selbst durchzuführen, wenn eigentlich ein anderer Staat zuständig ist. Nach den Grundsatzentscheidungen des Europäischen Gerichtshofs für Menschenrechte und des Europäischen Gerichtshofs kann ein Mitgliedstaat das Selbsteintrittsrecht ausüben, wenn ihm nicht unbekannt sein kann, dass systemische Mängel und die Aufnahmebedingungen für Asylbewerber in dem betreffenden Mitgliedstaat zu einer ernsthaften Gefahr einer unmenschlichen oder erniedrigenden Behandlung des Asylbewerbers führen können. Vor dem Hintergrund dieser Rechtsprechung führt Deutschland beispielsweise gegenwärtig keine Überstellungen nach Griechenland durch.

Im Jahr 2012 hat Deutschland auf der Grundlage der Dublin-Verordnung rund 11.500 Übernahmeersuchen an andere Staaten gestellt. Demgegenüber stehen im selben Jahr rund 3.600 Übernahmeersuche anderer Mitgliedstaaten an Deutschland. Die Dublinverfahren machen rund 15 % der Verfahren des Bundesamts aus.

Mit Blick auf die Umsetzung der Regelung der Dublin-II-Verordnung wird insbesondere die Verzögerung kritisiert, die dadurch für den einzelnen Antragsteller bis zum Beginn seines tatsächlichen Verfahrens entsteht. Diskutiert wird zunehmend auch, inwiefern die Sicherstellung vergleichbarer sozialer Mindeststandards im Rahmen der Dublin-Regelungen eine Rolle spielen kann und soll.

Die EU hat die Regelungen der Dublin-II-Verordnung einer Bewertung unterzogen. Eine Reform der Verordnung ist mit der geplanten Einführung der so genannten Dublin-III-Verordnung vorgesehen. Mit der neuen Verordnung wird nach Inkrafttreten ein Mechanismus zur Frühwarnung, Vorsorge und Krisenbewältigung geschaffen. Damit wird auch eine Konsequenz aus dem Fall Griechenland gezogen. Verstärkt wird etwa der Schutz für Familien und Minderjährige, vorgesehen ist zudem die Einführung umfassender Informationsrechte für die Antragsteller sowie die Erstellung von Bescheiden. Eingeführt werden mit Dublin III zudem Rechtsmittelfristen. Das Verfahren wird damit zugunsten der Antragsteller verändert. Für das Bundesamt – und die Asylbehörden in den anderen Mitgliedstaaten – erhöht sich damit der Aufwand, der zur Umsetzung der Verordnung erforderlich ist.

6.2 Spannungsfeld zwischen Asyl- und Sozialsystem

Die Diskussion im Bereich Asyl verschiebt sich gegenwärtig zunehmend weg von der Frage der Sicherstellung eines Schutzes vor politischer Verfolgung hin zu der Frage der Hilfe bei unzureichenden Sozialstandards. Dies ist nicht allein eine theoretisch-akademische Frage, sondern zeigt sich ganz praktisch:

In den letzten Jahren hat sich die Zahl der Menschen erhöht, die in Deutschland Asyl beantragt haben, um einem Leben in Armut in ihren Heimatländern zu entgehen. Wir haben dies in der zweiten Hälfte des Jahres 2012 an der Zunahme der Antragszahlen von Menschen aus den Ländern des Westbalkans gesehen. Dass viele dieser Menschen in prekären Situationen leben, ist unbestritten. Dies ist jedoch kein Schutzgrund im Rahmen des Art. 16 a GG oder der Genfer Flüchtlingskonvention. Weder die Genfer Flüchtlingskonvention noch die Europäische Menschenrechtskonvention garantieren nach einhelliger Auffassung der Vertragsstaaten Schutz vor wirtschaftlicher Not. Dies gilt auch, wenn gesellschaftliche Diskriminierung zur Marginalisierung beiträgt, solange die Schwelle zur Verletzung der Menschenrechte nicht überschritten wird.

Die Situation ethnischer Minderheiten kann nicht durch das Asylsystem – das deutsche oder das anderer Staaten – verbessert werden. Vielmehr müssen Reformprozesse in den Heimatländern angestoßen werden, um die Lebenssituation der jeweiligen Minderheiten dort zu verbessern.

Auf eine ähnliche Problematik treffen wir im Rahmen der Dublin-Verordnung. Hier stellt sich die Frage, ob Deutschland von seinem Selbsteintrittsrecht Gebrauch machen sollte, wenn das Land, in dem der Betreffende zunächst seinen Asylantrag gestellt hat, nicht die gleichen Standards des Sozial- und Gesundheitssystems aufweist wie Deutschland. Vor diesem Hintergrund hält eine steigende Zahl deutscher Verwaltungsrichter die folgende Frage für klärungsbedürftig: Folgt aus Art. 3 der EMRK das Verbot der Abschiebung von Asylsuchenden in einen Erstaufnahmestaat, der zwar keine systematischen Mängel im Asylsystem hat, jedoch nur sehr geringe Fürsorgeleistungen und keine weiteren Integrationshilfen bietet?

Auf den ersten Blick erscheint diese Frage im Interesse eines humanitär ausgestalteten Flüchtlingsschutzes berechtigt. Sie birgt jedoch die Gefahr, dass die Konturen des durch Art. 3 EMRK bezweckten Menschenrechtsschutzes unklarer werden. Die Berufung auf Art. 3 EMRK und das

Asylsystem sind nicht der geeignete Weg zur Hebung sozialer Mindeststandards für Minderheiten in ihren Herkunftsländern bzw. Flüchtlinge in ihren Erstaufnahmeländern. Für dieses Thema bedarf es gemeinsamer europäischer Lösungen.

7. Ausblick

Das Bundesamt hatte kürzlich die Ehre, den Bundespräsidenten zu empfangen. Dabei haben wir auch die Frage besprochen, wie Deutschland mit den Menschen umgeht, die bei uns Asyl beantragen.

Er sei sich bewusst, so der Bundespräsident, dass Deutschland nicht alle Menschen aufnehmen könne, »die bei uns sein wollen«. Mit Blick auf das Thema Willkommenskultur sagte er jedoch: »Das wäre mal was, wenn die, die in unserem Land wirklich Schutz suchen, mit Freude und offenem Herzen empfangen werden – so wie ich heute von Ihnen im Bundesamt empfangen wurde.«

Die Frage, wie wir grundsätzlich mit Asylbewerbern umgehen, ist wichtig. Zum Beispiel sollten wir darüber nachdenken, wie wir Ihnen eine Erstorientierung und ein Grundgerüst an Deutschkenntnissen vermitteln können. Im Moment sprechen wir auf EU-Ebene darüber, ihnen den Zugang zum Arbeitsmarkt bereits nach neun Monaten zu ermöglichen. Ohne Deutschkenntnisse wird das schwierig werden. Hierzu müssen wir pragmatische Lösungen finden. Beispiele hierfür – gefördert über den Europäischen Flüchtlingsfonds – gibt es punktuell bereits.

Eine Schutzquote von 27 % im Jahr 2012 und von 32 % im ersten Halbjahr 2013 – das ist nicht wenig, aber das heißt auch, dass der Mehrzahl der Antragsteller kein Schutz in der Bundesrepublik Deutschland gewährt wird. Wir müssen uns daher auch mit der Frage beschäftigen, wie wir mit den Menschen umgehen, die abgelehnt werden und aufgrund von Ausreisehindernissen eine Duldung erhalten – und oft über Jahre in dieser Duldungssituation verbleiben.

Gegenwärtig leben rund 84.000 Menschen mit einer Duldung in Deutschland. 43 % von ihnen sind seit acht Jahren und mehr in Deutschland. Ein Drittel der Geduldeten ist unter 18 Jahre. Diese Menschen werden aller Voraussicht nach hier bleiben.

Wir sollten deshalb nach Wegen suchen, ihnen eine Perspektive zu bieten, zugleich aber auch nach Möglichkeiten, ein neues Anwachsen der

Zahl der geduldeten Menschen in Deutschland zu vermeiden. Viele Menschen, die in der Bundesrepublik einen Asylantrag stellen, tun dies, um ihre Lebenssituation zu verbessern. Unter ihnen sind auch gut ausgebildete Personen. Es ist sinnvoll, darüber nachzudenken, inwiefern wir für diese Menschen Möglichkeiten schaffen können, auf anderen Kanälen als denen der Asylzuwanderung legal nach Deutschland zuzuwandern.

Dies ist eine Aufgabe für die nächsten Jahre – und auch ein Beitrag zu einer Willkommenskultur, von der im Bereich der Integration aktuell oft die Rede ist. Dabei steht zweifelsohne fest, dass es immer Personen geben wird, denen in Deutschland im Rahmen des Asylrechts kein Aufenthalt gewährt wird.

Anforderungen an ein humanes Asylrecht

Inga Morgenstern[1]

Flüchtlinge brauchen Schutz – dieser Appell bzw. diese Feststellung ist so richtig, aber auch so plakativ, dass in der Bundesrepublik Deutschland jeder sie unterschreiben können müsste. Die besondere Schutzbedürftigkeit von Menschen, die aus Furcht vor Verfolgung in einen anderen Staat flüchten, ist der internationalen Staatengemeinschaft seit der ersten Hälfte des vergangenen Jahrhunderts bewusst. Schon in der Allgemeinen Erklärung der Menschenrechte vom 10.12.1948 ist das Recht eines jeden verbrieft, »in anderen Ländern vor Verfolgung Asyl zu suchen und zu genießen« (Art. 14 Abs. 1 AEdMR). Die AEdMR ist jedoch kein rechtsverbindlicher Vertrag, sondern wird dem sogenannten »Völkergewohnheitsrecht« zugeordnet. Praktisch bedeutet das, dass auch dann, wenn man ein Recht nach der AEdMR hat, große Schwierigkeiten bestehen, dieses Recht effektiv durchzusetzen.

Hinter der allgemein anerkannten Erkenntnis, dass Flüchtlinge Schutz wirklich brauchen, stecken etliche Fragen, über die im Detail kontrovers gestritten werden könnte – und in der Praxis auch gestritten wird. Was ist überhaupt ein »Flüchtling«? Muss man eine Staatsgrenze überschreiten, um Flüchtling sein zu können, oder kann man Flüchtling im eigenen Land sein? Ist man nur Flüchtling, wenn man sich vor von staatlichen Akteuren zu verantwortenden Menschenrechtsverletzungen in Sicherheit bringen möchte, oder könnte man auch Flüchtling sein, wenn man vor privaten und allen anderen Formen von nicht-staatlichen Verfolgern Schutz sucht? Und was bedeutet es praktisch wirklich, einem Flüchtling »Schutz« zu gewähren? Dass »Schutz« zu gewähren nicht

---

1 | Der folgende Text gibt ausschließlich die Ansichten der Verfasserin wieder, die sich nicht mit den Ansichten der Organisation Amnesty International decken müssen.

mit der Unterlassung einer Abschiebung oder einer Auslieferung erledigt ist, ist allgemein anerkannt, aber welchen Inhalt haben die darüber hinausgehenden Anforderungen an einen Staat, der sich rühmt, Schutz zu gewähren? Die Fragen rund um den Flüchtlingsschutz sind im Detail kompliziert und werden in verschiedenen Ländern und zu verschiedenen Zeiten unterschiedlich diskutiert und gelöst.

Im »Abkommen über die Rechtsstellung der Flüchtlinge« vom 28.07.1951 – häufig als die »Genfer Flüchtlingskonvention« oder kurz »GFK« bezeichnet – haben sich viele Staaten auf ein paar Antworten auf diese komplexen Fragen geeinigt. Das Abkommen enthält eine Definition des Begriffs des »Flüchtlings« in Art. 1 A und das Verbot von Ausweisung oder Zurückweisung in Art. 33; die Unterzeichnerstaaten verpflichten sich darüber hinaus allerdings auch, bestimmte Hilfen zu gewähren und in der Regel der besonderen Situation von Flüchtlingen Rechnung zu tragen. Mit der GFK haben die Staaten geschaffen, was die AEdMR nicht bieten konnte: eine verbindliche Regelung zum Umgang mit Flüchtlingen. Die völkerrechtliche Regelung der Frage, wer ein Flüchtling ist, wurde in Deutschland in deutsches Recht umgesetzt. Diese Umsetzung ist in § 60 Abs. 1 AufenthG bzw. war bis 2005 in § 51 AuslG zu finden. Es handelt sich hierbei um sogenanntes »einfaches Bundesrecht«, das vom Bundesgesetzgeber erlassen wird, und eben nicht um die Verfassung, aber auch nicht lediglich um eine Verordnung eines Bundesministeriums oder Landesrecht.

Anders als in anderen Staaten ist in Deutschland das Asylrecht als Grundrecht auch in der Verfassung verankert; bis 1993 in Art. 16 Abs. 2 S. 2 GG und heute in Art. 16 a Abs. 1 GG. Politisch Verfolgten Asylrecht zu gewähren, wurde vom deutschen Verfassungsgesetzgeber besondere Bedeutung beigemessen. Miteinander in ein Verhältnis gesetzt ergibt sich, dass der Anwendungsbereich des Grundrechts auf Asyl mit dem der GFK nicht vollständig deckungsgleich ist. Die Voraussetzungen und die Folgen der Schutzgewährung haben sich allerdings einander in den vergangenen Jahrzehnten angenähert. Es ist für das Verständnis des deutschen Asylrechts wichtig zu wissen, dass völkerrechtlicher Schutz aufgrund von verschiedenen Vorschriften gewährt werden kann.

Bevor ich hierzu im Detail Ausführungen anbringe, möchte ich zuvor den Hintergrund der Arbeit von Amnesty International für den Schutz von Flüchtlingen erläutern.

1. Teil: Einsatz von Amnesty International für die Rechte von Flüchtlingen

Amnesty International ist eine Bewegung, in der Menschen zusammen kommen, die sich gemeinsam zum Ziel gemacht haben, »eine Welt zu schaffen, in der alle Menschen die in der Allgemeinen Erklärung der Menschenrechte und anderen internationalen Menschenrechtsinstrumenten festgeschriebenen Rechte genießen« – so heißt es in der Satzung der internationalen Bewegung. Mitglieder von Amnesty International gibt es heute in mehr als 150 Ländern. In Deutschland sind die Mitglieder in einem eingetragenen gemeinnützigen Verein zusammengeschlossen, der sich einem demokratisch legitimierten internationalen Dach zuordnet. Amnesty International ist parteipolitisch und weltanschaulich neutral; auf die Wahrung der Unabhängigkeit und den Schutz vor Beeinflussung wird größter Wert gelegt. Die Finanzierung der Arbeit erfolgt v.a. durch Spenden, Mitgliedsbeiträge, Erbschaften und Förderbeiträge. Amnesty International nimmt keine Zuwendungen derjenigen entgegen, die für Menschenrechtsverletzungen Verantwortung tragen könnten – dies sind nicht nur staatliche Strukturen mit öffentlichen Fördertöpfen, sondern auch international tätige Konzerne.

Amnesty International hat sich seit mehr als fünfzig Jahren zu der heutigen Größe im Hinblick auf die Wirksamkeit der Arbeit entwickelt. Angefangen als kleine, feine Organisation mit dem Ziel der Freilassung gewaltloser politischer Gefangener, hat sich Amnesty International angesichts der stets weiter wachsenden Ressourcen nie mit wenig zufrieden gegeben, sondern an die eigene Arbeit immer ehrgeizige Maßstäbe angelegt. Die menschenrechtlichen Brennpunkte, derer sich Amnesty International mit seiner Tätigkeit annimmt, werden inzwischen auf alle in der Allgemeinen Erklärung der Menschenrechte geschützten Rechte bezogen. Aus der Gefangenenhilfsorganisation vom Anfang ist heute eine Menschenrechtsorganisation geworden, die sich die Allgemeine Erklärung der Menschenrechte zum Maßstab des eigenen Arbeitsbereiches gewählt hat.

Die Arbeit zum Schutz von Flüchtlingen hat Amnesty International nicht von Beginn an begleitet, sondern ist im Laufe der 1980er Jahre aufgenommen worden, nachdem Amnesty International bereits die Arbeit zum Schutz vor Folter, Hinrichtung und Verschwindenlassen bezogen auf die Staaten, denen solche Verstöße gegen die Menschenrechte vorgeworfen wurden, stark etabliert hatte. Es musste die Frage geklärt werden, was Amnesty International für diejenigen tun kann, die einen Staat, der einen Menschen mit Hinrichtung oder Folter bedroht, verlassen haben. Es war nur konsequent, die Arbeit zum Schutz dieser Menschen aufzunehmen und sich einer drohenden Abschiebung in den Verfolgerstaat zu widersetzen. Zentral für die Arbeit zum Schutz von Flüchtlingen ist für Amnesty International folglich die Beantwortung der Frage, ob einem Menschen im Falle der Rückkehr in einen Herkunftsstaat Menschenrechtsverletzungen drohen. Wenn dies der Fall ist, ist grundsätzlich völkerrechtlicher Schutz zu gewähren.

Die Arbeit zum Schutz von Flüchtlingen wird bei Amnesty International in einer Zusammenarbeit von wenigen hauptamtlichen und vielen ehrenamtlichen Mitarbeiterinnen und Mitarbeitern Hand in Hand geleistet. Es wird bundesweit durch ehrenamtliche Berater vor Ort Asylverfahrensberatung für Menschen angeboten, die einen Asylantrag stellen möchten oder schon gestellt haben. In den Fällen, in denen auch Amnesty International zu der Einschätzung gelangt, dass den Menschen völkerrechtlicher Schutz geleistet werden muss, besteht die Möglichkeit der Unterstützung der Betroffenen durch konkreten politischen Einsatz, durch Öffentlichkeitsarbeit oder durch Übernahme der Kosten für einen Rechtsbeistand. Über diese Arbeit im direkten Kontakt zu den Schutz suchenden Menschen hinaus setzt sich Amnesty International im Rahmen von Lobbyarbeit auf Bundes- und Landesebene für eine Verbesserung des Schutzes von Flüchtlingen ein und betreibt Öffentlichkeitsarbeit für die jeweils erhobenen Forderungen. Amnesty International arbeitet hierbei mit anderen Nichtregierungsorganisationen zusammen, sofern dasselbe Ziel angestrebt wird.

Durch den »Asylkompromiss« wurden in Deutschland das Grundgesetz und (einfachgesetzliche) Vorschriften geändert. Veränderungen von Gesetzen sind auch dann, wenn es zu einer Verschärfung der Situation für die Betroffenen kommt, nicht automatisch eine Menschenrechtsverletzung. Die Ausgestaltung der eigenen Gesetze steht jedem Staat frei, sofern der Schutz, der aus einer völkerrechtlichen Vorschrift gewährt werden muss, noch gewährt wird. Aus diesem Grund stellt der »Asylkompromiss« nicht bereits deshalb eine Verletzung menschenrechtlicher Vorschriften dar, weil gewährte Rechte eingeschränkt werden. Man muss die einzelnen Inhalte des »Asylkompromisses« vielmehr im Detail betrachten und an den menschenrechtlichen Vorgaben messen, um eine differenzierte Stellungnahme aus menschenrechtlicher Perspektive zu begründen. Genau betrachtet werden die wirklichen menschenrechtlichen Probleme sehr klar sichtbar.

Im folgenden Teil möchte ich mich nun einiger Bestandteile des »Asylkompromisses« annehmen und aus heutiger menschenrechtlicher Perspektive bewerten.

2. Teil: Das Vertrauen auf andere Staaten bei der Gewährung von Schutz

A. Die Drittstaatenregelung

Im Rahmen des »Asylkompromisses« wurde der bis dahin sehr kurz gefasste Art. 16 Abs. 2 Satz 2 GG zu einem neuen Absatz 1 in einem neuen Artikel 16a; es wurden in diesen neuen Art. 16 a GG weitere vier Absätze neu eingefügt. Entgegen einer weit verbreiteten Annahme bedeuten längere und weniger abstrakt formulierte Rechtsvorschriften nicht notwendig mehr Rechtssicherheit oder mehr Gerechtigkeit. In seiner heutigen Gestalt gewährt Art. 16 a Abs. 1 GG zwar weiterhin ein Recht, welches jedoch in den Absätzen 2 bis 5 einschneidenden Einschränkungen unterworfen wird.

In Art. 16 a Abs. 2 GG wurde eine für das Asylrecht neue Regelung eingefügt, die schlagwortartig als die »Drittstaatenregelung« bezeichnet wird. Aus Art. 16 a Abs. 2 S. 1 GG ergibt sich, dass das verfassungsmäßig garantierte Asylrecht nicht erhält, wer aus einem EU-Mitgliedstaat oder einem Drittstaat einreist, in dem die Anwendung der GFK und der Europäischen Menschenrechtskonvention (EMRK) sichergestellt ist. Deutschland ist derzeit von EU-Mitgliedstaaten umgeben. Die Folge ist, dass eine Anerkennung als Asylberechtigter gem. Art. 16 a GG nur erhalten kann, wer auf dem Luft- oder dem Seeweg nach Deutschland kommt. Für die Menschen, die auf dem Landweg einreisen, kommt eine Zuerkennung der Flüchtlingseigenschaft gem. § 60 Abs. 1 AufenthG oder die Feststellung von subsidiärem Schutz gem. § 60 Abs. 2 – 7 AufenthG dennoch in Betracht, weil die Drittstaatenregelung nur für die Anerkennung als Asylberechtigter i.S.v. Art. 16 a GG gilt. Die Drittstaatenregelung als materielle Einschränkung der Schutzgewährung bildet den größten Unterschied zwischen dem Asylrecht aus der Verfassung und der Flüchtlingsanerkennung gem. § 60 Abs. 1 AufenthG.

Hinter der Drittstaatenregelung steht meines Erachtens die Annahme, dass dem Asylantragsteller sein Fluchtschicksal bereits ohne individuelle Betrachtung nicht geglaubt wird, wenn der Asylantrag nicht im ersten Land gestellt wird, in dem er gestellt werden kann. Der Verfassungsgesetzgeber unterstellt, dass ein wirklich schutzbedürftiger Mensch im erstbesten Land Schutz sucht und nicht weiter reist als unbedingt notwendig. Viele tatsächlich schutzbedürftige Menschen halten sich jedoch aus meiner Sicht nicht an diese Annahme bei der Entscheidung über Fluchtwege und Zielländer; oftmals spielen Sprachkenntnisse oder Beziehungen zu im Ausland lebenden Verwandten oder Freunden eine Rolle. Ich halte es nicht für ein Zeichen fehlender Glaubwürdigkeit, wenn ein Mensch, der zunächst das nackte Überleben vor einem Verfolger gesichert hat, im nächsten Schritt versucht, eine neue Perspektive zu entwickeln. Für die Integration in eine neue Umwelt sind familiäre oder freundschaftliche Beziehungen und Kenntnisse der Landessprache allerdings unstreitig vorteilhaft. Es ist für mich deshalb nachvollziehbar, dass ein französisch sprechender Flüchtling lieber in Frankreich als in Schweden leben möchte und dass man bestrebt sein wird, statt in Österreich lieber in Irland Asyl zu erlangen, wenn dort schon der eigene Bruder lebt.

Aus menschenrechtlicher Sicht bedeutet die Drittstaatenregelung die Gefahr einer Abschiebung in den Verfolgerstaat, wenn andere Schutzmechanismen keine Wirksamkeiten entfalten würden. Ausgehend von der Annahme, dass jemandem eigentlich ein Anspruch auf Asyl gem. Art. 16 a GG zusteht, er aber in den Genuss dieses Rechts nur deshalb nicht kommen kann, weil er aus einem sicheren Drittstaat eingereist ist, würde eine Abschiebung in den Herkunftsstaat erfolgen. Ob jemand in den Staat, den er durchquert hat, überhaupt zurückreisen und dort einen Asylantrag stellen kann, der individuell geprüft wird, wird von Deutschland gar nicht problematisiert. Der Betroffene wäre nach einer Abschiebung in den Verfolgerstaat Menschenrechtsverletzungen ausgesetzt, weil er seinen Asylantrag nicht bereits in einem Land, das er durchquert hat, angebracht hat.

Im Zusammenwirken der verschiedenen Rechtsgrundlagen für die Gewährung von Schutz hat sich in der Folge der Einführung des »Asylkompromisses« die Bedeutung des Asylrechts gem. Art. 16 a GG wegen der Drittstaatenregelung stark zurückentwickelt. Auch wenn oft nicht klar nachweisbar ist, wie jemand wirklich ganz genau nach Deutschland eingereist ist, kommen doch die meisten Asylsuchenden nicht über den Luft- oder Seeweg.

Die Bedeutung des einfachgesetzlichen Flüchtlingsschutzes gem. § 60 Abs. 1 AufenthG hat sich hingegen vergrößert. Während man früher davon sprach, dass dem einen Menschen das »große Asyl« (also Schutz aus Art. 16 a GG) zustehe und dem anderen hingegen nur das »kleine Asyl« (gemeint war die Flüchtlingsanerkennung gem. § 60 Abs. 1 AufenthG), ist eine Nivellierung eingetreten. In der Folge dieser Entwicklung sind nämlich die Rechtsfolgen für den jeweiligen aufenthalts- und sozialrechtlichen Status der Asylberechtigten und der Flüchtlinge einander angenähert und schließlich weitgehend gleichgestellt worden. Seit der Einführung des »Zuwanderungsgesetzes« im Jahr 2005 erhalten z.B. Asylberechtigte gem. § 25 Abs. 1 AufenthG eine auf drei Jahre befristete Aufenthaltserlaubnis. Flüchtlinge i.S.v. § 60 Abs. 1 AufenthG erhalten gem. § 25 Abs. 2 AufenthG ebenfalls genau das Gleiche: eine auf drei Jahre befristete Aufenthaltserlaubnis (vgl. § 26 Abs. 1 S. 2 AufenthG). Die Regelungen des Familiennachzugs – damit sind die Möglichkeiten gemeint, im Ausland lebende Ehegatten, Kinder oder bei unbegleiteten Minderjährigen auch deren Eltern nach Deutschland zu holen – sind bei Asylberechtigten und Flüchtlingen i.S.d. GFK ebenfalls gleich.

B. Die Dublin-II-Verordnung

Ähnlich, aber genau betrachtet doch anders, wirkt die sogenannte Dublin-II-Verordnung. Hierbei handelt es sich um eine Verordnung der Europäischen Union, die einen schlagwortartigen Namen benötigte, weil die zutreffende Bezeichnung schlicht zu lang ist für den Alltagsgebrauch:

»Verordnung (EG) Nr. 343/2003 des Rates vom 18. Februar 2003 zur Festlegung der Kriterien und Verfahren zur Bestimmung des Mitgliedstaates, der für die Prüfung eines von einem Drittstaatsangehörigen in einem Mitgliedstaat gestellten Asylantrags zuständig ist«.

Während das Konzept der sicheren Drittstaaten in Art. 16 a GG den Anwendungsbereich des Schutzbereichs des Asylrechts beschränkt, wirkt die Dublin-II-Verordnung sich als System aus, nach dem die Zuständigkeit für die Durchführung eines Asylverfahrens festgelegt wird. Eine Aussage darüber, ob ein Mensch schutzbedürftig ist oder nicht, wird – anders als bei der Drittstaatenregelung – nicht getroffen. Allerdings kann bereits die Feststellung, welcher Staat für die Durchführung eines

Asylverfahrens zuständig ist, ein Indiz für die Erfolgsaussichten eines Antrags sein, weil die Praxis der Nationalstaaten bei der Bewertung von Fluchtschicksalen und der tatsächlichen Verhältnisse im Herkunftsstaat innerhalb der EU nicht einheitlich ist. Jemand, der Schutz vor Verfolgung aufgrund von Homosexualität sucht, wird zum Beispiel mit seinem Asylverfahren in einem EU-Mitgliedsstaat eher Erfolg haben, wenn dort selbst Homosexualität kein Anlass für Diskriminierung ist. Menschen, die aufgrund ihrer Religionszugehörigkeit verfolgt werden, hatten es bis vor sehr kurzer Zeit in der Bundesrepublik Deutschland schwerer, Schutz zu erlangen, weil Deutschland – anders als andere Länder – die Auffassung vertrat, dass eine Rückkehr in den Verfolgerstaat noch zumutbar ist, sofern die Religion jedenfalls in einem privaten »Kernbereich« ungestört ausgeübt werden kann, da von gläubigen Menschen zum eigenen Schutz verlangt werden könne, dass sie auf Religionsausübung im öffentlichen Bereich (hierzu gehören Besuche von rituellen Feiern, das Tragen von religiösen Symbolen oder Kleidungsstücken oder auch missionarische Tätigkeiten) verzichten. Bei der Beurteilung dieser Frage von Zumutbarkeit waren andere Staaten verständnisvoller gegenüber den Schutzsuchenden. Deutschland musste sich zuletzt im Urteil der Großen Kammer des Europäischen Gerichtshof vom 05.09.2012 (Az.: C-71/11 und C 99/11) noch einmal ausführlich erklären lassen, dass und warum die deutsche »Kernbereichslehre« mit dem EU-Asylrecht bzw. der GFK nicht vereinbar ist. Es besteht Anlass zur Hoffnung, dass die deutsche Diskussion um diese Frage nunmehr abschließend geklärt ist.

Mit der Einführung der Dublin-II-Verordnung haben die europäischen Staaten das Ziel verfolgt, einem Asylantragsteller ein Asylverfahren zu ermöglichen, ihm allerdings innerhalb der EU nur die Antragstellung in einem Land und nicht parallel oder nacheinander in verschiedenen Staaten zu erlauben. Die Regelungen basieren auf der Annahme, dass es in allen Staaten der EU die Möglichkeit gibt, das Menschenrecht auf Asyl wahrzunehmen und durchzusetzen. Sobald folglich die Bundesrepublik Deutschland feststellt, dass nicht sie, sondern ein anderes europäisches Land für die Prüfung eines Asylantrags zuständig ist, wird der Antragsteller möglichst in dieses andere europäische Land verbracht und auf die Möglichkeit der Durchführung des Asylverfahrens dort verwiesen. Es ist lange nicht für erforderlich gehalten worden, dass sich der unzuständige Staat bei der Rückführung eines Asylantragstellers in ein anderes europäisches Land mit den Verhältnissen in diesem anderen europäischen

Staat auseinandersetzt. Es ist den Staaten vielmehr jeweils zugestanden worden, sich ohne weitere Prüfung darauf zu verlassen, dass sich der andere europäische Staat an die vereinbarten Regeln hält und Rechte so gewährleistet, dass es nicht zu Menschenrechtsverletzungen kommt.

Dieses gegenseitige Vertrauen der Staaten darauf, dass sich der andere Staat schon an das Völker- und Europarecht halten werde, ist so stark geworden, dass aus der mündlichen Verhandlung des Bundesverfassungsgerichts über die Frage, ob ein Asylantragsteller nach Griechenland überstellt werden darf, berichtet wurde, dass seitens der Bundesregierung argumentiert wurde, dass man auch die »Würde des Staates Griechenland« achten müsse. Dem Bundesverfassungsgericht, dessen Arbeitsfeld sich auf das Grundgesetz erstreckt, an dessen erster Stelle gerade die Würde des Menschen steht, muss eine »Würde des Staates« schon begrifflich höchst fremd sein.

Aber lassen Sie uns nichts überstürzen. Ich möchte Ihnen gerne das Problematische an der Praxis der Staaten im Umgang mit der Dublin-II-Verordnung genauer erläutern.

Im deutschen Recht bestehen vielfältige Möglichkeiten, Ansprüche, die man zu haben meint, durchzusetzen oder zumindest den Versuch zu unternehmen, sie durchzusetzen. Im Verwaltungsrecht bedeutet das, dass Menschen sich mit Entscheidungen von Behörden nicht zufrieden geben müssen, sondern sie können sich hilfesuchend an die Verwaltungsgerichtsbarkeit wenden und klagen. Diese Möglichkeit steht auch einem Asylsuchenden zu, der mit der Entscheidung nicht einverstanden ist, dass die Bundesrepublik Deutschland seinen Asylantrag nicht prüft, sondern ihn in einen anderen Mitgliedsstaat der EU überstellt. Allerdings hat diese Klage einen gravierenden Mangel: Sie bietet dem Asylsuchenden keine aufschiebende Wirkung. Das bedeutet, dass der Asylsuchende trotz laufenden verwaltungsgerichtlichen Verfahrens in den anderen EU-Staat überstellt wird und von dort aus das Gerichtsverfahren in Deutschland betreiben kann. Sollte der Asylsuchende dies organisieren können und sollte das Gerichtsverfahren zu seinen Gunsten ausgehen, dürfte er wieder nach Deutschland einreisen. Allerdings ist das Betreiben eines verwaltungsgerichtlichen Verfahrens vom Ausland aus in aller Regel von so großen organisatorischen Hindernissen geprägt, dass diese Möglichkeit der Anrufung der Verwaltungsgerichte nicht mehr als effektiver Rechtsschutz bezeichnet werden kann. Zum effektiven Rechtsschutz gehört auch die Möglichkeit, sich die aufschiebende Wirkung der Klage verschaffen zu können. Der Asylsuchende könnte in einem Fall, in dem seine Klage aufschiebende Wirkung hätte, zunächst in Deutschland bleiben und den Ausgang des Gerichtsverfahrens abwarten. Solche Anträge auf einstweiligen Rechtsschutz sind dem deutschen Verwaltungsprozessrecht keinesfalls fremd, sondern sind weit verbreitet. Allerdings hat der deutsche Gesetzgeber in § 34 a Abs. 2 AsylVfG ausdrücklich geregelt, dass eine Abschiebung in den anderen EU-Mitgliedsstaat nicht mittels einstweiligen Rechtsschutzes verhindert werden darf.

Die Entwicklung, die die EU-Mitgliedsstaaten letztlich zu einer Änderung ihrer Praxis gezwungen hat, nahm ihren Anfang, als sich Berichte darüber verdichteten, dass in Griechenland das Asylsystem derartig gravierende Mängel hat, dass andere Staaten sich nicht mehr darauf verlassen durften, dass Griechenland den Schutzbedürftigen schon leisten werde, was zu leisten menschenrechtlich geboten sei. Ein System zur Prüfung von Asylanträgen setzt eine staatliche Stelle voraus, die Anträge entgegennimmt, sie inhaltlich prüft und bescheidet; außerdem muss ein Rechtsmittelweg existieren, der für den Betroffenen erreichbar ist. In Griechenland gab es Berichte über Inhaftierung und Misshandlung von Asylantragstellern; welche Möglichkeiten ein Flüchtling hat, um sein Recht auf Schutz gegenüber Griechenland durchzusetzen, ist nicht transparent.

Ein afghanischer Flüchtling, der nachweislich über Griechenland in die EU eingereist war, wurde 2009 von Belgien ohne Prüfung seines Asylantrags nach Griechenland abgeschoben, weil Belgien der Ansicht war, dass es wegen der Dublin-II-Verordnung nicht zuständig sei und dass es sich auf die Einhaltung der Menschenrechte in Griechenland ohne Weiteres verlassen dürfe. Diese Einschätzung teilte der Europäische Gerichtshof für Menschenrechte allerdings nicht und verurteilte Belgien und Griechenland wegen einer Verletzung von Art. 3 (Folterverbot) und Art. 13 (Recht auf eine wirksame Beschwerde) der Europäischen Menschenrechtskonvention (Urteil vom 21.01.2011, Az.: 30696/09; »M.S.S. vs. Belgium and Greece«).

Spätestens seit diesem Urteil vom 21.01.2011 ist klar, dass Asylsuchenden effektiver Rechtsschutz auch im Zusammenhang mit der Dublin-II-Verordnung gewährt werden muss – dass also § 34 a Abs. 2 AsylVfG gestrichen werden muss. Es muss möglich sein, einstweiligen Rechtsschutz zu erlangen. Tatsächlich ist § 34 a Abs. 2 AsylVfG noch nicht gestrichen. Allerdings hat Deutschland Überstellungen nach Griechenland ausgesetzt und macht von dem sogenannten Selbsteintrittsrecht Gebrauch; Deutschland führt also Asylverfahren in den Fällen durch, in denen nach der Dublin-II-Verordnung eigentlich Griechenland zuständig wäre. Auch ist festzustellen, dass die Verwaltungsgerichte sich auch bei anderen EU-Mitgliedsstaaten, bei denen über Mängel im Asylverfahren berichtet wird, wohl beflügelt von der europäischen Rechtsprechung leichter damit tun, über das Vorhandensein von § 34 a Abs. 2 AsylVfG hinwegzukommen und völkerrechtlich zu begründen, dass in einem konkreten Einzelfall einstweiliger Rechtsschutz zu gewähren ist. Allerdings ist aus meiner Sicht die menschenrechtlich beste Lösung, § 34 a Abs. 2 AsylVfG ersatzlos zu streichen.

C. Exkurs: Schutz an den EU-Außengrenzen

Da die Dublin-II-Verordnung häufig in einem Zusammenhang zu den Maßnahmen der Europäischen Union zum Schutz der europäischen Außengrenzen gesehen wird, möchte ich mich kurz den menschenrechtlichen Anforderungen an die Überwachung der EU-Außengrenzen widmen.

Ein Kriterium bei der Bestimmung des zuständigen Staates nach der Dublin-II-Verordnung ist nämlich gem. Art. 10 Abs. 1 der Verordnung, wo ein Antragsteller die EU-Außengrenze überschritten hat: Nach dieser Regelung ist zum Beispiel Griechenland zuständig, wenn der Grenzübertritt in Griechenland erfolgte. An der Sicherung der EU-Außengrenzen besteht daher bei den Staaten, über die Reiserouten über den Landweg oder den Seeweg die Menschen häufig nach Europa führen, ein vitales Interesse.

Italien stand in diesem Zusammenhang bereits seit langem in der Kritik durch Menschenrechtsorganisationen. Noch als Libyen von Muammar al-Gaddafi regiert wurde, der von Amnesty International immer wieder als Veranwortlicher für Menschenrechtsverletzungen genannt wurde, arbeitete Italien mit Libyen gemeinsam daran, möglichst viele Menschen daran zu hindern, von Libyen über den Seeweg nach Italien einzureisen. Hierbei ist darauf hinzuweisen, dass über den Seeweg nach Europa nicht in erster Linie libysche Staatsangehörige, sondern Menschen aus verschiedenen, vor allem afrikanischen Staaten versuchen, Europa zu erreichen. Auf ein funktionierendes System zur Identifizierung von schutzbedürftigen Menschen verfügte Libyen nicht und hat dies bis heute nicht entwickelt. Schutzbedürftige Flüchtlinge haben in der Folge weder innerhalb der Europäischen Union noch in Libyen die Möglichkeit, ein Asylverfahren erfolgreich durchführen zu können. Die Bedingungen während des Aufenthaltes in Libyen sind für die schutzbedürftigen Flüchtlinge prekär. Sie werden häufig Opfer von Übergriffen durch die Bevölkerung oder Polizei, erhalten keine medizinische Versorgung und haben aufgrund von fehlenden Arbeitsmöglichkeiten keine Perspektive, ihre Situation zu verbessern.

Italien wurde vorgeworfen, es habe im Zusammenhang mit der Durchführung sogenannter »Push-back-Operationen« Menschenrechte verletzt. Italien ging auf hoher See mit verschiedenen Mitteln gegen Flüchtlingsboote vor, um die Einreise nach Europa zu verhindern, ohne zu prüfen, ob den Betroffenen Menschenrechtsverletzungen im Falle eines Verbringens nach Libyen bzw. in ihren Herkunftsstaat drohen. Dieses Verhalten war Gegenstand eines Verfahrens vor dem Europäischen Gerichtshof für Menschenrechte, das mit einem Urteil vom 23.02.2012 abgeschlossen wurde, das unter der Bezeichnung »Hirsi u.a. vs. Italien« bekannt geworden ist. In diesem Urteil hat der Europäische Gerichtshof für Menschenrechte die Rechte der Flüchtlinge gestärkt, indem klargestellt wurde, dass Italien die Kläger – Flüchtlinge aus Eritrea und Somalia – nicht nach Libyen verbringen durfte, ohne ihre Fluchtgründe zu prüfen und ggf. Schutz zu gewähren – unabhängig davon, dass Italien die Flüchtlinge noch auf hoher See und nicht erst direkt an der italienischen Staatsgrenze abgewehrt hat. Nach den Feststellungen des Europäischen Gerichtshofs für Menschenrechte waren die Flüchtlinge in Libyen von Misshandlung bedroht; darüber hinaus stand zu befürchten, dass eine Abschiebung nach Eritrea oder Somalia zu befürchten war, so dass die Menschen Verfolgung durch diese Staaten ausgesetzt wären.

In der Folge dieses Urteils vom 23.02.2012 beteuerten italienische Politiker, man werde von nun an dem Schutz der Menschenrechte besondere Aufmerksamkeit zuwenden. Allerdings währte das kleinlaute Verhalten nicht lange: Bereits im April 2012 – nur zwei Monate später – wurde bekannt, dass Italien bereits erneut ein Abkommen mit Libyen über Kontrolle der Migration geschlossen hatte. Der Inhalt dieses Abkommens war in seinem genauen Wortlaut nicht ermittelbar, weil Italien das Abkommen geheim gehalten hat. Erst im Sommer 2012 wurde der genaue Text durch einen Journalisten in einer großen italienischen Tageszeitung veröffentlicht.

Zur effektiven Wahrung der Menschenrechte ist es erforderlich, dass sich die europäischen Staaten bei der Durchführung von Maßnahmen zum Schutz der EU-Außengrenzen an die Menschenrechte halten. Das bedeutet, dass Abkommen zur Einwanderungskontrolle mit Drittstaaten nur dann geschlossen werden dürfen, wenn diese Drittstaaten die Menschenrechte von Flüchtlingen effektiv schützen. Abkommen zur Einwanderungskontrolle dürfen nicht geheim gehalten werden, sondern müssen in ihrem Wortlaut bekannt gemacht werden. Die EU muss einen besseren Schutz für Menschen gewährleisten, die auf dem Mittelmeer in Seenot geraten.

Deutschland könnte sich aktuell in diesem Sinne für den Menschenrechtsschutz einsetzen, indem es sich auf europäischer Ebene für diese Ziele engagiert. Das Recht der EU spielt für den Schutz von Flüchtlingen eine ständig wachsende Rolle. Es ist sehr zu wünschen, dass gerade Deutschland hier eine am Schutz von Menschenrechten orientierte Politik verfolgt.

Aber kommen wir zurück zum deutschen Asylrecht, denn über das EU-Asylrecht könnten wir schon für sich genommen lange diskutieren.

3. Teil: Das Flughafenverfahren

Ein weiterer Bestandteil des »Asylkompromisses« war die Einführung des »Flughafenverfahrens«. In diesem Flughafenverfahren wird das »normale« Asylverfahren in bestimmten Fällen modifiziert.

Es handelt sich bei dem Flughafenverfahren nach § 18a AsylVfG um ein Asylsonderverfahren, bei dem eine besondere Beschleunigung des Verfahrens aus Sicht des Gesetzgebers angezeigt war. Es betrifft Asylsuchende aus als »sicher« geltenden Herkunftsstaaten und alle Asylantragsteller, die ohne oder mit gefälschten Identitätsnachweisen an einem Flughafen Asyl beantragen. Derzeit werden Flughafenverfahren in Berlin-Schönefeld, Düsseldorf, Frankfurt a.M., Hamburg und München durchgeführt.

Um die Besonderheiten des Flughafenverfahrens wirklich verstehen zu können, ist es wichtig zu wissen, wie ein Asylverfahren normalerweise abläuft. Entgegen der gelegentlich wahrzunehmenden Auffassung einiger Diskussionsteilnehmer sind Asylsuchende allenfalls in seltenen Ausnahmefällen bei Ankunft in Deutschland über den Ablauf und die Bedeutung des Asylverfahrens orientiert. In der Regel kommt es zunächst zu einem ersten Kontakt mit einer Behörde, bei der der Wunsch, Asyl zu beantragen, formlos ausgedrückt wird, so dass der Antragsteller bis zur zuständigen Behörde weitergeleitet wird, bei der er einen förmlichen Asylantrag anbringen kann. Der Weg zu dieser zuständigen Außenstelle des Bundesamtes für Migration und Flüchtlinge – kurz: BAMF – kann durchaus weit sein, da Asylantragsteller über das gesamte Bundesgebiet verteilt und zugewiesen werden und bei dieser Entscheidung die örtliche Nähe zum aktuellen Aufenthaltsort des Antragsteller nach meiner Kenntnis keine Rolle spielt. Der nächste Schritt im Asylverfahren ist in aller Regel von zentraler Bedeutung für den Erfolg oder Misserfolg eines Antrags: die Anhörung des Flüchtlings über seine Fluchtgründe. Abhängig von der Arbeitsbelastung des BAMF sowie wohl auch in Abhängigkeit von strategischen Entscheidungen über den Umgang des BAMF mit Anträgen aus bestimmten Herkunftsländern dauert die Zeit zwischen förmlicher Antragstellung und Anhörung unterschiedlich lange. Manche Antragsteller werden bereits wenige Wochen nach ihrer Antragstellung angehört, andere warten Monate oder sogar Jahre. Die Bedeutung der Anhörung ist aus meiner Sicht vielen Antragstellern nicht bewusst. Menschen versuchen, sich höflicherweise kurz zu fassen, lassen sich auf mangelhafte Dolmetscher ein, um keine Umstände zu verursachen und weil sie es selbst hinter sich bringen wollen, oder sind aufgrund einer Traumatisierung gar nicht in der Lage, einem unbekannten Beamten nach etlichen Fragen zu ihrem Fluchtweg plötzlich ihre traumatisierenden Erlebnisse zu schildern. Ich möchte mich an dieser Stelle kurz fassen, weil die mit der Anhörung zusammenhängenden Probleme für das Asylverfahren nicht so sehr mit dem »Asylkompromiss« verbunden sind. Ich gehe allerdings davon aus, dass gerade diejenigen, die Schutz vor Menschenrechtsverletzungen suchen, häufig traumatische Erlebnisse hatten. Lassen Sie mich daher darauf hinweisen, dass der Umgang mit Traumatisierung bei denjenigen, die Asylsuchende anhören oder über Asylanträge entscheiden, besonderen Schulungsbedarf begründet. Ich meine damit nicht umgekehrt, dass aus dem Vorliegen einer Traumatisierung der Rückschluss auf erlittene Menschenrechtsverletzungen gezogen werden darf. Das deutsche Asylsystem muss sich allerdings darauf einrichten, die Schutzbedürftigen aus der Gesamtheit der Asylantragsteller herauszufiltern. Das wird nur gelingen, wenn dem Umstand Rechnung getragen wird, dass das Erleiden von Verfolgung nur in seltenen Fällen an den betroffenen Menschen abprallt, als sei nichts geschehen.

Nach wiederum sehr unterschiedlich langer Zeit im Anschluss an die Anhörung erhält der Asylantragsteller einen Bescheid des BAMF, in dem ihm mitgeteilt wird, ob seine vorgetragenen Gründe überzeugt haben. Gegen diese Entscheidung steht dem Antragsteller grundsätzlich der Rechtsweg zu den Verwaltungsgerichten offen.

Im Zuge des »Asylkompromisses« sollten Asylverfahren allgemein beschleunigt werden und im Falle des negativen Ausgangs zügige Abschiebungen stattfinden. Um Asylverfahren zu beschleunigen, ist es aus meiner Sicht sinnvoll, die zuständige Behörde bzw. die Verwaltungsgerichte so mit Mitteln und Personal auszustatten, dass die Zeit zwischen Antragstellung und Anhörung sowie zwischen Anhörung und Entscheidung bzw. zwischen Klageerhebung, Verhandlung und Urteil nicht mehr Monate und Jahre dauert, sondern in einem zeitnahen Rahmen verläuft. Die Parteien haben sich für diesen – kostenintensiven – Weg bei der Vereinbarung des Asylkompromisses jedoch nicht entschließen können. Sie haben vielmehr die Rechtsmittelfristen für die Antragsteller gekürzt, obgleich von einer Verschleppung eines Verwaltungsverfahrens durch eine Monatsfrist statt einer Frist von zwei Wochen aus meiner Sicht nicht die Rede sein kann, wenn zuvor mehr als ein Jahr auf eine Anhörung gewartet wurde.

Besonders beschleunigt werden sollte die Bearbeitung der Asylanträge von Menschen, die an den Flughäfen bei der Einreise aufgegriffen werden. Nach der »Drittstaatenregelung«, die wie ausgeführt Einreisende auf dem Landweg betrifft, gab es an den Flughäfen Regelungsbedarf, um der Einreise über den Luftweg zu begegnen. Der Antragsteller im Flughafenverfahren wird im Transitbereich untergebracht und beschleunigt angehört. Falls sein Antrag positiv beschieden wird oder das BAMF eine Entscheidung nicht innerhalb von zwei Tagen zu treffen in der Lage ist, wird dem Antragsteller die Einreise in das Bundesgebiet erlaubt. Im Falle der Einreise läuft das Asylverfahren als normales Asylverfahren weiter. Im Flughafenverfahren ist der Zugang zur Rechtsberatung erschwert; die Fristen, innerhalb derer gegen negative Entscheidungen vorgegangen werden muss, sind hingegen besonders kurz. Faktisch erleben Asylantragsteller das Flughafenverfahren als Inhaftierung; die Unterbringung erfolgt mindestens an mehreren Flughäfen in denselben Räumlichkeiten, in denen auch Abschiebungshaft vollstreckt wird. Asylantragsteller mit besonderer Schutzbedürftigkeit wie z.B. unbegleitete Minderjährige oder Traumatisierte haben im Flughafenverfahren aus meiner Sicht nur sehr geringe Chancen, Schutz zu erlangen.

Zwanzig Jahre nach Einführung des Flughafenverfahrens ist festzustellen, dass die praktische Bedeutung sehr gering ist, während der mit der Durchführung verbundene Aufwand unverhältnismäßig hoch ist. Der weit überwiegende Teil der Antragsteller darf trotz Beginn des Asylverfahrens im Transitbereich nach Deutschland einreisen und den normalen Weg weiter beschreiten, weil nur wenige Fälle so einfach gelagert sind, dass das BAMF zu einer Ablehnung innerhalb von zwei Tagen überhaupt in der Lage ist. Fast alle Entscheidungen des BAMF, die überhaupt in Flughafenverfahren ergehen, werden am Flughafen Frankfurt a.M. getroffen. An den anderen Flughäfen wird zwar die Möglichkeit der Durchführung eines Asylverfahrens einschließlich der Unterbringungsmöglichkeit vorgehalten, allerdings werden keine oder nur wenige (d.h. maximal fünf) Entscheidungen pro Jahr innerhalb von zwei Tagen getroffen. Während in Berlin in den vergangenen Jahren jeweils zwei bis vier Flughafenverfahren innerhalb von zwei Tagen beschieden werden konnten, plant die Senatsverwaltung beim Neubau des Großflughafens Unterbringungsmöglichkeiten für bis zu 300 Asylantragsteller ein. Aufwand und Effekt stehen hier aus meiner Sicht in einem offensichtlichen Missverhältnis.

Da die mit dem Flughafenverfahren verfolgten Zwecke, offensichtlich unbegründete Asylanträge zeitnah negativ zu bescheiden und bei Bestehen einer vollziehbaren Ausreisepflicht Maßnahmen zur Aufenthaltsbeendigung durchzuführen, auch ohne das spezielle Flughafenverfahren in den normalen Verfahren mit vertretbarem Aufwand erreicht werden können, ist das Flughafenverfahren abzuschaffen. Die Gefahr, dass schutzbedürftige Flüchtlinge im Flughafenverfahren ohne Erfolg bleiben, ist zu groß – gerade auch angesichts der geringen Bedeutung, die das Flughafenverfahren praktisch hat.

4. Teil: Das AsylbLG –
Mindestens teilweise verfassungswidrig

Mit dem Asylkompromiss wurde das Asylbewerberleistungsgesetz (AsylbLG) geschaffen, in welchem die sozialrechtlichen Ansprüche von Asylbewerbern geregelt sind. Der Gesetzgeber hat sich von der Annahme leiten lassen, dass während eines mutmaßlich kurzen Zeitraums eines zügig durchgeführten Asylverfahrens nicht erforderlich ist, Leistungen zur Teilhabe am gesellschaftlichen Leben zu bewilligen. Dies wurde damit begründet, dass eine Integration von Asylbewerbern gerade nicht erwünscht ist, sondern die Integration erst erfolgen soll, wenn eine dauerhafte Perspektive für den Aufenthalt in Deutschland besteht. Diese Perspektive besteht jedoch erst nach der Feststellung, dass einer Person Schutz gewährt wird, also mit positivem Abschluss des Asylverfahrens. Mit dem Inkrafttreten des AsylbLG zum 01.11.1993 wurden Asylbewerbern vorrangig Sachleistungen statt Geld bewilligt; die Leistungen nach dem AsylbLG sind insgesamt im Vergleich zur Sozialhilfe, die das Existenzminimum bilden soll, deutlich abgesenkt. Leistungen zur Krankenbehandlung erfolgen nur in eingeschränktem Umfang.

Anfangs fielen unter das AsylbLG nur die Asylbewerber während des laufenden Verfahrens und Menschen, die bereits vollziehbar zur Ausreise verpflichtet sind. Im Laufe der Zeit wurde jedoch der Anwendungsbereich des AsylbLG immer weiter ausgedehnt. Sogar Inhaber von Aufenthaltserlaubnissen, bei denen bereits wegen des offenbar vorhandenen Anspruchs auf Erteilung eines Aufenthaltstitels nicht von einem nur kurzfristigen, vorübergehenden Aufenthalt gesprochen werden kann, fielen schließlich in den Anwendungsbereich das AsylbLG. Inhaber einer Aufenthaltserlaubnis gem. § 25 Abs. 5 AufenthG beziehen Leistungen nach dem AsylbLG und nicht nach dem (für die Betroffenen günstigeren) SGB II, in dem die sogenannten »Hartz-IV-Sätze« geregelt sind.

Seit 1993 sind die Leistungen nach dem AsylbLG nicht erhöht worden – in der Folge kommt es bereits wegen des fehlenden Ausgleichs der gestiegenen Lebenshaltungskosten zu einem Verlust an Wert der Leistung. Das AsylbLG spricht bis heute noch von Leistungen in »Deutscher Mark«.

Die Verfassungsmäßigkeit der Höhe der Grundleistungen gem. § 3 AsylbLG ist zwischenzeitlich vom Bundesverfassungsgericht geprüft worden. Mit Urteil vom 18.07.2012 (Az.: 1 BvL 2/11 bzw. 10/10) hat das Bundesverfassungsgericht entschieden, dass die in diesem Verfahren angegriffenen Vorschriften über die Gewährung von Grundleistungen verfassungswidrig sind. Diese Entscheidung stärkt die Rechte von Asylsuchenden in Deutschland. Mit der Entscheidung des Bundesverfassungsgerichts steht fest, dass das Gewähren von nur besonders niedrigen Leistungen vor allem aus migrationspolitischen Erwägungen unzulässig ist. Das Bundesverfassungsgericht hat sich jedoch nicht zum AsylbLG »als Ganzem« geäußert, sondern nur sehr punktuell die vorgelegten Rechtsfragen entschieden.

Richtet man den Blick auf die vielen Einschränkungen, denen Asylbewerber unterliegen, stellt sich besonders das Zusammentreffen von verschiedenen Maßnahmen, die für sich genommen zwar nicht angenehm, aber noch zumutbar erscheinen, im Ergebnis als einschneidende, nicht mehr hinnehmbare Beschränkung dar. Menschen zu verpflichten, in einer Gemeinschaftsunterkunft zu wohnen und mit nur geringen Sach- und Geldleistungen auszustatten, ist nicht akzeptabel, wenn es sich z.B. um eine schwangere Frau handelt und ein Frauenarzt erst nach einer Busreise von mehr als einer Stunde Länge erreicht werden kann, weil die Gemeinschaftsunterkunft an einem besonders abgelegenen Ort eingerichtet wurde. Die Kumulation der Pflicht, sich in einem begrenzten Gebiet aufzuhalten oder dort zu wohnen, mit dem fehlenden oder stark beschränkten Zugang zum Arbeitsmarkt sowie mit der eingeschränkten medizinischen Versorgung kann in einer Menschenrechtsverletzung resultieren. Dies erscheint besonders deshalb problematisch, weil es den Betroffenen schwer fallen dürfte, sich effektiv über den Rechtsweg zu wehren, denn die Chance, effektive anwaltliche Unterstützung zu erhalten, lässt sich wohl eher zufällig als mit Sicherheit realisieren; ohne fundierte Beratung und Begleitung wird die Durchsetzung eines Rechts dem Asylbewerber voraussichtlich nicht gelingen.

Bei den Neuerungen, die sich nach dem Urteil des Bundesverfassungsgerichts vom 18.07.2012 für das AsylbLG ergeben, wird der Gesetzgeber hinsichtlich der Grundleistungen die ausführlichen Anmerkungen des Bundesverfassungsgerichts sorgfältig zu beachten haben. Wegen anderer Beschränkungen ist die kumulative Wirkung von verschiedenen Maßnahmen zu berücksichtigen und zum Schutz der Menschenrechte der Asylbewerber wohlwollend zu gestalten. Insbesondere bei Einschränkungen, deren Nutzen sehr in Frage gestellt werden kann, muss sich ein Staat wie Deutschland, der sich ungern vorwerfen lassen möchte, Menschenrechte nicht ausreichend zu achten, nicht unnötig auf Glatteis begeben.

Asyl und Arbeitsmarkt –
zur sozialen Lage von Asylbewerbern

Rudolf Bünte

Das Asylrecht hat das Ziel, Menschen, die vor politischer Verfolgung aus einem anderen Staat geflohen sind, Schutz zu gewähren. Dieser Aufsatz geht der weiter angelegten Frage nach, in welcher allgemeinen sozialen Lage sich Asylsuchende während und nach Abschluss des Asylverfahrens befinden. Die Lebenslage der Menschen wird besonders davon beeinflusst, ob die Möglichkeit besteht, in Deutschland eine Beschäftigung aufzunehmen, und welche Sozialleistungen gewährt werden. In dem Beitrag wird dargestellt, welche Regelungen hierzu seit dem Asylkompromiss aus dem Jahr 1992 gelten und wie sich die Diskussion zu diesen Fragen bis heute weiter entwickelt hat.

Wenn das Thema »Asylkompromiss im Jahr 1992« diskutiert wird, geht es häufig um Verfahrensfragen: Wer kann Asyl beantragen? Wie wirkt sich der Einreiseweg auf das Asylverfahren und das Asylrecht aus? Welche Verfahrens- und Klagefristen gelten? Welche Mitwirkungspflicht hat der Asylbewerber, um den Sachverhalt zeitnah aufzuklären?

Die soziale Lage, also die Frage, in welcher Lebenslage sich Asylbewerber während und nach Abschluss des Asylverfahrens befinden, wie ihre Partizipation an dem gesellschaftlichen Umfeld und dem Arbeitsmarkt in Deutschland aussieht, wird in der Öffentlichkeit weniger stark diskutiert. Es liegt auf der Hand, dass sich die neuen Verfahrensregelungen (Sichere Dritt- und Herkunftsstaatenregelung, Flughafenverfahren, Dublinverfahren) auf die Bleibeperspektive und damit auch konkret auf die soziale Lage auswirkten. Neben den Verfahrensregelungen waren aber auch die Sozialleistungen für Asylbewerber Gegenstand des Asylkompromisses und erfuhren mit dem neu geschaffenen Asylbewerberleistungsgesetz eine eigene Regelung, die am 1. November 1993 in Kraft trat. Hier wurde festgelegt, welche Leistungen Asylbewerber zur Deckung des alltäglichen Lebensbedarfs (Ernährung, Unterkunft u.a.), Krankenversorgung und Unterstützung in besonderen Fällen wie z.B. Schwangerschaft u.a. erhalten.

Auf diesen Aspekt – wie sich die soziale Lage, abgeleitet von den rechtlichen Rahmenbedingungen, darstellt –, soll hier vertieft eingegangen werden. Dabei wird der Begriff des Asylbewerbers weit gefasst. Es geht nicht nur um die Lebenslage von Menschen während der Durchführung des Asylverfahrens, sondern auch um die Situation nach Verfahrensabschluss, z.B. nach der Anerkennung als Asylberechtige bzw. Ablehnung des Asylantrags.

Ein besonderes Augenmerk wird auf Fragen des Arbeitsmarktes gelegt. Der Zusammenhang zwischen sozialer Lage von Asylbewerbern und dem Arbeitsmarkt besteht in zweierlei Hinsicht: Erstens wird für den individuell Betroffenen die Lebenslage entscheidend davon bestimmt, ob und in welchem Ausmaß die Möglichkeit der Teilnahme am Erwerbsleben besteht. Zweitens nimmt der allgemeine Arbeitsmarkt Einfluss auf die Asylgesetzgebung. Das Asylrecht wird grundsätzlich mit der Zielrichtung ausgestaltet, dass der inländische Arbeitsmarkt keinen Nachteil erleiden soll. Dementsprechend besteht eine Nachrangigkeit des Arbeitsmarktzugangs für Asylbewerber gegenüber deutschen Staatsangehörigen.

1. Politik im Wandel

Das Generalthema, 20 Jahre Asylkompromiss – Bilanz und Perspektiven, legt es nahe, einen summarischen Blick auf die letzten 20 Jahre zu werfen. Dabei ist zunächst die Entwicklung des deutschen Arbeitsmarktes in diesem Zeitraum aufschlussreich. Die nachstehende Grafik zeigt die Situation, in der der Asylkompromiss erlassen wurde, und die Entwicklung bis heute.

Hier wird deutlich, dass der Asylkompromiss im Jahr 1992 nicht nur im realen Kontext mit steigenden Flüchtlingszahlen zu sehen ist, sondern auch in einem Umfeld kontinuierlich steigender Arbeitslosenzahlen, ausgelöst durch die Folgen der deutschen Wiedervereinigung. Die Kurve ist gekennzeichnet von einer steigenden Tendenz in den Jahren 1990 bis 1996 und 2001 bis 2005 sowie einen Rückgang in den Jahren 1997 bis 2000 und 2006 bis 2012.

Abbildung 1: Entwicklung des deutschen Arbeitsmarkts

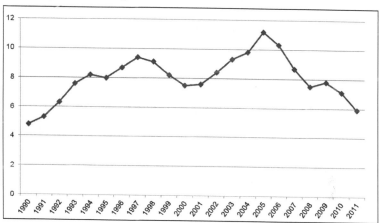

Arbeitslosenquote in Prozent im Jahresdurchschnitt
(Definition der Arbeitslosigkeit nach Eurostat)

Interessant ist es, eine Vergleichsbetrachtung anzustellen, wie sich in dieser Zeit das Ausländerrecht weiterentwickelt hat – wenn es auch deutlich zu kurz gegriffen ist, den Arbeitsmarkt als alleinigen Einflussfaktor für diese Entwicklung zu benennen. Nur einige wichtige Stationen seien hier stichwortartig benannt:

- 2000: Zuwanderungskommission der Bundesregierung. Entwicklung neuer Ansätze zur Modernisierung des Zuwanderungsrechts.[1]
- 2000: IT-Greencard-Verordnung. Erleichterung der Zuwanderung von IT-Fachkräften.[2]
- 2005: Zuwanderungsgesetz. Die Integration ausländischer Bürger wurde Bestandteil des Ausländerrechts, z.B. durch Einrichtung von Integrationskursen. Hiervon profitierten auch anerkannte Asylbewerber.

---

1 | Unabhängige Kommission Zuwanderung (so genannte Süssmuth-Kommission), eingesetzt von der Bundesregierung zur Erarbeitung von Vorschlägen für ein neues Zuwanderungsrecht.

2 | Verordnung über Aufenthaltserlaubnisse für hoch qualifizierte ausländische Fachkräfte der Informations- und Kommunikationstechnologie (IT-ArGV).

- 2006ff.: Bleiberechtsregelungen auf Landes- und Bundesebene.[3] Langjährig in Deutschland lebende Geduldete[4] bekamen – abhängig von konkreten Stichtagen – unter bestimmten Voraussetzungen ein Bleiberecht mit Zugang zum Ausbildungs- und Arbeitsmarkt.
- 2012: Gesetz zur Einführung einer Blauen Karte für hochqualifizierte Fachkräfte, die aus Drittstaaten nach Deutschland zuwandern.[5] Zwar profitierten hiervon nicht unmittelbar Asylbewerber. Jedoch wird das Thema Fachkräftezuwanderung neuerdings verstärkt mit dem Thema Willkommenskultur in der deutschen Gesellschaft gegenüber Personen mit Migrationshintergrund in Verbindung gebracht. Dieses Thema ist hochrelevant für in Deutschland lebende Flüchtlinge – sind diese doch oft in besonderem Maß mit Ressentiments der inländischen Bevölkerung konfrontiert.

Insgesamt bleibt festzuhalten, dass der ausländerrechtliche Diskurs in heutiger Zeit im Umfeld einer günstigen Arbeitsmarktlage geführt wird. Der Fachkräftebedarf führt zu einer größeren Offenheit gegenüber der Erwerbszuwanderung, jedoch profitieren seit neuerer Zeit auch Flüchtlinge von punktuellen Verbesserungen im ausländerrechtlichen Status und bei der Gewährung von Sozialleistungen. Auf die aktuell geltende Rechtslage und den in unseren Tagen geführten Asyldiskurs wird nun vertieft eingegangen.

2. Aufenthalt und Arbeitsmarktzugang

2.1 Aktuelle Rechtslage

Besonderes Augenmerk wird hier auf die vier größten Gruppen von Flüchtlingen gelegt, deren Status sich rechtlich unterscheidet, was sich auf die Lebenslage und die Gewährung von Sozialleistungen auswirkt. In

---

3 | Beschlüsse der Innenministerkonferenz vom 17. November 2006 und 19. November 2010; so genannte Altfallregelung der §§ 104a, 104b Aufenthaltsgesetz vom 19. August 2007.
4 | Zu dem Begriff s.u. Ziffer 2.1.
5 | Gesetz zur Umsetzung der Hochqualifizierten-Richtlinie der Europäischen Union, BGBl I Nr. 24 vom 8. Juni 2012 S. 1224.

der nachfolgenden Übersicht wird der Rechtsstatus der jeweiligen Personengruppe dargestellt.

Übersicht 1: Vier größte Gruppen von Flüchtlingen

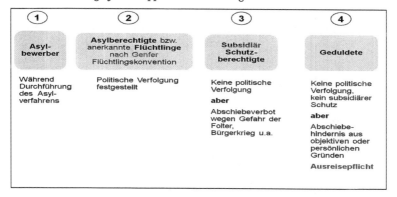

Zu 1: Dies sind *Asylbewerber* im engeren Sinne. Sie haben beim Bundesamt für Migration und Flüchtlinge einen Antrag auf Anerkennung als Asylberechtigte nach dem Grundgesetz oder auf Anerkennung als Flüchtling im Sinne der Genfer Flüchtlingskonvention gestellt. Sie erhalten für die Dauer des Asylverfahrens zur Legitimation ihres Aufenthalts eine Aufenthaltsgestattung (§ 55 Asylverfahrensgesetz). Oft wird übersehen, dass die Aufenthaltsgestattung den Charakter eines positiven Schutzinstrumentes für Flüchtlinge hat – ein Bleiberecht im Bundesgebiet in einem Stadium, in dem die Voraussetzungen für das Asylrecht bzw. den Flüchtlingsschutz noch nicht feststehen. Jedoch sind damit Einschränkungen in der persönlichen Mobilität verbunden: Der Wohnsitz darf üblicherweise nur in einer Erstaufnahmeeinrichtung, später in einer Gemeinschaftsunterkunft genommen werden, das Aufenthaltsrecht ist auf eine bestimmte Region (z.B. Bundesland) eingeschränkt (sog. Residenzpflicht).[6]

Zu 2: Dies ist der Status nach einem erfolgreichen Asylverfahren, wenn das Bundesamt für Migration und Flüchtlinge eine *politische Verfolgung festgestellt* hat. Nach der Anerkennung wird eine befristete Aufenthalts-

---

6 | Bundesamt für Migration und Flüchtlinge (2005) und (2008) S. 36.

erlaubnis erteilt, die nach drei Jahren in eine unbefristete Niederlassungserlaubnis umgewandelt werden kann.

Zu 3: Bei subsidiär Schutzberechtigten ergab das Asylverfahren, dass keine politische Verfolgung festgestellt werden konnte, weil z.B. nicht nachzuweisen war, dass die staatlichen Maßnahmen konkret auf die Verfolgung des Betroffenen zielten. Eine Erzwingung der Rückreise in das Heimatland würde sie jedoch der Gefahr der *schwerwiegenden Gefährdung von Freiheit, Leib oder Leben* aussetzen. Wer subsidiären Schutz genießt, erhält eine Aufenthaltserlaubnis, die nach sieben Jahren in eine Niederlassungserlaubnis umgewandelt werden kann.

Zu 4: Ist ein Asylverfahren erfolglos, kommt weder eine Anerkennung als Asylberechtigter bzw. Flüchtling nach der Genfer Flüchtlingskonvention noch subsidiärer Schutz in Frage. Sofern auch sonst kein Aufenthaltstitel erteilt werden kann, besteht eine Ausreisepflicht. Erfolgt keine freiwillige Ausreise, wird die Ausreise durch eine Abschiebung erzwungen. Abschiebehindernisse können sich aus objektiven (z.B. fehlende Flugverbindung, fehlende Ausweispapiere u.ä.) oder persönlichen Gründen (z.B. Reiseunfähigkeit infolge Krankheit) ergeben. In diesem Fall wird eine *Duldung* erteilt (§ 60a Aufenthaltsgesetz). Diese gilt i.d.R. sechs Monate und wird bei Fortbestehen der Situation um jeweils weitere sechs Monate verlängert. Bei mehreren hintereinandergeschalteten Verlängerungen spricht man von einer Kettenduldung. Geduldete haben – zumindest in der ersten Zeit – die gleichen Einschränkungen ihrer Mobilität bei Wohnsitz und Aufenthalt wie Asylbewerber.

Zum Stichtag 31. Dezember 2011 lebten in Deutschland

- 47.141 Asylbewerber,
- 113.218 anerkannte Asylbewerber bzw. Flüchtlinge nach der Genfer Flüchtlingskonvention,
- 27.332 Subsidiär Schutzberechtigte
- und 87.136 Geduldete, von denen sich rund 48 % bereits seit mehr als sechs Jahren in Deutschland aufhielten.[7]

---

7 | Bundesregierung (2012a), S. 1ff.

Die soziale Lage dieser Personengruppen wird nun dadurch bestimmt, welche Bleibeperspektive sie haben und inwieweit sie einer Beschäftigung, also einer nicht selbständigen Erwerbstätigkeit, nachgehen dürfen. Eine Orientierung bietet folgende Übersicht:

Übersicht 2: Status und Aufenthalt von Flüchtlingen

Status	Aufenthalt	Arbeit
1. Asylbewerber	Bescheinigung der Aufenthaltsgenehmigung	Nach 1 Jahr Aufenthalt, arbeitsmarktabhängig**
2. Asylberechtigte/ GFK-Flüchtlinge	Aufenthaltserlaubnis*, nach 3 Jahren Niederlassungserlaubnis*	Uneingeschränkt
3. Subsidiär Schutzberechtigte	Aufenthaltserlaubnis*, nach 7 Jahren Niederlassungserlaubnis*	Zunächst arbeitsmarktabhängig***
4. Geduldete	Bescheinigung der Duldung	Nach 1 Jahr Aufenthalt, arbeitsmarktabhängig Arbeitsverbot als Sanktionierungsmöglichkeit

*Aufenthaltstitel
**Rechtslage seit 6. September 2013: Nach neun Monaten Aufenthalt Zugang zum Arbeitsmarkt
***Rechtslage seit 1. Juli 2013: Sofortiger Arbeitsmarktzugang, unabhängig vom Arbeitsmarkt

Während der Durchführung des Asylverfahrens befinden sich *Asylbewerber* in einem – auf mittelfristige Sicht – ungesicherten Aufenthaltsstatus. Die betroffenen Personen müssen gewärtig sein, das Bleiberecht nach Ablehnung des Asylantrags zu verlieren. Nach Ablauf eines Jahres[8] wird rechtlich die Möglichkeit eröffnet, eine Arbeit aufzunehmen. Dies ist aber abhängig vom Arbeitsmarkt. Voraussetzung für eine Beschäftigungsaufnahme ist, dass für die freie Stelle kein bevorrechtigter Arbeitnehmer, z.B. ein deutscher Bewerber, zur Verfügung steht. Die arbeitsmarktbezogene Prüfung wird von der Bundesagentur für Arbeit durchgeführt.[9]

Vergegenwärtigt man sich diese Situation – ungesicherter Aufenthaltsstatus, nachrangiger Arbeitsmarktzugang, aber auch solche Aspekte wie fehlende Deutschkenntnisse und berufliche Fertigkeiten – wird deutlich, dass auch nach Ablauf der Wartefrist von einem Jahr die Beschäftigungsaufnahme durch verschiedene Hemmnisse erschwert ist.

---

8 | Rechtslage ab 6. September 2013: Nach neun Monaten nachrangiger Zugang zum Arbeitsmarkt.
9 | Bünte/Knödler (2008) S. 743ff.; dies. (2010) S. 1331ff.

Im Fall des erfolgreichen Abschlusses des Asylverfahrens, also bei anerkannten Asylberechtigten bzw. *Flüchtlingen nach der Genfer Flüchtlingskonvention*, ändert sich die Situation im positiven Sinne: Die Aufenthaltserlaubnis eröffnet ein mittelfristiges Bleiberecht. Zwar kann auch dann noch das Asylrecht bzw. der Verfolgungsstatus z.b. wegen veränderter politischer Umstände im Heimatland widerrufen werden. Nach drei Jahren wird jedoch ein unbeschränktes Bleiberecht in Form einer unbefristeten Niederlassungserlaubnis erteilt. Ab dem Zeitpunkt der Anerkennung haben diese Menschen uneingeschränkten Arbeitsmarktzugang und sind unter diesem Aspekt deutschen Staatsangehörigen gleichgestellt.

Subsidiär Schutzberechtigte haben zwar auch ein Bleiberecht in Form einer Aufenthaltserlaubnis, diese kann aber erst nach sieben Jahren in eine Niederlassungserlaubnis umgewandelt werden. Der Arbeitsmarktzugang ist in den ersten drei Jahren abhängig vom Arbeitsmarkt. Eine Beschäftigung ist also auch hier zunächst nur möglich, wenn kein bevorrechtigter Arbeitnehmer zur Verfügung steht.[10]

Geduldete haben – ähnlich wie Asylbewerber – nach einem Jahr Aufenthalt in Deutschland arbeitsmarktabhängigen Arbeitsmarktzugang. Jedoch kann hier die Ausländerbehörde auch nach Ablauf des Jahres ein individuelles Arbeitsverbot verhängen, wenn der Geduldete an der Beseitigung des Ausreisehindernisses (z.B. bei der Passbeschaffung) nicht ausreichend mitwirkt. Das Arbeitsverbot hat z.b. für Jugendliche die Folge, dass eine betriebliche Ausbildung nicht aufgenommen werden kann.[11]

Welche gesetzgeberische Wertung steht hinter der Ausgestaltung der Aufenthalts- und Arbeitsmarktzugangsrechte? Während des Asylverfahrens steht die vorläufige Schutzgewährung im Vordergrund. Das Augenmerk liegt auf einer möglichst raschen Sachverhaltsklärung mit weitgehenden Informations- und Mitwirkungspflichten der Betroffenen. Die Verfahrensregelungen sind auf Verfahrensbeschleunigung ausgerichtet, so dass von einem kurzfristigen Verbleiben in diesem Stadium ausgegangen wird. Eine weit gehende Integration in die Aufnahmegesellschaft und den Arbeitsmarkt ist hier nicht beabsichtigt, auch um im Fall der Ablehnung eine kurzfristige Ausreise zu ermöglichen. Nach dem

---

10 | Rechtslage seit 1. Juli 2013: Bereits in den ersten drei Jahren uneingeschränkter Arbeitsmarktzugang.

11 | Zur rechtlichen Einordnung derartiger Beschäftigungsverbote: Bünte/Knödler (2010), S. 1330.

erfolgreichen Asylverfahren eröffnet sich eine Bleibeperspektive mit der Möglichkeit der Integration in Gesellschaft und Arbeitsmarkt. Der Status der Duldung ist hingegen von einer ungesicherten Bleibeperspektive und einem beschränkten Arbeitsmarktzugang gekennzeichnet. Die Rechtslage ist von der Bewertung bestimmt, dass eigentlich eine Ausreisepflicht besteht.

2.2 Aktuelle Fragen zu Status und Arbeitsmarktzugang

Aus der gesetzgeberischen Sicht ist die Abgrenzung der Sachverhalte eindeutig: Während des Asylverfahrens besteht eine eingeschränkte Bleibeperspektive mit wenig Integrationsmöglichkeiten, nach der Anerkennung erfolgt weitgehende Gleichbehandlung mit deutschen Staatsangehörigen mit abgesichertem Bleiberecht und Arbeitsmarktzugang. Diese eindeutige Abgrenzung wird nun durch einige Sachverhalte in Frage gestellt, bei denen nicht mehr eindeutig gesagt werden kann, ob das politische Ziel eher auf die Vorläufigkeit des Aufenthaltsstatus oder auf möglichst weitgehende Integration gerichtet ist.

Die Einschränkungen bei Bleiberecht und Mobilität lassen sich bei *Asylbewerbern* vor allem dann darstellen, wenn es sich um einen absehbaren, kurzfristigen Zeitraum handelt, innerhalb dessen das Betreiben des Asylverfahrens und die Sachverhaltsklärung im Vordergrund stehen. Je länger das Asylverfahren dauert, desto mehr verliert diese Argumentation ihre Grundlage. Etwa ein Drittel der Asylverfahren dauert länger als ein Jahr,[12] und dann stellt sich die Frage, ob das einjährige Arbeitsverbot nicht einen Verlust an Arbeits- und Sozialkompetenzen bedeutet, der später nur schwer wieder ausgeglichen werden kann.

Bei *subsidiär Schutzberechtigten* ist hingegen die Frage aufzuwerfen, welche Strategie letztlich Platz greifen soll: Die Politik einer auf Vorläufigkeit gerichteten Schutzgewährung, die mit Einschränkungen bei Bleibeperspektive und Arbeitsmarktzugang verbunden ist, oder die Politik einer möglichst schnellen und intensiven Integration in die deutsche Gesellschaft. Hier ist die Gefahr eines Zielkonflikts zwischen zwei politischen Anliegen gegeben, die sich eigentlich gegenseitig ausschließen.

Geduldete sind ausreisepflichtig. Die Politik ist infolgedessen zunächst vor allem auf eine schnelle Verwirklichung der Ausreise gerichtet,

---

12 | Bundesamt für Migration und Flüchtlinge (2011a) S. 54.

zu der die Menschen rechtlich verpflichtet sind und an der sie, soweit es ihnen möglich ist, mitwirken sollen. Daher sind Bleiberecht und Arbeitsmarktzugang so ausgestaltet, als handle es sich um eine nur kurze Zeit anhaltende Situation. Dieser Vorstellung widerspricht jedoch die Tatsache, dass etwa die Hälfte der Geduldeten, nämlich ca. 42.000 Personen, schon länger als sechs Jahren in Deutschland leben.[13] Alleine diese Zeitspanne führt häufig zu einer weit gehenden Integration in die deutsche Gesellschaft und den deutschen Arbeitsmarkt. Die Frage der Erzwingung der Ausreise stellt sich in besonderem Maße, wenn Kinder von Geduldeten in Deutschland die Schule bzw. eine Berufsausbildung absolviert haben und in die deutsche Gesellschaft gut integriert sind.

Diese Fragestellungen haben – in Verbund mit politischen Entwicklungen auf Ebene der Europäischen Union – dazu geführt, dass für diese Personenkreise punktuelle Verbesserungen bei Aufenthaltsstatus und Arbeitsmarktzugang diskutiert werden und sich Neuregelungen zum Teil konkret abzeichnen:

- Auf Ebene der Europäischen Union wird derzeit eine Richtlinie über den Status von *Asylbewerbern*[14] verhandelt. Im aktuellen Entwurfsstadium zeichnet sich die EU-weite einheitliche Regelung ab, dass Asylbewerber nicht erst nach einem Jahr, sondern bereits nach neun Monaten eine Beschäftigung aufnehmen dürfen.[15]
- Das Bundesministerium für Arbeit und Soziales hat einen Verordnungsentwurf vorgelegt, der für *subsidiär Schutzberechtigte* einen arbeitsmarktunabhängigen Arbeitsmarktzugang vorsieht.[16] Tritt der Entwurf wie geplant im Juli 2013 in Kraft, können diese Menschen

---

13 | S.o. Abschnitt 2.1.

14 | Richtlinie des Europäischen Parlamentes und des Rates zur Festlegung von Normen für die Aufnahme von Asylbewerbern und Antragstellern auf internationalen subsidiären Schutz, Entwurfsstand vom 14. Dezember 2012: Interinstitutionelles Dossier des Rates 2008/0244 (COD), 14654/12.

15 | Internetauftritt der Süddeutschen Zeitung vom 24. Juli 2012, www.sueddeutsche.de/politik/gesetzesvorhaben-in-der-eu-asylbewerber-sollen-nach-neun-monaten-arbeiten-duerfen-1.1421610, aufgerufen am 27. Februar 2013.

16 | Beschluss des Bundeskabinetts vom 27. Februar 2013, vgl. Pressemitteilung des Bundesministerium für Arbeit und Soziales vom 27. Februar 2013, www.bmas.de (aufgerufen am 27. Februar 2013).

eine Beschäftigung auch dann aufnehmen, wenn für den konkreten Arbeitsplatz ein deutscher Staatsangehöriger zur Verfügung steht.
• Der Status von *Geduldeten* hat sich bereits durch verschiedene Rechtsänderungen seit dem Jahr 2009 spürbar verbessert: Eine Berufsausbildung ist ohne Vorrangprüfung möglich, anschließend kann ein Aufenthaltstitel für eine qualifizierte Beschäftigung erworben werden. Aktuell häufen sich die politischen Initiativen, die eine weiter gehende Regelung fordern und sich für eine stichtagsunabhängige Bleiberechtsregelung einsetzen. Neben entsprechenden Bundesratsinitiativen der Bundesländer Hamburg, Schleswig-Holstein, Nordrhein-Westfalen, Baden-Württemberg, Bremen, Rheinland-Pfalz und Niedersachsen[17] verdienen hier die Handlungsempfehlungen des Beirats der Integrationsbeauftragten der Bundesregierung vom 24. September 2012[18] Erwähnung.

3. SOZIAL- UND INTEGRATIONSLEISTUNGEN

3.1 Aktuelle Rechtslage

Welche Sozialleistungen stehen nun den Asylbewerbern, Asylberechtigten, subsidiär Schutzberechtigten und Geduldeten zu? Setzt sich hier die Wertung des Gesetzgebers fort, dass womöglich der ungesicherte Aufenthalt mit einem geringen Maß an Sozialleistungen einhergeht – und umgekehrt?

Bevor man sich mit dieser Frage näher auseinandersetzt, soll ein Überblick über die angesprochenen Sozialleistungen gegeben werden (siehe Übersicht 3).

---

17 | Vgl. Synopse der Bleiberechtsinitiativen, Internetauftritt des Landesintegrationsrats Nordrhein-Westfalen, www.laga-nrw.de/xd/public/content/index.html?pid=820, aufgerufen am 27. Februar 2013.
18 | Beauftragte der Bundesregierung für Migration, Flüchtlinge und Integration (Hg.) (2012); siehe unten Abschnitt 2.3.2.

Übersicht 3: Überblick über Sozialleistungen

- **Sozialgesetzbuch (Bücher I bis XII)**
  - Sozialversicherungen
    - Arbeitslosenversicherung
    - Krankenversicherung
    - Rentenversicherung
    - Unfallversicherung
    - Pflegeversicherung
  - Grundsicherung für Arbeitssuchende (umgangssprachlich „Hartz IV")
  - Kinder- und Jugendhilfe
  - Rehabilitation behinderter Menschen
  - Sozialhilfe
- **Weitere Sozialleistungen**
  - BAföG
  - Kindergeld
  - Wohngeld
  - Asylbewerberleistungsgesetz
  - u.a.

Für den Personenkreis der *Asylbewerber*, also im Zeitraum der Prüfung des Asylantrags im Asylverfahren, können grundsätzlich nur nach dem Asylbewerberleistungsgesetz Sozialleistungen bezogen werden. Andere Sozialleistungen werden nur im Ausnahmefall gewährt.

Was bedeutet dies konkret? Die Grundleistungen für den Bedarf an Unterkunft, Heizung, Ernährung, Kleidung, Gesundheits- und Körperpflege sowie Gebrauchs- und Verbrauchsgütern des Haushalts werden grundsätzlich durch Sachleistungen gedeckt. In einigen Bundesländern wird jedoch von diesem Grundsatz abgewichen und an Stelle von Sachleistungen eine Geldzuwendung gezahlt.[19] Die Unterbringung erfolgt in den ersten Monaten in Erstaufnahmeeinrichtungen des Bundesamts für Migration und Flüchtlinge, anschließend in Gemeinschaftsunterkünften, die von den Kommunen betrieben werden. Zusätzlich wird ein Taschengeld in Höhe von ca. 140 € pro Monat gewährt. Die ärztliche Versorgung beschränkt sich auf eine Grundversorgung bei akuten Erkrankungen und Schmerzzuständen sowie die ärztliche und pflegerische Hilfe bei Schwangerschaft und Geburt.

---

19 | Vgl. den Überblick über die Praxis der verschiedenen Bundesländer im Urteil des Bundesverfassungsgerichts vom 18. Juli 2012, 1 BvL 10/10 1 BvL 2/11 Randziffer 44.

Insgesamt sind diese Sozialleistungen so ausgestaltet, dass ein Abstandsgebot im Vergleich zu Sozialleistungen an deutsche Staatsangehörige gilt. Bei Asylbewerbern steht wieder der bereits oben erläuterte Gedanke im Vordergrund, eine absehbare, vorübergehende Zeit bis zur Statusklärung zu überbrücken und in diesem Zeitraum die Sozialleistungen lediglich auf die Deckung der Grundbedürfnisse zu beschränken.

Nach dem positiven Ausgang des Asylverfahrens, also nach Anerkennung als *Asylberechtigter* oder *Flüchtling nach der Genfer Flüchtlingskonvention*, kehrt sich diese Situation um: Wie oben dargestellt, erhalten die Menschen einen Aufenthaltstitel mit einer mittelfristigen Bleibeperspektive und uneingeschränktem Arbeitsmarktzugang. In diesem Status können alle Sozialleistungen gewährt werden. Damit gelten hier wie bei deutschen Staatsangehörigen die Regeln des gesetzlichen Versicherungsschutzes (z.B. Kranken-, Arbeitslosen-, Rentenversicherung). Auch die Grundsicherung für Arbeitsuchende nach dem Zweiten Buch Sozialgesetzbuch (SGB II) kann bei Vorliegen der weiteren gesetzlichen Voraussetzungen gewährt werden.

Im Grundsatz sind diese Sozialleistungen auch für *subsidiär Schutzberechtigte* eröffnet – jedoch befinden sich in einzelnen Sozialgesetzen Einschränkungen. Dies gilt z.B. für Familienleistungen wie Kindergeld (§ 62 Abs. 2 Nr. 2 Buchstabe c, Nr. 3 Einkommensteuergesetz) oder für Ausbildungsförderung (§ 8 Abs. 2 Berufsausbildungsförderungsgesetz, § 59 Abs. 1 SGB III)[20]. Arbeitsmarktdienstleistungen der Agenturen für Arbeit und Jobcenter im Rahmen der Arbeitslosenversicherung bzw. Grundsicherung für Arbeitsuchende sind jedoch ansonsten – bei Vorliegen der allgemeinen gesetzlichen Voraussetzungen – uneingeschränkt möglich.[21]

Besonders komplex stellt sich die Situation bei den Sozialleistungen für *Geduldete* dar. Auch sie fallen zunächst in den Geltungsbereich des Asylbewerberleistungsgesetzes. Nach 48 Monaten, also nach Ablauf von vier Jahren, wandelt sich der Anspruch in einen Anspruch auf Sozialhilfe analog der Regelungen des Zehnten Buches Sozialgesetzbuch (SGB X) um. Punktuell erhalten Geduldete jedoch verschiedene anderweitige Sozialleistungen. Dies gilt z.B. für Leistungen der Agenturen für Arbeit nach den Regelungen der Arbeitslosenversicherung, also nach dem Drit-

---

20 | Zu Familienleistungen an Flüchtlinge siehe insbesondere Beschluss des Bundesverfassungsgerichts vom 10. Juli 2012, 1 BvL 2/10.
21 | Schmitz (2011), S. 12ff.

ten Buch Sozialgesetzbuch (SGB III). Voraussetzung ist hier, dass Geduldete Arbeitsmarktzugang haben (Ziffer 2.1), also nach einem Jahr Aufenthalt in Deutschland – und auch dann nur, wenn die Ausländerbehörde kein individuelles Arbeitsverbot wegen mangelnder Mitwirkung an der Ausreise verhängt hat.[22] Welche Unterstützung – z.B. bei der Arbeitsvermittlung oder der Weiterbildungsförderung – geleistet werden kann, richtet sich im Einzelfall jedoch auch nach der konkreten Bleibeperspektive.

3.2 Aktuelle Fragen zu Sozial- und Integrationsleistungen

Sozial- und Integrationsleistungen für Flüchtlinge sind neuerdings verstärkt Gegenstand der öffentlichen Debatte geworden. Auslöser sind einerseits das Urteil des Bundesverfassungsgerichts vom 18. Juli 2012,[23] das wesentliche Regelungen des Asylbewerberleistungsgesetzes für verfassungswidrig erklärte, andererseits verschiedene Initiativen, die sich für intensivere Integrationsbemühungen für Flüchtlinge mit ungesichertem Aufenthaltsstatus einsetzen.

3.2.1 Urteil des Bundesverfassungsgerichts vom 18. Juli 2012

Das Bundesverfassungsgericht erklärte in diesem Urteil die Bestimmungen des Asylbewerberleistungsgesetzes, welche die Höhe der Geldzuwendungen an Asylbewerber (und andere Personengruppen, die unter das Asylbewerberleistungsgesetz fallen) zum Gegenstand haben, für verfassungswidrig. Auslöser für dieses Urteil war die Tatsache, dass die Geldleistungen seit dem Zeitpunkt des Inkrafttretens des Gesetzes im Jahr 1993 bis heute nicht erhöht wurden, obwohl eine solche Erhöhung in einer Verordnungsermächtigung ausdrücklich vorgesehen war. Die Preissteigerung von mehr als 30 % in diesem Zeitraum rechtfertigte die Annahme, dass in Folge der unterlassenen Anpassung das Existenzminimum nicht mehr gesichert sei. Zu einer Untermauerung dieser These wurde ein Vergleich mit anderen Fürsorgeleistungen zur Existenzsicherung gezogen (Sozialhilfe sowie Grundsicherung für Arbeitsuchende), deren Leistungsniveau inzwischen rund 30 % über dem Asylbewerberleistungs-

---

22 | S.o. Ziffer 2.1.
23 | 1 BvL 10/10, 1 BvL 2/11.

gesetz liegt – eine Differenz, die auch nicht mehr durch das Abstandsgebot gerechtfertigt ist.

Man mag zunächst die Einschätzung haben, die Erhöhung der Geldzuwendungen von rund 220 € für Grundleistungen zuzüglich Taschengeld auf nun rund 350 € stelle nur eine rechnerische Erhöhung eines Geldbetrags dar. Die Urteilsbegründung gibt jedoch Hinweise, die über diese rein monetäre Frage hinausweisen. Sie misst Sozialleistungen an Asylbewerber am Maßstab des Rechts auf Gewährung eines menschenwürdigen Existenzminimums, das im Grundgesetz im Grundrecht auf Achtung der Personenwürde einerseits und im Sozialstaatsprinzip andererseits manifestiert ist. Neben der physischen Existenz muss, so das Bundesverfassungsgericht, auch die Möglichkeit zur Pflege zwischenmenschlicher Beziehungen und ein Mindestmaß an gesellschaftlichem, kulturellem und politischem Leben gesichert werden. Damit sind auch Themen wie die Teilnahme am Bildungssystem oder am Arbeitsmarkt angesprochen. Demgemäß ist in den Gesetzesentwürfen des Bundesministeriums für Arbeit und Soziales nun vorgesehen, dass Kinder von Asylbewerbern künftig am Bildungspaket teilhaben können, wie dies im Sozialhilferecht und in der Grundsicherung für Arbeitsuchende gilt.[24] Auch die beabsichtigte Neuregelung, Asylbewerbern schon nach neun Monaten den Zugang zum Arbeitsmarkt zu ermöglichen,[25] ist in diesem Zusammenhang zu sehen.

3.2.2 Förderung durch den Europäischen Sozialfonds

Die bisherige Darstellung widmete sich vornehmlich den Fragen: Welcher Träger von Sozialleistungen leistet für welche hilfebedürftige Personen Geld- oder Sachleistungen zur Deckung des Lebensbedarfs? Welche Leistungen werden für den Grundbedarf gewährt, wie wird die schulische oder berufliche Ausbildung gefördert?

Zunehmend werden jedoch auch strukturelle Fragen aufgeworfen. Man stelle sich vor, man befinde sich ohne Sprachkenntnisse in einem fremden Land wie Deutschland. Man hätte Fragen des Schulbesuchs mit der Schulbehörde, Sozialleistungen mit dem Sozialamt, dem Jobcenter,

---

24 | Entwurf eines Dritten Gesetzes zur Änderung des Asylbewerberleistungsgesetzes, Stand 4. Dezember 2012, www.frnrw.de > Recht > Gesetzgebung > Gesetzentwürfe; aufgerufen am 27. Februar 2013.
25 | S.o. Abschnitt 2.2.

der Agentur für Arbeit, der ärztlichen Versorgung mit dem Amtsarzt und ausländerrechtliche Statusfragen mit der Ausländerbehörde zu klären. Ist es schon für Deutsche nicht ganz einfach, hier die Übersicht zu behalten, stellt sich dies für Flüchtlinge noch schwieriger dar.[26]

Neuere Projekte widmen sich verstärkt der koordinierten Zusammenarbeit der beteiligten Träger und Unterstützungsorganisationen. Als Beispiel sei hier auf das Bundesprogramm zur arbeitsmarktlichen Unterstützung für Bleibeberechtigte und Flüchtlinge mit Zugang zum Arbeitsmarkt hingewiesen, das über den Zeitraum von 2008 bis 2014 in Höhe von insgesamt 84 Mio. € kofinanziert mit dem Europäischen Sozialfonds gefördert wird.[27] Zielgruppe sind alle oben beschriebenen Personengruppen, also sowohl Asylbewerber als auch Asylberechtigte, subsidiär Schutzberechtigte und Geduldete. Die Förderung fließt in dezentrale, auf kommunaler oder regionaler Ebene verankerte Projekte, welche je nach Bedarf vor Ort die Träger und Unterstützungsorganisationen (Migrantenorganisationen, Sozialämter, Sozialverbände, Agenturen für Arbeit) an einen Tisch bringen. In diesen Projekten werden Migranten Information und Beratung zu Fragen der Arbeitsaufnahme angeboten. Ziel ist außerdem die Unterstützung der Einstellungsbereitschaft von Arbeitgebern. In gewissem Umfang werden auch Qualifizierungsmaßnahmen, z.B. Deutschkurse, gefördert. Im November 2012 umfasste die Förderung 233 Einzelprojekte.

3.2.3 Empfehlungen des Integrationsbeirates

Abschließend sei noch ein drittes Beispiel genannt, dass von maßgeblicher politischer Seite verstärkte Anstrengungen zur Verbesserung der sozialen Lage von Flüchtlingen und zur Integration in die deutsche Gesellschaft gefordert werden. Der Beirat der Beauftragten der Bundesregierung für Migration, Flüchtlinge und Integration hat am 24. September 2012 Handlungsempfehlungen für Flüchtlinge und Menschen ohne

---

26 | Dieser Gesichtspunkt wird – allgemein auf Migranten, nicht nur auf Flüchtlinge bezogen – im Jahresgutachten 2012 »Integration im föderalen System: Bund, Länder und die Rollen der Kommunen« des Sachverständigenrats deutscher Stiftungen herausgearbeitet.

27 | www.esf.de > Programmübersicht > Xenos Sonderprogramm zur arbeitsmarktlichen Unterstützung für Bleibeberechtigte und Flüchtlinge mit Zugang zum Arbeitsmarkt, aufgerufen am 27. Februar 2013.

Aufenthaltsstatus entwickelt, also insbesondere Asylbewerber, Geduldete und Menschen mit humanitärem Aufenthaltsrecht.[28]
Vier der insgesamt sieben Handlungsempfehlungen seien hier wörtlich zitiert:

»Es bedarf einer gesetzlichen, stichtagsunabhängigen Bleiberechtsregelung für alle langjährig Geduldeten, die Integration anerkennt und humanitäre Aspekte großzügig berücksichtigt.«

»Es braucht Sprachangebote für alle Einwanderer – auch Asylsuchende, Geduldete und Menschen mit humanitärem Aufenthalt – von Anfang an.«

»Es sind weitere Maßnahmen erforderlich, um jugendlichen Geduldeten den Zugang zum Arbeitsmarkt zu erleichtern.«

»Arbeit ist von zentraler Bedeutung für ein selbständiges und eigenverantwortliches Leben. Der Zugang zum Arbeitsmarkt sollte allen in Deutschland lebenden Ausländerinnen und Ausländern spätestens nach sechs Monaten ermöglicht werden.«

4. Resümee

Zusammenfassend können aus den oben dargestellten Ausführungen folgende Kernaussagen abgeleitet werden:

- Entsprechend den Zielen des Asylkompromisses unterscheidet der Gesetzgeber bei Aufenthaltsrecht, Arbeitsmarktzugang und Sozialleistungen stark zwischen dem jeweiligen Status der betroffenen Personen. Bei Asylbewerbern und Geduldeten steht die Vorläufigkeit des Aufenthaltsrechts im Vordergrund. Arbeitsmarktzugang und Sozialleistungen sind so ausgestaltet, dass nicht die Integration im Vordergrund steht, ein Abstandsgebot zu Sozialleistungen für die inländische Bevölkerung befolgt wird und Pulleffekte vermieden werden sollen. Demgegenüber ist die Politik bei anerkannten Asylberech-

---

28 | Beauftragte der Bundesregierung für Migration, Flüchtlinge und Integration (Hg.) (2012).

tigten und subsidiär Schutzberechtigten auf Integration ausgerichtet.
- Einige Sachverhalte (v.a. langjährige Duldung) widersprechen der idealtypischen Vorstellung und können nicht eindeutig zu einem dieser – zueinander im Gegensatz stehenden – politischen Ziele zugeordnet werden. Die soziale Lage von Flüchtlingen ist zum Teil von diesem Zielkonflikt gekennzeichnet.
- Punktuell hat sich die soziale Lage der Flüchtlinge in den letzten zehn Jahren gebessert, z.B. im Zusammenhang mit stichtagsabhängigen Bleiberechtsregelungen oder bei dem Zugang zum Arbeits- und Ausbildungsmarkt für Geduldete.
- Die aktuelle Zuwanderungspolitik ist – vor allem angetrieben von der Fachkräftedebatte, aber auch durch höchstrichterliche Rechtsprechung und Rechtsentwicklungen auf europäischer Ebene – perspektivisch auf eine gewisse Öffnung ausgerichtet. Von dieser Haltung profitieren auch Flüchtlinge. Auf politischer Ebene wird zunehmend gefordert, Asylbewerbern und Migranten mit humanitärem Aufenthaltsrecht bessere Integrationsperspektiven zu bieten.
- Ein weiteres Anliegen gilt der verbesserten Koordination der Aktivitäten von Sozialleistungsträgern, Unterstützungsorganisationen und Behörden. Die Entwicklung einer kohärenten Flüchtlingspolitik auf allen politischen Ebenen bleibt die maßgebliche Herausforderung für die Zukunft.

Literatur

Beauftragte der Bundesregierung für Migration, Flüchtlinge und Integration (Herausgeberin) (2012), Handlungsempfehlungen des Beirats der Integrationsbeauftragten, Beschlossen bei der Beiratssitzung am 24. September 2012, www.bundesregierung.de/Content/DE/_Anlagen/IB/2012-09-28-beschluss-beirat.html, aufgerufen am 27. Februar 2013.

Bünte, Rudolf/Knödler, Christoph (2008), Recht der Arbeitsmigration – die nicht selbständige Beschäftigung ausländischer Arbeitnehmer nach dem Zuwanderungsgesetz, NZA 2008 S. 743.

Bünte, Rudolf/Knödler, Christoph (2010), Die Beschäftigungserlaubnis für ausländische Arbeitnehmer als Nebenbestimmung zu Aufenthaltstitel, Aufenthaltsgestattung und Duldung, NVwZ 2010 S. 1331.

Bundesamt für Migration und Flüchtlinge (2005), Nationaler Kontaktpunkt Deutschland im Europäischen Migrationsnetzwerk, Kleinfeldstudie: Aufnahmesysteme, ihre Kapazitäten und die soziale Situation von Asylantragstellern im deutschen Aufnahmesystem.

Bundesamt für Migration und Flüchtlinge (2009), Die Organisation der Asyl- und Zuwanderungspolitik in Deutschland, Working Paper 25.

Bundesamt für Migration und Flüchtlinge (2011a), Das Bundesamt in Zahlen 2011.

Bundesamt für Migration und Flüchtlinge (2011b), Migranten am Arbeitsmarkt in Deutschland, Working Paper 36.

Bundesamt für Migration und Flüchtlinge (2012), Asylgeschäftsstatistik für den Monat Dezember 2012 und das Berichtsjahr 2012.

Bundesregierung (2012a), Antwort auf die Kleine Anfrage der Abgeordneten Ulla Jelpke u.a., Bundestag-Drucksache 17/8547.

Bundesregierung (2012b), Nationaler Aktionsplan Integration, Zusammenhalt stärken – Teilhabe verwirklichen.

Landkreis Hersfeld-Rotenburg (2010), Integration, Aufenthaltsstatus – Leistungsanspruch, Arbeitshilfe für die Verwaltungspraxis.

Sachverständigenrat deutscher Stiftungen (2012), Integration im föderalen System: Bund, Länder und die Rolle der Kommunen, Jahresgutachten 2012 mit Integrationsbarometer.

Schmitz, Markus (2011), Verbesserung der Arbeitsmarktchancen von Menschen mit Migrationshintergrund, bildung für europa, Journal der Nationalen Agentur beim Bundesinstitut für Berufsbildung, Juni 2011, S. 12ff.

V. Migration und Asyl – Internationale Perspektiven

Die Europäisierung der Asyl- und Flüchtlingspolitik

Stefan Luft

Der Asyl- und Zuwanderungskompromiss der Jahre 1992/1993 war Höhepunkt einer mehrere Jahre andauernden innenpolitischen Konfrontation. Der Fall der Mauer und das Ende der Teilung Europas sowie die darauf folgenden Verwerfungen der Transformationsprozesse führten zu Migrationsprozessen in einem Ausmaß, wie es die Bundesrepublik seit ihrer Gründung nicht erlebt hatte. Die damaligen Entscheidungen schufen wesentliche Voraussetzungen dafür, Deutschland für einen Europäisierungsprozess zu öffnen. Dieser gewann seit Ende der 1990er Jahre zunehmend an Geschwindigkeit und entfaltete eine bemerkenswerte Eigendynamik, die 2013 zur zweiten Stufe des »Gemeinsamen Europäischen Asylsystems« führte.

1. EUROPÄISIERUNG – PROZESS UND AKTEURE

Mit der »Einheitlichen Europäischen Akte« des Jahres 1986 wurde das Ziel eines europäischen Binnenmarktes festgeschrieben. Dies hatte – zumindest mittelfristig – einschneidende Folgen für das überkommene Staatsverständnis. Mit der Realisierung eines »Raumes ohne Binnengrenzen, in dem der freie Verkehr von Waren, Personen, Dienstleistungen und Kapital gewährleistet sein sollte, wird die nach hergebrachtem Asylverständnis bedeutsame Staatsgrenze unversehens zum integrationshemmenden Freizügigkeitshindernis« (Fröhlich 2011: 75). Die Abschaffung der Grenzkontrollen zwischen den Schengen-Vertragsstaaten und schließlich die Freizügigkeit von Unionsbürgern innerhalb der Europäischen Union hatten zur Folge, dass die Mitgliedstaaten der EU die Entscheidungshoheit über Einreise, Aufenthalt und Ausreise verloren (Thym 2010: 85). So mussten neue Antworten auf den drohenden politischen Steuerungsverlust gefunden werden. Die Mitgliedstaaten des Schengen-Raums verloren einzelstaatliche Steuerungsmöglichkeiten – die Entscheidung eines einzelnen Mitgliedstaates in einem Raum ohne Binnengrenzen, Zugang zu seinem Territorium zu gewähren, konnte dann zwangsläufig Konsequenzen für alle anderen Mitgliedstaaten haben. Sollte am Anspruch der Steuerung von Zuwanderung – zumindest von Drittstaatsangehörigen – festgehalten werden, musste es Kompensationsmaßnahmen geben. Sie gingen in zwei Richtungen: eine stärkere Sicherung der Außengrenzen sowie eine Europäisierung des Asylrechts und eine intensivierte Kooperation zwischen den Mitgliedstaaten (Fröhlich 2011: 77f., 130ff.; Kluth 2006, 2007; Hecker 2011; Bast 2013: 8ff.). Hieraus resultierte zunächst eine Fokussierung auf sicherheitspolitische Belange (Fröhlich 2011: 153ff.). Von Beginn an wurde ein unmittelbarer Zusammenhang des Wegfalls der Kontrollen an den Binnengrenzen und der Sicherung der Außengrenzen gesehen. Deutlich wird dies unter anderem daran, dass die Kontrollen an den Grenzen der Staaten der EU-Beitrittsrunde 2004 erst dann eingestellt wurden, als eine »ausreichende Überwachung der Außengrenzen sichergestellt« war (Kugelmann 2010: Rn 121).

Es handelte sich um ein zentrales Feld, das im Vertrag von Amsterdam 1997, konkretisiert im Haager Programm von 2004, der einzelstaatlichen Souveränität entzogen und dem Gemeinschaftsrecht unterworfen wurde (Parusel 2010: 77ff.; Fröhlich 2011: 155ff.; Bast 2011: 56ff.; SVR 2011: 174ff.; Fellmer 2013: 22ff.). Aufgrund dieser Gesetzgebungskompetenz konnten auf EU-Ebene verbindliche Rechtsakte erlassen werden. Humanitäre Aspekte gewannen auf diesem Weg eine stärkere Bedeutung. Es sollten die rechtlichen Rahmenbedingungen, der Status von Asylbewerbern, die Praxis von Asylverfahren sowie der Umgang mit und die Unterstützung von Herkunftsländern der Asylbewerber vereinheitlicht werden. EU-weit sollte unter den gleichen Bedingungen Schutz gewährt werden.[1] Der Europäische Rat von Tampere hatte 1999 die mittelfristige Schaffung eines »Gemeinsamen Europäischen Asylsystems« (GEAS) beschlossen.[2]

---

1 | Europäische Kommission: Grünbuch vom 6. Juni 2007 über das künftige Gemeinsame Europäische Asylsystem KOM (2007) 301 endgültig.

2 | Europäischer Rat (Tampere) 15. und 16. Oktober 1999, Schlussfolgerungen des Vorsitzes, Rn 13ff.

Es soll das Verfahren zur Bestimmung des Mitgliedstaates umfassen, der für das Asylverfahren zuständig ist, ein System zur solidarischen Lastenteilung sowie die Angleichung des Asylrechts (Bendel 2013: 11ff.). In einer ersten Stufe wurden bis 2005 Richtlinien verabschiedet, die Mindestnormen für die Asylverfahren in den Mitgliedstaaten formulierten (Aufnahmebedingungen-Richtlinie, Anerkennungs-Richtlinie und Asylverfahrens-Richtlinie). Sie sind bis 2006 in Kraft getreten. In Deutschland sind in der Folge im Jahr 2007 elf Richtlinien der Europäischen Union zum Ausländer- und Asylrecht in nationales Recht umgesetzt worden (Maaßen 2006).[3]

Im Oktober 2008 wurde der »Europäische Pakt zu Einwanderung und Asyl« geschlossen, ein »Positionspapier ohne bindende Wirkung« (Riedel 2011:32). Im Dezember 2009 wurde das »Stockholmer Programm« verabschiedet, das das Haager Programm ablöste und die Agenda der Jahre 2010 bis 2014 zur Migrationspolitik formulierte. Die schleppenden Fortschritte waren auch auf das Einstimmigkeitsprinzip zurückzuführen, das nach dem Amsterdamer Vertrag galt. Mit dem Inkrafttreten des Vertrags von Lissabon (1. Dezember 2009) gilt auch für die Themenfelder Einwanderung und Asyl das Mehrheitsprinzip (Fröhlich 2011: 182ff.; SVR 2011: 174f.). Europäisches Parlament und Rat sind seitdem in ordentlichen Gesetzgebungsverfahren zentrale Akteure. Der Europäische Gerichtshof (EuGH) erlangte vollumfängliche Zuständigkeit.[4] Das institutionelle Setting hatte sich damit innerhalb zweier Jahrzehnte grundlegend verändert.

Im Vertrag von Lissabon wurde der (ursprünglich im Vertrag von Amsterdam postulierte) Anspruch, einen »Raum der Freiheit, der Sicherheit und des Rechts« zu bilden, zu einem vorrangigen Integrationsziel – vor dem Binnenmarkt (Müller-Graff/Repasi 2013: 144). Die Grundlage für die konkreten Umsetzungsschritte bildet der »Vertrag über die Arbeitsweise der EU« (AEUV). Im Juni 2013 wurde vom Rat der Justiz- und Innenminister und vom Europäischen Parlament ein Paket von zwei Verordnungen und zwei Richtlinien verabschiedet.[5] Damit sollen Standards und Verfahren weiter vereinheitlicht sowie die Zusammenarbeit gestärkt

---

3 | Zum Forschungsstand: Parusel 2010: 20ff.

4 | Zur Rolle der unterschiedlichen Akteure in der EU im Bereich Asyl Bendel (2013: 15ff.).

5 | ABL L 180 vom 29. Juni 2013, Bundesministerium des Innern (2013): Fortentwicklung des Gemeinsamen Europäischen Asylsystems beschlossen, Pressemit-

werden. Dies stellt die zweite Stufe des Gemeinsamen Europäischen Asylsystems (GEAS)[6] dar (Müller-Graff/Repasi 2014: 138ff.; Bendel 2013: 25ff.). Bestandteile sind:

- die Dublin-III-Verordnung[7],
- die EURODAC-Verordnung[8],
- die Aufnahmerichtlinie[9] und
- die Verfahrensrichtlinie[10].

Die Qualifikationsrichtlinie ist ebenfalls Teil des GEAS. Sie wurde Ende 2011 novelliert. In Deutschland wurde sie im September 2013 mit dem »Gesetz zur Umsetzung der Richtlinie 2011/95 EU«[11] in nationales Recht überführt.

Die Steuerungsmöglichkeiten der nationalen Gesetzgeber und der Rechtsprechung werden durch die Vergemeinschaftung drastisch reduziert. »Nationales Recht wird zunehmend durch unionsrechtliche Vorgaben verdrängt oder überlagert« (Berlit 2013: 327; Renner 2005: 19). Die nationalen Gerichte sind an die Richtlinien gebunden, auch wenn sie innerstaatlichem Recht widersprechen (Kluth 2006: 6). Dies begründet und sichert die »Definitions- und Interpretationshoheit des EuGH« (Kluth 2006: 7). Der EuGH hat – auch durch richterliche Rechtsfortbildung – erheblichen Einfluss auf die europäische Integration genommen (Hailbronner 2000: 37f.; Thym 2010: 102ff.). »Zumindest mit seinen Grundsatzurteilen reicht der EuGH ... auch in den prospektiven, gesetzgeberischen Funktionsbereich hinein« (Frerichs o.J. 10). Deshalb ist, darauf hatte Hailbronner 1998 hingewiesen, »gerade für die häufig vage und kompromissartig formulierten politisch hoch sensiblen Regelungsbereiche wie

---

teilung vom 7. Juni 2013, www.bmi.bund.de/SharedDocs/Pressemitteilungen/DE/2013/06/europaeisches-asylsystem.html.

6 | Die Kritik an diesen Beschlüssen im Einzelnen: Pro Asyl 2013, Keller 2013, ECRE 2013; zur Funktionsweise des GEAS: Europäisches Unterstützungsbüro 2013: 67ff.

7 | Verordnung (EU) Nr. 604/2013, ABL L 180 vom 29. Juni.2013, S. 31ff.

8 | Verordnung (EU) Nr. 603/2013, ABL L 180 vom 29. Juni 2013, S. 1ff.

9 | Richtlinie 2013/33/EU, ABL L vom 29. Juni 2013, S. 96ff.

10 | Richtlinie 2013/32/EU.

11 | BGBl.I 2013: 3474ff.

das Ausländerrecht von fundamentaler Bedeutung, dass in Zukunft der EuGH letztverbindlich über die Auslegungen dieser Norm entscheiden wird« (Hailbronner 2000: 40). Hailbronner warf den Richtern des EuGH »rechtspolitisches Sendungsbewusstsein« und unzulässige »richterliche Rechtsfortbildung« vor:

»Es entwickelt sich eine ›Rechtsfortbildung‹, die sich nicht mehr darauf beschränkt, die Lücken des Gemeinschaftsrechts zu schließen, sondern die den Gemeinschaftsgesetzgeber dadurch korrigiert, indem seine Gesetze zwar nicht als gemeinschaftsrechtswidrig, aber doch völlig anders ausgelegt werden, als Wortlaut, Systematik und Entstehungsgeschichte der Vorschrift es eigentlich nahe legen würden« (Hailbronner 1999: 2189).

Dies und die Bedeutung der in den vergangenen Jahren vorgelegten Richtlinien der EU-Kommission sind offenbar von den nationalen Regierungen und Fachleuten unterschätzt worden. Die Eigendynamik des EU-Rechts, völkerrechtlicher Bestimmungen und der Rolle des EuGH fanden nicht die notwendige Beachtung bei der Abschätzung der Folgen (Groenendijk 2006: 194).

Mit zunehmender europäischer Integration hat der EuGH an Einfluss gewonnen und sich als »Motor des Integrationsprozesses« erwiesen (Frerichs o.J.: 2). In der europäischen Asyl- und Flüchtlingspolitik hat er sich zu einem Schlüsselakteur entwickelt (de Baere 2013: 10ff.). Seine jüngere Rechtsprechung u.a. zu den Dublin-Verfahren und zur Reichweite der Normen internationalen Flüchtlingsschutzes waren Weichenstellungen für die Politik der EU. Der Europäische Gerichtshof und der Europäische Menschenrechtsgerichtshof werden weiterhin an Bedeutung gewinnen (Bendel 2013: 23). Diese doppelte gerichtliche Kontrolle ist ein Charakteristikum europäischer Asyl- und Flüchtlingspolitik.

»No matter how restrictive the law might be in Europe, its application in practice is subject to a double-judicial check that is unique to Europe: one by the CJEU, and the other by the European Court of Human Rights. Furthermore, EU norms are constantly evolving, and many of them are becoming more liberal under the influence of this double-check« (Lambert 2013a: 265).

2. Schengener Abkommen

Im Jahr 1984 vereinbarte Bundeskanzler Helmut Kohl mit dem französischen Präsidenten François Mitterand, die Personenkontrollen zwischen der Bundesrepublik Deutschland und der Französischen Republik abzuschaffen (Saarbrücker Abkommen vom 13. Juli 1984) (Baumann 2006: 77ff.; Hoppe 2013: 35ff.). Die schrittweise Abschaffung der Kontrollen an den Binnengrenzen eines »Kerneuropa« aus Deutschland, Frankreich und den Benelux-Staaten wurde im Schengen-Übereinkommen vom 14. Juni 1985 vereinbart (Fröhlich 2011: 135ff.). Es trat zum 1. September 1993 in Kraft.[12] Die Grenzkontrollen wurden allerdings erst am 26. März 1995 vollständig abgeschafft (Baumann 2006: 90). Der Zeitraum von zehn Jahren zwischen Vertragsschluss und Abschaffung der Grenzkontrollen macht deutlich, wie schwierig der Weg dorthin war.

Die teilnehmenden Staaten vereinbarten als Ausgleich dieser Maßnahme eine verstärkte Zusammenarbeit bei der Kontrolle der gemeinsamen Außengrenzen und bei der Bekämpfung grenzüberschreitender Kriminalität (Kugelmann 2010: Rn 102; Baumann 2006: 56ff.). Das Schengener Übereinkommen war ein völkerrechtlicher Vertrag und nicht Teil des Unionsrechts. Es war ein Regierungsabkommen, dem der Deutsche Bundestag nicht zustimmen und das er nicht ratifizieren musste (Baumann 2006: 80ff.). Auch das Europäische Parlament oder die Kommission waren nicht befasst. »Schengen-Europa barg somit ein erhebliches demokratisches Defizit« (Baumann 2006: 84).

Am 19. Juni 1990 wurde »Schengen II«, das Schengener Durchführungsübereinkommen (SDÜ)[13], geschlossen, das am 26.3.1995 in Kraft trat. Es regelte die konkrete Umsetzung und die Zuständigkeiten der Vertragspartner bei Asylanträgen (Fellmer 2013: 17ff.). Diese Regelung wurde allerdings 1990 durch das Dubliner Übereinkommen abgelöst. Mit dem SDÜ wurden das einheitliche »Schengenvisum« geschaffen, das für alle Vertragsparteien gilt, sowie das »Schengener Informationssystem« (SIS) (Keicher 2012: 251ff.). Das SIS dient der Ausschreibung von Personen und

---

12 | Bek. v. 29. 1. 86, Übereinkommen zwischen den Regierungen der Staaten der Benelux-Wirtschaftsunion, der Bundesrepublik Deutschland und der Französischen Republik betreffend den schrittweisen Abbau der Kontrollen an den gemeinsamen Grenzen, GMBL Nr. 5/1986: 79.
13 | BGBl. 1993 II 1013.

Sachen zur Fahndung. Rund 90 Prozent der Zugriffe dienen der Einreiseverweigerung für Ausländer aus Drittstaaten (Kugelmann 2010: Rn 107ff.). Im April 2013 ging das SIS II in Betrieb, es ermöglicht unter anderem die Eingabe biometrischer Daten.[14]

Das Schengener Durchführungsabkommen (auch Schengen-II-Abkommen genannt) stand nur Mitgliedern der EG/EU offen, allerdings wurden Norwegen und Island im Jahr 2000, die Schweiz im Jahr 2004 und Liechtenstein im Jahr 2011 assoziiert.[15] Mit dem Amsterdamer Vertrag wurde der Schengen-Besitzstand 1997 in EU-Recht überführt (Hailbronner/Thiery 1998: 602ff.; Kugelmann 2010: Rn 127ff.; Hoppe 2013: 41ff.). Alle Staaten, die der EU danach beitraten, mussten – und müssen – den Schengen-Acquis übernehmen. Für Dänemark, Großbritannien und Irland gelten Sonderregelungen. Zypern sowie Bulgarien und Rumänien – letztere gehören seit 2007 der EU an – wurde noch kein Beitritt zum Schengen-Raum ermöglicht. Nach Einschätzung von EU-Kommissionspräsident Barroso wird dies nicht vor 2015 stattfinden.[16] Im Jahr 2013 gehörten 22 der 27 EU-Mitgliedstaaten zu den Anwender-Staaten des Schengen-Abkommens sowie Island, Norwegen, die Schweiz und Liechtenstein (Migration und Bevölkerung 2013: 3). Im April 2010 trat der Visa-Kodex in Kraft, damit wurden die Bestimmungen zum Schengen-Visum in europäisches Recht überführt.[17]

Im Jahr 2006 wurde der »Schengener Grenzkodex« (SGK)[18] erlassen. Darin werden unter anderem die Grenzkontrollen und die Einreisevoraussetzungen für Drittstaatsangehörige umfassend geregelt (Hailbronner 2014: Rn 72). Mit der Überführung in Unionsrecht wurden die Organe

---

14 | Europäische Kommission, Pressemitteilung: Schengener Informationssystem (SIS II) geht in Betrieb, vom 9. April 2013, http://europa.eu/rapid/press-release_IP-13-309_de.htm.

15 | SchengenerÜbereinkommen, www.auswaertiges-amt.de/DE/EinreiseUndAufenthalt/Schengen_node.html.

16 | Rumänien und Bulgarien: Kein Schengen-Beitritt vor 2015, in: Die Presse vom 12.11.2013, http://diepresse.com/home/politik/eu/1475520/Rumaenien-und-Bulgarien_Kein-SchengenBeitritt-vor-2015.

17 | Verordnung (EG) Nr. 810/2009 des Europäischen Parlaments und des Rates vom 13.07.2009 über einen Visakodex der Gemeinschaft (Visakodex), ABl. EU L 243/1 v. 15.09.2009.

18 | Verordnung Nr. 562/2006/EG.

der EU zuständig (Parlament, EUGH), was eine stärkere rechtsstaatliche Einbindung und demokratische Kontrolle ermöglichte (Hailbronner/ Thiery 1998: 615).

Im Jahr 2013 wurde der SGK novelliert und die Bedingungen einer Wiedereinführung von Grenzkontrollen definiert. In begründeten Ausnahmefällen und »nur als letztes Mittel innerhalb eines begrenzten Umfangs und eines befristeten Zeitraums auf der Grundlage objektiver Kriterien und einer auf Unionsebene zu überwachenden Bewertung der Notwendigkeit« dürfen danach die Mitgliedstaaten des Schengenraums befristet Grenzkontrollen wieder einführen (wenn es der Ministerrat auf Vorschlag der Kommission empfohlen hat).[19] Das gilt sowohl im Fall einer »schwerwiegenden Bedrohung der öffentlichen Ordnung« als auch für Fälle, in denen einzelne Staaten ihren Grenzsicherungsaufgaben nicht mehr in erwartetem Maße nachkommen. Dafür wurde ein »Aussetzungsmechanismus« geschaffen. Dies geht zurück auf Konflikte zwischen Italien und Frankreich um den Umgang mit nordafrikanischen Flüchtlingen: Um eine Weiterwanderung von Italien aus zu verhindern, hatte die französische Regierung 2011 die Grenzübergänge zu Italien kurzfristig geschlossen und starke Polizeikontrollen eingesetzt. Danach kündigte Dänemark an, wieder Zollkontrollen an seinen Grenzen einzuführen[20] (McMahon 2012: 8ff.; Müller/Gusy 2013: 204ff.).

3. DUBLIN-VERFAHREN

Im Dublin-Verfahren geht es um die »Kriterien und Verfahren [...], die bei der Bestimmung des Mitgliedstaats, der für die Prüfung eines von einem Drittstaatsangehörigen in einem Mitgliedstaat gestellten Asylantrags zuständig ist, zur Anwendung gelangen.«[21]

Das Prinzip des Dublin-Verfahrens besteht darin, dass nicht dem Asylbewerber ein Recht auf die Auswahl eines bestimmten europäischen

---

19 | Europäisches Parlament verabschiedet Schengen-Reform. Pressemitteilung vom 12. Juni 2013.
20 | Winter, Martin: Wenn Vordenker nicht nachdenken. Erst Italien, dann Frankreich, jetzt Dänemark: Ohne Not verletzen Länder das Schengen-Abkommen, in: Süddeutsche Zeitung vom 13. Mai 2011.
21 | Verordnung (EG) Nr. 343/2003, Art. 1.

Asylstaates zugestanden wird, sondern dass Regeln entwickelt wurden, nach denen jeweils *ein* Staat zuständig für das Asylverfahren ist. Ein Auswahlrecht eines Flüchtlings besteht nur, soweit er Einfluss auf die Wahl des Ersteinreisestaats nimmt (oder nehmen kann).

Die Regeln fanden erstmals im Schengener Durchführungsübereinkommen (SDÜ) aus dem Jahr 1990 Anwendung. Es galt bis 1997 und wurde vom Dubliner Übereinkommen (DÜ), das bis 2003 in Kraft war, abgelöst (Hailbronner/Kau 2010: 250f.; Fröhlich 2011: 136ff.).[22] Seit dem 1. September 2003 gilt die »Dublin-II-Verordnung« (Verordnung (EG) Nr. 343/2003), die »seitdem zum maßgeblichen Regelungswerk für Asylzuständigkeitsfragen innerhalb der EU-Staaten geworden ist« (Hailbronner/Kau 2010: 251; Filzwieser/Sprung 2010; Hailbronner 2013: 775f.; Hoppe 2013: 69ff.). Staaten, in denen diese Verordnung unmittelbar geltendes Recht ist, sind alle Mitgliedstaaten der EU sowie Norwegen, Island, die Schweiz und seit Dezember 2012 Liechtenstein.

Im Dublin-Verfahren werden einheitliche Regeln zur Klärung von Zuständigkeiten angewandt (Fröhlich 2011: 140ff.). Es wird geklärt, welcher Staat den Asylantrag prüfen muss. Es geht nicht um inhaltliche Kriterien der Prüfung (Fröhlich 2011: 205ff.), sondern darum, sicherzustellen, dass

- die Staatengemeinschaft und nicht der Asylantragsteller darüber entscheidet, wo sein Antrag geprüft wird, und somit Weiterwanderungen größeren Stils vermieden werden;
- tatsächlich jeder Antrag innerhalb der Vertragsstaaten geprüft und eine »refugee in orbit«-Situation vermieden wird;
- Asylbewerber nur in einem Staat und nicht in mehreren Staaten (gleichzeitig oder nacheinander) Anträge stellen (»asylum shopping«).

Kriterium für die Zuständigkeit ist die Ersteinreise, also die Verantwortung für Einreise und Aufenthalt – das gilt sowohl bei einer illegalen Einreise als auch beim Vorhandensein eines Einreisevisums oder eines Aufenthaltstitels (Hailbronner/Thiery 1997: 57ff.). Die Zuständigkeit endet ein Jahr nach dem illegalen Grenzübertritt.[23] Kann die Zuständigkeit nach diesen Kriterien nicht festgestellt werden und hat sich der Antragsteller fünf Monate in

---

22 | BGBl. 1994 II 792.
23 | Verordnung (EG) Nr. 343/2003, Art. 10, Abs. 1, S. 2.

einem Mitgliedstaat aufgehalten, so ist dieser Staat für das Verfahren zuständig.[24] Ist ein solcher Aufenthalt nicht feststellbar, ist der Mitgliedstaat, in dem sich der Antragsteller aktuell aufhält, zuständig. Halten sich Familienangehörige in einem Vertragsstaat auf, denen der GFK-Flüchtlingsstatus zugesprochen wurde, so muss dieser Staat das Verfahren durchführen, um dem Grundsatz der Familieneinheit zu entsprechen.

Wird ein anderer Mitgliedstaat für zuständig gehalten, so muss binnen einer Frist von drei Monaten ein Übernahmegesuch an den betreffenden Staat gerichtet werden. Dieser muss darüber innerhalb von zwei Monaten entscheiden. Stimmt er zu, muss der antragstellende Staat den betroffenen Asylbewerber informieren und ihn innerhalb von längstens sechs Monaten überstellen. Dagegen stehen ihm grundsätzlich – je nach nationalem Recht – Rechtsmittel zu, die aber keine aufschiebende Wirkung entfalten sollen. Die Vertragsparteien sind allerdings nicht verpflichtet, nach dem Land der Ersteinreise zu suchen oder – bei dessen Feststellung – den Asylbewerber dorthin zu überstellen. Sie haben das Recht zum Selbsteintritt.[25] Kann ein Staat der Ersteinreise nicht bestimmt werden, ist der Staat zuständig, in dem der erste Antrag auf Schutz gestellt worden ist.

Das Dublin-Verfahren galt – bis zum Inkrafttreten von Dublin-III – nicht für Personen, die nur subsidiär schutzberechtigt waren. Es ist Ausdruck des politischen Willens der Mitgliedstaaten, Migration zu steuern und zu kontrollieren. »Das Dublin-Konzept ist [...] grundsätzlich sinnvoll und notwendig, um das Unterlaufen einer Einwanderungskontrolle durch Berufung auf das Asylrecht einzuschränken. [...] Asyl und humanitärer Schutz dürfen nicht das Einwanderungsregime der EU-Mitgliedstaaten unterlaufen« (Hailbronner 2012: 203).

Fröhlich hat zurecht darauf hingewiesen, dass »die Anerkennung der ausländischen Asylentscheidung ... ein erhebliches gegenseitiges Vertrauen in die Gleichwertigkeit der Entscheidungsmaßstäbe sowie in deren ordnungsgemäße Anwendung« voraussetzt (Fröhlich 2011: 143). Die Mitgliedstaaten haben allerdings zunächst äußerst zögerlich mit einer »Angleichung verfahrens- und materiell-rechtlicher Standards« begonnen. (Fröhlich 2011: 149). Bis heute sind die Asylkonzepte der Mitgliedstaaten (und die Umsetzung der Richtlinien) sehr unterschiedlich. EU-Innen-

---

24 | Verordnung (EG) Nr. 343/2003, Art. 10, Abs. 2.
25 | Verordnung EG Nr. 343/2003, Art. 3, Abs. 2, Art. 15.

kommissarin Cecilia Malmström sagte 2011 bei der Vorstellung eines neuen Entwurfs zur Neufassung der Asylverfahrensrichtlinie:

»Die Aussichten, Schutz zu erhalten, hängen stark davon ab, welcher Mitgliedstaat den Asylantrag prüft. Wir brauchen ein EU-weit effizientes, gerechtes Asylverfahren und angemessene, vergleichbare Leistungen bei der Aufnahme von Asylbewerbern.«[26]

3.1 EURODAC

Um der Mehrfachantragstellung in unterschiedlichen Ländern der EU vorzubeugen, wurde EURODAC als computergestütztes Vergleichssystem für Fingerabdrücke entwickelt. Die entsprechende Konvention lag seit 1996 vor, die (mit Ausnahme von Dänemark) in allen Mitgliedsländern der EU (sowie Island und Norwegen) geltende Verordnung trat im Dezember 2000 in Kraft. Seit Januar 2003 ist EURODAC in Betrieb. Von jedem Asylbewerber, jeder Person, die illegal die Grenze überschreitet, sowie von aufgegriffenen illegal aufhältigen Personen ab einem Alter von 14 Jahren sollen seitdem Fingerabdrücke genommen werden. Damit können die Behörden feststellen, ob diese Personen bereits in einem anderen Mitgliedstaat (oder mehreren Mitgliedsstaaten) Asylanträge gestellt haben (möglicherweise unter anderen Namen) und damit in die Zuständigkeit dieses Landes fallen. Im Jahr 2012 wurden 411.000 erfolgreiche Transaktionen über das Rechenzentrum abgewickelt (European Commission 2013: 5). Von 286.000 Vorgängen zu Asyl wurden in 78.600 Fällen (27,5 Prozent) Mehrfach-Asylanträge festgestellt (European Commission 2013: 6).

Im Jahr 2012 wurden bei Personen, die sich illegal in Deutschland aufhalten und von der Polizei aufgegriffen wurden, in 10.798 Fällen EURODAC-Treffer erzielt. Bei den Asylbewerbern waren es 19.683 Treffer (BAMF 2013: 35). Der EURODAC-Treffer-Anteil bei den Ersuchen Deutschlands ist mit 72,8 % erneut leicht gestiegen. Der EURODAC-Treffer-Anteil bei Ersuchen anderer Mitgliedstaaten an Deutschland ist im Vergleich zum Vorjahr auf 55,7 Prozent zurückgegangen (-5 Prozent) (BAMF 2013: 37).

Seit 2007 stellt die Bundesrepublik Deutschland mehr Übernahmeersuchen, als sie von anderen Mitgliedstaaten erhält (BAMF 2013: 41). In

---

26 | Kommission will Asylverfahren vereinheitlichen, Mitteilung der EU Kommission vom 08.06.2011, http://ec.europa.eu/deutschland/press/pr_releases/9992_de.htm.

Das Dublin-System setzt voraus, dass die rechtlichen Standards in den Mitgliedstaaten vergleichbar sind. Ein wesentliches Ziel der Entwicklung eines »Gemeinsamen Europäischen Asylsystems« (GEAS) ist es, ein »gleiches Schutzniveau zu erreichen sowie ein hohes Maß an Solidarität zwischen den EU-Mitgliedstaaten sicherzustellen.«[27] Dies wäre eine wichtige Voraussetzung für eine faire Lastenteilung. Materielle Maßstäbe und Verfahrensbestimmungen wurden allerdings lange Zeit nicht harmonisiert (Fröhlich 2011: 145). Das Asylrecht bleibt in den Mitgliedstaaten verankert, sie gewähren Asyl (Fröhlich 2011: 10ff.). Die mangelnde materielle Rechtsangleichung vor der Klärung des Verteilungsprozesses sei ein »Geburtsfehler« des Dublin-Systems gewesen, provoziere die Sekundärwanderung und verfehle damit das Ziel einer gerechten Verantwortungsaufteilung (Marx 2012: 189; Deutscher Anwaltverein 2013: 13ff.).

Die Schutzquoten – also der Anteil der positiven Entscheidungen an allen Entscheidungen in der ersten Instanz – gehen zwischen den Mitgliedstaaten der EU sehr weit auseinander. Das gilt auch dann, wenn man die Entscheidungen zu einzelnen Herkunftsländern vergleicht (siehe Tabelle 1).

Tabelle 1: Schutzquoten für Asylbewerber aus Afghanistan 2012

Land	Schutzquote
Italien	93,7
Finnland	70,8
Schweden	60,5
Belgien	59,1
Frankreich	45,5
Deutschland	40,2
Großbritannien	33,2
Dänemark	27,6
Griechenland	6,8
EU 27	46,8

Quelle: Schneider et al.(2013: 4).

---

[27] | Memeo/07/229: Grünbuch über das künftige Gemeinsame Europäische Asylsystem vom 6. Juni 2007.

Ähnliche Disparitäten bestehen bei den Asylbewerbern aus dem Irak, Somalia und Syrien (Schneider et al. 2013: 4; Europäisches Unterstützungsbüro 2013: 26ff.). Diese Unterschiede gehen zurück auf unterschiedliche rechtliche Standards und Diskrepanzen bei der Umsetzung von EU-Richtlinien. Zu den Ursachen können aber auch spezifische Gruppeneigenschaften von Asylbewerbern gehören, weil sich in einzelnen Aufnahmeländern ethnische oder religiöse Minderheiten oder Personen aus einer bestimmten Region eines Herkunftslandes sammeln, was zu höheren Schutzquoten beitragen würde (Europäisches Unterstützungsbüro 2013: 22ff.; Scholz 2013: 77ff.). Dies muss bei einem Vergleich der Schutzquoten berücksichtigt und analysiert werden.

Die Zuständigkeitskriterien des Dublin-Verfahrens – in erster Linie die Verantwortung für die Ersteinreise – werden von Flüchtlingsorganisationen grundsätzlich kritisiert: Sie veranlassten Staaten mit Außengrenzen, ihre Anstrengungen darauf zu konzentrieren, die Zahl der Grenzübertritte durch umfassende Kontrollen möglichst niedrig zu halten. Ihnen werde die Verantwortung für die Grenzsicherung überlassen, argumentieren Kritiker. »Das Dublin-Verfahren hat [...] die Funktion, den Druck auf die Staaten an den EU-Außengrenzen hochzuhalten. Sie sollen die Außengrenzen der EU immer perfekter abriegeln – die Verantwortung für die einreisenden Asylsuchenden wird hierfür als Druckmittel instrumentalisiert« (Pelzer 2011: 263). Dieser Fokus auf die Grenzsicherung wird als inhuman kritisiert (Deutscher Anwaltverein 2013: 12, 15f.). Das Dublin-System folge »in erster Linie den systemlogischen Sachzwängen der Immigrationskontrolle« und fördere eine »flüchtlingsfeindliche Einstellung« in den Mitgliedstaaten (Deutscher Anwaltverein 2013: 16).

Flüchtlinge seien auf Schleuser angewiesen, weil sie nur mit deren Hilfe den Schengen-Raum erreichen könnten. Deshalb hätten sie in vielen Fällen keinen Einfluss auf die Wahl des Staats der Ersteinreise. Das System sei »staatsfixiert« und lasse die Bedürfnisse und Interessen der Flüchtlinge außen vor.

»Die Furcht vor einer Sogwirkung hat deshalb zur Folge, dass der Fokus der gemeinsamen Anstrengungen der Union vorrangig auf eine wirksame Grenzsicherung zielt, hingegen den Interessen schutzbedürftiger Personen geringe Priorität eingeräumt wird. Dadurch wird aber das immanente Spannungsverhältnis des Flüchtlingsrechts nicht in konstruktiver Weise aufrechterhalten, sondern einseitig im

Interesse der Mitgliedstaaten zu Lasten der spontan einreisenden Asylsuchenden aufgelöst« (Deutscher Anwaltverein 2013: 26).

Die »tatsächliche Verteilung der Schutzverantwortung« krankt zudem daran, dass es oft schwierig ist, den Einreisestaat zu ermitteln, zum anderen aber auch an einer mangelnden Bereitschaft von Drittstaaten zur Übernahme von Asylbewerbern – obwohl eine vertragliche Rückübernahmepflicht des zuständigen Mitgliedstaates besteht. Eine völkerrechtliche Verpflichtung zur Übernahme von Drittstaatsangehörigen, die sich einmal auf dem eigenen staatlichen Territorium aufgehalten haben, besteht nicht. Dabei ist auch dem Flüchtlingsvölkerrecht die Vorstellung internationaler Solidarität zu eigen, wie die Präambel der GFK und die UN-Deklaration über territoriales Asyl zeigen (Fröhlich 2011: 121ff.).

Ein Kritikpunkt war der mangelnde Rechtsschutz gegen Dublin-Überstellungen. Art. 16 a Abs. 2 Satz 3 GG sowie Paragraph 34a Abs. 2 AsylVfG schließen vorläufigen Rechtsschutz aus, da von einer grundsätzlichen Sicherheitsvermutung bei »sicheren Drittstaaten« ausgegangen wurde – ohne dass eine Einzelfallprüfung zulässig sei (Hoppe 2013: 215ff.; Weinzierl 2009: 8ff.). Gegen einen »Dublin-Bescheid« kann zwar beim Verwaltungsgericht geklagt werden, eine aufschiebende Wirkung hat dies allerdings nicht, Eilanträge sind gesetzlich ausgeschlossen (Hessischer Flüchtlingsrat 2013: 11). In der ausländerrechtlichen Praxis warteten allerdings die zuständigen Behörden die Entscheidungen der Gerichte häufig ab. »Es muss«, so Vertreter des UNHCR, »... in allen Dublin-Verfahren gewährleistet sein, dass ein Antrag auf einstweiligen Rechtsschutz gestellt und dessen Ausgang in Deutschland abgewartet werden kann. [...] Bei der in Dublin-Verfahren grundsätzlich geltenden Sicherheitsvermutung handelt es sich [...] um eine Regel, die in jedem Einzelfall widerlegbar sein muss [...].« (Bank/Hruschka 2012: 188; Förderverein Pro Asyl 2012: 14f.; Hessischer Flüchtlingsrat 2013: 37f.). In den vergangenen Jahren haben allerdings etliche Verwaltungsgerichte auch in Dublin-Verfahren Eilrechtsschutz gewährt (Hessischer Flüchtlingsrat 2013: 11; BT-Drs. 17/14432: 6f.).

Kritik wurde auch an der Praxis der Familienzusammenführung geübt. Sie sei insgesamt zu restriktiv (Hessischer Flüchtlingsrat 2013: 20ff.). Die Zusammenführung solle künftig über das erste Asylverfahren hinaus möglich sein, solle auch für subsidiär Geschützte gelten und müsse auch Familienangehörige 2. Grades einbeziehen (Förderverein Pro Asyl 2012: 18f., 27).

Von Flüchtlings- und Menschenrechtsorganisationen wird der Wegfall des Kriteriums »Ersteinreise« gefordert (Deutscher Anwaltverein et al. 2013; Förderverein Pro Asyl 2012: 27; Marx 2012: 188ff.). Dies würde die Wahl des Asyllandes durch den Asylbewerber zum zentralen Kriterium machen. Allerdings ist darauf hingewiesen worden, dass dies die weitgehende Vereinheitlichung rechtlicher Standards, der Verfahren und der Sozialleistungen voraussetze (Markard 2012: 390), wolle man die Disparitäten der Lastenverteilung nicht ausufern lassen und damit die Akzeptanz des Gesamtthemas gefährden. Befürworter argumentieren, dass deshalb »flankierende Maßnahmen zur Entlastung unverhältnismäßig in Anspruch genommener Mitgliedstaaten ergriffen werden« müssten (Deutscher Anwaltverein et al. 2013: 24).

Hailbronner (2012: 205) gibt zu bedenken, dass eine Abkehr vom Dublin-System den Anspruch der Einwanderungskontrolle grundsätzlich in Frage stelle:

»Mit einer Rückkehr zum Prinzip des Rechts auf freie Wahl des Asyllandes würde nicht nur der legalen Weiterwanderung innerhalb der EU Vorschub geleistet, sondern zugleich das Grundprinzip der Einwanderungskontrolle, zwischen legaler Einwanderung und humanitärer Schutzgewährung zu unterscheiden, unterlaufen.«

Auch die Bundesregierung hält das Dublin-Verfahren für sinnvoll, weil es die Mitgliedstaaten in die Pflicht nehme:

»Die Dublin-Verordnung hält den Mitgliedstaat, den der Asylbewerber als erstes betritt, dazu an, seiner staatlichen Verantwortung zu einem funktionierenden Asylsystem gerecht zu werden und die Verantwortung für die Asylbewerber tatsächlich zu übernehmen« (BT-Drs. 17/14432).

3.3 Aussetzung des Dublin-Verfahrens

Im Zentrum der Kritik steht dabei seit Jahren Griechenland (Parliamentary Assembly 2013: 7ff.; Hoppe 2013: 23ff.). Der Europäische Gerichtshof für Menschenrechte (EGMR) klassifizierte im Januar 2011 die Überstellung eines Asylsuchenden von Belgien nach Griechenland aufgrund der dortigen Haft- und Lebensbedingungen als Verstoß gegen die Europäische Menschenrechtskonvention (EMRK).[28] Angesichts derartiger »systemischer Mängel« werde das »Selbsteintrittsrecht de facto zu einer Selbsteintrittspflicht« (Deutscher Bundestag 2011). Der EuGH hatte sich dem im Dezember 2011 angeschlossen (Hailbronner/Thym 2012).[29] Das deutsche Bundesinnenministerium (BMI) hatte – ebenfalls im Januar 2011 – Überstellungen nach Griechenland ausgesetzt, um einem Urteil des Bundesverfassungsgerichts zuvorzukommen (Deutscher Bundestag 2011; Fröhlich 2011: 210; Bender 2011). Im Dezember 2012 hatte das BMI verlautbart, für ein weiteres Jahr – bis Januar 2014 – keine Überstellungen nach Griechenland vorzunehmen und von dem Selbsteintrittsrecht Gebrauch zu machen. »Zwar lässt die Umsetzung des von der griechischen Regierung 2010 vorgelegten Nationalen Aktionsplans Verbesserungen erkennen. Insgesamt weist das griechische Asylsystem aber noch schwerwiegende Mängel auf, die in erheblichem Umfang weitere Reformen erforderlich machen. Die Verlängerung der Aussetzung soll einen Beitrag dazu leisten, dass diese Arbeiten fortgesetzt und abgeschlossen werden können.«[30] Im Dezember 2013 war eine weitere Verlängerung bis Januar 2015 ausgesprochen worden.[31]

Für Flüchtlinge ohne Papiere und für unbegleitete Minderjährige ist die Lage in Griechenland weiterhin verheerend, was Berichte über improvisierte Lager aus dem Jahr 2013 zeigen (Lauth Bacas 2013: 210ff.). Dabei hat Griechenland 2013 aus dem Außengrenzenfonds rund 45 Millionen Euro erhalten. Der griechische Staat restrukturierte im gleichen Jahr sein Asylsystem – im Juni 2013 wurden neue Behörden geschaffen und verbesserte Verfahren eingeführt (BAMF 2013a). Ob sich die Versorgung der Flüchtlinge dadurch bessert, muss abgewartet werden.

Grundlegende Defizite im Asylverfahren werden auch Ungarn vorgeworfen (UNHCR 2012; UNHCR 2012a: 5ff.). Dies wird von der deutschen Bundesregierung nicht geteilt. Aus ihrer Sicht »bestehen grundsätzlich

---

28 | EGMR von 21.01.2011, Application No. 30696/09, M.S.S. v. Belgium and Greece.

29 | Urteil des Gerichtshofs (Große Kammer) vom 21. Dezember 2011 in den verbundenen Rechtssachen C-411/10 und C-493/10.

30 | BMI Pressemitteilung: Auch in 2013 keine Dublin-Überstellungen nach Griechenland, 14.12.2012.

31 | www.fluechtlingsrat-mv.de/wp-content/uploads/2014/01/131216_BAMF-Erlass_Verl %EF %BF %BDngerung-Aussetzung.pdf.

keine Bedenken gegen Dublin-Überstellungen nach Ungarn« (BT-Drs. 17/14432: 7). Die Behandlung von Asylbewerbern in Italien (Reckinger 2013), in Zypern (Kontakt- und Beratungsstelle 2013) und auf Malta (bordermonitoring.eu 2012) wird von Flüchtlingsorganisationen als inhuman kritisiert (Hessischer Flüchtlingsrat 2013: 25ff.). Verwaltungsgerichte haben in den vergangenen Jahren in mehreren Fällen Dublin-Überstellungen nach Ungarn, Italien und Malta ausgesetzt (Zimmermann/ Römer 2013: 277). Mit dem Kriterium »systemische Mängel« wurde allerdings eine hohe Hürde gesetzt. »Eine Verletzung von EU-Richtlinien, vereinzelte Verstöße gegen sonstige Grundrechte sowie anderweitige Missstände unterhalb der Schwelle ›systemischer Mängel‹ stehen Dublin-Überstellungen nicht entgegen« (Thym 2013: 332).

In Italien sah der Europäische Gerichtshof für Menschenrechte (EGMR) 2013 allerdings kein Vorliegen derartiger Defizite (ECHR Nr. 27725/10, Pressemitteilung vom 18.04.2013) und hat daher keine Aussetzung von Rückführungen angeordnet. »Maßgeblich ist ... nicht die Einhaltung der EU-Asylrichtlinien im Detail, sondern das Gesamtschutzniveau in Italien, das mit seinen öffentlichen und privaten Schutzprogrammen ungeachtet der Vollzugsdefizite prinzipiell der EMRK genügt« (Thym 2013: 333). Auch die Bundesregierung ist der Auffassung, dass »in Italien grundsätzlich ein angemessener Umgang mit Flüchtlingen gewährleistet ist« (BT-Drs. 17/14432: 3).

3.4 Dublin III

Die im Juni 2013 vom Europäischen Rat und vom Europäischen Parlament beschlossene Dublin-III-Verordnung[32] sieht keinen Systemwechsel vor (Pelzer 2013; (Müller-Graff/Repasi 2014: 138ff.). Zentrale Änderungen sind:

- Der Anwendungsbereich wurde ausgeweitet: Er gilt nicht mehr nur für jene, die einen Antrag auf Anerkennung der Flüchtlingseigenschaft gestellt haben, sondern auch für jene, die subsidiären Schutz beantragen (Abs. 10).
- Das Recht auf Familienzusammenführung wurde ausgeweitet. Leben Familienangehörige in einem Mitgliedstaat, hat der Antragsteller das

---

32 | Verordnung (EU) Nr. 604/2013, ABL L 180vom 29.6.2013, S. 31ff. Sie ist anzuwenden auf Asylanträge, die ab dem 1.1.2014 gestellt werden.

Recht, in diesen Staat überstellt zu werden, um die Familieneinheit zu wahren. Die Kriterien für das Bestehen familiärer Bindungen wurden erweitert (auf volljährige Onkel und Tanten, Großelternteil) (Art. 2 h).
- Das Recht auf Information des Antragstellers wurde ausgeweitet (Art. 4). Die Information über das Verfahren und die jeweiligen Rechte muss frühzeitig (sobald der Antrag gestellt ist) und umfassend erfolgen.
- Es wurde ein »Recht auf ein wirksames Rechtsmittel gegen eine Überstellungsentscheidung in Form einer auf Sach- und Rechtsfragen gerichteten Überprüfung durch ein Gericht« festgeschrieben (Art. 27, Abs. 1). Der deutsche Gesetzgeber hat dem mit der Neufassung des Asylverfahrensgesetzes (§ 34a) Rechnung getragen. Innerhalb einer Woche nach Androhung der Abschiebung kann ein Eilantrag beim Verwaltungsgericht gestellt werden, eine Überstellung ist dann bis zur Entscheidung unzulässig.

Das Bundesverfassungsgericht hatte in seiner Rechtsprechung zum Asylkompromiss das Prinzip der »normativen Vergewisserung« für hinreichend gehalten (Hoppe 2013: 215ff.). Danach reichte es aus, »wenn der Gesetzgeber mittels einer vorherigen allgemeinen Überprüfung sich über die Sicherheit des Drittstaates, aus dem der Asylbewerber eingereist ist, vergewissert« (Hailbronner 2013:689, 780ff.; Zimmermann/Römer 2013: 265ff.). Mit dem nun gewährten Eilrechtsschutz gegen Dublin-Überstellungen sei auch das »Konzept normativer Vergewisserung endgültig Makulatur« geworden (Zimmermann/Römer 2013: 278f.).

Die »Verfahrensgarantien« (Art. 26) wurden präzisiert, der Rechtsschutz damit ausgeweitet. Der Schutz von Minderjährigen wurde gestärkt (Art. 6 »Garantien für Minderjährige«, Art. 8).

Ein Frühwarnsystem soll nun die Asylsysteme der Mitgliedstaaten beobachten, um frühzeitiges Eingreifen zu ermöglichen und auf diese Weise krisenhafte Zuspitzungen zu verhindern (Art. 33). Die EU-Kommission hatte vorgeschlagen, eine »vorläufige Aussetzung von Überstellungen« in Fällen vorzusehen, in denen die nationalen Asylsysteme aufgrund von Überlastung den Mindeststandards nicht mehr entsprechen können. Unionsweite Übernahmeprogramme von Asylsuchenden wurden ebenfalls vorgeschlagen. Dies war von den Mitgliedstaaten allerdings abgelehnt worden.

4. Lastenteilung

Das Dublin-Verfahren führt aufgrund der Zuständigkeitskriterien zu einer zusätzlichen Belastung der Staaten an der Peripherie (siehe Tabelle 2). Hinzu kommt, dass die Mittelmeer-Anrainerstaaten besonderen Belastungen durch gemischte Migrationsströme (»mixed migration flows«) ausgesetzt sind (van Hear/Brubaker/Bessa 2009; Fröhlich 2011: 211ff.; Förderverein Pro Asyl 2012: 25; EASO 2013: 44f.). Viele Personen überschreiten die Grenzen nach Griechenland, ohne als Asylbewerber registriert zu werden. So wurden 2011 über 55.000 Personen an der griechisch-türkischen Grenze aufgegriffen.[33] Hinzu kommt, dass die Mitgliedstaaten – insbesondere jene der letzten Erweiterungsrunden – sehr unterschiedliche Voraussetzungen haben, um mit Asylzuwanderung umzugehen.

Tabelle 2: Asylerstanträge 2012 in Staaten mit EU-Außengrenzen

Land	Anträge
Estland	75
Lettland	205
Portugal	295
Litauen	645
Slowakei	730
Bulgarien	1.385
Rumänien	2.510
Spanien	2.565
Griechenland	9.575
Polen	10.755
Italien	17.350

Quelle: Eurostat (2013).

---

33 | Greek-Turkish land border JO Poseidon Land: Situational update, January 2012, http://frontex.europa.eu/news/greek-turkish-land-border-jo-poseidon-land-situational-update-january-2012-tXUqGg.

»Die 27 Mitgliedstaaten wurden zu sehr unterschiedlichen zeitlichen Phasen und mit völlig unterschiedlichen Ressourcen, Fähigkeiten, Institutionen, Erfahrungen und gesellschaftlichen Vorbelastungen im europäischen Asylsystem aufgenommen« (Deutscher Anwaltverein 2013: 13).

Dabei darf nicht aus den Augen verloren werden, dass die meisten Asylanträge 2012 nicht in den Mittelmeer-Anrainerstaaten gestellt wurden, sondern in Deutschland, Frankreich, Schweden, Großbritannien und Belgien.[34] Bereits für die Jahre 1980 bis 1999 konnte festgestellt werden: »Whether in absolute numbers or relative to population size, clearly the richer European countries are the most popular countries for lodging asylum applications« (Neumayer 2005: 44).

Die Entscheidung, welcher Zielstaat ausgewählt wird, unterliegt verschiedenen Einflussfaktoren (Scholz 2013: 83ff.): dem Zufall, dem Einfluss von Schleusern (Triandafyllidou/Maroukis 2012), der Existenz von Diaspora-Gemeinden und somit Netzwerken (Kettenmigration), historischen Bezügen (Kolonialvergangenheit), der Einschätzung politischer und rechtlicher Sicherheit, der wirtschaftlichen Lage, den Anerkennungsraten sowie der staatlichen Unterstützung während des Verfahrens. Hinzu kommen die Dauer der Asylverfahren und damit die Dauer des Bezugs von Leistungen (ESI 2013: 12ff.; Europäisches Unterstützungsbüro 2013: 35). Hier besteht ein Spannungsfeld zwischen der Effizienz von Verfahren und rechtsstaatlichen Ansprüchen. »Hier stehen die Mitgliedstaaten vor der Schwierigkeit, eindeutig unbegründete Anträge und Rückführungen möglichst rasch zu bearbeiten, zugleich aber die Verfahrensgarantien zu wahren und eine Einzelfallprüfung der Anträge sicherzustellen« (Europäisches Unterstützungsbüro 2013: 37). Die Länge der Verfahren steht allerdings in keinem positiven Verhältnis zur Anerkennungsquote – eine Untersuchung zur Zielstaatenwahl von Asylantragstellern aus den westlichen Balkanstaaten kommt zu dem Ergebnis »the longer the procedure, the lower the chance of gaining asylum« (ESI 2013:15).

Die Abschaffung der Binnengrenzen im Schengen-Raum und die (ungleiche) Verteilung von Verantwortlichkeiten für die Sicherung der Außengrenzen (und den Umgang mit Migranten, die dort ankommen) standen – wie dargelegt – von Beginn an in einem direkten Zusammenhang (Thym 2010: 365). Die Ausweitung des Schengen-Raums auf Mit-

---

34 | Vgl. hierzu der Beitrag von Peter Schimany in diesem Band.

gliedstaaten außerhalb eines »Kerneuropa« wurde mit der Bereitschaft der Peripherie-Staaten erkauft, erhebliche Beiträge zur Grenzsicherung zu leisten. Die Staaten der europäischen Peripherie haben vom Wegfall der Binnengrenzen und den damit einhergehenden gestiegenen Mobilitätschancen am stärksten profitiert – ein Grund, warum sie diesem System zugestimmt haben.

»While external border countries at the EU's periphery have faced disproportionate border control responsibilities under the Dublin system, their citizens have seemingly been among the main beneficiaries of the EU's Schengen system of an area without internal border controls that was developed parallel to Dublin. Thus, arguably, Member States at the center of the EU implicitly traded their willingness to expand the Schengen area beyond a small group of core EU countries in exchange for the commitment by Schengen candidate countries at the EU's periphery to accept primary responsiblity for securing Schengen's new postenlargement external borders« (Thielemann/Armstrong 2013: 159f.).

Eine Lastenteilung (oder: Verantwortungsteilung[35]), wie sie auch im AEUV ausdrücklich als Ziel verankert ist (Art. 80), wird immer wieder gefordert[36], ist allerdings bislang nicht erreicht worden. Daher sind die Mitgliedstaaten versucht, Asylbewerber zu verdrängen (Matrix Insight et al. 2010: 15ff.; Thielemann/Armstrong 2012: 151) – durch die Wiedereinführung von Grenzkontrollen oder durch restriktive Politik.

Neben den Unterschieden bei den absoluten Zahlen und den Asylbewerberzahlen pro Kopf der Bevölkerung sind auch erhebliche Disparitäten bei den Kosten festzustellen (Matrix Insight et al. 2010: 75ff.). So liegen sie im Verhältnis zum Bruttoinlandsprodukt in Malta um den Faktor 1.000 höher als in Portugal (im Jahr 2007). Auch wenn die unterschiedlichen Lebenshaltungskosten berücksichtigt werden, bleiben die Differenzen groß.

Hierfür werden die betroffenen Länder allerdings von der Gemeinschaft durch Mittel des Europäischen Flüchtlingsfonds, von Frontex und

---

35 | Zu den Begrifflichkeiten: Matrix Insight et al. (2010): 26.

36 | Verstärkte EU-interne Solidarität im Asylbereich. Entschließung des Europäischen Parlaments vom 11. September 2012 (2012/2032(INI)); COM(2013) 422 final, Vierter Jahresbericht über Einwanderung und Asyl (2012) vom 17.6.2013: 12ff.

des Europäischen Unterstützungsbüros für Asylfragen (EASO) unterstützt (Thielemann/Armstrong 2013: 155). Das EASO[37] gehört neben der europäischen Grenzschutzagentur Frontex zu den wichtigsten Instrumenten, mit denen die Mitgliedstaaten mit Außengrenzen und hohem Migrantenaufkommen unterstützt werden (Comte 2010). Sie werden zu größten Teilen aus Mitteln der EU finanziert. Die Aufgabe des EASO besteht darin, »zu der Umsetzung des Gemeinsamen Europäischen Asylsystems (GEAS) beizutragen, indem es als unabhängiges Fachzentrum für Asylfragen Unterstützung leistet und die praktische Zusammenarbeit zwischen den Mitgliedstaaten ermöglicht, koordiniert und fördert« (Europäisches Unterstützungsbüro 2013a: 5; BT-Drs. 17/10276).

Im Rahmen des Programms »Solidarität und Steuerung der Migrationsströme« wurde für den Zeitraum 2007 bis 2013 ein »Außengrenzenfonds« in Höhe von 1,82 Milliarden Euro geschaffen.[38] Die jährlichen Mittel werden je nach Art der Grenzen (30 Prozent für die Landaußengrenzen, 35 Prozent für die Seeaußengrenzen, 20 Prozent für die Flughäfen und 15 Prozent für die Konsularstellen) sowie der von Frontex erarbeiteten Gewichtungsvorschriften auf die Mitgliedstaaten aufgeteilt.[39]

Auch der Europäische Flüchtlingsfonds (EFF), dessen Mittel stark aufgestockt wurden, ist nicht geeignet, die Disparitäten hinsichtlich der Belastungen der Mitgliedstaaten zu reduzieren. »Seine Bedeutung für die Verwirklichung des Solidarprinzips im Rahmen der unionalen Asylpolitik dürfte ... vor allem im Bereich des Symbolischen liegen« (Fröhlich 2011: 267). Ähnliches gilt für die Neuansiedlungsprogramme von Flüchtlingen aus einem anderen Staat als dem Herkunftsstaat (»Resettlement«). So hat die Bundesrepublik Deutschland in den Jahren 2010/11 102 Flüchtlinge aus Malta aufgenommen[40], insgesamt wurden 227 Personen umgesiedelt.[41] Die deutsche Innenministerkonferenz beschloss im

---

37 | Verordnung (EU) Nr. 439/2010.
38 | http://europa.eu/legislation_summaries/justice_freedom_security/ free_movement_of_persons_asylum_immigration/l14571_de.htm.
39 | http://europa.eu/legislation_summaries/justice_freedom_security/ free_movement_of_persons_asylum_immigration/l14571_de.htm.
40 | www.bamf.de/DE/DasBAMF/Aufgaben/HumanitaereAufnahme/humani taereaufnahme-node.html.
41 | Vierter Jahresbericht über Einwanderung und Asyl (2012) vom 17.6.2013: 15.

Jahr 2011, jährlich 300 Personen im Rahmen der Neuansiedlung aufzunehmen.[42]

In den vergangenen Jahren sind mehrere Vorschläge gemacht worden, wie Aufnahmequoten für die EU-Mitgliedstaaten entwickelt werden könnten (Matrix Insight et al. 2010: 56ff.; Schneider et al. 2013). Zu den möglichen Kriterien gehören die Bevölkerungsgröße, die Fläche, das Bruttoinlandsprodukt pro Kopf, die Arbeitslosenquote etc. Politische Mehrheiten haben sich dafür nicht gefunden.

5. Festung Europa?

Die Entwicklung des europäischen Asyl- und Flüchtlingsrechts ist stark vom EuGH und dem EGMR geprägt. Nicht zuletzt hat ihre Rechtsprechung dazu beigetragen, dass weltweit die europäische Rechtsentwicklung auf diesem Gebiet rezipiert wird. Andere Regionen und Kontinente sehen sich größeren Herausforderungen in der Flüchtlingspolitik ausgesetzt als Europa. Dort werden europäische Antworten und europäische Normsetzungen mit großem Interesse aufgenommen. In einer Untersuchung zu globalen Auswirkungen des europäischen Flüchtlingsrechts argumentiert Lambert,

»that the EU's normative power is clearly at work in the emulation of European refugee law. The long-standing commitments of the EU to peace, liberty, democracy, the rule of law, human rights, and its aspirations to social solidarity, antidiscrimination, sustainable development und good governance provide the EU with a broad normative basis. (...) Thus emulation of European refugee law involves more than a process of diffusion of an ideology or of a solution to a problem; it defines Europe's international identity in international protection« (Lambert 2013 a: 264f.).

Zur Festung Europa heißt es im Pocket Europa-Lexikon 2009[43]: »Häufig von Journalisten in kritischer Absicht gebrauchter Ausdruck, dem die Behauptung zugrunde liegt, die EU betreibe gegenüber Drittstaaten eine

---

42 | www.60-jahre-bamf.de/B60/DE/Wandel/UeberUns/AufgabenThemen/InternationalRueckkehr/international-rueckkehr-node.html.
43 | www.bpb.de/nachschlagen/lexika/pocket-europa/16786/festung-europa.

Politik der Abschottung insbesondere bei der Asyl- und Migrationspolitik oder bei der Gemeinsamen Agrarpolitik.« In der politischen Debatte gibt es zwei Stränge (Klepp 2011: 104): Die einen sehen eine hermetisch abgeriegelte Festung Europa, gegen die die Flüchtlinge erfolglos und unter großen Opfern anrennen. Die anderen betonen, dass die Migration aller Grenzschutzbemühungen zum Trotz nicht verhindert werden kann, dass die Menschen immer wieder »Pfade in die Festung« finden. Bilder von verunglückten Flüchtlingsbooten vor Lampedusa, dem Ansturm von Migranten aus der Subsahara auf die eingezäunten spanischen Enklaven Ceuta und Mellila oder der Begriff der »intelligenten Grenzen« lassen die Metapher »Festung Europa« plausibel erscheinen (Mayrhofer 2010). Die, die in der Festung sind, tun alles, damit jene, die hinein wollen, draußen bleiben. Trotz aller Abwehrmaßnahmen (oder gezwungen durch diese Maßnahmen) nehmen die Migranten größte Risiken und Kosten auf sich, um Elend und Tod zu entfliehen und das »gelobte Land« Europa zu erreichen. Bei näherer Betrachtung insinuiert das Bild der Festung eine homogene Einheit innerhalb der Festung. Dies entspricht allerdings auch mit Blick auf die Grenzsicherungs- und Migrationspolitik nicht der Realität. Es gibt unterschiedliche politische Akteure (Regierungen, internationale Gerichte, Nichtregierungsorganisationen etc.), die divergierende Positionen vertreten und sich in politischen Auseinandersetzungen befinden.

Die europäische Politik ist zudem keineswegs vollständig auf Abschottung ausgerichtet. Alleine die ökonomischen Interessen von Arbeitgebern an billigen und flexiblen Arbeitskräften tragen dazu bei, dass sich die Vorstellungen von Grenzschutz- und Grenzsicherheit nie vollständig durchsetzen. Hierfür sprechen auch die Legalisierungsprogramme in Spanien, Frankreich und anderen Staaten (Riedel 2011).

Deutschland und die EU betreiben keine klassische Abschottungspolitik. Seit Beginn des 21. Jahrhunderts ist das Ziel der Steuerung in den Mittelpunkt gerückt, bei dem der Gesetzgeber der EU einen weiten Handlungsspielraum eingeräumt hat (Art. 79 AEUV) (Bast 2011: 145ff.). Die europäischen Grenzsysteme und -regelungen wirken eher wie ein »Filter« (Buckel 2013: 59f.). Vom Filter als Wirkungsweise des »Integrierten Grenzsicherheitsmodells« wird auch im EU Schengen-Katalog gesprochen (Rat 2002: 9). Die Grenzen werden gleichzeitig geöffnet – für »erwünschte« Reisende – und geschlossen – für »unerwünschte« Reisende. Die EU verhält sich damit wie »klassische« Einwanderungsländer.

Literatur

Agentur der Europäischen Union für Grundrechte/Europarat (2013): Handbuch zu den europarechtlichen Grundlagen im Bereich Asyl, Grenzen und Migration. Luxemburg.
BAMF (2013): Das Bundesamt in Zahlen 2012. Asyl, Migration und Integration, hg. vom Bundesamt für Migration und Flüchtlinge, Nürnberg.
BAMF (2013a): Entscheiderbrief 10/2013, Nürnberg.
Bank, Roland/Hruschka, Constantin (2012): Die EuGH-Entscheidung zu Überstellungen nach Griechenland und ihre Folgen für Dublin-Verfahren (nicht nur) in Deutschland, in: Zeitschrift für Ausländerrecht und Ausländerpolitik (ZAR), 32, H. 6., 182-188.
Bast, Jürgen (2011): Aufenthaltsrecht und Migrationssteuerung, Tübingen.
Bast, Jürgen (2013): Ursprünge der Europäisierung des Migrationsrechts, in: Jochum, Georg/Fritzemeyer, Wolfgang/Kau, Marcel (Hg.): Grenzüberschreitendes Recht – Crossing Frontiers. Festschrift für Kay Hailbronner, Heidelberg-München, 3-10.
Baumann, Mechthild (2006): Der deutsche Fingerabdruck. Die Rolle der deutschen Bundesregierung bei der Europäisierung der Grenzpolitik, Baden-Baden.
Bendel, Petra (2008): Europäische Migrationspolitik: Ein stimmiges Bild? In: Aus Politik und Zeitgeschichte, H. 35-36, 14-19.
Bendel, Petra (2013): Nach Lampedusa. Das neue Gemeinsame Europäische Asylsystem auf dem Prüfstand. Studie im Auftrag der Abteilung Wirtschafts- und Sozialpolitik der Friedrich-Ebert-Stiftung, Bonn.
Berlit, Uwe (2013): Aktuelle Entwicklungen im Ausländerrecht, in: Neue Zeitschrift für Verwaltungsrecht (NVwZ), H. 6, 327-333.
Brabandt, Heike (2012): Staatliche Grenzpolitiken und Visumbestimmungen: Die Festung Europa, in: Zeitschrift für Ausländerrecht und Ausländerpolitik (ZAR) 6, 175-178.
Buckel, Sonja (2013): »Welcome to Europe«. Die Grenzen des europäischen Migrationsrechts. Juridische Auseinandersetzungen um das »Staatsprojekt Europa«, Bielefeld.
Comte, Françoise (2010): A New Agency Is Born in the European Union: The European Asylum Support Office, in: European Journal of Migration and Law 12 (2010), 373-405.

De Baere, Geert (2013): The Court of Justice of the EU as a European and International Asylum Court, Working Paper 118, Leuven.

Deutscher Anwaltverein/Arbeiterwohlfahrt/Diakonie/Pro Asyl et al. (2013): Memorandum Flüchtlingsaufnahme in der Europäischen Union: Für ein gerechtes und solidarisches System der Verantwortung, o.O.

Deutscher Bundestag (2011): Aktueller Begriff: Zur Unvereinbarkeit von Abschiebungen nach Griechenland im Rahmen der Dublin-II-Verordnung mit der EMRK, Wissenschaftliche Dienste, N. 18/11 vom 26.05.2011.

ECRE European Council on Refugees and Exiles (2013): Common European Asylum System: The real job still needs to be done vom 11. Juni 2013.

ESI European Stability Initiative (2013): Saving visa-free-travel. Visa, asylum and the EU roadmap policy, Berlin, Brussels. www.esiweb.org/pdf/esi_document_id_132.pdf.

Europäisches Unterstützungsbüro für Asylfragen (2013): Jahresbericht 2012 über die Asylsituation in der Europäischen Union, Luxemburg.

Europäisches Unterstützungsbüro für Asylfragen (2013a): EASO Jahresprogramm 2014, Luxemburg.

European Commission 2013: Annual report to the European Parliament and the Council on the activities of the EURODAC Central Unit in 2012, COM(2013) 485 final.

Fellmer, Simon (2013): Vergemeinschaftung von Zuwanderungspolitik in der Europäischen Union. Anreize und Widerstände aus Sicht der Mitgliedsstaaten-Theorie und Empirie für die Zeit nach dem Vertrag von Amsterdam, Berlin.

Filzwieser, Christian/Sprung, Andrea (^{3}2010): Dublin II-Verordnung. Das Europäische Asylzuständigkeitssystem, Wien, Graz.

Förderverein Pro Asyl (2012): Flüchtlinge im Labyrinth. Die vergebliche Suche nach Schutz im europäischen Dublin-System, www.proasyl.de/de/themen/eu-politik/detail/news/fluechtlinge_im_labyrinth_das_eu_asylzustaendigkeitssystem_dublin_ii/.

FRA (Agentur der Europäischen Union für Grundrechte) 2013: Grundrechte an Europas südlichen Seegrenzen, http://fra.europa.eu/de/publication/2014/grundrechte-europas-sudlichen-seegrenzen-zusammenfassung.

Frerichs, Sabine (o.J.): Judicial Governance in der europäischen Rechtsgemeinschaft. Konzeptionelle Grundlagen und Anwendungsperspektiven. www.uni-bamberg.de/fileadmin/uni/wissenschaft_einricht/gk_mse/Paper/frerichs-judicial_governance.pdf.

Fröhlich, Daniel (2011): Das Asylrecht im Rahmen des Unionsrechts. Entstehung eines föderalen Asylregimes in der Europäischen Union, Tübingen.

Gammeltoft-Hansen, Thomas (2011): Access to Asylum. International Refugee Law and the Globalisation of Migration Control. New York.

Gammeltoft-Hansen, Thomas (2012): ECRE Interview vom 3.2.2012, www.ecre.org/index.php?option=com_downloads&id=442.

Groenendijk, Kees (2006): Familienzusammenführung als Recht nach Gemeinschaftsrecht, in: Zeitschrift für Ausländerrecht und Ausländerpolitik (ZAR) 26 Heft 5/6, 191-198.

Hailbronner, Kay (1999): Die Unionsbürgerschaft und das Ende rationaler Jurisprudenz durch den EuGH?, in: Neue Juristische Wochenschrift 57 Heft 31, 2185-2189.

Hailbronner, Kay (2000): Die Rechtsstellung der Ausländer im Blick auf Europa, in: Deutsche Sektion der Internationalen Juristen-Kommission (Hg.): Multikulturelle Gesellschaft und Wertegesellschaft, Bd. 34, Heidelberg, 27-45.

Hailbronner, Kay (2012): Europäisches Asyl- und Einwanderungsrecht: Festung Europa, in: Giegerich, Thomas (Hg.): Herausforderungen und Perspektiven der EU, Berlin: 195-209.

Hailbronner, Kay (^{3}2014): Asyl- und Ausländerrecht, Stuttgart.

Hailbronner, Kay (2013): Asylrecht, in: Merten, Detlef/Papier, Hans-Jürgen (Hg.): Handbuch der Grundrechte in Deutschland und Europa, Heidelberg, 674-805.

Hailbronner, Kay/Kau, Marcel (^{5}2010): Der Staat und der Einzelne als Völkerrechtssubjekte, in: Graf Vitzthum, Wolfgang (Hg.): Völkerrecht, Berlin, New York, 147-261.

Hailbronner, Kay/Thiery, Claus (1997): Schengen II und Dublin – Der zuständige Asylstaat in Europa, in: Zeitschrift für Ausländerrecht und Ausländerpolitik (ZAR), 17, H. 2, 55-66.

Hailbronner, Kay/Thiery, Claus (1998): Amsterdam – Vergemeinschaftung der Sachbereiche Freier Personenverkehr, Asylrecht und Einwanderung sowie Überführung des Schengen-Besitzstandes auf EU-Ebene, in: Europarecht, H. 5, 583-615.

Hailbronner, Kay/Thym, Daniel (2012): Vertrauen im europäischen Asylsystem, in: Neue Zeitschrift für Verwaltungsrecht 31 (2012), 7: 406-409.

Hear, van Nicholas/Brubaker, Rebecca/Bessa, Thais (2009): Managing mobility for human development: the growing salience of mixed migration, Human Development Research Paper 2009/20, Oxford.

Heck, Gerda (2008): »Managing Migration« vor den Grenzen Europas: Das Beispiel Marokko, Working Paper 45 – Centre on Migration, Citizenship and Development, Bielefeld.

Hecker, Jan (2011): Zur Europäisierung des Ausländerrechts, in: Zeitschrift für Ausländerrecht und Ausländerpolitik (ZAR), 31, H. 2: 46-51.

Hessischer Flüchtlingsrat (2013): Zehn Jahre Dublin – kein Grund zum Feiern. Zur Umsetzung der Dublin-II-Verordnung in Deutschland, www.dublin-project.eu/fr/content/download/6218/75674/version/3/file/National_Report_Germany_final_dt %5B1 %5D.pdf.

Hoppe, Michael (2013): Eilrechtsschutz gegen Dublin II-Überstellungen. Zugleich eine Neujustierung des Konzepts der normativen Vergewisserung gemäß Art. 16 a GG, Baden-Baden.

Jünemann, Annette (2013): Vorerst gescheitert: Perspektiven einer glaubwürdigen EU-Mittelmeerpolitik nach dem ›Arabischen Frühling‹, in: Ruß-Sattar, Sabine/Bender, Peter/Walter, Georg (Hg.): Europa und der Arabische Frühling. Deutschland, Frankreich und die Umbrüche der EU-Mittelmeerpolitik, Baden-Baden, 19-37.

Keicher, Martin (2012): Das Europäische Visumrecht. Von den Ursprüngen im Schengener Regime, seiner Entwicklung in der Europäischen Union und den Auswirkungen auf das deutsche Ausländerrecht, Hamburg.

Keller, Ska (Hg.) (2013): Was bringt das neue europäische Asylsystem? www.ska-keller.de/images/stories/service/pub/20130814-Gr%C3%BCne-Ska-Asylbooklet-010-web.pdf.

Klepp, Silja (2011): Europa zwischen Grenzkontrolle und Flüchtlingsschutz. Eine Ethnographie der Seegrenze auf dem Mittelmeer, Bielefeld.

Klos, Christian (2013): Ausländerrecht vor dem Infarkt. Ein rechtspolitisches Menetekel, in: Jochum, Georg/Fritzemeyer, Wolfgang/Kau, Marcel (Hg.): Grenzüberschreitendes Recht – Crossing Frontiers. Festschrift für Kay Hailbronner, Heidelberg, München, 123-136.

Kluth, Winfried (2006): Reichweite und Folgen der Europäisierung des Ausländer- und Asylrechts. Zwischenbilanz eines strukturellen Wandels und seiner Auswirkungen auf das Ausländer- und Asylrecht und seine Methode, in: Zeitschrift für Ausländerrecht und Ausländerpolitik (ZAR), 26, H. 1, 1-8.

Kontakt- und Beratungsstelle für Flüchtlinge und MigrantInnen e.V. (2013): Asyl in der Republik Zypern. Verfahrensstandards, Rechtslage und Lebensbedingungen auf dem Prüfstand, Berlin, www.kub-berlin.org/index.php/de/18-startseite/startseite/305-neuerscheinung-asyl-in-der-republik-zypern-eine-dokumentation.

Kugelmann, Dieter (^{2}2010): Einwanderungs- und Asylrecht, in: Schulze, Reiner/Zuleeg, Manfred/Kadelbach, Stefan (Hg.): Europarecht. Handbuch für die deutsche Rechtspraxis, Baden-Baden, § 41.

Lambert, Hélène (2013): Conclusion: Europe's normative power in refugee law, in: Lambert, Hélène/McAdam, Jane/Fullerton, Maryellen (Hg.): The Global Reach of European Refugee Law, Cambridge, 258-266.

Lauth Bacas, Jutta (2014): Neue Entwicklungen an den EU-Außengrenzen in Griechenland, in: Barwig/Klaus/Beichel-Benedetti, Stephan/Brinkmann, Gisbert (Hg.): Freiheit. Hohenheimer Tage zum Ausländerrecht, Baden-Baden, 204-222.

Maaßen, Hans-Georg (2006): Zum Stand der Umsetzung von elf aufenthalts- und asylrechtlichen Richtlinien der Europäischen Union, in: Zeitschrift für Ausländerrecht und Ausländerpolitik (ZAR), 26 H. 5/6, 161-167.

Marx, Reinhard (2012): Ist die Verordnung (EG) Nr. 343/2003 (Dublin-II-VO) noch reformfähig?, in: Zeitschrift für Ausländerrecht und Ausländerpolitik (ZAR), 32, H. 6, 188-194.

Matrix Insight Ltd/Thielemann, Eiko/Williams, Richard/Boswell, Christina (2010): What System of Burden-Sharing Between Member States for the Reception of Asylum Seekers? Study Requested by the European Parliament's Committee on Civil Liberties, Justice and Home Affairs, Brussels.

Mayrhofer, Petra (2010): »Festung Europa«? Grenzikonografien im europäischen Raum, in: Drechsel, Benjamin/Jaeger, Friedrich/König, Helmut/Lang, Anne-Katrin/Leggewie, Claus (Hg.): Bilder von Europa. Innen- und Außenansichten von der Antike bis zur Gegenwart, Bielefeld, 307-319.

McMahon, Simon (2012): North African Migration and Europe's Contextual Mediterranean Border in Light of the Lampedusa Migrant Crisis of 2011, Florenz.

Migration und Bevölkerung (2013): Newsletter Ausgabe 5, Juni 2013, www. bpb.de/gesellschaft/migration/newsletter/163368/mub-5-2013.

Müller, Sebastian/Gusy, Christoph (2013): Polizeiliche und justizielle Zusammenarbeit, in: Weidenfeld, Werner/Wessels, Wolfgang (Hg.): Jahrbuch der Europäischen Integration 2013, Baden-Baden, 203-208.

Müller-Graf, Peter-Christian/Repasi, René (2013): Asyl-, Einwanderungs- und Visapolitik, in: Weidenfeld, Werner/Wessels, Wolfgang (Hg.): Jahrbuch der Europäischen Integration 2012, Baden-Baden, 143-152.

Müller-Schneider, Thomas (2000): Zuwanderung in westliche Gesellschaften. Analyse und Steuerungsoptionen, Opladen.

Neumayer, Eric (2005): Asylum Recognition Rates in Western Europe. Their Determinants, Variation, and Lack of Convergence, in: Journal of Conflict Resolution, 49: 1, 43-66.

Paoletti, Emanuela (2011): Migration and foreign policy: the case of Libya, in: The Journal of North African Studies, 16, 2, 215-231.

Parliamentary Assembly (2012): Lives lost in the Mediterranean Sea: who is responsible? Vom 29.3.2012, http://assembly.coe.int/Committee Docs/2012/20120329_mig_RPT.EN.pdf.

Parliamentary Assembly 2013: Migration and asylum: mounting tensions in the Eastern Mediterranean, Doc. 13106 vom 23.1.2013.

Parusel, Bernd (2010): Abschottungs- und Anwerbestrategien. EU-Institutionen und Arbeitsmigration, Wiesbaden.

Parusel, Bernd/Schneider, Jan (2012): Visumpolitik als Migrationskanal. Die Auswirkungen der Visumvergabe auf die Steuerung der Zuwanderung. Studie der deutschen nationalen Kontaktstelle für das Europäische Migrationsnetzwerk (EMN), Nürnberg.

Pelzer, Marei (2011): Unsolidarisches Europa. Das Asylzuständigkeitssystem ›Dublin II‹ untergräbt den europäischen Flüchtlingsschutz, in: Kritische Justiz 2011 (44), H. 3, 262-271.

Pelzer, Marei (2013): Die Dublin-III-Verordnung. Die neue EU-Verordnung zur Bestimmung des zuständigen Asylstaats, in: Informationsverbund Asyl und Migration e.V. (Hg.): Neuregelungen im EU-Flüchtlingsrecht. Die wichtigsten Änderungen bei Richtlinien und Verordnungen. Beilage zum Asylmagazin 7-8/2013: 29-38.

Pro Asyl 2013: EU-Asyl-Paket: Neuregelungen der Asyl-Richtlinien und -Verordnungen. Erste Einschätzungen von PRO ASYL, Frankfurt a.M., 12. Juni 2013.

Förderverein Pro Asyl (2013): Pushed back. Systematic human rights violations against refugees in the Aegean Sea and at the Greek-Turkish land border, www.proasyl.de/fileadmin/fm-dam/l_EU_Fluechtlings politik/proasyl_pushed_back_24.01.14_a4.pdf.

Rat der Europäischen Union (2002): EU Schengen-Katalog. Empfehlungen und bewährte Praktiken: Außengrenzenkontrollen. Rückführung und Rückübernahme, Brüssel.

Rat der Europäischen Union (2010): Schlussfolgerungen des Rates über 29 Maßnahmen zur Stärkung des Schutzes der Außengrenzen und zur Bekämpfung der illegalen Einwanderung, Dokument Nr. 6975/10.

Reckinger, Gilles (2013): Lampedusa. Begegnungen am Rande Europas, Bonn.

Reisen, van Mirjam/Estefanos, Meron/Rijken, Conny (2013): The Human Trafficking Cycle: Sinai and Beyond, Oisterwijk.

Renner, Günter (2005): Das Zuwanderungsgesetz – Ende des deutschen Ausländerrechts?, in: IMIS-Beiträge, H. 27, Osnabrück, 9-24.

Riedel, Sabine (2011): Illegale Migration im Mittelmeerraum. Antworten der südlichen EU-Mitgliedstaaten auf nationale und europapolitische Herausforderungen. Stiftung Wissenschaft und Politik, Berlin 2011.

Riedel, Sabine (2013): Die Migrationspolitik der EU im Mittelmeerraum zwischen Sicherung der Außengrenzen und wirtschaftlicher Integration, in: Ruß-Sattar, Sabine/Bender, Peter/Walter, Georg (Hg.): Europa und der Arabische Frühling. Deutschland, Frankreich und die Umbrüche der EU-Mittelmeerpolitik, Baden-Baden, 119-141.

Schneider, Jan (2012): Maßnahmen zur Verhinderung und Reduzierung irregulärer Migration. Studie der deutschen Kontaktstelle für das Europäische Migrationsnetzwerk, hg. vom Bundesamt für Migration und Flüchtlinge, Nürnberg.

Schneilin, Gérard (1986): Art. »Tragödie« in: Brauneck, Manfred/Schneilin, Gérard (Hg.): Theaterlexikon. Begriffe, Epochen, Bühnen und Ensembles, Reinbeck bei Hamburg, 1011-1015.

Scholz, Antonia (2013): Warum Deutschland? Einflussfaktoren bei der Zielstaatssuche von Asylbewerbern. Forschungsbericht 19. Nürnberg: Bundesamt für Migration und Flüchtlinge.

Schneider, Jan/Engler, Marcus/Angenendt, Steffen (2013): Europäische Flüchtlingspolitik. Wege zu einer fairen Lastenteilung, Sachverständigenrat deutscher Stiftungen, Berlin.

Thielemann, Eiko/Armstrong, Carolyn (2013): Understanding European asylum cooperation under the Schengen/Dublin system: a public goods framework, in: European Security, 22: 2, 148-164.

Thym, Daniel (2010): Migrationsverwaltungsrecht, Tübingen.

Thym, Daniel (2013): Zulässigkeit von Dublin-Überstellungen nach Italien, in: Zeitschrift für Ausländerrecht und Ausländerpolitik (ZAR), 33, H.9: 331-334.

Triandafyllidou; Anna/Maroukis, Thanos (2012): Migrant smuggling. Irregular Migration from Asia and Africa to Europe, Basingstoke.

UNHCR (2007): Refugee Protection and Mixed Migration: A 10-Point Plan of Action, www.unhcr.org/4742a30b4.html.

UNHCR 2012 a: Ungarn als Asylland, www.unhcr.de/fileadmin/rechts infos/fluechtlingsrecht/6_laenderinformationen/6_4_europa/HUN_ AsylumHungary.pdf.

Wahnel, Julia (2011): Die Asyl- und Flüchtlingspolitik zwischen Europäisierung und nationalen Interessen. Das Beispiel Italien, in: Hentges, Gudrun/Platzer, Hans-Wolfgang (Hg.): Europa – quo vadis? Wiesbaden, 205-232.

Weinzierl, Ruth (2009): Der Asylkompromiss 1993 auf dem Prüfstand. Gutachten zur Vereinbarkeit der deutschen Regelungen über sichere EU-Staaten und sichere Drittstaaten mit der Europäischen Menschenrechtskonvention, dem EU-Recht und dem Deutschen Grundgesetz, Berlin.

Zimmermann, Andreas/Römer, Lutz (2013): Artikel 27 Dublin III-Verordnung: das Ende des Konzepts ›normativer Vergewisserung‹, in: Jochum, Georg/Fritzemeyer, Wolfgang/Kau, Marcel (Hg.) (2013): Grenzüberschreitendes Recht – Crossing Frontiers. Festschrift für Kay Hailbronner, Heidelberg, München: 263-279.

Grenzsicherung der Europäischen Union – ein neuer »Eiserner Vorhang« im 21. Jahrhundert?

Stefan Luft

Die Europäische Union und deren Mitgliedstaaten halten am Postulat der Steuerung von Migration fest. Die EU verhält sich wie klassische Einwanderungsländer: Sie will darüber entscheiden, wer einreisen darf und wer nicht. Dazu dient die Politik des »Grenzmanagements«, die Politik der Grenzsicherung, die von mehreren Akteuren bestimmt wird: den Institutionen der EU (Kommission, Parlament, Rat), den Mitgliedstaaten (hier insbesondere den Staaten mit EU-Außengrenzen) sowie der EU-Agentur Frontex. Zentrale Tendenzen der Grenzpolitik sind die Technologisierung, Outsourcing/Privatisierung sowie die Exterritorialisierung (Offshoring) und damit die Einbindung von Drittstaaten in das Grenzmanagement der EU. Die jüngere Rechtsprechung des EuGH und des EGMR haben klargestellt, dass die Normen des internationalen Flüchtlingsschutzes die Mitgliedstaaten und die Agentur Frontex auch dann binden, wenn sie außerhalb des EU-Territoriums tätig werden. Die EU bindet Drittstaaten über Rückübernahmeabkommen, Mobilitätspartnerschaften und die Nachbarschaftspolitik in ihre Zuwanderungspolitik ein, indem sie ihren Staatsangehörigen Wege legaler Einwanderung eröffnet und von diesen Staaten Beiträge zur Verhinderung unerwünschter Zuwanderung fordert. Dabei entsteht das Problem des Umgangs mit Staaten, die die Menschenrechte von Flüchtlingen verletzen. Hier klafft eine Glaubwürdigkeitslücke zwischen den normativen Ansprüchen und dem realen politischen Handeln.

»Spanien sichert die EU-Landgrenze zu Marokko in den beiden auf dem afrikanischen Kontinent gelegenen Städten Ceuta und Melilla durch Grenzzäune ab. Die drei baltischen Staaten Litauen, Lettland und Estland haben an den Grenzübergängen zu Russland und Weißrussland zur Verhinderung der Umgehung der Grenzkontrollanlagen auf einer Länge von 100 m bis zu 1 km (je nach Geländebeschaffenheit) ebenfalls Zäune errichtet und Bewegungssensoren installiert«,

berichtete die Bundesregierung im September 2011 (BT-Drs. 17/7210: 9). Ende 2012 wurde ein vier Meter hoher und zwölf Kilometer langer Stacheldrahtzaun im Norden Griechenlands an der Grenze zur Türkei fertig gestellt, der von Beamten der griechischen Polizei sowie von Frontex und mit Hundestaffeln bewacht wird (Lauth Baca 2014: 205f.). Liegt die Zukunft Europas in seiner Vergangenheit?

1. Politischer Anspruch auf Migrationssteuerung

Die Erfahrung der vergangenen Jahrzehnte zeigt, dass mit der Zulassung von Personen zum Territorium eines demokratischen Rechtsstaates Mechanismen greifen, die es dem Staat sehr schwer machen, diese Personen – auch wenn sie keinen Schutzstatus zugesprochen bekamen – wieder in ihre Herkunftsstaaten (oder aufnahmebereite Drittstaaten) zurückzuführen. Zu den Ursachen dieser Schwierigkeiten gehören die Möglichkeit unterzutauchen und sich illegal aufzuhalten, lang andauernde rechtsstaatliche Verfahren und auch Vollzugsdefizite. Nach Angaben der EU-Kommission wird nur jede dritte Ausweisungsverfügung tatsächlich umgesetzt.[1] Dieses Ins-Leere-Laufen staatlicher Entscheidungen trägt zu einer ablehnenden Haltung gegenüber dem Asylrecht in der Bevölkerung bei (Klos 2013; Thym 2010: 335). Solange die Wahrscheinlichkeit hoch ist, trotz Ablehnung längere Zeit (oder sogar dauerhaft) im Zielland verbleiben zu können, ist dies ein Anreiz, einzureisen (Müller-Schneider 2000: 209). Vor diesem Hintergrund müssen der deutsche »Asylkompromiss« und die Grenzpolitik der EU verstanden werden: Der Zugang zum Territorium soll erschwert und eine gerechtere Lastenteilung innerhalb Europas erreicht werden. Dazu gehören der Ausbau und die Überwachung der Grenzanlagen, die Ausreiseverhinderungen aus Herkunftsregionen und die Visa-Politik.

---

1 | KOM(2007) 780 endgültig vom 5.12.2007. 5.

Die Visa-Politik ist innerhalb der EU und im Schengen-Raum weitgehend vergemeinschaftet worden (AEUV Art. 77 Abs. 2a, Art. 79Abs. 2a) (Keicher 2012: 29ff.). Von den »Schengen-Visa« für Kurzaufenthalte von bis zu drei Monaten, die nach EU-Recht erteilt werden[2], sind »nationale Visa« für längerfristige Aufenthalte zu unterscheiden (Parusel/Schneider 2012: 23ff.; Keicher 2012: 206ff.). EU-weit werden Visa nach dem Visa-Kodex vergeben.[3] »Die Visumspolitik dient dem Zweck, die Mobilität und die Zuwanderung von Ausländern extraterritorial zu kontrollieren bzw. zu steuern« (Parusel/Schneider 2012: 13). Sie soll zudem auch dazu beitragen, die irreguläre Zuwanderung einzuschränken. In Deutschland hat zu diesem Zweck im Juni 2013 eine »Visa-Warndatei« ihren Betrieb aufgenommen, die das Visa-Informationssystem der EU (VIS) ergänzt, das seit Oktober 2011 in Betrieb ist (Schneider 2012: 42ff.).

Zuständig für die Visa-Politik (hinsichtlich der Erteilung von »Schengen-Visa«) ist die EU (Vertragsstaaten, Verfahren, Gebühren). Sie verfügt damit über ein wichtiges Instrument der Zuwanderungssteuerung. Mit Drittstaaten können Visa-Erleichterungen sowie die Aufhebung der Visa-Pflicht vertraglich geregelt werden. Dabei werden auch Rückübernahmeabkommen mit verhandelt. Die Zahl der Staatsangehörigen von Drittstaaten, die kein Visum für die Einreise in den Schengen-Raum benötigt, beläuft sich inzwischen auf rund eine Milliarde Personen aus 40 Staaten, u.a. Australien, Kanada, Kroatien, Japan, Neuseeland und die USA.[4] Angehörige von rund 100 Staaten (etwa 80 Prozent der Weltbevölkerung ohne EU-Bürger) unterliegen noch der Visumpflicht (Frontex 2013: 14).

Durch die Harmonisierung der Visa-Politik seien selektive Wirkungen verstärkt worden, hätten »Bürger armer und undemokratischer Staaten das Privileg der visumfreien Einreise verloren«, wodurch legale Zugangswege versperrt und die Betroffenen in die Illegalität und die Hände von Schleppern gedrängt würden, betonen Kritiker (Brabandt 2012: 177f.). Das Europäische Parlament hat im September 2013 eine »Aussetzungsklausel« der Visumsverordnung beschlossen, wonach die Visumfreiheit

---

2 | Mit der Verordnung (EU) Nr. 610/2013 vom 26.06.2013 wurde die Regelung zur Berechnung der Aufenthaltsdauer modifiziert.
3 | Verordnung (EG) Nr. 810/2009 des Europäischen Parlaments und des Rates.
4 | Übersicht zur Visumpflicht bzw. -freiheit bei Einreise in die Bundesrepublik Deutschland (Stand: 12.2.2014) www.auswaertiges-amt.de/DE/EinreiseUndAufenthalt/StaatenlisteVisumpflicht_node.html.

für Länder ausgesetzt werden kann, aus denen heraus überdurchschnittlich viele unbegründete Asylanträge gestellt werden.[5] Diese Neuregelung war vor allem auf Druck der Bundesrepublik Deutschland eingeführt worden. Hier hatten insbesondere Staatsangehörige aus Serbien und Mazedonien, 2009 wurde für beide Länder die Visumfreiheit eingeführt, Asylanträge gestellt, von denen fast alle als unbegründet abgewiesen worden waren.[6] Im Jahr 2011 wurden 13,8 Millionen Visa von Schengen-Staaten (sowie Bulgarien und Rumänien) erteilt, davon 98 Prozent Schengen-Visa (Frontex 2013: 16). Ein Teil jener Drittstaatsangehörigen, die mit Hilfe dieser Visa in den Schengen-Raum einreisen, kommen nach Ablauf ihres Visums (drei Monate maximale Aufenthaltsdauer) ihrer Ausreisepflicht nicht nach, womit ihr Aufenthalt illegal wird. Für das Jahr 2012 wurde diese Zahl auf 345.000 Personen geschätzt (412.000 im Jahr 2009, 353.000 im Jahr 2010, 351.000 für 2011) (Frontex 2013: 12). Dieser Migrationskanal ist offensichtlich nur eingeschränkt zu kontrollieren.

2. Prävention: Grenzüberwachung und Ausreiseverhinderung

Im Rahmen der Grenzsicherung gibt es drei Entwicklungslinien: Verlagerung der Migrantenabwehr auf Gebiete außerhalb des EU-Territoriums, Übertragung hoheitlicher Aufgaben an Dritte und Technologisierung.

Die Zahl der festgestellten irregulären Grenzübertritte hat sowohl mit der Kontrollintensität als auch mit Flucht- und Wanderungsursachen zu tun wie etwa dem »Arabischen Frühling« 2011. So ging die Zahl der Aufgriffe im zentralen Mittelmeerraum (Italien, Malta) von 59.000 im Jahr 2011 auf 10.000 im Jahr 2012 zurück (Frontex 2013: 19). Für 2012 wurden insgesamt 72.000 irreguläre Grenzübertritte festgestellt (2009: 105.000; 2010: 104.000; 2011: 141.000) (Frontex 2013: 12).

Drei Routen der Migration nach Europa sind zu unterscheiden: »Die sogenannte Südost-Route wird hauptsächlich von Migranten aus dem Na-

---

5 | Verordnung (EU) Nr. 1289/2013 des Europäischen Parlaments und des Rates vom 11. Dezember 2013.
6 | Bundesministerium des Innern, Pressemitteilung vom 22.9.2013: Bundesinnenminister begrüßt Entscheidung des Europäischen Parlaments zur Visum-Verordnung.

hen und Mittleren Osten genutzt; nachrangig auch von Migranten aus Asien sowie Nord- und Ostafrika. Die Ost-Route wird von Migranten nahezu aller Herkunftsländer Osteuropas und Asiens bevorzugt gewählt; zunehmend, aber in vergleichsweise geringerem Maße, auch für Schleusungen aus Afrika. Die Süd-Route verläuft über die nordafrikanischen Küstenländer nach Südeuropa. Sie wird nahezu ausschließlich von Afrikanern, sowohl aus Nordafrika als auch aus Ländern Subsahara-Afrikas, genutzt«[7] (Frontex 2013: 20ff.).

Die Intensität der Grenzkontrollen wirkt sich auf die Tätigkeit von Schleusern und auf die gewählten Routen aus: Je mehr kontrolliert wird, desto stärker steigen die Preise der Schleuser und (oder) es verschieben sich die Migrationsrouten – nicht selten werden dann auch gefährlichere Passagen genutzt (Triandafyllidou/Maroukis 2012: 203).

Zur Begrenzung irregulärer Zuwanderung wurden auf nationaler und europäischer Ebene die Maßnahmen verstärkt (Baumann 2008: 23ff.). In Deutschland wurden die »Finanzkontrolle Schwarzarbeit« (FKS) und das »Gemeinsame Analyse- und Strategiezentrum Illegale Migration« (GASIM) eingerichtet (Schneider 2012: 35ff.). Auch die internationale Zusammenarbeit (u.a. mit Europol und Interpol) wurde in den vergangenen zehn Jahren erheblich verstärkt – sowohl innerhalb der EU als auch mit Drittstaaten (Schneider 2012: 44ff.). Im Haager Programm (2004) wurde erstmals der Begriff des »Integrated Border Management« (IBM) verwendet. Inhaltlich geht es um den Ausgleich zwischen ökonomischen Interessen (Grenzen sollen den internationalen Handel nicht beeinträchtigen) und Sicherheitsinteressen. Neben dem rechtlichen Rahmen (Schengener Grenzkodex, Visa-Kodex) gehört vor allem die Grenzschutzagentur Frontex zu den Einrichtungen, die IBM leisten sollen (Seehase 2013: 155ff.).

Zu den Instrumenten, die innerhalb der EU eingesetzt werden, gehören[8]:

- der Abschluss von Rückübernahmeabkommen,
- die verstärkte Zusammenarbeit mit Herkunfts- und Transitländern,

---

7 | Illegale Schleusung, illegale Migration – wachsender Druck auf Europa. www.bnd.bund.de/DE/_Home/Startseite/Wissenswertes/Migration/Migration.html.
8 | Verordnung (EG) Nr. 491/2004 des Europäischen Parlaments und des Rates vom 10. März 2004 zur Einrichtung eines Programms für die finanzielle und technische Hilfe für Drittländer im Migrations- und Asylbereich (AENEAS).

- Anreize zur freiwilligen Rückkehr,
- eine verstärkte Kooperation der Mitgliedstaaten mit Außengrenzen bei der Grenzsicherung,
- die Schaffung gemeinsamer Fonds, mit deren Mitteln die Mitgliedstaaten die Kapazitäten ihrer Grenzsicherung erhöhen können.

2.1 Rückübernahmeabkommen

Die Richtlinie des Europäischen Parlaments und des Rates über »gemeinsame Normen und Verfahren in den Mitgliedstaaten zur Rückführung illegal aufhältiger Drittstaatsangehöriger« wurde im Oktober 2008 erlassen.[9] Mit ihr soll die Rückführungspolitik der Mitgliedstaaten vereinheitlicht werden (Bendel 2008: 14f.; Franßen-de la Cerda 2008; 2009). Sie regelt das gesamte Verfahren des Umgangs mit Zuwanderern, die sich illegal im Hoheitsgebiet eines Mitgliedstaates aufhalten, und machte Änderungen im deutschen Aufenthaltsgesetz nötig (Franßen-de la Cerda 2009: 19ff.).

Sowohl die Mitgliedstaaten als auch die EU selbst haben Rückübernahmeabkommen geschlossen[10] (SVR 2011: 205; Schneider 2012: 63ff.; Buckel 2013: 191ff.). Zentral ist dabei für die potentiellen Vertragspartner, dass von Seiten der EU (aber auch von Mitgliedstaaten bei bilateralen Abkommen) gefordert wird, dass sie nicht nur die eigenen Staatsangehörigen wieder aufnehmen, sondern auch jene, die über ihr Land als Transitland in die EU ausgereist sind (Eigmüller 2007: 112f.; Buckel 2013: 192f.). Dazu sind aber in etlichen Ländern keine ausreichenden Kapazitäten vorhanden.[11] Im Jahr 2013 wurde ein Rückübernahmeabkommen mit der Türkei unterzeichnet.[12] Die Evaluation dieser Abkommen, die die Kommission im Jahr 2011 vorlegte, fiel sehr verhalten aus. Es gibt etliche Pro-

---

9 | Richtlinie 2008/115/EG des Europäischen Parlaments und des Rates vom 16.12.2008.
10 | Liste der »Abkommen zur Erleichterung der Rückkehr ausreisepflichtiger Ausländer«, Stand: März 2014, www.bmi.bund.de/SharedDocs/Downloads/DE/Themen/MigrationIntegration/AsylZuwanderung/RueckkehrFluechtlinge.pdf?__blob=publicationFile [26.03.2014]; COM(2013 422 final: Vierter Jahresbericht über Einwanderung und Asyl (2012) vom 17.6.2013. 18f.
11 | COM(2014) 96 final, 22.
12 | COM(2014) 96 final: 3.

bleme bei den Verfahren. Verlässliche Zahlen, wie viele Rückführungen auf der Grundlage der Rückübernahmeabkommen der EU es tatsächlich gegeben hat, liegen nur eingeschränkt vor. Die Verhandlungen gestalteten sich langwierig und schwierig – nicht zuletzt deshalb, weil die Verhandlungspartner von der EU Entgegenkommen vor allem in der Visa-Politik und bei Finanzhilfen forderten, wozu die EU nicht bereit war.[13]

Mit Hilfe von gemeinsamen Fonds sollen für betroffene Mitgliedstaaten finanzielle Mittel zur Verfügung gestellt werden. Das »Rahmenprogramm für Solidarität und die Steuerung der Migrationsströme« umfasst

- den Außengrenzenfonds (zum Integrierten Grenzmanagement),
- den Europäischen Flüchtlingsfonds (zur Asylpolitik und zur Neuansiedlung),
- den Europäischen Integrationsfonds (zur Partizipation von Drittstaatsangehörigen) sowie
- den Europäischen Rückkehrfonds (zur Rückkehr von Drittstaatsangehörigen).

Der Europäische Rückkehrfonds wurde für die Zeit von 2008 bis 2013 mit insgesamt 676 Millionen Euro angelegt. Die Mittel sollen die Mitgliedstaaten bei der Verbesserung des »Rückkehrmanagements« unterstützen (Schneider 2012: 75ff.). Der Europäische Außengrenzenfonds wurde mit einer Gesamtsumme von 1,82 Milliarden Euro für den Zeitraum von 2007 bis 2013 ausgestattet. Im Jahr 2013 haben sich die Mitgliedstaaten auf einen »Asyl-, Migrations- und Integrationsfonds« (AMIF) verständigt (mit einer Laufzeit von 2014 bis 2020). Er deckt die Felder des bisherigen Rückkehr-, Flüchtlings- und Integrationsfonds ab.

2.2 Übertragung hoheitlicher Aufgaben an Dritte

Aufgaben der Grenzkontrolle werden zunehmend privaten Akteuren übertragen – vor allem Transport- und Beförderungsunternehmen (Laube 2013: 72ff.). Auf staatlicher Ebene findet die Zusammenarbeit sowohl bilateral statt (zwischen Mitgliedstaaten und benachbarten Drittstaa-

---

13 | KOM(2011) 76 endgültig Mitteilung der Kommission an das Europäische Parlament und den Rat: Evaluierung der EU-Rückübernahmeabkommen vom 23.2.2011.: 8ff.

ten) als auch zwischen EU und Drittstaaten. Der Europäische Rat legte 2010 einen Schwerpunkt auf die Förderung der Zusammenarbeit bei der Grenzüberwachung mit benachbarten Drittländern. »Entscheidend ist, dass (...) diejenigen Drittländer, deren Zusammenarbeit bedeutend dazu beitragen kann, Ströme illegaler Einwanderer zu kontrollieren, finanzielle und logistische Unterstützung der Europäischen Union und ihrer Mitgliedstaaten erhalten, damit sie besser in der Lage sind, ihre eigenen Grenzen zu überwachen« (Rat 2010: 5).

Über finanzielle Anreize hinaus will die EU ihre politische und ökonomische Macht einsetzen, um die Nachbarstaaten zur Kooperation und letztlich zu einer effizienteren Grenzsicherung zu bewegen. Der Rat will sicherstellen,

»dass die migrationspolitischen Ziele beim politischen Dialog mit einschlägigen Herkunfts- und Transitländern im Mittelpunkt stehen. Dazu gehört grundsätzlich auch, dass alle Beteiligten sich ihrer Verantwortung für die Rückführung und Rückübernahme illegal einreisender oder aufhältiger Migranten einschließlich derjenigen, die von ihrem Hoheitsgebiet aus illegal in die Europäische Union eingereist sind oder versucht haben einzureisen, stellen ... [Der Rat ist übereingekommen, S.L.] sich im Rahmen einer wirksamen und nachhaltigen Migrationspolitik der EU – zu der auch gehört, das politische Gewicht der EU in vollem Umfang geltend zu machen und Instrumente aus verschiedenen Bereichen der EU-Politik kohärent zu nutzen – auf der Ebene der Europäischen Union und der Mitgliedstaaten stärker um die Rückführung von Drittstaatsangehörigen ohne legalen Aufenthalt zu bemühen, um sicherzustellen, dass Drittländer bei der Rückführung und Rückübernahme kooperieren« (Rat 2010: 7f.).

Konkret bedeutet das unter anderem, dass die Erleichterungen legaler Einreise (u.a. Visa-Erleichterungen) in die EU nur gewährt werden, wenn die Staaten im Gegenzug beim Grenzschutz und bei der Rückübernahme kooperieren (SVR 2011: 215). Hierzu dienen auch die »Mobilitätspartnerschaften« mit Entwicklungs- und Schwellenländern. Mit diesem 2005 im Rahmen des »Gesamtansatzes zur Migrationsfrage«[14] entwickelten

---

14 | Rat der Europäischen Union, Gesamtansatz zur Migrationsfrage: Vorrangige Maßnahmen mit Schwerpunkt Afrika und Mittelmeerraum, Anlage 1 zu den Schlussfolgerungen des Vorsitzes des Europäischen Rates zur Tagung vom 15.-16. Dezember 2005 in Brüssel, Dok. 15914/1/05 REV 1, Brüssel, 30.6.2006.

Instrument sollen legale Wanderungsmöglichkeiten eröffnet, die Aufnahmeländer mit qualifizierten Migranten versorgt, die Herkunftsländer unterstützt und veranlasst werden, eine wirkungsvolle Grenzsicherung zu betreiben (SVR 2011: 216ff.; Angenendt 2012: 20ff.; van Reisen/Estefanos/Rijken 2013: 124ff.).

Die Außenpolitik wird hier zum Druckmittel, um mehr Kontrolle der Migration zu erreichen (Fellmer 2013: 27). Mobilitätspartnerschaften haben bisher keine große Bedeutung erlangt. Die meisten Mitgliedstaaten, die sich an solchen Vereinbarungen beteiligen, leisten keinen finanziellen Beitrag dazu.[15] Übereinkommen wurden bislang geschlossen mit Moldawien, Kap Verde, Georgien, Armenien, Marokko, Aserbaidschan und Tunesien.[16] Ein Defizit besteht darin, dass die EU in den Verhandlungen wenig bietet, aber viel verlangt (vor allem bei der Migrationsverhinderung). »Neben ihrer migrationspolitischen Marginalität fällt daher vor allem der stark asymmetrische Charakter dieser ›Partnerschaften‹ auf: Strategisch als wichtig erachtete ›Partner‹ sollen in die Migrationskontrolle der EU eingebunden werden, ohne dass ihnen daraus im Gegenzug ersichtliche Vorteile erwachsen« (SVR 2011: 219).

2.3 Technologisierung

Neben der Verlagerung der Migrantenabwehr auf Gebiete außerhalb des EU-Territoriums und der Übertragung hoheitlicher Aufgaben an Dritte bezeichnet die Technologisierung die dritte Entwicklungslinie im Rahmen der Grenzsicherung (SVR 2011: 196ff.). Das Programm »Intelligente Grenzen«[17] sieht die Errichtung eines »Einreise-/Ausreisesystems« (EES) zur Erfassung der Ein- und Ausreisedaten von Drittstaatsangehörigen an den Außengrenzen der Mitgliedstaaten der Europäischen Union[18] sowie eines »Registrierungsprogramms für Reisende« (RTP)[19] vor. Mittels

---

15 | COM(2014) 96 final, 24.
16 | COM(2014) 96 final Bericht über die Umsetzung des Gesamtansatzes für Migration und Mobilität 2012-2013 vom 21.02.2014; BT-Drs. 18/317: 7.
17 | KOM(2011) 680 endgültig vom 25.10.2011.
18 | COM(2013)95 vom 28.2.2013.
19 | COM(2013) 97 vom 28.2.2013.

»neuester Technologien«[20] sollen »Visa-Overstayer« identifiziert werden, also Personen, die nach Ablauf ihres Visums unerlaubt im Zielland verbleiben. Verschärfte Kontrollen sollen einhergehen mit Erleichterungen für legal Einreisende, insbesondere Touristen.[21]

Die Pläne der EU, die Grenzen mittels modernster Überwachungstechnik flächendeckend zu kontrollieren, gehen allerdings weiter: Zu den von der EU geförderten Forschungsvorhaben für mehr Sicherheit (Gesamtwert 1,4 Milliarden Euro) (European Commission 2011) gehören zahlreiche integrierte intelligente Systeme, die die konventionellen Kräfte (Flugzeuge, Schiffe) ergänzen und entlasten und – vor allem – rund um die Uhr und wetterunabhängig im Einsatz sein sollen. Es handelt sich um Hochtechnologie-Projekte, die häufig bereits im militärischen Bereich oder zur Luftsicherheit angewendet oder dafür entwickelt werden. Neben radarbasierten 3-D-Luftüberwachungssystemen[22] sollen unter anderem Roboter, Überwachungsplattformen auf hoher See[23] sowie unbemannte Luft- und Bodenfahrzeuge[24] entwickelt werden.

Im Oktober 2013 wurde die Einrichtung eines »Europäischen Grenzüberwachungssystems« (EUROSUR)[25] beschlossen, das im Dezember 2013 in Betrieb gegangen ist. EUROSUR soll als »sog. System der Systeme bereits vorhandene nationale Grenzüberwachungssysteme der Mitgliedstaaten« integrieren (BT-Drs. 18/254: 3). In Deutschland ist die Bundespolizei angeschlossen. Nach Angaben der Bundesregierung handelt es

---

20 | Europäische Kommission, »Intelligente Grenzen«: Mehr Mobilität und Sicherheit, Pressemitteilung vom 28.2.2013, IP/13/162.
21 | Europäische Kommission: Vierter Jahresbericht über Einwanderung und Asyl (2012), COM(2013) 422 final vom 17.6.2013, S. 4 KOM (2007) 780 endgültig vom 5.12.2007: 8.
22 | ARGUS 3D Air Guidance and Surveillance 3D, in: European Commission 2011: 96.
23 | Autonomous maritime surveillance system (AMASS), in: European Commission 2011: 94.
24 | »transportable surveillance integrated with fast deployable mobil unmanned ground and air vehicles«, TALOS/Transportable autonomous patrol for land border surveillance system, in: European Commission 2011: 118 sowie: http://talos-border.eu/.
25 | KOM(2008) 68 endgültig vom 13.2.2008; KOM(2011) 873 endgültig vom 12.12.2011.

sich »nicht um ein System der Migrationskontrolle, sondern um einen gemeinsamen Rahmen für den Informationsaustausch und die Zusammenarbeit zwischen den Mitgliedstaaten und der Agentur« (BT-Drs. 18/254: 15). Dass EUROSUR einen wichtigen Bestandteil einer hochtechnisierten Grenzüberwachung bildet, mit der die Migration eingehender kontrolliert werden soll, erscheint allerdings offensichtlich. Ziel ist auch, die Todesrate illegaler Einwanderer durch Rettung von mehr Menschenleben auf See zu senken. »Das System würde die gemeinsame Nutzung von Daten aus verschiedenen Behörden und von Überwachungsinstrumenten wie Satelliten oder Schiffsmeldesystemen über ein geschütztes Kommunikationsnetz in Echtzeit ermöglichen.«[26] Die Kosten werden von der Kommission auf rund 338 Millionen Euro geschätzt.[27] EUROSUR soll verknüpft werden mit dem »gemeinsamen Informationsraum für die Überwachung des maritimen Bereichs der EU«[28] sowie der »gemeinsame[n] Informationsanwendung (CISE), die vorhandene Überwachungssysteme und Netze integrieren wird«[29].

Allen Projekten ist gemein, Daten in großen Mengen zu erzeugen, zu sammeln[30] und in einem großen Überwachungsverbund zu verknüpfen und für die Grenzsicherung (Frontex) nutzbar zu machen.[31] Sollte es zu

---

26 | Europäisches Parlament, EU-Grenzkontrollen: Abgeordnete verabschieden Eurosur-Regeln, Pressemitteilung vom 10.10.2013, www.europarl.europa.eu/news/de/news-room/content/20131007IPR21624/html/EU-Grenzkontrollen-Abgeordnete-verabschieden-Eurosur-Regeln.
27 | http://europa.eu/rapid/press-release_MEMO-11-896_en.htm.
28 | KOM(2010) 584 endgültig.
29 | http://ec.europa.eu/maritimeaffairs/policy/integrated_maritime_surveillance/index_de.htm [25.03.2014], Mitteilung der Kommission an das Europäische Parlament und den Rat über die Arbeit der Mittelmeer-Task Force vom 4.12.2013, COM(2013) 869 final: 20.
30 | »Continuous collection and fusion of heterogeneous data provided by various types of sensors deployed on shorelines and on mobile platforms and other information from external sources« So die Zielbeschreibung des Projekts: I2C/Integrated system for Interoperable sensors & Information sources for Common abnormal vessel behaviour detection & Collaborative identification of threat, in: European Commission 2011: 104.
31 | Hierzu auch der Bericht der Task Force Mittelmeer, COM(2013) 869 final:: 18ff.

einer vollständigen Überwachung der EU-Außengrenzen kommen (was unwahrscheinlich ist), bliebe die entscheidende Frage weiterhin unbeantwortet: Wie wird mit den Zuflucht Suchenden umgegangen? Sollen die unbemannten Fahrzeuge und Roboter unter Umständen bewaffnet sein? Sollen die »Eindringlinge« auf direktem Wege zurückgeführt werden oder erhalten sie die Möglichkeit, ein rechtsstaatliches Verfahren zu durchlaufen?

3. Exterritorialisierung und Push-back-Operationen

Seit Beginn des 21. Jahrhunderts setzt die EU auf »regionale Schutzprogramme« (Haager Programm von 2004) und damit auf die territoriale Abkopplung des Flüchtlingsschutzes. Diese Politik geht auch zurück auf Vorschläge des damaligen britischen Premierministers Tony Blair, »Flüchtlingsreservate« in den Herkunftsländern zu errichten (Seehase 2013: 245ff.). Die Herkunfts- und Transitländer von Flüchtlingen sollten beim Aufbau von Kapazitäten zum Schutz von Flüchtlingen unterstützt werden. Dabei sollten die Normen des internationalen Flüchtlingsschutzes eingehalten und der UNHCR beteiligt werden.[32] Die Kommission schlug 2005 vorrangig die ehemaligen GUS-Staaten Ukraine, Moldawien und Belarus sowie Staaten aus Subsahara-Afrika (Tansania) vor, aber auch u.a. Afghanistan sowie die Regionen Nordafrika und das Horn von Afrika.

Auf diese Weise werde versucht, »die postkolonialen nord- und westafrikanischen Staaten zu integralen Stützpfeilern der europäischen Grenzpolitik« zu machen (Buckel 2013: 14). Sie werden von der EU (und von Mitgliedstaaten mit Außengrenzen) mittels »Outsourcing« in das europäische »Migrationsmanagement« integriert (Buckel 2013: 188). Der Aufbau von Grenzkontrolleinrichtungen und eines effektiven »Grenzmanagements« (wesentlich finanziert und unterstützt durch die EU und deren Mitgliedstaaten) trug auch dazu bei, dass die Reisefreiheit innerhalb Afrikas zunehmend eingeschränkt wurde (Buckel 2013: 202ff.). Zahlreiche afrikanische Staaten hindern Flüchtlinge an der Ausreise, fangen sie bereits am Abreiseort oder vor den Küsten ab. Marokko baute seine Grenzanlagen mittels Hochtechnologie massiv aus (Heck 2008: 7ff.; Bu-

---

32 | Mitteilung der Kommission an den Rat und das Europäische Parlament über regionale Schutzprogramme, KOM(2005) 388 endgültig vom 1.9.2005: 2ff.

ckel 2013: 204ff.). Zudem wurden in Nord- und Westafrika Lager geschaffen, in denen Ausreisewillige interniert wurden (Buckel 2013: 206ff.). Die Gefangenenlager in Libyen genießen einen besonders schlechten Ruf: Folter, Vergewaltigung, Zwangsarbeit und Erpressung sind an der Tagesordnung (van Reisen/Estefanos/Rijken 2013: 117ff.). Das Gefangenenlager im Südwesten Libyens, in Sebha, wurde vom italienischen Staatsanwalt Maurizio Scalia als »Konzentrationslager« bezeichnet (van Reisen/Estefanos/Rijken 2013: 120).

An den Außengrenzen sind die Staaten sowie die europäische Grenzschutzagentur Frontex mit »gemischten Migrationsströmen« konfrontiert. Es handelt sich um Kriegs- und andere Flüchtlinge, politisch Verfolgte, Migranten auf der Suche nach wirtschaftlichen Perspektiven etc. (van Hear/Brubaker/Bessa 2009; Fussel 2012: 38ff.). Sie haben entweder Ansprüche auf einen Schutzstatus, können einen anderen Migrationskanal nutzen oder müssten – wenn beides nicht zutrifft – wieder zurückkehren. Die Herausforderung besteht darin, den unterschiedlichen Gruppen gerecht zu werden. Pauschal von »illegaler Zuwanderung« zu sprechen – wie es in Frontex-Dokumenten geschieht (Frontex 2013) – ist nicht gerechtfertigt. Unabhängig davon, ob die Migranten über Reisedokumente verfügen oder ob sie die Dienstleistung von Schleusern in Anspruch genommen haben, muss sichergestellt werden, dass jene, die Anspruch auf Schutz haben, diesen dann auch tatsächlich erhalten (UNHCR 2007). Dies ist mit der gegenwärtigen Praxis des europäischen Grenzmanagements nicht gewährleistet.

Die Auslagerung der Einreisekontrollen auf Territorien außerhalb des eigenen Staatsgebiets wurde in den 1990er Jahren zunächst für die USA analysiert (Laube 2013: 46ff.). Auch die EU setzt auf die »Externalisierung« der Grenzkontrollen. Dabei geht es auch darum, die staatlichen Kosten zu senken und die Einreise »erwünschter« Reisender zu beschleunigen (Laube 2013: 286f.). Die Bekämpfung irregulärer Einreise findet zum Teil außerhalb des Gebiets der EU statt, entweder auf See oder auf dem Gebiet von Drittstaaten und in Zusammenarbeit mit diesen (Pro Asyl 2013). Diese Staaten haben allerdings in vielen Fällen weder die Europäische Menschenrechtskonvention (EMRK) noch die Genfer Flüchtlingskonvention (GFK) ratifiziert. Den Migranten wird auf diese Weise der Zugang zum EU-Territorium und damit die Möglichkeit eines Verfahrens zur Erlangung von Asyl- oder Flüchtlingsschutz verweigert. Das politische Kalkül besteht darin, außerhalb des eigenen bzw. des EU-Territoriums nicht den

Normen des internationalen Flüchtlingsschutzes entsprechend handeln zu müssen.

»… a lot of the motivation for States to introduce extraterritorial interception measures has been the possibility to claim that these actions somehow take place in an extra legal zone, a space outside the ordinary scope of human rights law, and thus in a way that does not trigger the State's ordinary human rights obligations« (Gammeltoft-Hansen 2012: 2; SVR 2011: 193f.).

Libyen ist seit langem wichtiges Ziel und Transitland von Migranten (Paoletti 2011) – mit einer 4.000 Kilometer langen Südgrenze. Der italienische Regierungschef Silvio Berlusconi und der libysche Herrscher Muammar al-Gaddafi hatten 2008 einen »Vertrag über Freundschaft, Partnerschaft und Kooperation« geschlossen (Wahnel 2011:224ff.; SVR 2011: 195; Amnesty international 2012: 7ff.; Triandafyllidou/Maroukis 2012: 200ff.; Buckel 2013: 290ff.). Er bildete die Grundlage für gemeinsame Küstenpatrouillen und »push-back-Operationen« auf See, bei denen Flüchtlinge direkt nach Libyen zurückgeführt wurden, ohne Überprüfung, ob sie Anspruch auf Flüchtlingsschutz hatten. Der Europäische Gerichtshof für Menschenrechte verurteilte dieses Vorgehen als Verletzung der EMRK und sprach den Beschwerdeführern Entschädigungen zu (Lehnert/Markard 2012).[33] Im Februar 2010 beschloss der Europäische Rat,

»den Dialog mit Libyen über Migration im Hinblick darauf voranzubringen, dass in kurzer Frist eine wirksame Zusammenarbeit eingerichtet wird. Die Kommission wird ersucht, vordringlich einen möglichen Plan für die Zusammenarbeit zwischen der Europäischen Union und Libyen zu prüfen, in den Initiativen in den Bereichen Zusammenarbeit auf See, Grenzmanagement (einschließlich Möglichkeiten für die Entwicklung eines integrierten Überwachungssystems), internationaler Schutz, effiziente Rückführung und Rückübernahme illegaler Migranten und zu Fragen der Mobilität aufgenommen werden sollten« (Rat 2010: 8).

Libyen hat die Genfer Flüchtlingskonvention nicht unterzeichnet (Paoletti 2011: 223). Im Juni 2010 veranlasste das Regime den UNHCR, sein Büro

---

33 | EGMR/Gr. Kammer Urteil vom 23.2.2012, Hirsi Jamaa and others/Italy (Beschwerde Nr. 27765/09).

in Tripolis zu schließen.[34] Im Laufe des »Arabischen Frühlings« und der Aufstände in den Jahren 2010/2011 brachen die staatlichen Strukturen sowie die Grenzkontrollen im südlichen Mittelmeer zusammen. Die Zahl der Flüchtlinge stieg stark an (wobei aber der größte Teil der Flüchtlinge aus Libyen innerhalb Afrikas verblieb): Im Januar/Februar 2011 hatten alleine rund 110.000 Flüchtlinge die tunesische und ägyptische Grenze überschritten.[35] Am 23. März 2011 bezifferte der UNHCR die Zahl der Flüchtlinge aus Libyen auf insgesamt rund 351.700, wovon 178.300 Personen die Grenze nach Tunesien überschritten, 147.300 nach Ägypten, 12.000 nach Niger und 9.200 nach Algerien.[36]

Im Jahr 2011 kamen mindestens 1.500 Migranten auf dem Weg über das Mittelmeer ums Leben. Die Parlamentarische Versammlung des Europarats gab den Auftrag, den Fall eines Flüchtlingsbootes zu untersuchen (»the left-to-die boat«). Am 26. März hatten 72 Männer, Frauen und Kinder aus der Subsahara mit einem Schlauchboot Tripolis verlassen. Nach einer 15-tägigen Irrfahrt waren zum Schluss noch neun Personen aus der Gruppe am Leben. Beim Besteigen des Bootes war den Flüchtenden von den Schleusern der Proviant und das Trinkwasser abgenommen worden, um möglichst viele in das völlig überfüllte Boot zu zwängen. In dieser Phase der NATO-Operation in Libyen gehörte das Mittelmeer zu den bestüberwachten Meeren überhaupt. Deshalb gab es auch mehrfache Kontakte zu militärischen und zivilen Institutionen – allerdings ohne dass es zu einer Rettungsaktion gekommen wäre. Das Boot gab Seenot-Signale ab, so dass das italienische »Maritime Rescue Coordination Centre« mit dem Boot Kontakt aufnahm. Wenige Stunden danach versorgte ein Militärhubschrauber die Passagiere mit Wasser und Keksen und kündigte an, wiederzukommen, was nicht geschah. Von zwei Fischkuttern,

---

34 | »IllegaleAktivitäten«: LibyenwirftUno-Flüchtlingshilfswerkhinaus.Spiegelonline vom 8.6.2010, www.spiegel.de/politik/ausland/illegale-aktivitaeten-libyen-wirft-uno-fluechtlingshilfswerk-hinaus-a-699543.html.
35 | UNHCR urges evacuation of people trying to leave Libya vom 28.2.2011, www.unhcr.org.uk/news-and-views/news-list/news-detail/article/unhcr-urges-evacuation-of-people-trying-to-leave-libya.html [22.2.2014].
36 | UNHCR: Update no 13 Humanitarian Situation in Libya and the Neighbouring Countries vom 24.3.2011, www.unhcr.org/cgi-bin/texis/vtx/home/open docPDFViewer.html?docid=4d8b6a1f9&query=Humanitarian%20Situation%20 in%20Libya%20and%20the [27.11.2013].

die in die Nähe kamen, kam ebenfalls keine Hilfe. Nach zehn Tagen, in denen bereits die Hälfte der Passagiere gestorben war, passierte ein Flugzeugträger so nah, dass dessen Besatzung das Unglücksboot fotografierte – ebenfalls ohne Hilfe zu leisten, obwohl die Überlebenden eindeutige Signale abgegeben hatten. Nach insgesamt 15 Tagen wurde das Boot wieder an die libysche Küste angeschwemmt, worauf die zehn Überlebenden inhaftiert wurden. Einer von ihnen starb dort wegen mangelnder medizinischer Hilfe. Den verbliebenen neun Personen gelang schließlich die Flucht aus Libyen (Parliamentary Assembly 2012). Die organisierte Verantwortungslosigkeit, bestehend aus Kommunikationsdefiziten und unterlassener Hilfeleistung von libyschen, italienischen und NATO-Stellen, und das »Verantwortungsvakuum« (Parliamentary Assembly 2012: 3) lassen sich hier mit Händen greifen. Es handelt sich allerdings nicht um einen Einzelfall, wie das Schiffsunglück vom 3. Oktober 2013 zeigt: Auch hier belegen Zeugenaussagen von Überlebenden, dass während des Unglücks zwei Schiffe mit offiziellen Kennzeichen in der Nähe waren, ohne allerdings den in Seenot Befindlichen zu Hilfe zu eilen (van Reisen/Estefanos/Rijken 2013: 121).

Die Regierung Berlusconi nutzte die Gelegenheit, sich innenpolitisch als Retter im »Immigrationsnotstand« vor der Bedrohung durch den »menschlichen Tsunami« zu profilieren und die europäischen Partner und Institutionen unter Druck zu setzen (McMahon 2012: 7). Rund 63.000 Flüchtlinge sollen nach Angaben des italienischen Innenministeriums im Jahr 2011 an den Küsten Italiens gestrandet sein – rund 58.000 davon auf Lampedusa (Parliamentary Assembly 2013: 5). Gleichzeitig trug die italienische Regierung durch ihr Handeln (sie schloss das Flüchtlingslager auf Lampedusa) sowie ihr Unterlassen (einer angemessenen Vorbereitung auf zu erwartende Flüchtlinge) tatkräftig zur Entstehung eines humanitären Notstandes bei, der auch als Abschreckung für potentielle künftige Flüchtlinge wirken sollte (Reckinger 2013: 188ff.). Das Verhalten der italienischen Regierung und der Behörden 2011 ist von der Parlamentarischen Versammlung des Europarats massiv kritisiert worden. Das Verhalten gegenüber der irregulären Migration schwanke »between resolute fight and laissez faire« (Parliamentary Assembly 2013: 6ff.). Es gebe zu wenige Unterkünfte und die Unterbringung in Lagern entspreche nicht den Mindeststandards. Die Vorgänge des Jahres 2013 an den italienischen Küsten hätten zudem gezeigt, dass keine angemessenen Konsequenzen aus dem Versagen von 2011 gezogen worden seien.

Bis zum 5. April 2011 erteilten die italienischen Behörden den Flüchtlingen humanitäre Visa (rund 18.000), die ihnen die Weiterreise in andere Schengen-Staaten ermöglichten, und brachten sie in Lagern in der Nähe der französischen Grenze unter. Ab dem 5. April wurden die Flüchtlinge auf der Grundlage einer Rückübernahmevereinbarung direkt und ohne Anhörung nach Tunesien zurückgebracht. Diese Ereignisse machen deutlich, wie unsicher der Status von Flüchtlingen ist, die nach Europa gelangen (wollen) (McMahon 2012: 8ff.).

Nach dem Sturz Gaddafis 2011 hatte die EU die Verantwortung für die Restrukturierung des Grenzschutzes in Libyen übernommen (BT-Drs. 17/7811: 5). Italien und die EU setzten die Zusammenarbeit mit Libyen fort. Die Bundesregierung berichtete im Januar 2014:

»Der italienische Ministerpräsident Enrico Letta und der libysche Ministerpräsident Al Zeidan haben im Sommer dieses Jahres [2013, S.L.] vereinbart, das Projekt zur Überwachung der Landgrenzen Libyens mit italienischer Technologie weiter fortzusetzen. Das Projekt wurde bereits 2010 begonnen und aufgrund der Umbrüche in Libyen vorübergehend gestoppt. [...] Die italienisch-libysche Zusammenarbeit umfasst auch Ausbildungsprojekte im Rahmen der Operation Cyrene, die zum Ziel hat, insgesamt 6 000 libysche Sicherheitskräfte zur Stabilisierung des Landes auszubilden. 1 500 davon sollen in Italien ausgebildet werden. Im Zuge dieser Operation sollen auch die Grenzen zu den Nachbarstaaten stärker überwacht werden. Dies geschieht durch italienische Sensortechnik in der Luftüberwachung. Fernziel der italienisch-libyschen Zusammenarbeit ist die Entwicklung einer Grenzüberwachungsstrategie zum integrierten Grenzmanagement. Die Fortsetzung der EU-finanzierten bilateralen SAHARAMED Projekte war für März 2013 angedacht« (BT-Drs: 18/254: 10).

Allerdings ließ sich zunächst nur der repressive Teil realisieren, bei den humanitären Komponenten verweigerte Libyen die Zusammenarbeit:

»Das Projekt umfasste auch eine Rechtsstaatskomponente, in welcher der italienische Flüchtlingsrat die Teilaspekte der Flüchtlingsaufnahme und Asylproblematik in den Flüchtlingslagern rund um Tripoli übernehmen sollte. Die libyschen Partner allerdings verweigerten bisher die Zusammenarbeit mit dem italienischen Flüchtlingsrat CIR. Das Projekt ist noch nicht angelaufen« (BT-Drs. 18/254: 11).

Die EU und Libyen beabsichtigen, eine gemeinsame politische Absichtserklärung (»Memorandum of understanding«) zum »Kapazitätsaufbau für Krisenbewältigungskoordinierung und öffentliche Sicherheit« (BT-Drs. 17/11986: 2) zu unterzeichnen. Die Zusammenarbeit soll auch das »Grenzmanagement« umfassen (BT-Drs. 17/11986: 6f.). Im Jahr 2013 wurde eine »EUBAM Mission« (»Integrated Border Management Assistance Mission«) nach Libyen entsandt.[37]

Nach Angaben der Bundespolizei besteht die Aufgabe der Mission darin,

»die libyschen Behörden dabei zu unterstützen, kurzfristig die Kapazitäten zur verstärkten Sicherung der Land-, See- und Luftgrenzen Libyens auszubauen und langfristig eine umfassendere Strategie für integriertes Grenzmanagement auszuarbeiten. Hierfür steht die Mission den libyschen Grenzbehörden durch Ausbildung, Mentoring und Beratung zur Seite. Sie unterstützt die libyschen Behörden zunächst dabei, den Grenzschutz im Einklang mit internationalen Standards und bewährten Verfahren zu stärken. Anschließend wird die Mission die libyschen Behörden bei der Ausarbeitung einer nationalen libyschen Strategie für integriertes Grenzmanagement beraten und beim Ausbau ihrer institutionellen operativen Fähigkeiten unterstützen.«[38]

Auch Frontex will ein Arbeitsübereinkommen mit der neuen libyschen Regierung schließen (BT-Drs. 17/11986: 5). Libyen soll weiterhin ein Schwerpunkt des »strukturierten Dialogs über Migration, Mobilität und Sicherheit« bleiben.[39] In Libyen sind allerdings weiterhin erhebliche Defizite hinsichtlich grundlegender rechtsstaatlicher und menschenrechtlicher Normen festzustellen. Das betonen sowohl eine Delegation der EU, die im März 2013 nach Libyen entsandt worden war[40], als auch die Bundesregierung im September 2013:

---

37 | www.eeas.europa.eu/csdp/missions-and-operations/eubam-libya/; BT-Drs. 17/13462: 3.
38 | www.bundespolizei.de/DE/06Die-Bundespolizei/Aufgaben-Verwendungen/International/IPM/EUBAM_Libya.html.
39 | VO(2004) 96 final, 6.
40 | Local EU Statement on Religious Freedom and Fundamental Rights vom 13.03.2013, www.eeas.europa.eu/statements/local/130320103_local_statement_religious_freedom_fund_rights_en.pdf.

»Der allgemeinen Bereitschaft zur Aufarbeitung von Menschenrechtsverletzungen müssen konkrete Schritte folgen. Es fehlt bisher an einem systematischen Ansatz zur Durchsetzung rechtsstaatlicher Prinzipien. Die Effektivität des Regierungshandelns ist insgesamt auch unter der neuen Übergangsregierung aufgrund noch fehlender gesamtstaatlicher Strukturen eingeschränkt« (BT-Drs. 17/11986).

Libyen wird auch in Zukunft wichtiges Transitland für Migranten mit dem Ziel Europa bleiben. Als schwacher Staat, der tief im Transformationsprozess steckt, bietet es Migranten Gelegenheit, das Geld zu verdienen, das sie für die Bezahlung von Schleusern benötigen.[41]

»Angesichts der sehr instabilen Sicherheitslage und politischen Lage sowie der beschränkten institutionellen und administrativen Kapazitäten ist Libyen derzeit nicht in der Lage, den Tätigkeiten der Schleuser und Menschenhändler etwas entgegenzusetzen. Daher ist es das wichtigste Transit- und Ausgangsland der gemischten Migrationsströme im zentralen Mittelmeer«,

stellt die »Taskforce Mittelmeer« fest, die von der EU im Herbst 2013 eingesetzt wurde.[42]

Im November 2012 wurde der EU-Tunesien-Aktionsplan verabschiedet. Er sieht eine Zusammenarbeit im Umgang mit »illegaler Migration, insbesondere beim Kapazitätsaufbau im Bereich Migrationsmanagement sowie bei der Bekämpfung des Menschenhandels vor. Im Sinne des umfassenden EU-Gesamtansatzes Migration und Mobilität finden sich im Aktions- plan gleichermaßen Vereinbarungen zu anderen grundlegenden Bereichen: Förderung legaler Migration einschließlich zirkulärer Migration, Förderung der Synergien von Migration und Entwicklung sowie Stärkung des Flüchtlingsschutzes« (BT-Drs. 17/11986: 10).

---

41 | Frefel, Astrid: Von Afrika via Tripolis nach Europa. Libyen bleibt das bevorzugte Transitland für Flüchtlinge, NZZ vom 28.1.2014, www.nzz.ch/aktuell/international/reportagen-und-analysen/libyen-bleibt-das-bevorzugte-transitland-fuer-fluechtlinge-1.18230216.
42 | COM(2013) 869 final: 8.

4. DIE ROLLE VON FRONTEX

Zu den Aufgaben der europäischen Grenzagentur Frontex gehören die Koordination »operativer Maßnahmen« zur Grenzsicherung sowie die Unterstützung der zuständigen Mitgliedstaaten durch die Schulung von Grenzbeamten, die Erstellung von Risikoanalysen, der Informationsaustausch und die Mitwirkung bei (Sammel-)Rückführungen (Seehase 2013: 177ff.) Die Verantwortung für die Sicherung der Außengrenzen liegt allerdings unverändert bei den jeweiligen Staaten »in eigener nationaler Souveränität« (BT-Drs. 18/254: 2). Die Agentur Frontex ist ein »Instrument transnationaler Verwaltungszusammenarbeit«, keine supranationale Agentur (SVR 2011: 190). Sie hat »kein operatives Mandat« (BT-Drs. 18/254: 12). Die Grenzschützer sind nationalem Recht unterstellt (SVR 2011: 194). Der Ausbau der Kapazitäten der Agentur erfolgte in den vergangenen Jahren kontinuierlich. Das Budget stieg von rund 19,2 Millionen Euro im Jahr 2006 auf 118 Millionen im Jahr 2011 (Frontex 2012: 26ff.; Seehase 2013: 210ff.).

Der Status von Frontex als Agentur der EU ermöglicht es Regierungen der Mitgliedstaaten, Kritik an deren Vorgehen (und der Mitverantwortung dafür) auszuweichen durch den Hinweis, dass diejenigen Mitgliedstaaten verantwortlich seien, die zu der jeweiligen Operation Beamte entsandt haben. Die Agentur Frontex steht im Zentrum einer kritischen Öffentlichkeit, dabei darf allerdings nicht aus dem Blick verloren werden, dass die jeweiligen Mitgliedstaaten mit Außengrenzen weiterhin eine zentrale und eigenständige Rolle spielen (Buckel 2013: 225f.).

»Soforteinsatzteams für Grenzsicherungszwecke« (»Rapid Border Intervention Teams«: RABIT)[43] werden eingesetzt, »wenn ein Mitgliedsstaat sich einem massiven Zustrom von Drittstaatsangehörigen gegenübersieht, die versuchen, illegal in sein Hoheitsgebiet einzureisen, was unverzügliches Handeln erfordert ...«.[44] In den Jahren 2010/11 unterstützten RABIT-Einheiten Griechenland bei der Bewältigung des Stroms von

---

43 | Verordnung 863/2007/EG des Europäischen Parlaments und des Rates vom 11.7.2007 über einen Mechanismus zur Bildung von Soforteinsatzteams für Grenzsicherungszwecke und zur Änderung der Verordnung 2007/2004/EG des Rates hinsichtlich dieses Mechanismus und der Regelung der Aufgaben und Befugnisse der abgestellten Beamten.
44 | Verordnung(EG) Nr. 863/2007, Erwägungsgrund Nr. 7.

rund 12.000 Flüchtlingen aus dem türkisch-griechischen Grenzgebiet. Damit habe Frontex an der inhumanen und erniedrigenden Behandlung in griechischen Lagern mitgewirkt, kritisierte Human Rights Watch.[45]

Auch bei Frontex-Operationen sind Personen auf Drittstaatsterritorium (meist auf See) an der Flucht und damit auch am Stellen von Asylanträgen gehindert worden (Lehnert/Markard 2012: 198; Amnesty international 2012: 4; Seehase 2013: 214ff.). Gegenwärtig würden Schiffbrüchige allerdings nur noch in EU-Mitgliedstaaten abgesetzt, versicherte Frontex 2012 (Markard 2012: 385). Die Bundesregierung erklärte, dass aufgegriffene Personen das Recht auf »ausreichende Unterrichtung haben, um effektiven Zugang zu den jeweiligen Verfahren zu erhalten und ihre Einwände zu begründen« (BT-Drs. 17/9757:. 3). Allerdings sind noch 2012 Flüchtlingsboote von Frontex-Patrouillen abgedrängt und Flüchtlinge – ohne vorheriges Verfahren – nach Libyen verbracht worden.[46] Im Zentrum steht dabei die Frage nach dem Verbot von Kollektivausweisungen und der »exterritorialen Geltung des Non-Refoulement-Prinzips, ... dessen Geltung jenseits der europäischen Staatsgrenzen: auf der Hohen See, in den Küstengewässern oder auf dem Territorium von Drittstaaten« (Buckel 2013: 229).

Von Abgeordneten des EU-Parlaments werden die begrenzten Kontrollmöglichkeiten kritisiert. Zwar könne man den Haushalt blockieren, aber eine Kontrolle der Einsätze sei unmöglich[47] (Seehase 2013: 327ff.). Der Verwaltungsrat von Frontex besteht ausschließlich aus Vertretern der

---

45 | »Human Rights Watch contends that Frontex is similarly responsible for having knowingly exposed migrants to to treatment which is absolutely prohibited under human rights law.« Human Rights Watch 2011: 2.
46 | Monitor Nr. 653 vom 17.10.2013: Festung Europa: Die Schuld der EU-Grenzwächter, www.wdr.de/tv/monitor/sendungen/2013/1017/europa.php5 (18.10. 2013); Pressemeldung vom 17.10.2013: EU-Agentur Frontex gibt Menschenrechtsverletzungen an EU-Außengrenzen zu – Frontex-Chef Ilkka Laitinen hält Praxis für »nicht akzeptabel«, www.wdr.de/tv/monitor/presse/2013/meldung_131016. php5 (18.10.2013).
47 | So die Abgeordnete im Europaparlament Ska Keller (Die Grünen/EFA), https://dgap.org/de/node/22424 (25.10.2013); hierzu auch die Resolution der Parlamentarischen Versammlung des Europarats Resolution 1932 (2013) final version vom 25.4.2013, 3.

Mitgliedstaaten und der Kommission[48] (Seehase 2013: 181ff.). Eine wirkungsvolle parlamentarische Kontrolle könnte dazu beitragen, stärkere Transparenz herzustellen und mehr Übereinstimmung des operativen Handelns mit den grundlegenden Normen des Menschenrechtsschutzes zu erzielen.[49] Im Oktober 2011 novellierten Rat und Parlament die Frontex-Gründungsverordnung. Eingefügt wurde u.a. ausdrücklich die Verpflichtung auf die Grundrechte-Charta, die Genfer Flüchtlingskonvention (GFK) und den Grundsatz der Nichtzurückweisung.[50] Frontex war allerdings zweifelsfrei auch ohne diese Verpflichtungen an die GFK und die EMRK sowie weitere internationale Normen gebunden (Seehase 2013: 254ff.). Die Einhaltung der geänderten Frontex-Verordnung, insbesondere der Grundrechtsstrategie (Art. 26 a), soll durch den Grundrechtsbeauftragten (Art. 26 a, 3) abgesichert werden. Dazu müssen die Kompetenzen des Beauftragten gestärkt werden.[51]

Unzweifelhaft stehen alle Mitgliedstaaten und die EU in ihrer Gesamtheit in der Verantwortung für die Verfahren an den Außengrenzen (SVR 2011: 195). Die Europäische Union als »Raum der Freiheit, der Sicherheit und des Rechts« muss sich an ihren eigenen Maßstäben messen lassen. »Hiermit sind Ausreiseverhinderungen an den Küsten der Herkunfts- und Transitstaaten ebenso wenig vereinbar wie es die Grenzschutzanlagen an der Berliner Mauer waren« (Lehnert/Markard 2012: 199).

Die Grenzräume haben für den Flüchtlingsschutz eine zentrale Bedeutung, was auf die »räumliche Dimension bei der Umsetzung von Recht« aufmerksam macht (Klepp 2011: 80). Silja Klepp (2011: 83) zeigt eine »Geographie des EU-Flüchtlingsrechts« auf. Je weiter Flüchtlinge von Territorien der EU-Mitgliedstaaten entfernt sind, »desto weniger [erscheinen, S.L.] ihre Rechte und auch ihr Leben schützenswert« (Klepp 2011: 387). In den Grenzgebieten sind die Zugänge zum Flüchtlingsschutz häufig verstellt oder zumindest schwer zu realisieren. Dies sieht in den westeuropäischen Großstädten sicher anders aus. Die »Verfasst-

---

48 | Verordnung (EU) Nr. 1168/2011 vom 25. Oktober 2011; Art. 21.
49 | Konkrete Empfehlungen hierzu: European Parliament (Hg.), Parliamentary Oversight and Intelligence Agencies in the European Union, Study, Brüssel 2011,: 17ff.
50 | Verordnung (EU) Nr. 1168/2011, Art. 1.
51 | Weitere konkrete Forderungen in der Resolution der Parlamentarischen Versammlung des Europarats Resolution 1932 (2013) final version, 2ff.

heit des EU-Flüchtlingsschutzes [wäre] deshalb nicht in Dokumenten zu analysieren, sondern in erster Linie vor Ort, in den Büros der Ausländerbehörden, in den Flüchtlingszentren an den EU-Außengrenzen und auf See, wo Flüchtlinge und EU-Sicherheitsbeamte aufeinander treffen« (Klepp 2011: 95). Hier verfügen die Akteure über unterschiedliche Handlungsressourcen – die Mitarbeiter der Sicherheitsbehörden entscheiden über den Zugang zum Asylverfahren und über eine Inhaftierung, sie verfügen in vielfacher Hinsicht über ein Informationsmonopol, das sie entsprechend nutzen können, vor allem dann, wenn sie die »Frontstaatenperspektive« einnehmen. Diese ist dadurch gekennzeichnet, dass das Gefühl des »Überranntwerdens« handlungsleitend ist. Silja Klepp zeigt, »dass die Grenzregionen der EU europäische Regelungen nicht einfach umsetzen. Dieser Prozess ist wesentlich komplexer: Rechtliche Lücken oder Unklarheiten werden von nationalen Akteuren durch halblegale, informelle oder sogar illegale Praktiken gefüllt« (Klepp 2011: 391).

5. Schlussfolgerungen

Im Jahr 2013 sind nach Angaben der Bundesregierung bei von Frontex koordinierten Einsätzen rund 37.000 Personen aus Seenot gerettet worden (BT-Drs. 18/927: 4). Über die zu Tode gekommenen Migranten werden keine offiziellen Statistiken geführt. Nach Recherchen einer Gruppe europäischer Journalisten sind seit dem Jahr 2000 (bis Ende 2013) 23.000 Menschen auf dem Weg nach Europa zu Tode gekommen.[52] Am 3. Oktober 2013 ereignete sich erneut ein Bootsunglück vor Lampedusa. Mehr als 300 Migranten kamen zu Tode. Eine Woche später kenterte ein weiteres Schiff mit Migranten im Mittelmeer, es kamen etwa 30 Menschen ums Leben (van Reisen/Estefanos/Rijken 2013: 121ff.).

Die Unglücke auf dem Mittelmeer werden in der gängigen politischen Rhetorik als »Tragödien« oder als »tragische Ereignisse« bezeichnet.[53] Tragik impliziert allerdings, dass es sich um schicksalsbedingte, unaus-

---

52 | www.detective.io/detective/the-migrants-files sowie Die Toten vor Europas Türen, in: Neue Zürcher Zeitung vom 31.3.2014, www.nzz.ch/aktuell/international/auslandnachrichten/die-toten-vor-europas-tueren-1.18272891#.
53 | U. a. Europäisches Parlament: Entschließung vom 23. Oktober 2013 zu dem Zustrom von Migranten im Mittelmeerraum, insbesondere den tragischen Ereig-

weichliche, unlösbare Konflikte handelt (Schneilin 1986: 1013). Dies trifft auf die Unglücke von Flüchtlingsbooten offensichtlich nicht zu: Weder ist ein anonymes Schicksal als Ursache auszumachen noch eine Unausweichlichkeit. Die Bereitschaft der Migranten, ihr Leben zu riskieren, um nach Europa zu gelangen, kann aus dem Willen erklärt werden, Verhältnissen zu entrinnen, die von Not, Existenzbedrohung und wirtschaftlicher und sozialer Perspektivlosigkeit gekennzeichnet sind. Hierfür sind jeweils politische Verantwortlichkeiten (wenn auch in komplexen Zusammenhängen) auszumachen. Die Bootsunglücke sind Ergebnis eines Politikversagens, einer kollektiven Verantwortungslosigkeit, die den selbst gesetzten Zielen und Werten der Europäischen Union diametral entgegenstehen. Die Diskrepanz zwischen politischer Programmatik und Glaubwürdigkeitsdefizit der EU und ihrer Mitgliedstaaten wird auf wenigen Gebieten so deutlich wie in der Migrationspolitik, die wesentlich eine Flüchtlingsabwehrpolitik darstellt. Hier wirkt das Spannungsfeld aus menschen- und flüchtlingsrechtlichen Maßstäben eines Europas als »Raum der Freiheit, der Sicherheit und des Rechts« einerseits und der Anforderung andererseits, dass die Politik in den Mitgliedstaaten – auch die Migrationspolitik – demokratisch legitimiert sein muss. Die meisten Regierungen müssen mit einer einwanderungsskeptischen Mehrheit in der Bevölkerung rechnen – allerdings gehören ihre politischen Repräsentanten nicht selten zu jenen, die die ablehnende Haltung der Mehrheit noch bestärken. Das Spannungsverhältnis muss also austariert werden – was es offensichtlich nicht (oder zumindest in völlig unzureichendem Maße) ist. Dabei sind die Fähigkeiten, Verantwortung zu übernehmen, unterschiedlich ausgeprägt. Hier müssen die jeweiligen ökonomischen und sozialen Voraussetzungen innerhalb der EU (etwa zwischen den reichen Gründungsstaaten und den Ländern der Beitrittsrunde von 2007 Rumänien und Bulgarien oder den von der Wirtschafts- und Finanzkrise besonders betroffenen Staaten Griechenland, Spanien und Portugal) berücksichtigt werden.

Konkret heißt das u.a.: Die EU und deren Mitgliedstaaten mit »blauen Grenzen« müssen rechtlich klarstellen, dass die Hilfe für Menschen in Seenot verpflichtend ist und nicht kriminalisiert (als Beihilfe zur irre-

---

nissen vor Lampedusa (2013/2827(RSP)); Europäische Kommission: Lampedusa und die Folgen, vom 4. Dezember 2013, IP/13/1199.

gulären Einreise) werden darf.⁵⁴ Die Unklarheiten und Differenzen über Zuständigkeiten, die Koordinierungs- und Kommunikationsdefizite im flächendeckend überwachten Mittelmeer müssen beseitigt werden. Die Durchführung oder die Beteiligung von Frontex an Zurückführungs- und Ausweisungsmaßnahmen ohne Gelegenheit zur Durchführung eines rechtsstaatlichen Verfahrens und die Rückführung in Länder, in denen das »Leben [des Flüchtlings, S.L.] oder seine Freiheit wegen seiner Rasse, Religion, Staatsangehörigkeit, seiner Zugehörigkeit zu einer bestimmten sozialen Gruppe oder wegen seiner politischen Überzeugung bedroht« sind, sind als Verstöße gegen das Prinzip der Nichtzurückweisung (GFK, Art. 33) zu unterbinden.

Nicht die Einreiseverhinderung, sondern die Prüfung von Schutzansprüchen muss handlungsleitend für die Grenzpolitik der EU und ihrer Mitgliedstaaten sein. Das bedeutet, dass die Zusammenarbeit mit Drittstaaten zur Stärkung ihrer Grenzkontrollkapazitäten den Schwerpunkt auf den Ausbau der Such- und Rettungskapazitäten legen sollte (FRA 2014: 3). Es muss »ihnen geholfen werden, sicherzustellen, dass ihre Migrations- und Asylsysteme den internationalen Menschenrechtsstandards entsprechen.«⁵⁵ Die Zusammenarbeit mit Drittstaaten, die die Menschenrechte von Flüchtlingen verletzen, muss überprüft und öffentlich stärker thematisiert werden. Die enge Kooperation zahlreicher EU-Mitgliedstaaten mit den Despoten, die vom »Arabischen Frühling« entthront worden waren, hatte dazu geführt, »dass die EU entgegen ihrer eigenen Demokratisierungsrhetorik faktisch zu einer Stütze der autoritären Regime in der Region geworden war« (Jünemann 2013: 25). Das »realpolitische ... [und, S.L.] das normative Versagen der EU-Mittelmeerpolitik« (Jünemann 2013: 20) ist ebenfalls ein Feld, auf dem die EU eine erhebliche Glaubwürdigkeitslücke zu schließen hat. Daraus sollten Lehren gezogen werden.

Die Kapazitäten zur menschenwürdigen Aufnahme gemischter Migrationsströme sowie besonders schutzbedürftiger Gruppen (unbegleitete Minderjährige, Opfer von Menschenhandel etc.) müssen deutlich ausgeweitet werden (UNHCR 2007: 3). Der Zugang zu fairen und effizienten

---

54 | Europäisches Parlament: Entschließung vom 23. Oktober 2013 zu dem Zustrom von Migranten im Mittelmeerraum, insbesondere den tragischen Ereignissen vor Lampedusa (2013/2827(RSP)), Punkt 26.

55 | COM(2013 869 final vom 4.12.2013: Mitteilung der Kommission an das Europäische Parlament und den Rat über die Arbeit der Mittelmeer-Taskforce: 6.

Verfahren muss dabei im Zentrum stehen. Die Mittelmeer-Anrainerstaaten der EU müssen stärker als bisher dabei unterstützt werden und ihrer eigenen Verantwortung stärker gerecht werden. Die Transparenz und die Kontrolle der Arbeit von Frontex müssen erhöht werden.

Der größte Teil der Flüchtlinge und Vertriebenen weltweit wandert nicht nach Europa. Die Hauptlast dieses Geschehens tragen andere Regionen und Länder. Die fünf größten Aufnahmeländer von Flüchtlingen weltweit im Jahr 2012 sind Pakistan (1,6 Millionen), Iran (868.200), Deutschland (589.700), Kenia (565.000) und Syrien (476.500).[56] Dennoch müssen die EU-Mitgliedstaaten an der Steuerung von Migration ein vitales Interesse haben, sowohl mit Blick auf die politische Akzeptanz von Zuwanderung als auch in Hinsicht auf die Integration von Migranten. Die starke Ausrichtung der EU-Grenzpolitik auf »intelligente Grenzen« ist sowohl hinsichtlich der Umsetzbarkeit, der demokratischen Kontrolle des Umgangs mit den Datenströmen, der Achtung der Menschenrechte, des Datenschutzes und der Verhinderung von Missbrauch problematisch (SVR 2011: 196ff.; Bigo/Carrera/Hayes/Hernanz/Jeandesboz 2012). Sie ist Ausdruck einer Steuerungs- und Überwachungsutopie.

»Die Vergemeinschaftung der Migrationspolitik ist Teil eines Elitenprojektes, in funktionalem Design, getragen u.a. von europäischen Beamten, Wissenschaftlern und entsprechend auf die EU ausgerichteten Lobby-Verbänden. Damit korrespondiert die Semantik der Politikvorschläge der EU in den Bereichen Migration und Integration, verfasst im rationalistischen Design eines Planungs- und Steuerungsanspruchs, der die Erfahrung nicht intendierter Folgen sowie des damit verbundenen Souveränitätsverlustes ausblendet« (Bommes 2009: 380).

Die Anstrengungen im Kampf gegen Menschenhandel und Schleuserkriminalität haben in den vergangenen zehn Jahren weltweit zugenommen (Che 2012: 6), sie müssen fortgeführt werden. Sie werden allerdings nur dann erfolgreich sein, wenn die sozio-ökonomischen Ursachen für das florierende Geschäft der Schleuser in den Herkunfts- und Transitstaaten angegangen werden (Triandafyllidou/Maroukis 2012: 202ff.). Der Wanderungsdruck wird – auch auf Europa – ansteigen. Alleine die Zuwanderung aus Afrika wird aus ökonomischen, politischen, ökologischen und demographischen Gründen weiter zunehmen, wenn auch der größte Teil

---

56 | www.uno-fluechtlingshilfe.de/fluechtlinge/zahlen-fakten.html (25.10.2013).

der afrikanischen Flüchtlinge in Afrika selbst verbleibt (Schmid 2010). Entscheidend für die mittel- und langfristige Perspektive wird sein, ob sich die Industriestaaten ernsthaft und nachhaltig der Migrationsursachen annehmen werden.[57]

In den Schlussfolgerungen des Vorsitzes des Europäischen Rats in Tampere 1999 hieß es über die Freiheit von Unionsbürgern:

»Diese Freiheit sollte jedoch nicht als ausschließliches Vorrecht für die Bürger der Union betrachtet werden. Die Tatsache, dass sie existiert, hat Sogwirkung auf viele andere Menschen in der Welt, die nicht in der Freiheit leben, die die Unionsbürger als selbstverständlich empfinden. Es stünde im Widerspruch zu den Traditionen Europas, wenn diese Freiheit den Menschen verweigert würde, die wegen ihrer Lebensumstände aus berechtigten Gründen in unser Gebiet einreisen wollen. Dies erfordert wiederum, dass die Union gemeinsame Asyl- und Einwanderungspolitiken entwickelt und dabei der Notwendigkeit einer konsequenten Kontrolle der Außengrenzen zur Beendung der illegalen Einwanderung und zur Bekämpfung derjenigen, die diese organisieren und damit zusammenhängende Delikte im Bereich der internationalen Kriminalität begehen, Rechnung trägt.«[58]

Daran wird sich die Politik messen lassen müssen.

LITERATUR

Amnesty International (2012): S.O.S Europe. Human rights and migration control, London.

Angenendt, Steffen/Rudloff, Bettina (2011): Mehr als sieben magere Jahre? Nahrungsmittelkrisen und Hungerunruhen als neues politisches

---

57 | Eine präzise Zusammenfassung bei: Sebastian Schoepp, Flüchtlingsproblem: Rassistische Brille ablegen!, in: Süddeutsche Zeitung vom 11.10.2013 sowie das Positionspapier »Gewalt vorbeugen – Konflikte gewaltfrei bearbeiten« vom 26.6.2013 www.bicc.de/fileadmin/Dateien/pdf/press/2013/2013_Memorandum_Ziv Konfliktbearbeitung.pdf (01.10.2013); Schmid 2010: 34ff.; Angenendt/Rudloff (2011).

58 | Tampere Europäischer Rat 15. und 16. Oktober 1999, Schlussfolgerungen des Vorsitzes, www.europarl.europa.eu/summits/tam_de.htm [2.2.2013]

Risiko, SWP-Aktuell, Februar 2011, www.swp-berlin.org/fileadmin/ contents/products/aktuell/2011A08_adt_rff_ks.pdf (01.10.2013).

Angenendt, Steffen (2012): Migration, Mobilität und Entwicklung. EU-Mobilitätspartnerschaften als Instrument der Entwicklungszusammenarbeit. Stiftung Wissenschaft und Politik, Berlin.

Baumann, Mechthild (2008): Der Einfluss des Bundeskanzleramtes und des Bundesministeriums des Innern auf die Entwicklung einer europäischen Grenzpolitik, in: Hunger, Uwe/Aybek, Can M./Ette, Andreas/Michalowsky, Ines (Hg.): Migrations- und Integrationsprozesse in Europa. Vergemeinschaftung oder nationalstaatliche Lösungswege?, Wiesbaden 2008, S. 17-33.

Bommes, Michael (2009). Die Planung der Migration, in: Zeitschrift für Ausländerrecht und Ausländerpolitik 29 (2009) 11/12: 376-381.

Bigo, Didier/Carrera, Sergio/Hayes, Ben/Hernanz, Nicholas/Jeandesboz, Julien (2012): Justice and Home Affairs Databases and a Smart Borders System at EU External Borders. An Evaluation of Current and Forthcoming Proposals, Brussels.

Buckel, Sonja (2013): »Welcome to Europe«. Die Grenzen des europäischen Migrationsrechts. Juridische Auseinandersetzungen um das »Staatsprojekt Europa«, Bielefeld.

Brabandt, Heike (2012): Staatliche Grenzpolitiken und Visumbestimmungen: Die Festung Europa, in: Zeitschrift für Ausländerrecht und Ausländerpolitik (ZAR) 6, 175-178.

Che, Seo-Young (2012): Menschenhandel: Deutschland beim Opferschutz nur Mittelmaß, in: DIW-Wochenbericht Nr. 39/2012: 3-9.

Eigmüller, Monika (2007): Grenzsicherungspolitik. Funktion und Wirkung der europäischen Außengrenze, Wiesbaden.

European Commission (2011): Investigating into security reasearch for the benefits of European citizens. Security research projects under the 7th Framework Programme for Research, Luxemburg.

Fellmer, Simon (2013): Vergemeinschaftung von Zuwanderungspolitik in der Europäischen Union. Anreize und Widerstände der Mitgliedstaaten – Theorie und Empirie für die Zeit nach dem Vertrag von Amsterdam, Berlin.

FRA (Agentur der Europäischen Union für Grundrechte) 2013: Grundrechte an Europas südlichen Seegrenzen, http://fra.europa.eu/de/ publication/2014/grundrechte-europas-sudlichen-seegrenzen-zusammenfassung.

Franßen-de la Cerda, Boris (2008): Die Vergemeinschaftung der Rückführungspolitik – das Inkrafttreten der EU-Rückführungsrichtlinie, in: Zeitschrift für Ausländerrecht und Ausländerpolitik Jg. 28, H. 11/12: 377-385.

Franßen-de la Cerda, Boris (2009): Die Vergemeinschaftung der Rückführungspolitik – das Inkrafttreten der EU-Rückführungsrichtlinie, Teil 2, in: Zeitschrift für Ausländerrecht und Ausländerpolitik Jg. 29, H. 1, S. 17-21.

Frontex (2012): Annual Risk Analysis 2012, Warschau.

Frontex (2013): Annual Risk Analysis 2013, Warschau.

Fussell, Elizabeth (2012): Space, Time and Volition: Dimensions of Migration Theory, in: Rosenblum, Marc R./Tichenor, Daniel J. (Hg.): The Oxford Handbook of the Politics of International Migration, Oxford: Oxford University Press, 25-52.

Gammeltoft-Hansen, Thomas (2012): ECRE Interview vom 3.2.2012, www.ecre.org/index.php?option=com_downloads&id=442.

Heck, Gerda (2008): »Managing Migration« vor den Grenzen Europas: Das Beispiel Marokko, Working Paper 45 – Centre on Migration, Citizenship and Development, Bielefeld.

Human Rights Watch (2011): The EU's Dirty Hands. Frontex Involvement in Ill-Treatment of Migrant Detainees in Greece, New York 2011.

Hunger, Uwe/Aybek, Can M./Ette, Andreas/Michalowsky, Ines (Hg.): Migrations- und Integrationsprozesse in Europa. Vergemeinschaftung oder nationalstaatliche Lösungswege?, Wiesbaden 2008, S. 17-33.

Jünemann, Annette (2013): Vorerst gescheitert: Perspektiven einer glaubwürdigen EU-Mittelmeerpolitik nach dem ›Arabischen Frühling‹, in: Ruß-Sattar, Sabine/Bender, Peter/Walter, Georg (Hg.): Europa und der Arabische Frühling. Deutschland, Frankreich und die Umbrüche der EU-Mittelmeerpolitik, Baden-Baden, 19-37.

Keicher, Martin (2012): Das Europäische Visumrecht. Von den Ursprüngen im Schengener Regime, seiner Entwicklung in der Europäischen Union und den Auswirkungen auf das deutsche Ausländerrecht, Hamburg.

Klepp, Silja (2011): Europa zwischen Grenzkontrolle und Flüchtlingsschutz. Eine Ethnographie der Seegrenze auf dem Mittelmeer, Bielefeld.

Klos, Christian (2013): Ausländerrecht vor dem Infarkt. Ein rechtspolitisches Menetekel, in: Jochum, Georg/Fritzemeyer, Wolfgang/Kau,

Marcel (Hg.): Grenzüberschreitendes Recht – Crossing Frontiers. Festschrift für Kay Hailbronner, Heidelberg-München, 123-136.

Laube, Lena (2013): Grenzkontrollen jenseits nationaler Territorien. Die Steuerung globaler Mobilität durch liberale Staaten, Frankfurt a.M.

Lauth Bacas, Jutta (2014) : Neue Entwicklungen an den EU-Außengrenzen in Griechenland, in: Barwig, Klaus/Beichel-Benedetti, Stephan/ Brinkmann, Gisbert (Hg.): Freiheit. Hohenheimer Tage zum Ausländerrecht, Baden-Baden, 204-222.

Lehnert, Matthias/Markard, Nora (2012): Mittelmeerroulette – Das Hirsi-Urteil des EGMR und die europäische Grenzschutzpolitik auf See, in: Zeitschrift für Ausländerrecht und Ausländerpolitik, 31(2012) 6, 194-199.

Markard, Nora (2012): Gerechte Verteilung von Schutzsuchenden in Europa? Fragen an die Dublin II-Verordnung – 12. Berliner Symposium zum Flüchtlingsschutz, 18.-19. Juni 2012, in: Zeitschrift für Ausländerrecht und Ausländerpolitik 31 (2012) 10, 380-390.

McMahon, Simon (2012): North African Migration and Europe's Contextual Mediterranean Border in Light of the Lampedusa Migrant Crisis of 2011, Florenz.

Müller-Schneider, Thomas (2000): Zuwanderung in westliche Gesellschaften. Analyse und Steuerungsoptionen, Opladen.

Parusel, Bernd/Schneider, Jan (2012): Visumpolitik als Migrationskanal. Die Auswirkungen der Visumvergabe auf die Steuerung der Zuwanderung. Studie der deutschen nationalen Kontaktstelle für das Europäische Migrationsnetzwerk (EMN), Nürnberg.

Paoletti, Emanuela (2011): Migration and foreign policy: the case of Libya, in: The Journal of North African Studies, 16, 2, 215-231.

Parliamentary Assembly (2012): Lives lost in the Mediterranean Sea: who is responsible?

Parliamentary Assembly (2013): Migration and asylum: mounting tensions in the Eastern Mediterranean, Doc. 13106 vom 23.1.2013.

Rat der Europäischen Union (2010): Schlussfolgerungen des Rates über 29 Maßnahmen zur Stärkung des Schutzes der Außengrenzen und zur Bekämpfung der illegalen Einwanderung, Dokument Nr. 6975/10.

Reckinger, Gilles (2013): Lampedusa. Begegnungen am Rande Europas, Bonn.

Schmid, Susanne (2010): Vor den Toren Europas? Das Potential der Migration aus Afrika. Forschungsbericht 7 des Bundesamtes für Migration und Flüchtlinge, Nürnberg.

Schneider, Jan (2012): Maßnahmen zur Verhinderung und Reduzierung irregulärer Migration. Studie der deutschen Kontaktstelle für das Europäische Migrationsnetzwerk, hg. vom Bundesamt für Migration und Flüchtlinge, Nürnberg.

Schneilin, Gérard (1986): Art. »Tragödie« in: Brauneck, Manfred/Schneilin, Gérard (Hg.): Theaterlexikon. Begriffe, Epochen, Bühnen und Ensembles, Reinbeck bei Hamburg, 1011-1015.

Triandafyllidou; Anna/Maroukis, Thanos (2012): Migrant smuggling. Irregular Migration from Asia and Africa to Europe, Basingstoke.

SVR Sachverständigenrat deutscher Stiftungen für Integration und Migration: Migrationsland 2011. Jahresgutachten 2011 mit Migrationsbarometer, Berlin.

Seehase, Juliane (2013): Die Grenzschutzagentur Frontex. Chance oder Bedrohung für den Europäischen Flüchtlingsschutz, Baden-Baden.

Thym, Daniel (2010): Migrationsverwaltungsrecht, Tübingen.

UNHCR (2007): Refugee Protection and Mixed Migration: A 10 Point Plan of Action, www.unhcr.org/4742a30b4.html.

van Hear, Nicholas/Brubaker, Rebecca/Bessa, Thais (2009): Managing mobility for human development: the growing salience of mixed migration, Human Development Research Paper 2009/20, Oxford.

van Reisen, Mirjam/Estefanos, Meron/Rijken, Conny (2013): The Human Trafficking Cycle:
Sinai and Beyond, Oisterwijk.

Wahnel, Julia (2011): Die Asyl- und Flüchtlingspolitik zwischen Europäisierung und nationalen Interessen. Das Beispiel Italien, in: Hentges, Gudrun/Platzer, Hans-Wolfgang (Hg.): Europa – quo vadis? Wiesbaden, 205-232.

Asylrecht und Flüchtlingsschutz aus internationaler Perspektive

Internationale Zusammenarbeit und Solidarität als Voraussetzungen für effektiven Flüchtlingsschutz

Henrike Janetzek[1]

1. Einleitung

»Jeder Mensch hat das Recht, Asyl zu suchen und zu genießen.« Mit diesem Wortlaut wurde in Art. 14 der Allgemeinen Erklärung der Menschenrechte (AEMR), Resolution 217 A (III) der Generalversammlung der Vereinten Nationen vom 10. Dezember 1948, international erstmals das Institut des Asyls verankert. »Asyl« als eine Zufluchtsstätte, als Ort, an dem Menschen Schutz vor Verfolgung finden konnten, hat eine lange historische Tradition, die bis in die Antike zurück reicht. Der Begriff »Asyl« stammt aus dem Griechischen und kommt von »asylos«, was Unverletzliches bedeutet (Schiedermair/Wollenschläger 1996: 2c, S. 10, Rn 73). Er findet seinen Ursprung im religiösen Bereich mit den sogenannten Freistätten im Alten Testament (ebd., Rn 75). Bereits im 14. und 13. Jahrhundert vor Christus gab es im Orient eine Art völkerrechtliches Asyl, etwa in Form von Regelungen in Auslieferungsverträgen (ebd., Rn 76). Im Mittelalter wurde Asyl vor allem von der Kirche gewährt, was bis heute in Form des Kirchenasyls Tradition hat (ebd., Rn 78ff.). Mit dem Konzept eines modernen Staates und dessen Souveränitätsanspruchs im 16. Jahrhundert entwickelte sich das Verständnis des territorialen Asyls, eines Asyls, das vom Staat als dessen Vorrecht gewährt wird (Da Lomba 2004: S. 8). Im 17. Jahrhundert wurde mit Grotius eine Auffassung von

---

[1] | Die hier geäußerten Meinungen entsprechen der persönlichen Meinung der Verfasserin und werden nicht unbedingt von UNHCR geteilt.

politischem Asyl vertreten, das nicht nur ein Recht, sondern eine Pflicht des Staates, an den sich der Flüchtling wendet, darstellt (Schiedermair/ Wollenschläger 1996: 2c. S. 12, Rn 82). Wenn auch Art. 14 AEMR – wie insgesamt die Allgemeine Erklärung der Menschenrechte als Resolution der Vereinten Nationen – für die Staaten nicht unmittelbar verbindliche Wirkung entfaltet (Meyer 2011: S. 315, Rn 4; von Arnauld 2012: S. 236, Rn 601), war doch Sinn und Zweck der Regelung, auf internationaler Ebene die Institution eines individuellen Asyls zu schaffen (Einarsen 2011: S. 47, Rn 18 mit Verweis auf UNHCR-Exekutivkomitee (ExKom), Beschluss Nr. 82 (XLVIII) 1997, b).

Mehrere europäische Staaten haben in ihren Verfassungen ein Asylrecht (Meyer 2011: S. 314, Rn 3). Das Asylrecht des deutschen Grundgesetzes wurde in der Bundesrepublik Deutschland vor dem Hintergrund der Schrecken des Nationalsozialismus und des Zweiten Weltkrieges mit dem damaligen Art. 16 Abs. 2 S. 2 GG (heute Art. 16 a Abs. 1 GG mit erheblichen Einschränkungen im Zuge des Asylkompromisses von 1993) geschaffen als verbindliches Grundrecht und individuellen Rechtsanspruch für »politisch Verfolgte« auf Asyl, in Anknüpfung an das völkerrechtliche Institut des Asylrechts (BVerfGE 76, 143 (156); BVerfGE 74, 51 (57); BVerfGE 54, 341 (356)). Das »im Völkerrecht wurzelnde Institut des Asylrechts« sollte »aus einer Angelegenheit freien Ermessens zu einem grundrechtlichen Rechtsanspruch des Asylsuchenden werden« (BVerfGE 74, 51 (57)). Im Völkerrecht selbst ist allerdings ein Recht des Einzelnen auf Asyl nicht anerkannt (Goodwin-Gill/Mc Adam 2007: S. 358), wenn auch vertreten wird, dass Art. 14 AEMR letztlich als Menschenrecht auf De-facto-Asyl, als Recht, Asyl zu suchen und temporären Menschenrechtsschutz vor Verfolgung in anderen Ländern zu erhalten, verstanden werden kann (Einarsen 2011: S. 48). Das Exekutivkomitee des UNHCR hat jedenfalls in seinem Beschluss zur Wahrung des Asyls bekräftigt, »dass die Institution Asyl, die sich direkt aus dem in Artikel 14 Absatz 1 der Allgemeinen Erklärung der Menschenrechte von 1948 verankerten Recht ableitet, Asyl zu suchen und zu genießen, einer der wesentlichsten Mechanismen für den internationalen Flüchtlingsschutz ist« (ExKom, Beschluss Nr. 82 (XLVIII) 1997, b).

2. Entwicklung und Institutionalisierung des internationalen Flüchtlingsschutzes

Der internationale Flüchtlingsschutz entwickelte sich im 20. Jahrhundert als Folge der Millionen von Vertriebenen und Flüchtlingen nach den beiden Weltkriegen, was zur Institutionalisierung des Flüchtlingsschutzes sowie zur Schaffung verbindlicher völkerrechtlicher Bestimmungen führte. Bereits nach dem Ersten Weltkrieg wurde im Jahr 1921 Fridtjof Nansen, Polarforscher und erster Flüchtlingskommissar des Völkerbundes, der indirekten Vorgängerorganisation der Vereinten Nationen zur Friedenssicherung, damit betraut, sich der großen Flüchtlingsprobleme infolge des Ersten Weltkriegs sowie der russischen Revolution anzunehmen (UNHCR 2000/2001: S. 16). Der Zweite Weltkrieg brachte schließlich die größten Flucht- und Vertreibungsbewegungen der neueren Geschichte mit sich (ebd., S. 13). Danach bestand die Herausforderung, eine Lösung für Millionen von Flüchtlingen, Vertriebenen und Verschleppten zu finden. Von den Gründerstaaten der heutigen Vereinten Nationen wurden dafür zunächst als Vorläuferorganisationen von UNHCR im Jahr 1943 die United Nations Relief and Rehabilitation Administration (UNRRA) und anschließend im Jahr 1947 die Internationale Flüchtlingsorganisation (IRO) eingerichtet (ebd.), bis schließlich die Vereinten Nationen mit Resolution 319 A (IV) am 3. Dezember 1949 beschlossen, mit Wirkung zum 1. Januar 1951 das Amt eines Hohen Kommissars für Flüchtlinge (UNHCR) zu errichten. Mit Resolution der Generalversammlung 428 (V) vom 14.12.1950 wurde die Satzung von UNHCR beschlossen und die Staatengemeinschaft aufgefordert, mit dem UNHCR zusammenzuarbeiten und diesen bei seiner Arbeit zu unterstützen. In der Satzung wurden als Aufgaben bestimmt, dass der Hohe Flüchtlingskommissar der Vereinten Nationen für den internationalen Schutz der Flüchtlinge sorgt und dauerhafte Lösungen für die Probleme der Flüchtlinge sucht. Die Arbeit des Hohen Flüchtlingskommissars soll zudem einen völlig unpolitischen Charakter haben und humanitärer Natur sein. Das Amt war ursprünglich lediglich für die Dauer von drei Jahren errichtet worden, ist aber seit dem Jahr 2004 nach mehreren Verlängerungen unbefristet eingesetzt. UNHCR setzt sich auch für den Schutz von Asylsuchenden, subsidiär Schutzberechtigten, Rückkehrern, Staatenlosen und Binnenvertriebenen ein.

Im Jahr 1951 wurde schließlich am 28. Juli das Abkommen über die Rechtsstellung der Flüchtlinge (Genfer Flüchtlingskonvention – GFK) verabschiedet, für dessen Durchführung UNHCR gem. Art. 35 GFK eine Überwachungsfunktion zukommt. »Zunächst war die GFK jedoch hauptsächlich beschränkt auf Flüchtlinge in Europa und auf Ereignisse, die vor dem 1. Januar 1951 eingetreten waren. Mit dem Protokoll von New York wurde 1967 die zeitliche und geographische Begrenzung aufgehoben und die Konvention zu einem universellen Instrument erweitert« (Bundeszentrale 2011). Bislang sind einem oder beiden Instrumenten 147 Staaten beigetreten.

Maßgeblich für unser heutiges Verständnis von Asyl und Flüchtlingsschutz ist jedenfalls der Schutz aus der Genfer Flüchtlingskonvention, der »magna charta« des Flüchtlingsrechts, die in Art. 1 eine international. verbindliche Definition für den Flüchtlingsbegriff sowie in den Art. 2 bis 34 Regelungen über die Rechtsstellung von Flüchtlingen enthält. Dabei bestimmt Art. 1 A Abs. 2 GFK, dass der Ausdruck »Flüchtling« auf jede Person Anwendung findet, die »(...) aus der begründeten Furcht vor Verfolgung wegen ihrer Rasse, Religion, Nationalität, Zugehörigkeit zu einer bestimmten sozialen Gruppe oder wegen ihrer politischen Überzeugung sich außerhalb des Landes befindet, dessen Staatsangehörigkeit sie besitzt, und den Schutz dieses Landes nicht in Anspruch nehmen kann oder wegen dieser Befürchtungen nicht in Anspruch nehmen will; (...)«.

Zentrales Element des internationalen Flüchtlingsschutzes und des Asylrechts ist der Grundsatz des Non-Refoulement aus Art. 33 Abs. 1 GFK, also der Schutz für Flüchtlinge vor Abschiebung bei Gefahr für Leben und Freiheit. Dieser Schutz wird durch die expliziten und impliziten Refoulement-Verbote in den internationalen und regionalen Menschenrechtsabkommen ergänzt, wie Art. 3 UN-Antifolterkonvention, Art. 7 IPbpR oder Art. 3 EMRK (Wouters 2009: S. 1). Damit Flüchtlinge auch tatsächlich effektiven Schutz erhalten, ist es notwendig, dass die Staaten unter Wahrung des Grundsatzes der Nichtzurückweisung den Zugang zum Hoheitsgebiet sowie den Zugang zu einem fairen und wirksamen Verfahren zur Feststellung des internationalen Schutzbedarfs gewährleisten. Außerdem sind die Staaten verpflichtet, Asylsuchende und Flüchtlinge in Übereinstimmung mit den anwendbaren menschen- und flüchtlingsrechtlichen Standards aus den internationalen Menschenrechtsübereinkommen zu behandeln (ExKom, Beschluss Nr. 82 (XLVIII) 1997, d).

Nach der Genfer Flüchtlingskonvention wurden auch weitere und teilweise in ihrer Flüchtlingsdefinition und ihren Rechten weitergehende regionale Übereinkommen zum Flüchtlingsschutz verabschiedet, wie die Konvention der Organisation für Afrikanische Einheit zur Regelung der

Probleme von Flüchtlingen in Afrika vom 10. September 1969 (OAU-Konvention), sowie für Lateinamerika die Deklaration von Cartagena vom 22. November 1984.

Auf Ebene der Europäischen Union wurden im Zuge der Schaffung eines Gemeinsamen Europäischen Asylsystems zunächst auf Grundlage des früheren Art. 63 EUV (der lediglich Mindeststandards vorsah) und später auf Grundlage des seit dem Vertrag von Lissabon geltenden Art. 78 AEUV (der auch einheitliche Standards ermöglicht) neben dem Dublin-System, einem Mechanismus zur Bestimmung des für die Prüfung eines Asylantrags zuständigen Mitgliedstaats (EU-Mitgliedstaaten einschließlich Norwegen, Island und Schweiz), in mehreren Richtlinien Mindeststandards für die Aufnahme, das Verfahren und die Anerkennung von Flüchtlingen und sonstigen international Schutzberechtigten geschaffen. Eine Weiterentwicklung des Rechts auf Asyl könnte sich zukünftig über die Europäische Union durch eine Ausfüllung des Art. 18 der Europäischen Grundrechtecharta mittels Rechtsprechung ergeben, welcher ein Asylrecht nach Maßgabe der Genfer Flüchtlingskonvention sowie der europäischen Verträge gewährleistet.

3. Schutzsuchende und Flüchtlinge weltweit

»Flucht und Vertreibung gehören zu den globalen Herausforderungen unserer Zeit« (Antonio Guterres, Flüchtlingshochkommissar der Vereinten Nationen). Der Institution des Asyls und dem internationalen Flüchtlingsschutz kommt heutzutage angesichts hoher weltweiter Flüchtlingszahlen eine unverändert wichtige Rolle zu. Weltweit waren im Jahr 2012 rund 45,2 Mio. Menschen auf der Flucht, die höchste Zahl seit 1994. Hiervon waren 28,8 Mio. Binnenvertriebene, also auf der Flucht im eigenen Land, und 15,4 Mio. Menschen, die ihr Heimatland verlassen haben. Etwa 35,8 Mio. Menschen waren unter dem Mandat von UNHCR, darunter etwa 10,5 Mio. Flüchtlinge und 17,7 Mio. Binnenvertriebene (UNHCR 2013b: S. 2ff.).

Vom europäischen Blickwinkel aus wird häufig nicht bedacht, dass die meisten Flüchtlinge weltweit außerhalb Europas Aufnahme finden. Der Hauptanteil der Flüchtlinge unter dem Mandat von UNHCR befand sich Ende des Jahres 2012 in Asien und der Pazifikregion mit ca. 3,5 Mio., gefolgt von Afrika mit ca. 2,8 Mio., erst dann folgen Europa mit ca. 1,8 Mio.,

Nahost und Nordafrika mit ca. 1,6 Mio. und zuletzt Nord- und Südamerika mit ca. 800.000 Flüchtlingen (UNHCR 2013b: S. 11/12; siehe Abbildung 1).

Abbildung 1: Flüchtlinge nach Regionen 2012

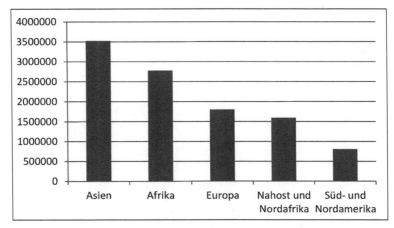

Flucht findet ganz überwiegend innerhalb der Region statt. So befanden sich im Jahr 2011 80 % der afrikanischen Flüchtlinge, 84 % der asiatischen Flüchtlinge, 93 % der europäischen Flüchtlinge und 75 % der Flüchtlinge aus Lateinamerika und der Karibik noch innerhalb ihrer Herkunftsregion (UNHCR 2012: S. 11; siehe Abbildung 2).

Abbildung 2: Flüchtlinge innerhalb oder außerhalb ihrer Region 2011

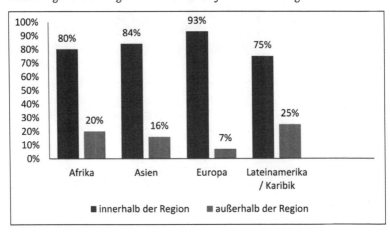

Hauptherkunftsländer von Flüchtlingen waren im Jahr 2012 Afghanistan (2.585.600), gefolgt von Somalia (1.136.100), Irak (746.400), Syrien (728.500) und Sudan (569.200; einschließlich Süd-Sudan); diese machten zusammen 55 %, also über die Hälfte der weltweit erfassten Flüchtlinge aus (UNHCR 2013b: S. 13, Fig. 4, S. 3).

Der Großteil der Menschen auf der Flucht befindet sich in Nachbarstaaten der Herkunftsländer, häufig auch Entwicklungsländer, oder sogar noch im eigenen Heimatstaat. Diese sogenannten Binnenflüchtlinge (internally displaced persons, IDPs), die sich noch innerhalb ihres Herkunftslandes befinden, bilden den überwiegenden Teil der Menschen auf der Flucht, wie sich aus den Statistiken der letzten Jahre ergab (UNHCR 2013b: S. 7; siehe Abbildung 3). Für diese kann UNHCR nur dann Schutz bieten, wenn ein entsprechendes Mandat des betreffenden Landes vorliegt. Diese Länder waren vor allem Kolumbien, die Demokratische Republik Kongo, Irak, Somalia, Sudan, Syrien und Pakistan (ebd.: S. 22).

Abbildung 3: Anzahl der Flüchtlinge und Binnenflüchtlinge 2010-2012

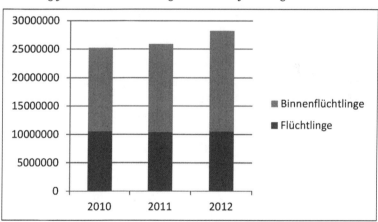

Im Jahr 2012 haben Entwicklungsländer insgesamt 8,5 Mio. Flüchtlingen, 81 % aller Flüchtlinge weltweit, und die 49 am wenigsten entwickelten Länder 2,5 Mio. Flüchtlingen, 24 % aller Flüchtlinge weltweit, Aufnahme gewährt (UNHCR 2013b: S. 13). Im Jahr 2012 war Pakistan das größte Aufnahmeland mit über einer Million Flüchtlinge (1.638.500), gefolgt von Iran (868.200), Länder, die in den Industrienationen selbst Herkunftsländer von Flüchtlingen darstellen. Erst an dritter Stelle stand mit Deutschland ein Industriestaat (589.700) als Aufnahmeland, wiederum gefolgt von Kenia (564.900), Syrien (476.500), Äthiopien (376.400), Tschad (373.700), Jordanien (302.700), China (301.000) und der Türkei (267.100) (UNHCR 2013b: S. 14; siehe Abbildung 4).

Abbildung 4: TOP 10 – Aufnahmeländer von Flüchtlingen 2012

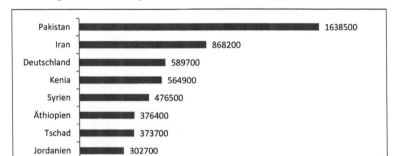

Auch aktuell zeigt sich anhand der Krise in Syrien, dass es vor allem die Nachbarländer Libanon (720.000), Jordanien (520.000), die Türkei (464.000) und Irak (200.000) sind, in die mittlerweile mehr als zwei Millionen Menschen geflohen sind (UNHCR 2013e). Hinzu kommen rund 4 Mio. Menschen, die innerhalb Syriens auf der Flucht sind.

Aufschlussreich ist es, die Zahl der Flüchtlinge mit der Bevölkerung eines Landes ins Verhältnis zu setzen. Demnach stand letztes Jahr Jordanien mit 49 Flüchtlingen pro 1.000 Einwohner an der Spitze, gefolgt vom Tschad mit 33 Flüchtlingen und dem Libanon mit 32 Flüchtlingen. Gemessen an der Einwohnerzahl war unter den ersten zehn Aufnahmeländern Malta als einziger EU-Mitgliedstaat mit 20 Flüchtlingen pro 1.000 Einwohner vertreten, was an der exponierten Lage dieser kleinen Insel nahe der afrikanischen Küste liegt (UNHCR 2013b: S. 15; siehe Abbildung 5).

Abbildung 5: TOP 10 – Aufnahmeländer von Flüchtlingen pro 1.000 Einwohner 2012

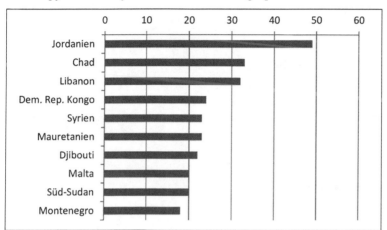

Insgesamt wurden im Jahr 2012 weltweit 893.700 Asylanträge gestellt. Die meisten Asylerstanträge wurden im Jahr 2012 in den Vereinigten Staaten von Amerika gestellt (70.400), gefolgt von Deutschland (64.500), Südafrika (61.500) und Frankreich (55.100) (UNHCR 2013b: S. 3).

In den 44 Industriestaaten wurden im Jahr 2012 insgesamt 479.300 Asylanträge, ca. 54 % aller Asylanträge weltweit, und damit 8 % mehr als im Vorjahr gestellt. Dies entspricht der höchsten Antragszahl seit dem Jahr 2003 (505.000). Davon wurden 335.500 Anträge, also 74 % aller Anträge, in Europa gestellt, davon 296.700 in Mitgliedstaaten der Europäischen Union, so dass diese eine wesentliche Rolle bezüglich der Gewährung eines effektiven Flüchtlingsschutzes einnimmt. Weitere 103.930 Anträge entfielen auf Kanada und die USA, 16.110 auf Australien und Neuseeland und 3.680 auf Japan und Südkorea (UNHCR 2013a: S. 7 bis 9; siehe Abbildung 6).

Im europäischen Vergleich der Asylzugangszahlen (mit Folgeanträgen) war Deutschland mit 77.650 Anträgen im Jahr 2012 das wichtigste Zielland von Asylsuchenden. Danach folgten Frankreich mit 61.455, Schweden mit 43.945, die Schweiz mit 28.640 und Belgien mit 28.285 Anträgen (BAMF 2013: S. 29, Abb. I-12; siehe Abbildung 7).

Abbildung 6: TOP 10 – Asylanträge in den Industriestaaten 2012

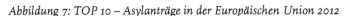

Abbildung 7: TOP 10 – Asylanträge in der Europäischen Union 2012

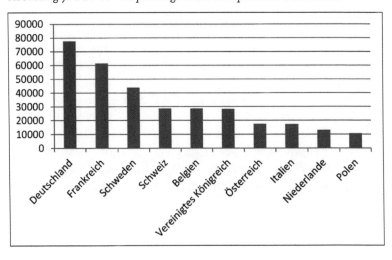

In Relation zu den Einwohnern eines Landes trägt allerdings Malta die größte Last in Europa. Hier entfallen jeweils auf 1.000 Einwohner 5,0 Antragsteller, gefolgt von Schweden mit 4,7 Antragstellern. Im Vergleich hierzu beträgt die Pro-Kopf-Verteilung in Deutschland lediglich 0,9, was knapp über dem europäischen Durchschnitt von 0,7 Antragstellern pro 1.000 Einwohnern liegt (BAMF 2013: S. 30).

Die Hauptherkunftsländer von Asylantragstellern in der Europäischen Union waren im Jahr 2012 Afghanistan mit 28.010 Antragstellern, gefolgt von der Russischen Föderation (24.280), Syrien (24.110), Pakistan (19.695), Serbien (19.065), Somalia (14.265), Iran (13.585), Irak (13.175), Georgien (10.830) und Kosovo (10.210). Bei den syrischen Flüchtlingen war ein drastischer Anstieg der Antragszahlen im Vergleich zum Vorjahr als Folge des Bürgerkriegs in Syrien zu verzeichnen (BAMF 2013: S. 31; siehe Abbildung 8).

Abbildung 8: TOP 10 – Herkunftsländer in der Europäischen Union 2011 und 2012

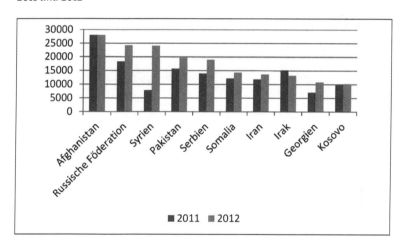

Wenngleich die Verfahren zur Prüfung der Flüchtlingseigenschaft für den Großteil der Asylsuchenden weltweit durch die Staaten selbst durchgeführt werden, kommt auch UNHCR in diesem Bereich eine wichtige Rolle zu. UNHCR kann in Fällen, in denen in einem Staat entweder kein nationales Asylsystem vorhanden ist oder in denen ein Staat nicht in der Lage oder willens ist, Asylanträge in einem fairen und effizienten Verfahren zu prüfen, selbst ein Verfahren zur Feststellung der Flüchtlingseigenschaft durchführen. Dieses Verfahren ist Grundlage für den Schutz vor Refoulement für UNHCR-Mandatsflüchtlinge, Voraussetzung für weitere Unterstützung und – im Rahmen dauerhafter Lösungen – für Resettlement, die Neuansiedlung in einem Drittland. In einigen Ländern praktiziert UNHCR mit den Staaten gemeinsam ein Statusfeststellungsverfahren.

UNHCR führte im Jahr 2012 in 75 Staaten anhand seiner Büros ein solches Statusfeststellungsverfahren durch. Der Anteil der bei UNHCR gestellten Neu- und Berufungsanträge gegenüber den Staaten, die selbst oder gemeinsam mit UNHCR die Statusfeststellungsverfahren durchführen, betrug weltweit in den Jahren 2010 und 2011 11 % und im Jahr 2012 13 % (UNHCR 2013b: S. 25; siehe Abbildung 9).

Abbildung 9: Neu- und Berufungsanträge UNHCR/Staaten 2010-2012

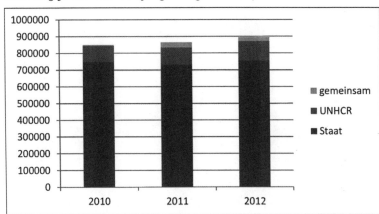

Dieses Verhältnis entspricht in etwa auch dem Anteil der von UNHCR getroffenen inhaltlichen Entscheidungen im Vergleich zu denen der Staaten (bzw. Staaten gemeinsam mit UNHCR) weltweit (2010: 11 %, 2011: 9 %, 2012: 8 %) (UNHCR 2013b: S. 27). Die Gesamtschutzquote war in den letzten Jahren in UNHCR-Büros höher: etwa 77 % zu 33 % im Jahr 2012 (ebd.: S. 28).

Die meisten neuen Asylanträge in UNHCR-Büros wurden im Jahr 2012 in Kenia gestellt (20.000), gefolgt von 19.400 Asylanträgen in Malaysia, 16.700 Asylanträgen in der Türkei, Indonesien (7.200), Ägypten (6.700), Libyen (4.500), Pakistan (3.900), Kamerun (3.500), Somalia (3.400) und Jemen (3.400) (UNHCR 2013b: S. 26; siehe Abbildung 10).

Abbildung 10: Neue Asylanträge in UNHCR-Büros nach Ländern 2012

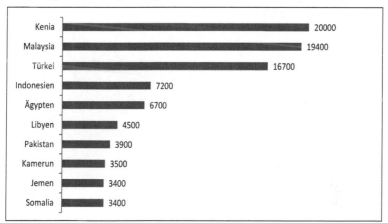

4. INTERNATIONALE ZUSAMMENARBEIT UND SOLIDARITÄT ALS GRUNDLEGENDE VORAUSSETZUNG FÜR EFFEKTIVEN FLÜCHTLINGSSCHUTZ

Die geschilderten Zahlen zeigen eine weltweit ungleiche Verteilung von Flüchtlingen und Schutzsuchenden mit einer starken Belastung der Nachbarstaaten von Herkunftsländern, häufig Entwicklungsländer. Dadurch wird deutlich, dass ein effektiver Flüchtlingsschutz weltweit ohne internationale Zusammenarbeit und Solidarität nicht gelingen kann.

Dies war auch den Gründern der Genfer Flüchtlingskonvention bewusst, wie sich aus der Präambel der GFK (Erwägungsgrund 4) ergibt. Darin wurde anerkannt, dass sich aus der Gewährung des Asylrechts nicht zumutbare schwere Belastungen für einzelne Länder ergeben können. Es wurde ausdrücklich klargestellt, dass eine befriedigende Lösung des Flüchtlingsproblems ohne internationale Zusammenarbeit nicht erreicht werden kann. Darunter wurde nicht nur internationale Zusammenarbeit beim Flüchtlingsschutz, sondern auch Verantwortungsteilung im Sinne von Unterstützung und Hilfe für Staaten, die einer besonderen Belastung ausgesetzt sind, verstanden (Weis 1995: S. 34). Ein generelles Prinzip der Zusammenarbeit kann auch daraus abgeleitet werden, dass die Staaten Verpflichtungen aus der Charta der Vereinten Nationen haben und Mitglieder der internationalen Gemeinschaft sind (Goodwin-Gill/McAdam 2007: S. 502).

Auch in mehreren Beschlüssen des Exekutivkomitees von UNHCR zeigt sich der flüchtlingsvölkerrechtliche Grundsatz der Solidarität (ExKom, Beschlüsse Nr. 22 (XXXII) 1981, Nr. 52 (XXXIX) 1988, Nr. 82 (XLVIII) 1997, Nr. 90 (LII) 2001, Nr. 100 (LV) 2004). So wurde etwa ausgeführt, »(...) dass eine befriedigende Lösung von Flüchtlingssituationen ohne internationale Zusammenarbeit nicht erreicht werden kann (...)« sowie »(...) dass die Erfüllung der Schutzverpflichtungen der Staaten gegenüber Flüchtlingen durch die internationale Gemeinschaft verbessert wird und dass die internationalen Flüchtlingsschutzregelungen durch engagierte internationale Zusammenarbeit im Geiste der Solidarität und der Aufgaben- und Lastenteilung zwischen den Staaten verstärkt werden (...)« (ExKom, Beschluss Nr. 100 (LV), 2004). Insbesondere wurde immer wieder die Wichtigkeit bekräftigt, die Belastung der Aufnahmeländer, insbesondere von Entwicklungsländern, durch internationale Zusammenarbeit und geteilte Verantwortung zu verringern (ExKom, Beschlüsse Nr. 90 (LII) 2001, Nr. 100 (LV) 2004).

Der Grundsatz der Solidarität ist seit dem Vertrag von Lissabon (in Kraft getreten am 1. Dezember 2009) auch auf europäischer Ebene für den Bereich der in Art. 78 AEUV geregelten europäischen Asylpolitik ausdrücklich mit Art. 80 AEUV anerkannt und rechtsverbindlich geregelt. Eine ausgeglichene Verteilung der Verantwortung unter den Mitgliedstaaten im Rahmen des sich im Aufbau befindenden Gemeinsamen Europäischen Asylsystems ist derzeit allerdings nicht gewährleistet, da mit dem Dublin-System gerade kein Verteilungs- bzw. Ausgleichsmechanismus besteht, sondern lediglich ein System der Zuständigkeitsbestimmung. Allerdings kann das Dublin-System über das sog. Selbsteintrittsrecht, das es jedem Mitgliedstaat ermöglicht, einen Asylantrag selbst zu prüfen und keine Überstellung durchzuführen (vgl. Art. 3 Abs. 2 VO 343/2003/EG, Art. 17 Abs. 1 VO 604/2013/EU), auch solidarisch zur Unterstützung einzelner überlasteter Mitgliedstaaten genutzt werden. Eine Verpflichtung, von einer Überstellung abzusehen, besteht zudem dann, wenn in dem zuständigen Mitgliedstaat kein effektiver Schutz besteht, was auch Zeichen einer Überlastung sein kann; der Grundsatz des Non-Refoulement gilt auch innerhalb der EU (EGMR, M.S.S. v. Belgium and Greece, Urteil vom 21.01.2011, Beschwerde-Nr. 30696/09; EuGH, N.S. und M.E., Urteil vom 21.12.2011, Rs. C-411/10, C-493/10).

Ein Instrument zur Förderung von Solidarität und Zusammenarbeit stellt das im Mai 2010 von der EU eingerichtete Europäische Unterstützungsbüro für Asylfragen (EASO) dar, das im Februar 2011 seine Tätigkeit aufgenommen hat. EASO soll zur besseren Umsetzung des Gemeinsamen Europäischen Asylsystems beitragen, die praktische Zusammenarbeit zwischen den Mitgliedstaaten im Asylbereich stärken und die Mitgliedstaaten, deren Asyl- und Aufnahmesysteme besonderem Druck ausgesetzt sind, mit operativen Maßnahmen unterstützen bzw. solche Maßnahmen koordinieren (vgl. VO 439/2010/EU). Eine der ersten Maßnahmen von EASO war etwa die Entsendung von Asyl-Unterstützungsteams nach Griechenland. EASO soll zudem zum Mechanismus für Frühwarnung, Vorsorge und Krisenbewältigung der EU beitragen (vgl. Art. 33 VO 604/2013/EU).

Als eine Maßnahme zur praktischen Zusammenarbeit und solidarischen Unterstützung einzelner Mitgliedstaaten kann, auch mit Unterstützung durch EASO, eine Relocation, also eine Umsiedlung von Personen, die internationalen Schutz genießen, innerhalb der EU durchgeführt werden. Zur solidarischen Unterstützung Maltas hatten bereits mehrere Mitgliedstaaten, darunter auch Deutschland, in den Jahren 2010/2011 und 2012 mehrere hundert international Schutzberechtigte aus afrikanischen Staaten von Malta im Rahmen eines EU-Projekts übernommen (EASO 2012; BAMF 2011).

Der Grundsatz der Solidarität bedeutet auch eine gemeinsame Verantwortung der Mitgliedstaaten. Insbesondere an den Außengrenzen der EU haben die Mitgliedstaaten gemeinsam zu gewährleisten, dass der Grundsatz des Non-Refoulement gewahrt (zur exterritorialen Geltung der EMRK bei Ausübung von Hoheitsgewalt vgl. EGMR, Hirsi et al. gg. Italien, Beschwerde-Nr. 22765/09) und Zugang zu effektivem Schutz gewährt wird.

5. INTERNATIONALE ZUSAMMENARBEIT UND SOLIDARITÄT IN GROSSEN FLÜCHTLINGSKRISEN

Seit dem Zweiten Weltkrieg gab es immer wieder große Flüchtlingskrisen aufgrund von Konflikten und damit einhergehenden Verletzungen von Menschenrechten und humanitärem Völkerrecht zu bewältigen, wie z.B: 1956 die Massenflucht von über 200.000 Flüchtlingen aus Ungarn (UNHCR 2000/2001: S. 28ff.), in den 1960er Jahren die Flüchtlinge des algerischen Unabhängigkeitskriegs (ebd., S. 44ff.) sowie zahlreiche Flüchtlingskrisen in Afrika als Folge der Entkolonialisierung (ebd., S. 51ff.), in den 1970er Jahren die Flüchtlingskrisen in Asien, v.a. Bangladesch, Indochina mit tausenden von vietnamesischen Boat-People und Afghanistan (ebd., S. 69 ff; S. 91 ff; S. 131ff.), in den 1990er Jahren die Massenflucht der Kurden aus dem Irak, die Flüchtlinge der Balkankriege sowie Flüchtlinge aus den Kriegen in Ruanda, Somalia und Osttimor (ebd., S. 239ff.). Das neue Jahrtausend war vor allem bestimmt von den Dauerkonflikten in Somalia, Afghanistan, der Demokratischen Republik Kongo, Sudan und dem Irak.

Aktuell mussten infolge des Bürgerkriegs in Syrien bereits über 2 Mio. syrische Flüchtlinge ihr Land verlassen, zusätzlich sind etwa 4 Mio. Syrer innerhalb ihres Landes auf der Flucht (UNHCR 2013e). Wie bereits dargestellt finden die Menschen vor allem Aufnahme in den Nachbarstaaten Irak, Jordanien, Libanon und der Türkei. Diese Länder können die damit verbundenen Belastungen allerdings dauerhaft nicht alleine bewältigen. Der UN-Flüchtlingshochkommissar Antonio Guterres betonte vor Kurzem: »Syrien ist zur großen Tragödie dieses Jahrhunderts geworden – eine beschämende humanitäre Katastrophe, deren Leid und Vertreibung in der jüngeren Geschichte unerreicht ist (...). Der einzige Trost ist die Menschlichkeit, die die benachbarten Länder durch die Aufnahme der Menschen zeigen und damit das Leben so vieler Flüchtlinge retten« (UNHCR 2013e).

Gerade bei der Bewältigung solch großer Flüchtlingskrisen ist es auch eine wichtige Aufgabe von UNHCR, Hilfe und Beistand durch die internationale Staatengemeinschaft für die Aufnahmeländer, die eine große Zahl an Flüchtlingen bei sich aufnehmen, bei der Bewältigung der damit zusammenhängenden Aufgaben zu mobilisieren (ExKom, Beschluss Nr. 90 (LII) 2001). UNHCR selbst beteiligt sich in solchen Situationen auch an der Koordinierung von Hilfe und gemeinsam mit anderen UN-Organisationen und NGOs an der Versorgung von Flüchtlingen, z.B. beim Aufbau von Flüchtlingslagern, der Registrierung sowie der Bereitstellung von Wasser, Nahrung und Hilfsgütern.

Vor Kurzem sind die ersten syrischen Flüchtlinge im Rahmen eines humanitären Aufnahmeprogramms in Deutschland angekommen, nachdem sich Deutschland im Frühjahr 2013 zur temporären Aufnahme von 5.000 syrischen Flüchtlingen bereit erklärt hatte (UNHCR 2013f). Dadurch wurde ein deutliches Zeichen für Solidarität gesetzt. Die Flüchtlingszahlen zeigen jedoch, dass Europa in diesem Konflikt verstärkt gefordert ist, Hilfe anzubieten. UNHCR hatte daher Europa dazu aufgerufen, mehr für die Personen auf der Flucht infolge des Syrienkriegs zu tun (UNHCR 2013d). UNHCR hat die EU-Mitgliedstaaten insbesondere dazu aufgefordert, die Grenzen für syrische Flüchtlinge offen zu halten und den Flüchtlingen Zugang zu Sicherheit und Schutz sowie zu einem fairen und zügigen Asylverfahren zu gewähren. Zudem hat sich UNHCR dafür ausgesprochen, großzügig und einheitlich über die Schutzersuchen von Syrern in der Europäischen Union zu entscheiden. Das Dublin-Verfahren sollte zur Zusammenführung mit Verwandten flexibel genutzt und Visavoraussetzungen erleichtert werden. Auch sollten die Nachbarländer entlastet und weitere Aufnahmeplätze zur Verfügung gestellt werden (ebd.).

6. Internationale Zusammenarbeit und Solidarität im Rahmen dauerhafter Lösungen

Die Flüchtlingskrisen wandeln sich und waren in den letzten Jahren vor allem bestimmt von Dauerkrisen wie etwa in Somalia, Afghanistan, der Demokratischen Republik Kongo, Sudan und im Irak. Für eine große Zahl von Flüchtlingen ist eine freiwillige Rückkehr in ihre Heimat als dauerhafte Lösung auf absehbare Zeit nicht möglich. In diesen Fällen ist es notwendig, dass Flüchtlinge effektiven internationalen Schutz erhalten und sich in ihren Asylländern dauerhaft integrieren können. Wie dargestellt, befindet sich allerdings die Mehrzahl der Flüchtlinge gerade nicht in Industriestaaten, sondern in Entwicklungsländern, in denen häufig nicht die Voraussetzungen für eine dauerhafte Integration gegeben sind. Es ist daher verstärkt internationale Zusammenarbeit und Solidarität notwendig, um mehr Aufnahmeplätze für Resettlement zu schaffen.

Resettlement, die Neuansiedlung in einem Drittstaat, ist ein wichtiges Instrument der internationalen Zusammenarbeit. Dadurch wird Solidarität im Rahmen von dauerhaften Lösungen für Flüchtlinge ausgeübt, die in ihrem Erstzufluchtsland keine dauerhafte Perspektive haben. Im Jahr 2012 haben 22 Länder insgesamt ca. 88.600 Flüchtlingen eine Aufnahme zugesagt (UNHCR 2013b: S. 19). Hauptaufnahmeland waren die USA mit 66.300 Resettlement-Plätzen, gefolgt von Kanada (9.600), Australien (5.900), Schweden (1.900) und Norwegen (1.200) (ebd.).

Für 2014 hat UNHCR einen Bedarf von rund 691.000 Resettlementplätzen errechnet (UNHCR 2013c: S. 8). Stellt man dem die im Jahr 2012 zur Verfügung gestellten Plätze gegenüber, wird die Größenordnung deutlich: Nur ein Bruchteil der Flüchtlinge, für die UNHCR einen Resettlementbedarf festgestellt hat, wird tatsächlich von der Möglichkeit profitieren können. Die internationale Staatengemeinschaft und insbesondere auch Europa ist daher gefordert, mehr Plätze für Resettlement zur Verfügung zu stellen.

Seit 2012 hat sich auch Deutschland bereit erklärt, zunächst für den Zeitraum von drei Jahren, jeweils 300 Flüchtlinge pro Jahr im Rahmen eines regulären Resettlement-Programms aufzunehmen (UNHCR 2011). In der Vergangenheit wurden bereits immer wieder im Rahmen von Ad-hoc-Programmen große Zahlen von Flüchtlingen aus Krisengebieten in Deutschland aufgenommen, wo ihnen eine dauerhafte Perspektive ermöglicht wurde, so etwa im Jahr 1956 ca. 13.000 Ungarnflüchtlinge, ab 1979 insgesamt ca. 35.000 vietnamesische Boatpeople, ab dem Jahr 1990 insgesamt ca. 3.000 Botschaftsflüchtlinge aus Albanien, ab dem Jahr 1992 Aufnahme und vorübergehender Schutz für ca. 350.000 bosnische Kriegsflüchtlinge, im Jahr 1999 ca. 15.000 Kriegsflüchtlinge aus dem Kosovo, im Jahr 2005 wurden 14 Flüchtlinge aus Usbekistan aufgenommen, in den Jahren 2009 und 2010 fanden insgesamt 2.501 irakische Flüchtlingen aus Syrien und Jordanien in Deutschland Aufnahme, und in den Jahren 2010 und 2011 wurden 100 iranische Flüchtlinge aus der Türkei aufgenommen (BAMF 2011). Im Jahr 2012 wurden erstmals 200 Flüchtlinge aus Tunesien und 50 iranische Flüchtlinge aus der Türkei nach Deutschland »resettled« (BAMF 2011). Diese Entwicklung wurde von UNHCR ausdrücklich begrüßt. Die Organisation bekräftigte, dass es aus ihrer Sicht wünschenswert wäre, wenn sich Deutschland darauf aufbauend auch für ein darüber hinausgehendes ständiges Resettlement-Programm mit einer höheren Quote entscheiden würde (UNHCR 2011).

7. Schlussbemerkung

Die Gewährleistung von Asyl und effektivem Flüchtlingsschutz durch die Staaten ist vor dem Hintergrund hoher Weltflüchtlingszahlen von großer Relevanz. Die weltweiten aktuellen Herausforderungen im Flüchtlingsschutz erfordern internationale Zusammenarbeit und Solidarität bei der Suche nach konstruktiven Lösungen. Weder weltweit noch regional in Europa existiert eine angemessene Verteilung der Verantwortung zwischen den Staaten für den Schutz von Flüchtlingen. Gerade in Zeiten von großen Flüchtlingskrisen, wie derzeit aufgrund des Bürgerkriegs in Syrien, ist es Aufgabe der Staaten, gemeinsame Lösungen zu finden und sich gegenseitig zum Schutz der Flüchtlinge solidarisch zu unterstützen. Dies gilt sowohl, was den Zugang von Menschen auf der Flucht in das Hoheitsgebiet und zu effizienten und fairen Asylverfahren anbelangt, als auch im Hinblick auf tatsächliche und finanzielle Unterstützung und Hilfe vor Ort in den Nachbarstaaten, die einen Großteil der Flüchtlinge aufnehmen, bis hin zu humanitärer Aufnahme bzw. Aufnahme im Rahmen von Resettlement als dauerhafte Lösung.

Literatur

Arnauld von, Andreas (2012): Völkerrecht, Heidelberg u.a.: C.F. Müller Verlag.

Bundesamt für Migration und Flüchtlinge (BAMF) (2011): Humanitäre Aufnahme, URL: www.bamf.de/DE/DasBAMF/Aufgaben/Humanitaere Aufnahme/humanitaereaufnahme-node.html, Stand 18.01.2011 (zuletzt aufgerufen am 27.09.2013).

Bundesamt für Migration und Flüchtlinge (BAMF) (2013): Das Bundesamt in Zahlen 2012 – Asyl, Migration und Integration, Nürnberg.

Bundeszentrale für politische Bildung (2011): 60 Jahre Genfer Flüchtlingskonvention. Bonn.

Da Lomba, Silvie (2004): The Right to seek Refugee Status in the European Union, Antwerpen, Oxford, New York: Intersentia Verlag.

EASO (2012): Fact Finding Report on Intra-EU Relocation Activities from Malta, July 2012.

Einarsen, Terje (2011): Drafting History of the 1951 Convention and the 1967 Protocol, in: Zimmermann, Andreas (ed.) (2011): The 1951 Convention Relating to the Status of Refugees and its 1967 Protocol, A Commentary, Oxford University Press.

Goodwin-Gill, Guy; McAdam, Jane (2007): The Refugee in International Law, Third Edition, Oxford University Press.

Meyer, Jürgen (2011): Charta der Grundrechte der Europäischen Union, 3. Auflage, Baden-Baden: Nomos Verlag.

Schiedermair, Rudolf; Wollenschläger, Michael (1996): Handbuch des Ausländerrechts der Bundesrepublik Deutschland, Köln: Wolters Kluwer Verlag, Stand: 59. Lfg. August 2013, Art. 2c: Stand 19. Lfg. 1996.

UNHCR-Exekutivkomitee: Beschlüsse Nr. 22 (XXXII) 1981, Nr. 52 (XXXIX) 1988, Nr. 82 (XLVIII) 1997, Nr. 90 (LII) 2001, Nr. 100 (LV) 2004, verfügbar unter: www.unhcr.de/recht/i1-internat-fluechtlingsrecht.html (zuletzt aufgerufen am 27.09.2013).

UNHCR (2001/2002): Zur Lage der Flüchtlinge in der Welt, 50 Jahre humanitärer Einsatz, Bonn: Dietz Verlag.

UNHCR (2011): UNHCR begrüßt IMK-Beschluss zum Resettlement, Pressemitteilung v. 09.12.2011.

UNHCR (2012): UNHCR Global Trends 2011: A Year of Crises, 18.06.2012.

UNHCR (2013a): UNHCR Asylum Trends 2012: Levels and Trends in Industrialized Countries, 21.03.2013.

UNHCR (2013b): UNHCR Global Trends 2012: Displacement, the New 21st Century Challenge, 19.06.2013.

UNHCR (2013c): Projected Global Resettlement Needs 2014, 19th Annual Tripartite Consultations on Resettlement, Geneva: 1-3 July 2013.

UNHCR (2013d): Europa muss mehr für syrische Flüchtlinge tun, Pressenachricht v. 18.07.2013.

UNHCR (2013e): Zwei Millionen Syrer auf der Flucht, Pressenachricht v. 03.09.2013.

UNHCR (2013f): Ankunft syrischer Flüchtlinge in Deutschland, Pressenachricht v. 11.09.2013.

Weis, Paul (1995): The Refugee Convention, 1951, Cambridge International Documents Series Volume 7, Cambridge University Press.

Wouters, Kees (2009): International Legal Standards for the Protection from Refoulement, Antwerpen, Oxford, Portland: Intersentia Verlag.

Autoreninformation

Altenbockum von, Jasper: Dr., verantwortlicher Redakteur für Innenpolitik der Frankfurter Allgemeinen Zeitung

Beckstein, Günther: Dr., Mitglied des Bayerischen Landtages für die CSU von 1974 bis 2013; Staatssekretär im Bayerischen Staatsministerium des Innern von 1988 bis 1993; Staatsminister im Bayerischen Staatsministerium des Innern von 1993 bis 2007

Bünte, Rudolf: Dr., Referent Arbeitserlaubnisverfahren in der Zentrale der Bundesagentur für Arbeit in Nürnberg

Herbert, Ulrich: Dr., Professor am Historischen Seminar der Universität Freiburg, Lehrstuhl für Neuere und Neueste Geschichte; Direktor am Freiburg Institute for Advanced Studies (FRIAS); School of History

Janetzek, Henriette: Beigeordnete Rechtsberaterin in der UNHCR Zweigstelle in Nürnberg

Kluth, Winfried: Dr., Professor, Inhaber des Lehrstuhls für öffentliches Recht an der Martin-Luther-Universität Halle-Wittenberg

Luft, Stefan: Dr. habil., Privatdozent am Institut für Politikwissenschaft der Universität Bremen

Morgenstern, Inga: Rechtsanwältin, stellvertretende Sprecherin des Vorstands der deutschen Sektion von amnesty international

Münch, Ursula: Dr., Direktorin der Akademie für politische Bildung in Tutzing und Professorin für Politikwissenschaft an der Universität der Bundeswehr in München

Panagiotidis, Jannis: Dr., Junior Fellow am Imre Kértesz Kolleg der Friedrich-Schiller-Universität Jena

Preuß, Roland: Redakteur der Süddeutschen Zeitung mit den Schwerpunkten Bildung, Migration, Integration

Schimany, Peter: Dr. habil., Referatsleiter beim Bundesamt für Migration und Flüchtlinge in Nürnberg (BAMF) und apl. Professor an der Universität Passau

Schmidt, Manfred: Dr., Präsident des Bundesamtes für Migration und Flüchtlinge (BAMF) in Nürnberg

Schmalz-Jacobsen, Cornelia: Mitglied des Deutschen Bundestages für die FDP von 1990 bis 1998; Beauftragte der Bundesregierung für die Belange der Ausländer von 1991 bis 1998

Weiß, Konrad: Mitglied des Deutschen Bundestages für Bündnis 90/Die Grünen von 1990 bis 1994

Wiefelspütz, Dieter: Dr., Mitglied des Deutschen Bundestages für die SPD von 1987 bis 2013; innenpolitischer Sprecher der SPD-Bundestagsfraktion von 1998 bis 2011

Edition Politik

Ulrike Davy, Manuela Lenzen (Hg.)
Demokratie morgen
Überlegungen aus Wissenschaft und Politik

2013, 120 Seiten, kart., 16,80 €,
ISBN 978-3-8376-2387-1

Lars Distelhorst
Leistung
Das Endstadium der Ideologie

Januar 2014, 192 Seiten, kart., 22,99 €,
ISBN 978-3-8376-2597-4

Peter Engelhard
Die Ökonomen der SPD
Eine Geschichte sozialdemokratischer Wirtschaftspolitik in 45 Porträts

2010, 148 Seiten, kart., zahlr. Abb., 16,80 €,
ISBN 978-3-8376-1531-9

Leseproben, weitere Informationen und Bestellmöglichkeiten
finden Sie unter www.transcript-verlag.de

Edition Politik

Andreas Pettenkofer (Hg.)
Menschenrechte und Protest
Zur lokalen Politisierung einer globalen Idee

Dezember 2014, ca. 250 Seiten, kart., ca. 28,80 €,
ISBN 978-3-8376-2112-9

Hans Vorländer (Hg.)
Demokratie und Transzendenz
Die Begründung politischer Ordnungen

2013, 534 Seiten, kart., 39,80 €,
ISBN 978-3-8376-2278-2

Zentrum für Ethik und Nachhaltigkeit (ZEN-FHS) (Hg.)
Herausforderungen für die Politik und die Ethik
Moral – Terror – Globalisierung – Demokratie

April 2014, 94 Seiten, kart., 16,99 €,
ISBN 978-3-8376-2612-4

**Leseproben, weitere Informationen und Bestellmöglichkeiten
finden Sie unter www.transcript-verlag.de**

Edition Politik

Alexander Brand
Medien – Diskurs – Weltpolitik
Wie Massenmedien die internationale Politik beeinflussen
2012, 530 Seiten, kart., zahlr. Abb., 39,80 €,
ISBN 978-3-8376-1831-0

Lucyna Darowska
Widerstand und Biografie
Die widerständige Praxis der Prager Journalistin Milena Jesenská gegen den Nationalsozialismus
2012, 528 Seiten, kart., 39,80 €,
ISBN 978-3-8376-1783-2

Michael Daxner, Hannah Neumann (Hg.)
Heimatdiskurs
Wie die Auslandseinsätze der Bundeswehr Deutschland verändern
2012, 340 Seiten, kart., zahlr. Abb., 32,80 €,
ISBN 978-3-8376-2219-5

Hendrik Meyer
Was kann der Staat?
Eine Analyse der rot-grünen Reformen in der Sozialpolitik
2013, 282 Seiten, kart., 32,80 €,
ISBN 978-3-8376-2312-3

Henrique Ricardo Otten, Manfred Sicking (Hg.)
Kritik und Leidenschaft
Vom Umgang mit politischen Ideen
(unter Mitarbeit von Julia Schmidt)
2011, 310 Seiten, kart., 29,80 €,
ISBN 978-3-8376-1590-6

Werner J. Patzelt (Hg.)
Die Machbarkeit politischer Ordnung
Transzendenz und Konstruktion
2013, 472 Seiten, kart., 38,80 €,
ISBN 978-3-8376-2247-8

Shamim Rafat
Ethik und Qualität in der Politikberatung
Zur Entwicklung von professionellen Standards und Grundsätzen
2012, 272 Seiten, kart., zahlr. Abb., 32,80 €,
ISBN 978-3-8376-2085-6

Patrick Schreiner
Außenkulturpolitik
Internationale Beziehungen und kultureller Austausch
2011, 448 Seiten, kart., 35,80 €,
ISBN 978-3-8376-1647-7

Jana Trumann
Lernen in Bewegung(en)
Politische Partizipation und Bildung in Bürgerinitiativen
2013, 298 Seiten, kart., 29,80 €,
ISBN 978-3-8376-2267-6

Bärbel Heide Uhl
Die Sicherheit der Menschenrechte
Bekämpfung des Menschenhandels zwischen Sicherheitspolitik und Menschenrechtsschutz
Juni 2014, 238 Seiten, kart., 34,99 €,
ISBN 978-3-8376-2640-7

Leseproben, weitere Informationen und Bestellmöglichkeiten finden Sie unter www.transcript-verlag.de